Mittelstands-Shopsysteme: OPENSTORE & GS ShopBuilder Pro

Gestaltung und Satz:
Steenbrink Vormgeving, Berlin
Herstellung: Druckerei zu Altenburg GmbH

ISBN 3-935539-71-1

www.teia.de

Mittelstands-Shopsysteme: OPENSTORE & GS ShopBuilder Pro

Wissen, das sich auszahlt

Deutschland klagt über den Mangel an IT-Fachkräften. Um dem sich weiter verschärfenden Mangel an geeignet qualifizierten Internet-Arbeitskräften kurzfristig und in großer Breite entgegenzuwirken, hat die Teles AG im April 2000 die „TELES European Internet Academy (TEIA)" gegründet.

Die WebLearning-Studenten der TEIA lernen u.a. Internet-Kommunikationstechnik (z.B. WebSite-Administration & Grundlagen Apache), Internet-Anwendungstechnik (z.B. PHP), Internet-Anwendungen und Dienste (z.B. Konzepte in eCommerce Anwendungen) und Internet-Wirtschaft (z.B. Recht im Internet, Marketing). Die TELES European Internet Academy will einerseits mit ihrer TEIA-Buchreihe zum e-Business-Manager ihren Studenten Begleitmaterial für ihr WebLearning-Studium bereitstellen und andererseits auch jenen ihr hochwertiges Qualifikationsangebot zugänglich machen, denen traditionelles Lehrmaterial vertrauter ist als die Methode des WebLearning. Die Lehrinhalte sind von hervorragenden Fachexperten auf den jeweiligen Gebieten erarbeitet, von anerkannten Gutachtern in ihrer Qualität gesichert und von der ZFU (Zentralstelle für Fernunterricht) zertifiziert. Sie sind umfassend in der Aussage, didaktisch durchdacht aufgebaut und auf universitärem Niveau angesiedelt. Sie vermitteln nicht nur das jeweilige Wissen, sondern trainieren auch den Lernenden bis er damit souverän umgehen kann.

Autor

Dipl.-Wirt.-Ing. Gerrit Tamm, Jahrgang 1970, studierte Wirtschaftsinge-nieurwesen an der Technischen Universität Berlin sowie Financial Mana-gement und Managerial Accounting an der University of California in Berkeley. Gerrit Tamm arbeitete u. a. für DeTeWe, Siemens, PSI und Bertelsmann und gründete die Recruitingplattform absolvent.de, den Marktplatz asperado.com sowie matrixmove.com für Rehabilitations- und Freizeitsportanwendungen. Er war Stipendiat im Berlin-Branden-burger Graduiertenkolleg „Verteilte Informationssysteme" und ist seit 1999 Gründer und Geschäftsführer des Electronic-Business-Forums der Humboldt-Universität zu Berlin.

Gutachter

Dipl.-Kfm. Thomas R. Köhler, Jahrgang 1968, studierte Betriebswirt-schaftslehre mit den Schwerpunkten Wirtschaftsinformatik und Logistik. Nach dem Studium an der Universität Würzburg (Diplomthema „eLear-ning") war er zunächst als wissenschaftlicher Mitarbeiter am dortigen Lehrstuhl für Wirtschaftsinformatik tätig, und dort für Projekte im Bereich Datenkommunikation verantwortlich - unter anderem im Pro-jektteam für den ersten Internetauftritt der Deutschen Telekom AG.

Herr Köhler ist Vorstand der AISYS.DE - Advanced Internet Systems AG (München).

Er ist Autor der Bücher „Electronic Commerce - Konzipierung, Rea-lisierung und Nutzung in der Praxis" (Addison-Wesley, 2. Auflage 2000) und „Internet Projektmanagement" (Addison-Wesley, 2002) sowie zahl-reicher Fachbeiträge in Sammelwerken und Zeitschriften sowie häufig geladener Redner auf Fachkongressen und Firmenveranstaltungen.

Herr Köhler lehrt Wirtschaftsinformatik an der FH Ansbach.

INHALT

11

[1] E-SHOPS UND E-COMMERCE

GLOSSAR S.505

Bevor wir Ihnen die beiden E-Shopsysteme OPENSTORE und GS Shopbuilder Pro 2 vorstellen, möchten wir Sie in den ersten beiden Lerneinheiten dieses Kurses zunächst mit den wirtschaftlichen wie technischen Grundlagen vertraut machen. Diese Themen betreffen zwar die praktische Umsetzung eines E-Shopsystems nicht direkt, sind aber wesentlich für das Gesamtverständnis von E-Shops im Internet.

Dabei werden Sie als Student einen Überblick über die Rolle von E-Shopsystemen im E-Commerce erhalten und diese Systeme unter verschiedenen wirtschaftlichen Gesichtspunkten im E-Business einordnen lernen. Hierfür ist es sinnvoll, sich einen Überblick über die Geschäftsbeziehungen und -modelle im elektronischen Handel zu verschaffen. Ferner soll erläutert werden, welche Rolle E-Shopsysteme für kleine und mittelständische Unternehmen im E-Commerce/E-Business spielen. In diesem Zusammenhang wird die Bedeutung einer klaren Konzeption für den Einsatz und Betrieb eines E-Shopsystems hervorgehoben. Begleitend werden im Verlauf der Lerneinheit die Probleme unter die Lupe genommen, mit denen man bei der Einführung eines E-Shops konfrontiert wird. Ferner werden Sie den prinzipiellen Ablauf und die Prozesse eines Einkaufs in einem E-Shop kennen lernen. Die Lerneinheit schließt mit einer Kurzbeschreibung der verwendeten E-Shopsysteme GS ShopBuilder 2.0 und OPENSTORE P4.2.0.6, die Ihnen als Werkzeuge im Aufbau Ihres E-Shops in den darauffolgenden Lerneinheiten dienen werden.

1.1 Geschäftsmodelle im E-Commerce

Wie im „klassischen" Handel spaltet sich auch der Geschäftsverkehr im Internet in mehrere Bereiche auf. Am relevantesten sind die Geschäftsbereiche *Business-to-Business (B2B) und Business-to-Consumer (B2C)*. Während sich der Handel im ersten Sektor im Wesentlichen über geschlossene Netze, d. h. INTRANETS und EXTRANETS behauptet hat, entwickelt sich der Geschäftsverkehr des zweiten Bereichs mehr und mehr über das offene INTERNET. Dieser Bereich ist es, den wir in dieser Qualifikationseinheit besonders betrachten möchten, denn ein E-Shopsystem für den Mittelstand orientiert sich am B2C-Bereich. Ein Mittestandsshop-System richtet sich an mittelständische Unternehmen, die im Internet Waren (Produkte und Dienste) an den Endkunden verkaufen wollen. Eine B2B-E-Shopsoftware hingegen ist für Geschäfte zwischen Unternehmen optimiert. Sie bedient andere Zielgruppen und hat andere Voraussetzungen sowohl hinsichtlich der zugrundeliegenden IT-Infrastruktur (DATENBANKEN, ERP-Systeme etc.) wie auch bezüglich des vertriebenen Sortiments.

GLOSSAR S.505

Geschäftsmodelle im Bereich Business-to-Business (B2B)

Der Business-to-Business-Bereich beinhaltet alle Geschäftsaktivitäten, die im Hinblick auf die Abwicklung des elektronischen Handels zwischen Unternehmen erfolgen. Beispielsweise zählt dazu die Bestellabwicklung zwischen einem Händler und einem Großhändler, während die Lieferung an eine Privatperson in den B2C-Bereich fällt.

Aus Sicht des Unternehmens sprechen für ein Engagement im B2B-Bereich vor allem die potentiell effektivere Kommunikation mit ihren Partnern (Lieferanten und Abnehmer). Dadurch sind Kosteneinsparungen möglich.

▶ **Beispiel:**

www.
e-business.de/
texte/5280.asp

In einem Artikel vom 16.11.2001 (siehe http://www.e-business.de/
texte/5280.asp, *Abruf: 26.05.2002) mit dem Titel „E-Procurement als
Kostenminimierer" wird AMR Research zitiert, wonach 80% der
Kosten pro Bestellvorgang angeblich auf dem B2B-Beschaffungs-
markt reduziert werden könnten. Als Beispiel wird die Bestellung
eines Bleistifts bei der Frankfurter Flughafen AG vor und nach Einführung des E-Procurement-Systems genannt: Einen Bleistift zu erhalten, habe früher 3:02 Stunden gedauert und 286 DM (entspricht
146,23 EURO) gekostet. Nach Einführung des E-Procurement-Systems
benötige der Vorgang nur noch 18 Minuten und koste 35 DM (entspricht 17,90 EURO).*

Das Wachstum im Bereich B2B (vgl. Abb. 1.1) lässt sich in erster Linie
dadurch begründen, dass B2B einen Handel mit geringeren Einkaufs-
und Entwicklungskosten ermöglicht. Durch B2B kann man außerdem
Lagerbestände verringern und Lieferketten verkürzen oder abschaffen.
Auch ein effektiverer und effizienterer Kundenservice sowie neue Ver-
kaufsmöglichkeiten lassen sich dadurch erzielen. Für die Unternehmen
aus dem B2B-Bereich ist deshalb die elektronische Beschaffung – auch
E-Procurement genannt – von Waren und Dienstleistungen ein zentrales
Thema.

*Abb. 1.1
Prognosen zur
Entwicklung des B2B
E-Commerce welt-
weit*

www.ecin.de/
state-of-the-art/
outlook2002/
print.html
(31.08.2002)

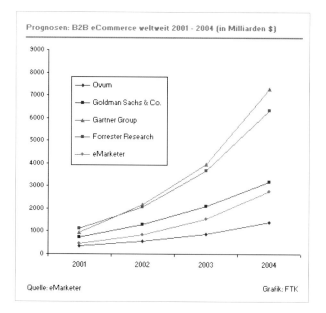

In Deutschland erlebte die Beschaffung von Vorprodukten, Produktionsmitteln und Dienstleistungen in den vergangenen zwei Jahren einen regelrechten Boom. Die Zahl der deutschen Unternehmen, die auf die Nutzung von E-Procurement-Lösungen setzen, hat sich laut empirica von 1999 (26 %) bis Ende 2001 (49 %) nahezu verdoppelt. Im Ländervergleich lässt sich einzig in den USA eine ähnlich dynamische Entwicklung beobachten. Weithin herrscht mittlerweile die Einsicht vor, dass nahezu jedes Unternehmen von den Vorteilen des E-Procurement profitieren kann.

Gleichzeitig wächst die Erkenntnis, dass die Kostensenkungspotenziale den Unternehmen nicht in den Schoß fallen. Wirklicher Nutzen entsteht erst, wenn E-Procurement mit der Optimierung von Einkaufsprozessen und der Einkaufsorganisation verbunden wird. Bei der Einführung kommt man also nicht darum herum, die Schwachstellen sorgfältig zu analysieren und Veränderungen einzuleiten.

Für das E-Procurement werden am häufigsten folgende Modelle eingesetzt:

- Portale
- Virtuelle Marktplätze
- Auktionen

Portale

„Ein *Portal* ist eine hochfrequentierte Einstiegsseite ins Web, die Anwendern, die sich von der Informationsflut überfordert fühlen, eine kostenlose Einstiegs- und Orientierungshilfe bietet."

www.ovum.com/
go/product/flyer
EIP.htm
(23.05.2002)

(Ovum Studie „Enterprise Portals: New Strategies for Information Delivery", Juni 2000, siehe http://www.ovum.com/go/product/flyer/EIP.htm, Abruf: 23.05.2002). Diese *Navigations- und Agglomerationsleistung* ist die herausragende Eigenschaft eines Portals und Mittel, vielen Nachfragern einen bedarfsgerechten Zugang zur Plattform zu ebnen, auf der unterschiedlichen Bedürfnissen wie Bedarfsdeckung, Information und Kontakt nachgegangen werden kann. Für einen Anbieter in einem Portal sind vor allem die Serviceleistungen des Portalbetreibers und die thematische Fokussierung (z. B. bei Branchen-Portalen) von Vorteil.

Eine solche Plattform entsteht, wenn beispielsweise der Betreiber aus den Katalogen der angebundenen Zulieferer einen standardisierten Multilieferantenkatalog generiert. Der Vorteil dieser Lösung liegt darin, dass die Katalogdaten nur einmal zentral verwaltet werden müssen, und trotzdem jedem beschaffenden Unternehmen ein individueller Katalog bereitgestellt werden kann.

Das Anbieten von Katalogen und Informationen ist aber nur eine Grundlage für weitergehende Dienstleistungen. Beispiel: Covisint (http://www.covisint.com/ger/, Abruf: 26.05.2002): Covisint ist ein B2B-Marktplatz in der Automobilbranche. Er bietet Kataloge („Beschaffung von Waren und Dienstleistungen in einer Online-Shopping-Umgebung"), Auktionen („beschleunigte Preisverhandlungen in einer diversifizierten Beschaffungsumgebung zur Förderung einer marktgerechten Preisbildung") und Portale („…ermöglicht Benutzern den Zugang zu allen Produkten und Dienstleistungen") an.

www.covisint.com/ger/
(26.05.2002)

Plattformen und Portale betonen die Komponente des *Informationsaustausches*. Je nach Portalbetreiber werden darüber hinaus Serviceleistungen im Bereich der Transaktionsabwicklung und des tatsächlichen Kaufs angeboten. Der Übergang vom Portalanbieter zum Marktplatzanbieter ist fließend.

Virtuelle Marktplätze

Der *virtuelle Marktplatz* ermöglicht die *Koordination von Transaktionen* zwischen Käufer und Verkäufer mit Hilfe einer dritten Instanz. Dabei werden drei Hauptleistungen vom Marktplatzbetreiber erwartet. Er muss eine Übersichtsfunktion erfüllen, Verbundeffekte koordinieren und Angebot und Nachfrage sowohl in qualitativer als auch quantitativer Hinsicht zusammenführen. Im Unterschied zu einem realen Marktplatz stellen sich Verbundeffekte auf einem virtuellen Marktplatz nicht nur zwischen den unmittelbar beteiligten Transaktionspartnern sondern als Mehrwert für alle angeschlossenen Akteure ein. Die technische Abwicklung wird dabei durch den Betreiber des Marktplatzes übernommen. Die angebotenen Dienstleistungen betreffen die *durchgehende Unterstützung der Beschaffungsprozesse durch Internettechnologien*.

Ein virtueller Marktplatz soll Beschaffungskosten verringern, indem er manuelle Beschaffungsprozesse automatisiert und darüber hinaus den Zulieferprozess rationalisiert. Die Dienstleistungen eines solchen Marktplatzes reichen von der Bedarfsdeckung über das Zuliefermanagement bis zur Produktentwicklung.

Auktionen

Auktionen sind ein u.a. auf elektronischen Marktplätzen oft eingesetztes *Preisfindungsverfahren*. Sie existieren in unterschiedlichen Varianten. Sie bilden zum Beispiel reale Auktionen mit elektronischen Mitteln nach. Dies kann in Form des so genannten ENGLISCHEN VERFAHRENS, bei dem ein Gegenstand oder eine Dienstleistung dem Meistbietenden zugeschlagen wird, erfolgen. Eine andere Form ist die INVERSE AUKTION Ein Käufer gibt dabei einen Kaufwunsch mit einer detaillierten Spezifikation des Produktes bekannt. Mehrere Verkäufer bieten daraufhin einen bestimmten Preis. Auf diese Weise bleibt dem Käufer die Suche nach dem passenden Anbieter erspart, den er sich einfach aussuchen kann.

GLOSSAR S.505

Tabelle. 1.1: Unterscheidungsmerkmale von tradionellen und inversen Auktionen.

www.bmwi.de/ Homepage/ download/doku/ doku496.pdf (Seite 10)

Traditionelle Auktion (englisches Verfahren)	Inverse Auktion
Güter / Leistungen werden zum *Verkauf angeboten*	Güter / Leistungen werden zum *Einkauf nachgefragt*
n *Käufer* stehen im Wettbewerb	n *Verkäufer* stehen im Wettbewerb
Preis *steigt* im Verlauf der Auktion	Preis *sinkt* im Verlauf der Auktion

Geschäftsmodelle im Business-to-Consumer-Sektor

Der Bereich *Business-to-Consumer (B2C)* stellt die Beziehungen zum Endkunden in den Mittelpunkt. In diesem Bereich wird Ihr E-Shop platziert sein. Auch hier gibt es inzwischen eine ganze Reihe von Geschäftsmodellen.

Der E-Shop

Hierbei handelt es sich um ein elektronisches Geschäft im www, in dem ein Kunde direkt, ohne Umweg über ein anderes Medium, Waren oder Dienste bestellen bzw. kaufen kann. Dabei wird der Kaufvertrag zwischen dem E-Shopbesitzer und dem Kunden direkt über das Medium Internet

geschlossen. Juristisch fallen diese Verträge in die Kategorie Fernabsatz-
verträge. Der Betreiber eines E-Shops hat diverse gesetzliche Auflagen zu
beachten: Zum Beispiel unterliegt er zahlreichen Informationspflichten
und muss dem Käufer ein Widerrufsrecht einräumen. Zur Vertiefung siehe nebenstehende Webseite.

www.net-im-
web.de/pdf/2002_
01_s61.pdf
(27.05.2002)

Der Aufbau des E-Shops und der Ablauf des Einkaufsvorgangs sind
weitgehend am Vorbild des Einkaufs in einem realen Geschäft angelehnt.
Der Kunde wird bei Eintritt in den E-Shop begrüßt. Je nach E-Shop
erfolgt dies unpersönlich oder, wenn der E-Shop mit Kennung und per-
sonalisierten Webseiten arbeitet, mit Namensnennung. Der Besucher
kann das Warenangebot ansehen. Möchte er einen Artikel kaufen, trägt
er die gewünschte Menge des Artikels in ein Formularfeld ein. Damit wird
das Produkt in einen virtuellen Einkaufswagen, den „*Warenkorb*", gelegt.

GLOSSAR S. 505

Diesen WARENKORB kann der Kunde während seines gesamten Aufent-
halts innerhalb des E-Shops mitführen. Er kann neue Artikel dazulegen,
die Bestellmengen ändern und auch wieder diejenigen Artikel aus dem
Warenkorb herausnehmen (löschen), die er nicht bestellen möchte.

Der Weg mit dem Einkaufswagen zur virtuellen Kasse führt über
einen Klick auf die Schaltfläche (bzw. auf den Link), die den Bestellvorgang auslöst. Nun werden die persönlichen Daten des Kunden abgefragt,
damit ihm seine Bestellung später zugestellt werden kann. Mehr Sicherheit bietet das Einholen einer Bestellbestätigung per Telefon oder per
E-Mail bzw. die Verwendung der elektronischen Signatur. Diese Sicherheit ist für den Betreiber besonders dann wichtig, wenn der E-Shop die
Bezahlung per Rechnung oder Nachnahme zulässt, denn der E-Shop-
Betreiber sollte sich in diesem Fall auf geeignete Weise gegen Scherz- oder
Betrugsbestellungen absichern. Wenn der Kunde online bezahlt, muss der
Kunde mit der Bestellung auch die Daten angeben, die für die Abwick-
lung des elektronischen Zahlungsvorgangs erforderlich sind. Nach der
Eingabe seiner Daten erhält der Kunde noch einmal eine Übersichtssei-
te mit allen bestellten Artikeln, die Bestellungsseite.

Mit der Bestätigung der Bestellung, die dem Kunden als Übersichtsseite nochmals präsentiert wird, wird die Bestellung schließlich ausgelöst. Die Daten der Bestellung werden an den Betreiber übermittelt. Abschließend wird der Kunde dann mit einem entsprechenden Hinweis auf die erfolgte Bestellung verabschiedet.

Folgender Aufbau empfiehlt sich für einen E-Shop:
- Die angebotenen Waren und Dienstleistungen müssen in einer dem Internet gerechten Form präsentiert werden können, das heißt Fotos und Beschreibungen müssen über den Mangel an sinnlicher Wahrnehmbarkeit hinweghelfen.
- Der E-Shop muss eine Funktion zur Auswahl von Waren enthalten: einen elektronischen Warenkorb.
- Der E-Shop muss automatisch eine Waren- oder Dienstleistungspräsentation in Form des Warenkorbinhalts erstellen können, inklusive aller Spesen und der fälligen Umsatzsteuer, die den Kunden in die Lage versetzt, ein rechtsverbindliches Kaufangebot abgeben zu können.
- Der E-Shop muss eine Komponente für eine direkte Bezahlung über das Internet enthalten, es sei denn, alle Lieferungen erfolgen auf Rechnung oder gegen Nachnahme.

▶ **Anmerkung**:
E-Shops gibt es auch im Business-to-Business-Bereich (B2B). Dies betrifft insbesondere das bereits im Abschnitt 1.1.1. – „GESCHÄFTSMODELLE IM BEREICH BUSINESS-TO-BUSINESS (B2B)" angesprochene E-Procurement. Der Zugang zu diesen Plattformen ist eingeschränkt und steht nur einer geschlossenen Benutzergruppe zur Verfügung. Die Funktionalitäten von E-Shops im B2B- und B2C-Bereich sind vergleichbar (Artikel-Präsentation, Warenkorb usw.). Da sich E-Shops im B2B-Bereich an Fachkunden richten, sind Informationen zu den angebotenen Waren häufig stärker technisch ausgerichtet.

Co-Shopping

www.adv.at/
internetundrecht/
PowerShopping.pdf
(27.05.2002)

Nach http://www.adv.at/internetundrecht/PowerShopping.pdf, Abruf: 27.05.2002, wird Co-Shopping definiert als: „Die angebotenen Waren werden zunächst zu einem bestimmten Preis angeboten. Dieser sinkt ab einer bestimmten Anzahl von Bestellungen in fest vorgegebener Weise ab. Die Veranstaltungsdauer, innerhalb derer sich die Zahl der erforderlichen Co-Shopper finden muss, ist beschränkt. Co-Shopping bietet also einen Mengenrabatt, abhängig vom aktuellen Erfolg des Produkts innerhalb der Veranstaltungsdauer."

Co-Shopping wird auch Power-Shopping genannt, und ist eine vom Verbraucher gesteuerte Einkaufsform. Ziel dieses Unternehmensmodells ist es, die Verbraucher zur Bildung von virtuellen Einkaufsgemeinschaften zu animieren. Durch eine gebündelte Einkaufsstärke können die Verbraucher Rabatte erhalten und dadurch günstigere Konditionen bei Herstellern und Händlern erzielen.

Die Preisnachlässe beziehen sich immer auf die empfohlenen Verkaufspreise der Hersteller. Für die Verbilligung der Angebote ist die Käuferzahl entscheidend. Entscheidend ist dabei, wann sich jeweils genügend Kaufinteressenten zusammengefunden haben. Meist wird ein Endtermin angegeben. Wenn die jeweils angegebene Mindestbestellmenge erreicht ist, wird die Auslieferung getätigt.

Nach deutschem Recht war Power-Shopping verboten. Es stellte einen Verstoß gegen das Rabattgesetz dar, das zum 30.06.2001 aufgehoben wurde. Power-Shopping wird auch als Verstoß gegen § 1 Gesetz gegen den unlauteren Wettbewerb (UWG) angesehen, weil es „übertriebenes Anlocken darstelle" (Landgericht Köln AZ 31 O 990/99). Dieser Ansicht folgte das Oberlandesgericht Köln in seinem Urteil vom 01.06.2001 (OLG Köln, Urteil vom 01.06.2001, AZ 6 U 204/00). Das Landgericht Frankfurt am Main entschied allerdings in seinem rechtskräftigen Urteil vom 17.11.2000 (LG Frankfurt/Main, Urteil vom 17.11.2000, AZ 3/11 O 193/00), dass Power-Shopping zulässig sei. Die Rechtslage ist somit nicht eindeutig.

1.2 Einsatz und Betrieb eines E-Shopsystems

Nachdem man sich – nach Gegenüberstellung der daraus entstehenden Kosten und der zu erwartenden Mehreinnahmen – dazu entschlossen hat, einen E-Shop zu betreiben, sind weitere Entscheidungen zur praktischen Umsetzung zu treffen. Diese Entscheidungen werden auch Einfluss auf den wirtschaftlichen Erfolg des E-Shops haben. Dazu zählen insbesondere die folgenden Fragen:

- Welche Bedürfnisse haben Kunden, die dazu führen, dass sie meinen E-Shop besuchen und wie kann ich als Anbieter diese Bedürfnisse befriedigen? Welche Güter kann ich über den E-Shop vertreiben?
- Wie erreiche ich, dass gewonnene Kunden mehrmals bei mir einkaufen? Die Kundenbindung erfordert weniger Aufwand als die Kundenneugewinnung.

▶ **Anmerkung:**

www.tobibiko.de/
archive/
2001_08_26_arch-
ve.html
(26.05.2002)

„Stickyness" ist ein Begriff aus dem Web-Site-Management und beschreibt den Grad, in dem es gelingt, User für das Angebot zu interessieren, zum Besuch zu bewegen, so lange wie möglich festhalten und zum Wiederkommen zu animieren.

- Wie erfolgt die technische Umsetzung? (Diese Frage schließt sowohl die IT-Infrastruktur ein, als auch Fragen zur Funktionalität und zur Gestaltung.)
- Und schließlich: Wie sind die zu ergreifenden Maßnahmen kostenminimal umzusetzen?

Die Beantwortung dieser Fragen kann Ihnen dazu verhelfen, einen benutzerfreundlichen E-Shop aufzubauen und einen erfolgreichen wirtschaftlichen Produktvertrieb zu erreichen.

Vorüberlegungen und Strategien

Auch im Internet geht es nicht allein darum, immer mehr neue Kunden zu gewinnen, sondern die vorhandenen dauerhaft an ein Unternehmen zu binden, da Kundenbindung kostengünstiger zu erreichen ist als Kundenneugewinnung. Daraus resultiert eine bestimmte *Strategie* des Unternehmens:

- Der Kunde muss in den Mittelpunkt aller Aktivitäten des Onlineshops gestellt werden. Dies stellt das Grundkonzept des *Marketings* dar. <u>Höding</u> fasst ein Marketingkonzept u.a. so zusammen: „Der Schlüssel zur Erreichung der Unternehmensziele liegt darin, ein Wertangebot für den Zielmarkt zu konzipieren und zu kommunizieren sowie dieses dann wirtschaftlicher und wirksamer zu verwirklichen als die Wettbewerber. Erfülle Kundenwünsche auf profitable Art. Entdecke Kundenwünsche und erfülle sie. Deine erste Liebe soll dem Kunden gelten."

  www.fh-branden-burg.de/~hoeding/lehre/mmMark-ting.pdf (27.05.2002).

  Nutzen Sie die „Vier P des Marketing-Mixes" um relative Wettbewerbsvorteile zu erzielen und zu vermitteln: *Product, Place, Price, Promotion* (Produkteigenschaften, Distributionspolitik (im E-Shop insbesondere eine sichergestellte Verfügbarkeit des E-Shops und eine zuverlässige Logistik zur Auslieferung der bestellten Waren), Preis- und Konditionenpolitik, Sonderaktionen und Werbung – Kommunikationspolitik).

- Um den interessierten Kunden dauerhaft zu binden, müssen individuelle Kundenbeziehungen aufgebaut werden. Die Basis des Marketings sind Bedürfnisse, Wünsche und Nachfragen (siehe Höding, a.a.O.) des Kunden. Diese können speziell ermittelt und befriedigt werden, wenn der einzelne Kunde als kleinstes Marktsegment ("segment-of-one") analysiert werden kann.

- Es muss Vertrauen in das Unternehmen und die Produkte geschaffen werden. Im Bereich B2C stellen Marken (Brands) ein gewisses Kundenvertrauen her. Auch Gütesiegel und unabhängige Tests (Stiftung Warentest, TÜV IT etc.) schaffen Vertrauen. Das geschaffene Vertrauen muss selbstverständlich auch bestätigt werden. Gemachte Aussagen und Zusicherungen (z. B. zu Lieferzeiten und zur Warenqualität) müssen eingehalten werden. Beim Kunden setzt außerdem ein Gewöhnungseffekt ein: Zusatzleistungen werden nach einiger Nutzungszeit als selbstverständliche Grundleistungen angesehen.

Zusätzliche Funktionen, die besonders in größeren E-Shopsystemen bereits implementiert sind oder als Zusatzmodule nachträglich erworben und implementiert werden können, dienen dazu, vorrangig eine stärkere Kundenbindung durch einen erweiterten Service zu erzielen. Dies wird durch **CRM**-Software (Customer Relationship Management) erreicht. Sie beziehen sich auf die Personalisierung der Website, das Marketing, das CROSS SELLING (Verkauf eines weiteren Produktes an den Kunden nach dem Kauf eines Produktes), den Onlinesupport und die Auftragsverfolgung (ORDER TRACKING).

GLOSSAR S. 505

Produkteignung für den Onlinehandel

Nicht alle Produkte sind gleichermaßen für den elektronischen Handel geeignet. Ob eine Ware oder eine Dienstleistung über das Netz verkauft werden kann, hängt keinesfalls allein von deren Eigenschaften ab. Vielmehr spielen verschiedene Aspekte eine Rolle, die sowohl vom Betreiber eines E-Shops als auch vom Konsumenten beeinflusst werden. Dazu gehören beispielsweise

- der Auslieferungsaufwand für den E-Shopbetreiber,
- die Wahrnehmung der Produkteigenschaften durch den Konsumenten,
- die Bekanntheit des Produkts,
- das Vertrauen in den E-Shopbetreiber und
- der Preis des Produkts.

GLOSSAR S. 505

Aus der Sicht der E-Shopbetreiber gehören DIGITALE PRODUKTE oder Informationen zu den am einfachsten über das Internet zu vertreibenden Produkten. Dies liegt daran, dass kein Logistikunternehmen zusätzlich eingeschaltet werden muss, da die Lagerung digitaler Produkte unproblematisch ist. Darüber hinaus bietet sich gerade für digitale Güter der digitale Vertriebsweg an: Medienbrüche werden so vermieden. Bei der Anbietung von digitalen Produkten hat der Anbieter sicherzustellen, dass das unrechtmäßige Weiterverbreiten und Vervielfältigen (sog. „Raubkopien") verhindert werden. Eingesetzte Möglichkeiten sind hier z. B. nur einmalig benutzbare Links, nicht speicherbare Inhalte (z. B. Streaming) oder nicht übertragbare Inhalte (z. B. Digital Rights Management). DRM-geschützte Inhalte können nur bei Vorhandensein einer gültigen Lizenz wiedergegeben werden. Digitale Güter sind im Allgemeinen vom Umtausch ausgeschlossen (Auszug aus den Allgemeinen Geschäftsbedingungen von Amazon: „Ein Widerrufsrecht besteht nicht [...] bei Leistungen, die online (z.B. Software zum Download) übermittelt worden sind."

www.amazon.de/
exec/obidos/subst/
help/agb.html
(01.10.2002)

Entscheidend sind aus der Sicht der Konsumenten die Möglichkeiten der *Wahrnehmung und Bewertung von Eigenschaften* des Produkts. Die Hersteller von kommerziellen Softwareprodukten stellen deshalb ihren potenziellen Kunden Demo- und Evaluationsversionen zum Testen zur Verfügung, um eine endgültige Kaufentscheidung zu begünstigen. Zum

GLOSSAR S. 505

Beispiel werden Sie im Verlauf dieser Lerneinheit die DEMOVERSIONEN der beschriebenen E-Shopsystemsoftware DOWNLOADEN.

Als ein weiterer Eignungsfaktor ist die *Bekanntheit eines Produkts bzw. des Unternehmens* anzusehen sowie das Vertrauen des Kunden, das er zum Produkt oder zum Unternehmen aufgebaut hat. Eine Marke suggeriert dem Kunden Verlässlichkeit auf bestimmte zugesicherte Merkmale.

Ferner spielt der *Produktpreis* eine große Rolle. Produkte mit niedrigen oder moderaten Preisen eignen sich für den Onlinehandel besser als teure Produkte. Der Kunde geht ein Preisrisiko ein, das er verantworten kann, auch wenn der gekaufte Artikel den Erwartungen aufgrund fehlender sinnlicher Überprüfbarkeit nicht entspricht. Ähnlich verhält es sich bei solchen Produkten, über die sämtliche Informationen über das Internet vermittelt werden können, zum Beispiel Tickets für Veranstaltungen oder Flugreisen. Auch Lizenzen eignen sich für den Internetvertrieb.

Abbildung 1.2 visualisiert die Produkteignung nochmals in einer Grafik. Die gerade aufgestellten Thesen finden sich dort empirisch belegt.

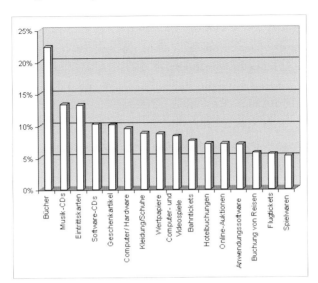

*Abb. 1.2
Rangliste der Eignung von Produkten/
Dienstleistungen
beim E-Commerce
(Quelle: Ergebnisse
der GfK-Online-
Monitor-Umfrage
vom 04.12.2002 bis
zum 28.01.2001*

www.ems.guj.de/
download/down-
load.php?file=ems_
gfk7te_erhebungs-
welle.pdf
(30.04.2002)

1.3 Prinzipieller Ablauf eines Onlineeinkaufs

In den folgenden Abschnitten lernen Sie die grundlegenden Funktionen eines E-Shops kennen. Es werden aus der Kunden- und Betreibersicht die Funktionen „Artikelauswahl", „Warenkorb", „Bestellung", „Bezahlung" und „LOGISTIK" erläutert.

GLOSSAR S.505

Funktionen eines Shopsystems

Wenn Sie selbst einen E-Shop planen, aufbauen und betreiben, müssen Sie innerhalb Ihres E-Shops stets zwei Perspektiven – die Kundensicht und die Betreibersicht – bedenken.

Damit das E-Shopsystem für den Betreiber all die Funktionen elektronisch umsetzt, die der herkömmliche Handel realisiert, müssen zahlreiche Details beachtet werden. Dabei ist die Palette der Umsetzungen vielschichtig. Kleine Shops genügen den Grundfunktionen wie Artikelpräsentation, Suchfunktion, Warenkorb, Bestellung und Bezahlung. Große Lösungen mit vielen Artikeln, ERP-System und CRM-Software umfassen vollständige Eigenentwicklungen mit vielen Merkmalen. Man unterscheidet zwischen *funktionalen Kriterien* und ADMINISTRATION und Verwaltung des E-Shopsystems. Die Funktionen, um die es im Nachfolgenden geht, dienen nicht nur der Erfüllung von Kundenbedürfnissen, sondern unterstützen auch den E-Shop-Betreiber.

GLOSSAR S.505

Ordnung für Artikelauswahl

Wenn die Liste der angebotenen Artikel länger wird, benötigt der E-Shop eine transparente Struktur für Artikel, Artikelgruppen und Kategoriebegriffe. Zum Beispiel in einem E-Shop für Heimwerkerbedarf:

- Elektrobedarf
  - Kabel
    - Kupferkabel (dünn)
    - Kupferkabel (dick)
  - Leuchtmittel
    - Glühbirnen
      - 60 W
      - 100 W
    - Energiesparlampen
      - 11 W

- Bad und Sanitär
  - Fliesen
    - weiß
    - beige
    - geblümt
  - Rohre
    - Halb Zoll
    - Viertel Zoll

Tabelle. 1.2:
Beispiel einer Artikel-
struktur in einem
Heimwerkergeschäft.

Der E-Shopaufbau muss dem Kunden ein schnelles Finden seines gewünschten Artikels ermöglichen. Übersichtlichkeit und eine gute Sortierung der Waren lassen sich unterschiedlich erreichen, z. B. alphabetisch, nach Warengruppen, nach Sonderangeboten oder nach Geräten und Zubehör. Der Betreiber sollte seinen Shop so einrichten, dass nach zwei bis drei Klicks der gesuchte Artikel gefunden wird. Sind die Artikel in einer Hierarchie geordnet, wie zum Beispiel in der Beispielstabelle 1.2, bietet sich der Einsatz einer Sitemap für den Artikelkatalog an. Eine Orientierungshilfe hilft auch Kunden, die ohne konkreten Kaufwunsch nur zum Stöbern kommen.

Warenkorb

Der Warenkorb ist das zentrale Element eines E-Shops und besteht aus einer Tabelle, die mit temporären Daten gefüllt ist und die nur die Daten zu den Artikeln enthält, die der Kunde in den Warenkorb gelegt hat. Der Warenkorb in einem E-Shop hat dieselbe Funktion wie der Einkaufswagen in einem Einkaufscenter. Das Hineinlegen von Waren, auch mehrerer gleichartiger Artikel, das Entfernen von Waren (also das Zurückstellen von Artikeln in das Regal) und das ständige Sehen aller im Warenkorb liegender Waren sollen problemlos funktionieren. Betritt ein Kunde den E-Shop erstmalig, ist die Tabelle „Warenkorb" leer. Die unten stehenden Abbildungen wurden der Übersichtlichkeit halber alle einem E-Shop entnommen. Welcher E-Shop letztlich zur Veranschaulichung herangezogen wird, ist nahezu beliebig.

Abb. 1.3
Der leere Warenkorb
eines E-Shops, hier
am Beispiel von
Amazon.de

www.amazon.de
(28.05.2002)

Wählt der Kunde seinen ersten Artikel aus und legt ihn in den Warenkorb – bei unserem Beispiel Amazon auch als „Einkaufswagen" bezeichnet – wird eine Tabelle mit temporären Daten für nur diesen Kunden angelegt. Die Warenkorbtabelle bekommt in den internen Abläufen des Shopsystems einen einmaligen eindeutigen Namen (individuelle Besuchernummer), der nur für diese EINKAUFSSITZUNG gültig ist. Durch diese eindeutige Kennung ist sichergestellt, dass die Warenkörbe der einzelnen Kunden nicht durcheinander geraten. Dies gilt nur für datenbankgestützte/CGI Lösungen.

GLOSSAR S. 505

Abb. 1.4
Auswahl eines
Artikels, hier am
Beispiel von
Amazon.de

www.amazon.de
(31.08.2002)

In den Warenkorb des E-Shops können beliebig weitere Artikel hinzugefügt werden, wobei sich die Tabelle „Warenkorb" füllt. Mit „Zum Einkaufswagen" werden im Browserfenster des Kunden alle Daten des Warenkorbes tabellarisch gelistet und Zeilenpreise (Artikelpreis mal Stückzahl plus Mehrwertsteuer, eventuell Versandkosten) und Gesamtpreis (Summe aller Zeilenpreise) berechnet und angezeigt.

Abb. 1.5
Der Warenkorb eines
E-Shops im Über-
blick, hier am Beispiel
von Amazon.de

www.amazon.de
(31.08.2002)

Der Kunde braucht und erwartet die Möglichkeit, den Kaufvorgang beliebig durchführen zu können. Er soll also im Warenkorb liegende Artikel entfernen und deren Stückzahl ändern können. Die Funktionen „Zurück zum Katalog" und „Zur Kasse gehen" dürfen nicht fehlen (Diese Funktionen können Sie auch in der Abb. 1.5 erkennen. Beachten Sie die Buttons „Einkauf fortsetzen" und „zur Kasse gehen".)

Für datenbankgestützte CGI-Lösungen gilt: Die Tabelle mit temporären Daten „Warenkorb" dient als Datenbasis für den nachfolgenden Bestellvorgang. Aus diesen Daten werden für die weiteren Schritte Listen für die Bestellbestätigung per E-Mail generiert, z. B. Lieferschein und Rechnung. Bis zum Abschluss des Bestellvorganges bleibt der Warenkorb im aktiven Bereich des Systems erhalten, d.h. der Warenkorb wird unter einer Sitzungskennung für den Kunden für einen definierten Zeitraum gespeichert. Kommt kein Bestellvorgang zu Stande, wird der Warenkorb nach einer festgelegten Zeit (TIME OF LIFE) gelöscht. Kommt ein Bestellvorgang zu Stande, werden die Warenkorbdaten in andere Datenbanken übertragen und der Warenkorb gelöscht. Damit wird der eigentliche Warenkorb aus dem aktiven Bereich entfernt.

GLOSSAR S. 505

▶ **Anmerkung**:

E-Shop-Betreiber müssen mit von Kunden erlangten Daten sehr vorsichtig umgehen. Bereits die Erhebung personenbezogener Daten ist grundsätzlich verboten, es sei denn, es handelt sich um Bestands-, Nutzungs- oder Abrechnungsdaten oder die betroffene Person hat in die Erhebung eingewilligt. Auch Nutzungs-, Bestands- und Abrechnungsdaten dürfen nur eine gewisse Zeit gespeichert, keinesfalls an Dritte weitergegeben und zu Marketingzwecken ausgewertet werden. Kundenprofile dürfen nur anonymisiert angelegt werden. An die Einwilligung des Betroffenen werden hohe Anforderungen gestellt. Zur weiteren Vertiefung zum Thema Datenschutz wird empfohlen:
„Orientierungshilfe Tele- und Mediendienste", herausgegeben vom Hamburgischen Datenschutzbeauftragten

(http://fhh.hamburg.de/coremedia/generator/Aktuell/weitere-einrichtungen/datenschutzbeauftrager/veroeffentlichungen/informationsmaterialien/internet/orientierungshilfe-tele-und-mediendienste.html)
(01.10.2002)

▶ **Übung**
Schauen Sie sich verschieden realisierte Warenkörbe im Internet selbst an. Gehen Sie in einen E-Shop, legen Sie einige Artikel in Ihren Warenkorb und probieren Sie aus, welche Warenkörbe Ihrer Ansicht nach gelungen sind und welche nicht. Wenn Sie einfach den Kaufprozess nicht fortsetzen, also keine Bestellung auslösen, wird der Warenkorb nach einer gewissen Zeit verworfen.

Bestellung und Bestellstatusabfrage

Folgende Fragen sind bei der Abwicklung einer Kauftransaktion wichtig:

- Wie erfolgt die Bezahlung?
- Wie erfolgt die Warenlieferung?
- Wie sind meine für diesen Vorgang erforderlichen Dateneingaben vor Dritten geschützt?
- Wie kann ich bis zum Ende des Kaufvorgangs die Bestellung verfolgen?

Kommt das System den breitgefächerten Kundenwünschen wenig oder nicht nach, brechen viele Kunden den Kaufvorgang ab, bevor sie eine Bestellung ausgelöst haben. Shopsysteme optimieren ihre Webseiten kontinuierlich und lassen Erkenntnisse aus Umfragen und Marktforschungsanalysen einfließen.

Mit dem Auslösen der Bestellung beginnt die transaktionsorientierte Phase. Sie beinhaltet die Punkte

- Zahlungsmittel verifizieren,
- Auslieferung veranlassen,
- Lagerbestand abbuchen und
- Rechnungsbetrag einziehen.

Diese Transaktionen müssen erfolgreich ablaufen; scheitert eine Transaktion, wird der gesamte Vorgang rückgängig gemacht. Ergebnis dieser transaktionsorientierten Phase ist ein abgeschlossener Auftrag oder dessen Stornierung.

In hochwertigen E-Shopsystemen meldet sich der Kunde immer mit einer Kennung (Name, Passwort) an. Nach dieser Identifizierung kann er sich jederzeit über seinen Bestellstatus informieren. In jedem E-Shopsystem sollten dem Kunden Möglichkeiten für Rückfragen und zur Kontaktaufnahme eingeräumt werden. E-Shops auf der Basis von OPENSTORE P4.2.0.6 und s ShopBuilder Pro 2 verfügen in der Grundausstattung nicht über eine individualisierte Kundenanmeldung. Bei OPENSTORE P4.2.0.6 erhält ein Kunde bei Angabe seiner E-Mail-Adresse eine Bestätigungsmail. Die durch GS ShopBuilder Pro 2 generierten E-Shops bestätigen lediglich im Browserfenster die erfolgreiche Bestellung. Der E-Mail-Versand wird durch eine entsprechende Zusatzsoftware (häufig: Formularverarbeitungs CGI) geleistet.

Zahlungsmodelle

Die Zahlungsarten (Nachnahme, Rechnung, Lastschrift) werden durch die elektronischen Möglichkeiten (Kreditkarte bis Micropayment) ergänzt. Für elektronische Zahlungssysteme benötigt der E-Shopbetreiber nicht nur die erforderliche Technik, sondern auch Verträge mit Kreditinstituten und anderen Anbietern (zum Beispiel iclear).

Abb. 1.6
Statistik Zahlungssysteme

http://
de.forrester.com

Es gibt vier prinzipielle Zahlungsmodalitäten (Nachnahme, Rechnung, Lastschrift und Kreditkarte). Die traditionellen Verfahren wie *Nachnahme* oder *Rechnung* haben sich, wie aus Abbildung 1.6 hervorgeht, etabliert und sind beim potenziellen Kunden bekannt. Mehr als die Hälfte der Internetkäufer in Europa bevorzugen klassische Zahlungsformen (Studie Europe Benchmark vom 29.10.2001, http://de.forrester.com). Der E-Shopbetreiber tritt zunächst in Vorleistung und trägt damit das Zahlungsrisiko. Bei kreditkartenbasierten Zahlungssystemen wird die Ware über die *Kreditkarte* abgerechnet. Der Kunde muss zumeist nur die Kartennummer und das Gültigkeitsdatum eingeben. Der E-Shopbetreiber

GLOSSAR S. 505

kann die Angaben so akzeptieren oder zusätzlich über eine CLEARING-STELLE abfragen, ob das Kundenkonto überhaupt gedeckt ist. Die meisten E-Shopbetreiber bevorzugen dieses Zahlungssystem, denn das Bonitätsrisiko trägt das Kreditkartenunternehmen und nicht sie. Der *Bankeinzug* per *elektronischer Lastschrift* ist zumeist lokal begrenzt und hat ansonsten mit denselben Problemen zu kämpfen wie die Zahlung per Kreditkarte: die Übermittlung sensibler Daten über das Netz, die wegen des Sicherheitsrisikos nicht mehr ohne sichere Verbindung realisiert wird.

Die neuen Zahlungssysteme müssen drei Grundkriterien erfüllen:

- Geschwindigkeit: Zwischen Zahlungsanweisung und tatsächlicher Ausführung der Zahlung dürfen nur wenige Sekunden vergehen.
- Einfachheit: Die Zahlungsanweisung muss leicht einzugeben sein.
- Sicherheit: Es müssen genügend Mechanismen zum Schutz vor Missbrauch vorhanden sein.

Wir unterscheiden drei Anforderungen an ein sicheres Zahlungssystem:

- Vertraulichkeit: Kein Dritter soll Daten wie beispielsweise Kreditkarten- oder PIN-Nummern ausspähen können.
- Integrität: Eine Veränderung der Daten auf dem Weg vom Absender zum Empfänger darf nicht möglich sein.
- Authentizität: Durch gegenseitige Authentisierung stellen beide Partner sicher, dass sie diejenigen sind, für die sie sich ausgeben.

http://
jurcom5.juris.de/
bundesrecht/sigg_
2001/
(27.05.2002)

Diese drei Anforderungen sollen in Zukunft von der digitalen Signatur gewährleistet werden. Unter http://jurcom5.juris.de/bundesrecht/sigg_ 2001/ (Abruf: 27.05.2002) kann das am 22.05.2001 in Kraft getretene Signaturgesetz eingesehen werden. Dieses Gesetz regelt die Voraussetzungen der elektronischen Signatur. Die rechtlichen Wirkungen allerdings nicht. Seit August 2001 bestehen neue Formvorschriften, die dem Umstand, dass die technische Realisierung der Authentifizierbarkeit nunmehr rechtlich anerkannt ist, Rechnung tragen (siehe §§ 125 ff BGB). Zur Vertiefung dieses Themas wird dem Studenten empfohlen, selbständig mit Hilfe verschiedener Suchmaschinen zur digitalen Signatur und den Folgen des Signaturgesetzes zu recherchieren.

Logistik und Lieferungsmodalitäten

Die Lieferungsmodalitäten stehen im engen Zusammenhang mit den Zahlungsverfahren eines E-Shops. Viele E-Shopbetreiber bieten die Kombinationen „Lieferung mit Nachnahme oder Rechnung", „Bankeinzug" oder „Erste Lieferung nur nach Bezahlung (Vorkasse)" an.

Voraussetzung für eine erfolgreiche Auslieferung ist das Vorhandensein der Waren im Lager. Achten Sie darauf, dass die im E-Shop angegebene Verfügbarkeit auch gewährleistet ist. Nicht eingehaltene Lieferzeiten werden von Kunden negativ bewertet. Für den Versand selbst ist es am einfachsten, auf vorhandene Liefer- bzw. Kurierdienste zurückzugreifen und mit diesen Verträge abzuschließen. Bei den Logistikunternehmen (z. B. ups) können E-Shop-Betreiber und Kunde den Standort und die voraussichtliche Ankunftszeit einer Bestellung an Hand der Liefernummer online verfolgen. Sorgen Sie auch für eine schnelle und einfache Abwicklung von Rücksendungen. Bedenken Sie hier auch das gesetzlich festgelegte Rücktrittsrecht (Fernabsatzgesetz).

Der Aufbau eines eigenen Lieferdienstes ist nur zu empfehlen, wenn in einem regional begrenzten Raum Produkte ausgeliefert werden sollen, beispielsweise wenn der Besitzer eines kleinen Geschäftes für frische Waren oder Lebensmittel die umliegenden Wohngebiete mit Produkten versorgen möchte und Bestellungen online entgegennimmt. Ein eigenes Logistiknetz für überregionalen Versand zu etablieren, ist aufgrund des Aufwandes zu kostspielig. Nicht ohne Grund greifen auch große Internethandelshäuser wie Amazon auf bestehende Lieferdienste zurück oder versenden ihre Produkte mit der Post.

www.amazon.de

Versandkosten fallen je nach Versandart und Logistik-Unternehmen unterschiedlich an. Noch vor Abschluss des Bestellauftrages sollten dem potenziellen Käufer die Auswahlmöglichkeiten des Versandes und die anfallenden Kosten transparent dargestellt werden.

1.4 Kurzbeschreibung der behandelten Shopsysteme

In diesem Abschnitt werden Ihnen kurz die beiden in dieser Qualifizierungseinheit behandelten E-Shopsysteme vorgestellt sowie Informationen gegeben, wo die Demoversionen der E-Shopsysteme und die benötigten Handbücher und Dokumentationen erhältlich sind.

OPENSTORE

www.openstore.de/
de/index.html

GLOSSAR S. 505

Das Konzept von OPENSTORE Shopsystem P4.2.0.6 der Firma LEITBILD Media GmbH orientiert sich an einer einfachen Bedienbarkeit der Werkzeuge OPENSTORE Engine und OPENSTORE Konverter für einen E-Shop und an einer weitgehenden Unabhängigkeit von einem SERVER, wie in den nachfolgenden Lerneinheiten sichtbar werden wird. Eine Verwaltungssoftware, bestehend aus dem Modul OPENSTORE Engine und dem MODUL zur DATENKONVERTIERUNG, dem OPENSTORE Konverter, hilft dem Betreiber, seinen E-Shop zu gestalten und zu administrieren, wie später noch zu zeigen sein wird. Die OPENSTORE Engine- und Konverter-Software wird auf einem LOKALEN COMPUTER betrieben, welcher zum Veröffentlichen des E-Shops auf einem Server einen Zugang zum Internet benötigt.

OPENSTORE P4.2.0.6 verwendet HTML-Seiten und JAVASCRIPT-SKRIPTE für seinen E-Shop. Teile dieses Grundgerüsts kann man verändern und so den E-Shop an das gewünschte Design und die gewünschte Funktionalität anpassen. Durch die Verwendung von CLIENTSEITIGEN Skripten ist es mit OPENSTORE P4.2.0.6 ohne Erweiterungsmodule möglich, fast vollkommen ohne SERVERSEITIG laufende Programme oder Skripte auszukommen. Mittels der JavaScript-Skripte werden die Artikel im Browser aufgelistet, der Warenkorb zusammengestellt, die Preise berechnet und andere Funktionen – wie noch besprochen wird – realisiert. Es gibt keine Datenbank für die Artikeldaten. Daten zu Artikeln werden als Skriptdateien bereitgestellt.

Mit dem Modul OPENSTORE Engine P4.2.0.6 wird das E-Shopsystem verwaltet. Damit kann man Einfluss auf Gestaltung, E-Shopeinstellungen (Währungen, Rabatte, Mehrwertsteuer, Versandkosten etc.), Kategorisierung und Anordnung der Artikel und einige weitere Einstellungen nehmen. OPENSTORE Engine editiert für Sie HTML-Dateien und Skripte entsprechend Ihrer in der OPENSTORE Engine P4.2.0.6 vorgenommenen Einstellungen. Die Einstellungen werden in der Voreinstellungsdatei gespeichert.

Das Modul OPENSTORE Konverter P4.2.0.6 mit dem Dateiinspektor zusammen unterstützt Sie beim IMPORT der Artikeldaten aus einer Datenbank in das E-Shopsystem und bei der Pflege von Artikeldaten zum Beispiel von Preisänderungen. Der Konverter generiert dabei Artikeldateien aus Dateien, die er aus Datenbanken ausliest. Die Daten zu den Artikeln können mittels des Dateiinspektors verändert werden.

GLOSSAR S. 505

GS ShopBuilder Pro 2

Der GS ShopBuilder Pro 2 ist eine Software zur Erzeugung eines professionellen E-Shops für den Bereich „Business-to-Consumer" (B2C).

Die Daten der Artikel werden in einer lokalen Datenbank beim Betreiber gepflegt. Ein Modul zum Importieren von Bildern ist integriert, so dass Bilder komfortabel ausgetauscht werden können. Mit dem implementierten FTP-Modul lassen sich die E-Shopdateien komplett oder nur die Veränderungen zum E-Shop übertragen. Die folgende Tabelle 1.3 zeigt den direkten Vergleich zu OPENSTORE. Nachdem Sie die beiden E-Shopsysteme kennen gelernt haben werden, erfolgt in der *Lerneinheit 14* eine ausführliche Gegenüberstellung.

Seite 464

	OPENSTORE P4.2.0.6	GS ShopBuilder Pro 2
Einschränkungen Demoversion	30 Tage Limit Bestellungen nur im Demomodus (OPEN Mail)	maximal 10 Artikel maximal 5 Warengruppen kein Datenimport keine Internetveröffentlichung
Umwandeln in VOLLVERSION	Eintragen der erworbenen Registriernummer in die Demoversion	Eintragen der erworbenen Registriernummer in die Demoversion
Speicherung Artikeldaten	*Lokal* als CSV-Text Dateien und als JavaScript-Dateien je Warengruppe *Online* (WEBSERVER) nur als JavaScript-Dateien je Warengruppe Keine Datenbank	*Lokale* Datenbank (BDE erforderlich) *Online* als HTML-Dateien und XML-Dateien
Artikelzahl	Deutlich unter 10 000 empfehlenswert, sonst zu große Wartezeiten Dies betrifft die integrierte Suche (alle Arrikel) da hier alle Arrikeldateien zu einer gesamten zu durchsuchenden Artikeldatei zusammengefügt werden. Dies ist zu lösen mit differenziertem (ohnehin sinnvollem) Auswahlmenü (= kleine, übersichtliche Artikeldateien) und zudem mit dem Einsatz von EXTENDED Search	Weniger als 100 000 empfehlenswert, sonst zu große Wartezeiten
Warengruppen	Max. 3 Ebenen	Beliebige Hierarchie
FTP-Unterstützung	Minimaler FTP-CLIENT integriert	Vollwertiger FTP-Client integriert mit HISTORY-VERWALTUNG (nur geänderte Dateien übertragen)
Datenimport	CSV-Dateien	Mehrere Datenformate (wird besprochen, wenn thematisch relevant)

Tabelle. 1.3: Vergleich der beiden E-Shopsysteme OPENSTORE p4.2.0.6 und GS ShopBuilder Pro 2

GLOSSAR S. 505

▶ **Anmerkung**:

Die Angaben zur maximalen Artikelanzahl richten sich nach den Empfehlungen der Hersteller. Diese Zahlen sollten Sie jedoch kritisch hinterfragen. In der Praxis ist bereits ab einer Artikelanzahl von ca. 500, spätestens jedoch bei 1000 und mehr Artikeln, ein Umstieg auf leistungsstärkere Systeme erwägenswert. Auch wenn eine Verwaltung großer bis sehr großer Artikelbestände mit OPENSTORE und GS ShopBuilder Pro technisch möglich ist, so ist ihr Einsatz nicht unbedingt sinnvoll. Datenbankbasierten E-Shop-Lösungen ist dann der Vorzug zu geben. Als ein Beispiel sei hier die Lösung Intershop 4 ePages von Intershop angegeben, die auch STRATO seinen Kunden anbietet. Dieses E-Shopsystem wird in der TEIA-Qualifikationseinheit „Intershop 4 ePages, Lehrbuch: ISBN 3-935539-77-0" behandelt.

Herunterladen der Demoshops, Handbücher und Dokumentationen

Für die Durchführung von Übungen werden Sie zwei E-Shopsysteme installieren und zum Aufbau von E-Shops benutzen. Beide E-Shopsysteme werden von den Herstellern als Demoversionen auf deren Websites zum Download bereitgestellt. Die Demoversionen können nach der Installation nachträglich durch die Registrierung und den Erwerb der Lizenz zu Vollversionen ohne Verslust von schon vorgenommen Einstellungen aufgerüstet werden.

Bevor Sie mit dem Herunterladen von Dateien beginnen, sollten Sie eine Verzeichnisstruktur auf Ihrem lokalen Rechner aufbauen.

Verzeichnisstruktur:

`C:\qe-shops`	Das Hauptverzeichnis
`C:\qe-shops\uebung`	Hier speichern Sie Ihre Übungsdateien, Daten usw.
`C:\qe-shops\openstore`	Das OPENSTORE Startverzeichnis
`C:\qe-shops\openstore\dokumente`	Für Ihre Openstore Dokumente, Handbuch usw.
`C:\qe-shops\gs-shop`	Das GS ShopBuilder Startverzeichnis
`C:\qe-shops\gs-shop\dokumente`	Für Ihre GS ShopBuilder Dokumente, Handbuch usw.

In diese Verzeichnisse sollen dann die Programme, Demoversionen und Dokumentationen abgelegt werden.

Wir empfehlen Ihnen diese oder eine ähnliche Struktur, damit Sie beispielsweise die Dateien, Handbücher und Dokumentationen in das jeweilige Verzeichnis „Dokumente" ablegen können.

Downloads OPENSTORE

www.openstore.de/
de/index.html

Sie finden alle Dokumentationen, Installationsdateien und Informationen auf der Website http://www.openstore.de/de/index.html.

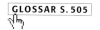

GLOSSAR S. 505

www.openstore.de/
de/documents/
index.html.

Die Dokumentationen zu den Produkten von OPENSTORE finden Sie als **PDF**-Dateien, einschließlich einem Link zum aktuellen Adobe Acrobat Reader (dem erforderlichen Lese- und Druckprogramm für PDF-Dateien), unter dem Querverweis für Dokumentationen bei: http://www.openstore.de/de/documents/index.html.

Klicken Sie mit der rechten Maustaste auf jedes einzelne Dokument und wählen Sie „Ziel speichern unter ..." (MS Internet Explorer) bzw. „Verknüpfung speichern unter..." (Netscape 6) zum Speichern einer Datei in das von Ihnen angelegte Verzeichnis „C:\qe-shops\ openstore\dokumente". Haben Sie auch den zum Lesen erforderlichen aktuellen Adobe Acrobat Reader auf Ihrem Rechner installiert, können Sie diese Dateien lesen und, wenn Sie möchten, auch Seiten ausdrucken.

Bitte laden Sie in jedem Fall das Handbuch zu OPENSTORE herunter, da in den folgenden Lerneinheiten häufiger darauf verweisen wird.

Abbildung 1.7:
Dokumente für das
E-Shopsystem
OPENSTORE

www.openstore.de
de/documents/
index.html
(28.05.2002)

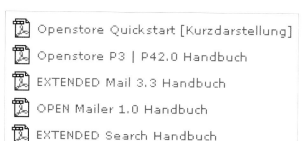

42

Die zum Durchführen der Übungen zu OPENSTORE P4.2.0.6 erforderliche Demoversion (mit voller Funktionalität wie die Vollversion, aber nur 30 Tage nach der Installation nutzbar) finden Sie unter dem UNTERVERZEICHNIS für Downloads sowie auf beiliegender CD.

www.openstore.de
de/downloads/
index.html

Demoversion
Openstore

GLOSSAR S.505

Gehen Sie auf der Website wie folgt vor:
1. Wählen Sie jeweils die neueste Version für Ihr Betriebssystem aus.
2. Wählen Sie die zutreffende Option im Feld „Wie sind Sie auf OPENSTORE aufmerksam geworden?" aus. Tipp: Abonnieren Sie den angebotenen NEWSLETTER. Sie erhalten dadurch News und wichtige Hinweise vom Hersteller.
3. Klicken auf „OK & Download".
   Es wird eine neue Webseite geöffnet, die über die angebotenen Demoversionen informiert und sie zum Download bereithält.

Abbildung 1.8:
Übersicht
OPENSTORE-
Versionen

	HTTP	FTP
¬ OPENSTORE Demoversion P3.1.0:		
Openstore P3.1.0.3 SetupP3.exe, ca. 2,8 Mb (Win)	exe	exe
Openstore P3.1.0.3 Installer.sit, ca. 2,8 Mb (Mac)	sit	sit
Openstore P3.1.0.3 Installer.sit, ca. 3,0 Mb (Mac OS X)	sit	sit
¬ OPENSTORE Demoversion P4.2.0:		
Openstore P4.2.0.6 SetupP42.exe, ca. 2,9 Mb (Win)	exe	exe
Openstore P4.2.0.6 Installer.sit, ca. 2,9 Mb (Mac)	sit | hqx	sit | hqx
Openstore P4.2.0.6 Installer.sit, ca. 3,1 Mb (Mac OS X)	sit | hqx	sit | hqx
¬ (ältere) Updates:		
¬ OPENSTORE Update P4.1.0.5 -> P4.1.0.5v2:		
Update P4.1.0.5v2 UpdateP4.exe, ca. 0,4 Mb (Win)	exe	exe
Update P4.1.0.5v2 Installer.sit, ca. 0,3 Mb (Mac)	sit	sit

www.openstore.de/
de/downloads/
downloads.html
(01.10.2002)

4. Wählen Sie aus „OPENSTORE Demoversion P4.2.0.6" die für Sie zutreffende Version aus. Klicken Sie auf `exe`, `sit` oder `hqx`. Sofern Sie sich für die obige Ordnerstruktur entschlossen haben sollten, speichern Sie die auszuführende Installationsdatei in `C:\qe-shops\openstore\`.

Seite 84 Die eigentliche Installation von OPENSTORE wird in *Lerneinheit 3* beschrieben.

Downloads GS ShopBuilder

Die Demoversion des GS ShopBilder Pro 2 können Sie downloaden. Der Downloadder Demoversion des GS ShopBuilder Pro2 verläuft anders als bei OPENSTORE. Die Dokumentationen (Handbuch) sind bereits mit im Paket enthalten. Über den URL http://www.gs-shopbuilder.de/download_gssbpro.htm und mit dem Klick auf „Download" gelangen Sie auf die abgebildete Seite (Abb. 1.9). Folgen Sie einfach den Anweisungen und laden Sie sich die entsprechende Datei herunter. Zum Betrachten müssen Sie die Dateien, die „gezippt" vorliegen, entpacken. Mehr dazu erfahren Sie im *Abschnitt 9.2 – Installation der Demoversion.*

www.
gs-shopbuilder.de/
download_
gss-pro.htm

Sowohl die Installationsdatei als auch die Dokumentation können Sie in die vorbereiteten Verzeichnisse kopieren, siehe *Abschnitt 1.4.3.*

Seite 282
Seite 41

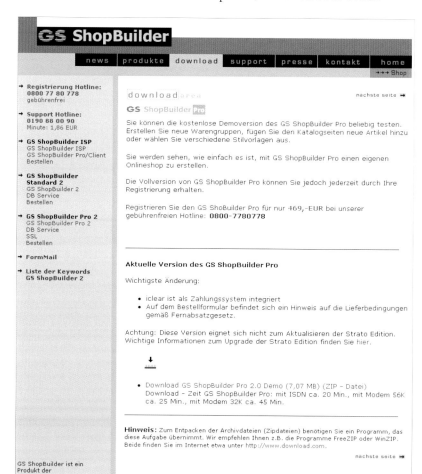

*Abbildung 1.9:
Download des GS
ShopBuilder Pro 2*

www.gs-shopbuil-
der.de/download_
gssbpro.htm
(28.05.2002)

1.5 Beschreibung des Übungsbeispieles

\Uebungsmaterialien\
Material-OS.zip

\Uebungsmaterialien\
Material_GS.zip

KMU-shop-gs/
index.html

KMU-shop-os/
index.html

Sie werden in zahlreichen Übungen schrittweise E-Shops erstellen. Damit Sie eine Vorstellung davon erhalten, wie die E-Shops aussehen, wurden mit dem Übungsmaterial (Daten zu Artikeln, Bilder usw.), das wir Ihnen auf der CD bereitstellen, einfache beispielhafte E-Shops zusammengestellt. Die ZIP-DATEIEN müssen Sie lokal speichern und in das Verzeichnis C:\qe-shops\uebung auspacken.

Sehen Sie sich die Beispielshops in der Variante OPENSTORE und in der Variante GS ShopBuilder Pro 2 an.

So wie diese Beispiele der E-Shops werden Sie mit dem Übungsmaterial einen Büroartikelshop aufbauen, den wir „KMU-Shop" nennen wollen.

Voraussetzungen zur Übungsdurchführung

Die Übungsmaterialien, wie Daten zu Artikeln, Artikelbeschreibungen und Bilder werden Ihnen in den jeweils notwendigen Dateiformaten bereitgestellt.

www.adobe.de

www.jasc.de

Seite 90

Für die Durchführung der Übungen müssen Sie keine Bilder ändern. Haben Sie trotzdem Interesse, Anpassungen oder Veränderungen an Bilddateien vorzunehmen, wird ein Bildbearbeitungsprogramm (beispielsweise Adobe Photoshop oder auch Paint Shop Pro von der Firma Jasc) empfohlen (siehe dazu auch *Abschnitt 3.1.1*).

Erforderlicher Webspace

Für die Durchführung der Übungen benötigen Sie einen Zugang zum Internet. Um den erstellten Übungsshop online sehen zu können, benötigen Sie Zugang zu WEBSPACE, den Ihnen ein ISP (Internet Service Provider) zur Verfügung stellen kann. Sie können ohne weiteres für die Übungen die Übungsshops in einem Verzeichnis Ihrer Homepage anlegen. Informationen zur Webspace-Nutzung erhalten Sie durch das TEIA-Material „Webspace für Studenten". Sie benötigen außerdem eine E-Mail-Adresse, über die Sie aber bestimmt schon verfügen.

GLOSSAR S. 505

Handbücher

Benutzen Sie zur Vertiefung Ihres Wissens die Handbücher zur Software. Manches Detail wird darin gründlicher erläutert als es hier geschehen kann, da der Schwerpunkt der Lerneinheiten auf der Befähigung zur Einrichtung und zum Betrieb eines E-Shops liegt und die Produktdetailfunktionalitäten daher nicht im Vordergrund stehen. Soweit in den folgenden Lerneinheiten auf Abschnitte in den Handbüchern verwiesen wird, so sollten Sie diesen Hinweisen stets folgen. Zögern Sie aber auch nicht, bei Unklarheiten eigenständig im Handbuch nachzulesen.

Besonderheiten der Demoversionen

Die Demoversion des OPENSTORE Shopsystem P4.2.0.6 ist für 30 Tage voll funktionstüchtig. Sie werden die Lerneinheiten 3 bis 8 allerdings problemlos in 30 Tagen schaffen.

Beim GS ShopBuilder Pro 2 benötigen Sie eine registrierte Version, wenn Sie die Übungen zum Veröffentlichen Ihres lokal angelegten Shops durchführen. Aus der Demoversion wird durch das einfache Eintragen der erworbenen Registriernummer eine Vollversion. Die dafür anfallenden Kosten entnehmen Sie bitte nebenstehende Webseite. Die Demoversion lässt neben dem Datenimport das Hochladen auf einen Webserver nicht zu. Auch die registrierte STRATO-EDITION der Angebote „STRATO Power-Shop" und „STRATO Premium-Shop" ist für die Durchführung unserer Übungen allerdings ausreichend.

www.gs-shopbuilder.de/download_gssbpro.htm

[2] TECHNISCHE GRUNDLAGEN

Seite 15

Alle E-Shoplösungen im Business-to-Consumer-Bereich (B2C) (siehe *Abschnitt 1.1.1*) haben gemeinsam, dass sie im Internet betrieben werden. Mit den allgemeinen Diensten wie z. B. E-Mail, Newsgroups und WWW stehen die Technologien bereit, um das Kaufen und Verkaufen von Waren und Dienstleistungen via Internet zu ermöglichen – unabhängig von Zeit und Ort. Auch kleine und mittelgroße Anbieter können mit ihrem E-Shop unabhängig von Ladenöffnungszeiten global präsent sein.

In dieser Lerneinheit möchten wir die technischen Hintergründe beleuchten, die einen reibungslosen E-Shop-Betrieb im Internet ermöglichen. Dabei soll es jedoch nicht darum gehen, die Internettechnologie von Grund auf zu behandeln – hierfür stehen eigenständige Qualifikationseinheiten bereit. Wie bereits in Lerneinheit 1 gesagt, werden grundlegende Kenntnisse in HTML vorausgesetzt, Kenntnisse in SQL und JAVASCRIPT sind von Vorteil.

Aus Kundensicht sind Ihnen die im E-Shop ablaufenden Prozesse sicherlich bereits bekannt. Der Ablauf ist analog zum Einkauf im klassischen Einzelhandel: Sie betreten das Geschäft, wählen Waren aus und legen diese in den Warenkorb. Während des Einkaufs können Sie beliebig weitere Waren zum Warenkorb hinzufügen oder auch Waren wieder zurückstellen. Anschließend gehen Sie zur Kasse und führen den eigentlichen Kaufvorgang durch. Im E-Shop lösen Sie zum Abschluss des Einkaufs eine Bestellung aus. Nach Klärung der Zahlungs- und Liefermodalitäten werden eventuell

Rabatte gewährt. Bezahlung und Lieferung der Waren schließen den Vorgang ab. Der Händler muss dafür eine Infrastruktur bereitstellen, die dem Käufer nicht immer bewusst ist. Als potenzieller E-Shopbetreiber sollten Sie diese Vorgänge und die technischen Zusammenhänge jedoch kennen.

Wir werden Sie mit dem Client-Server-Modell vertraut machen und Ihnen Grundlagen zur Webseiten-Gestaltung vermitteln. Die Abschnitte „Datenbanken" und „Sichere Datenübertragung" sollen Ihr technisches Verständnis der Zusammenhänge vervollständigen und abrunden.

2.1 Das Client-Server-Prinzip

Das Internet funktioniert anders als ein Anwendungsprogramm (z.B. Textverarbeitung) auf Ihrem Computer. Als Nutzer des Internets haben Sie zwar – während einer Onlinesitzung – ständigen Kontakt mit dem Internet Service Provider (ISP), aber nicht ständigen Kontakt zu einem oder vielen Servern. Sie haben nur im Moment des Erteilens einer Anfrage (vergleichbar mit einer Aufgabenstellung) an einen Server im Internet und nur im Moment des Empfangs einer Antwort vom Server Kontakt. Die Anfragen (*Request*) kommen dabei vom so genannten *Client*, die Antwort (*Response*) liefert der *Server*. Die Beziehung zwischen Client und Server wird das *Client-Server-Prinzip* genannt.

GLOSSAR S. 505

Während eines Einkaufs in einem E-Shop sind mehrere dieser Kommunikationsschritte (Anfrage – Antwort) nötig. Dazwischen besteht keine Verbindung zwischen Client und Server. Das heißt, der Server weiß a priori nicht, ob eine Anfrage von einem Client stammt, der bereits vor wenigen Minuten eine Anfrage gestellt hat, oder ob es sich dabei um einen völlig neuen Besucher handelt. Spezielle Technologien erlauben das Zuordnen mehrerer aufeinanderfolgender Anfragen zu einer *Sitzung* (Session).

In diesem Abschnitt möchten wir Ihnen das Client-Server-Prinzip sowie die dafür nötigen Protokolle näher erläutern.

Das Zusammenspiel Client – Server im Internet

Ein Server ist, vereinfacht gesagt, ein Rechner, der ständig mit dem Internet verbunden und durch eine weltweit eindeutige Adresse ansprechbar ist. Server sind prinzipiell für ganz spezifische Aufgaben eingerichtet, es gibt beispielsweise Server für E-Mails oder für dass WWW, je nachdem, welche Aufgaben sie erfüllen sollen. Bei kleineren Strukturen kann ein physischer Server auch mehrere dieser Aufgaben ausführen. Erhält ein Server eine Anfrage, die er erfüllen kann (ein E-Mailserver kann beispielsweise keine Webseitenanfragen beantworten und ein Webserver ist nicht für FTP-Dienste geeignet), dann wird er diese Aufgabe erledigen und das Ergebnis an den Client zurücksenden. Kann er die Anfrage nicht beantworten, schickt er eine Fehlermeldung zurück. Ein Server ist also eine Art „Diensterbringer" zur Erfüllung von Aufgaben.

GLOSSAR S. 505

Wie läuft der Prozess bei Benutzung des WWW ab?

In diesem Fall ist der Client meist der so genannte *Browser*, der auf dem Rechner des Nutzers installiert ist. Im Browser wird dann der Uniform Resource Locator (URL) (praktisch die Adresse der Website, siehe unten – „Die Adressierung") der gewünschten Seite eingegeben. Nach dem Absenden der Eingabe des URL wird die Erteilung einer Anfrage an einen Server ausgelöst. Die Anfrage lautet – umgangssprachlich umschrieben – etwa folgendermaßen: „Server www.adresse.de, schicke mir die Datei /liste/news.htm, ich bin Client w.x.y.z". Auch jeder Clientrechner hat eine weltweit eindeutige Adresse, die der Server benötigt, um die Antwort an den richtigen Client zu schicken. Nun überprüft der WWW-Server www.adresse.de, ob in seinem Verzeichnisbaum die Datei /liste/ news.htm existiert. Es erfolgt dann zunächst eine Aufbereitung der Daten und das Ergebnis wird an den Client gesendet. Ist die Datei eine HTML-Datei, wird sie direkt an den Client versendet, handelt es sich um eine ausführbare Datei (PHP, ASP, JSP), wird sie zunächst ausgeführt und dann zurückgesendet. Tritt während dieses Vorgangs ein Fehler auf (z. B. wenn keine entsprechende Datei gefunden wird), so wird eine Fehlermeldung an den Client geschickt.

Das Clientprogramm, also der Browser, erhält diese Datei und versucht sie darzustellen. Nun können Sie den Inhalt der Datei `news.htm` lesen. Ein Kontakt zum Server besteht nach dem Empfang der Datei nicht mehr.

GLOSSAR S. 505

Dieser komplette Ablauf der Kommunikation – CLIENTSOFTWARE erteilt Auftrag an Server und erhält ein Ergebnis zurück – heißt Client-Server-Prinzip.

Jeder Dienst im Internet, wie z.B. E-Mail, Newsgroups oder WWW, hat seine eigene Clientsoftware und seinen eigenen Server. So gibt es im WWW den Browser (WWW-Client) und den WWW-Server, zum E-Mail-Versenden ist es beispielsweise Ihr E-Mail-Client und ein SMTP-Server (zu SMTP siehe nächster Absatz).

Seite 55

Die Adressierung

Voraussetzung für das Funktionieren des Client-Server-Prinzips ist die *weltweit eindeutige Adressierung* von Client und Server. Jeder zu einem bestimmten Zeitpunkt am Internet beteiligte Rechner wird durch eine 32 Bit umfassende Nummer – die *IP-Adresse*, die nur ein einziges Mal vergeben wird – eindeutig identifiziert. Server erhalten dabei statische Adressen, Clients können auch dynamisch aus einem Adresspool vergebene Adressen durch den **ISP** erhalten. Zur Vereinfachung der Handhabung wird die 32 Bit-Nummer in je 8 Bit geteilt, in Dezimalzahlen angegeben und durch je einen Punkt getrennt. Solch eine Adresse sieht beispielsweise so aus:

GLOSSAR S. 505

```
192.168.13.204
```

www.icann.org

Die Vergabe von IP-Adressen und Domain-Namen obliegt Internet-Institutionen. Die *ICANN* (Internet Corporation for Assigned Names and Numbers, wird in Zukunft verantwortlich sein für die Vergabe von IP-Adressen und Top Level Domainnamen, für den Betrieb der root-Nameserver und für die Koordination der Internettechnologien (Protokolle, Dienste, ...).

Momentan sind drei Organisationen für die *Vergabe von IP-Adressen* verantwortlich:

www.ripe.net
- *RIPE* (Réseaux IP Européens) ist regionale Registrierungsorganisation für Europa, den mittleren Osten, Teile Asiens (die frühere UdSSR) und die nördliche Hälfte von Afrika. In diesen Bereichen ist RIPE für die Vergabe von IP-Adressen zuständig.

www.arin.net/
- *ARIN* (American Registry for Internet Numbers) ist regionale Registrierungsorganisation für den amerikanischen Kontinent, für Afrika unterhalb der Sahara und die Karibik.

www.apnic.net/
- *APNIC* (Asia Pacific Network Information Centre) ist regionale Registrierungsorganisation für den asiatisch-pazifischen Raum.

Der RIPE sind wiederum sogenannte „*Local Internet Registries*" untergeordnet. Diese lokalen Registraturen vergeben die von RIPE zur Verfügung gestellten IP-Adressen an die Endkunden im jeweiligen Land. Eine Liste dieser Registraturen finden Sie unter http://www.ripe.net/ripencc/mem-services/general/allocs.html.

www.ripe.net/ripencc/mem-services/general/allocs.html.

Die **Registrierung von Domain-Namen** wird durch zwei Organisationen betrieben:

www.corenic.org/

- Die Mitglieder von CORE (Internet Council of Registrars) registrieren .com, .net und .org Domains weltweit. CORE ist eine non-Profit-Organisation von Unternehmen, die Internet Domainnamen registrieren und existiert seit 1997.

www.centr.org/

- Die Mitglieder von CENTR (Council of European National Top Level Domain Registries) sind nationale Registrierungsstellen, vorwiegend in Europa, für die „country code Top Level Domains" (ccTLDs). Diese Domains haben Endungen, die für Länder stehen (z. B. „.de" für Deutschland, „.fr" für Frankreich oder „.jp" für Japan). CENTR versteht sich als Forum zur internationalen Diskussion von Fragen, die mit der Domainregistrierung zusammenhängen. Ziel ist dabei vor allem der Gedanken- und Informationsaustausch zwischen den ccTLD-Registrierungsstellen.

www.denic.de

Die DENIC (DENIC eG Domain Verwaltungs- und Betriebsgesellschaft) ist die zentrale deutsche Registrierungsstelle. Sie ist für die Vergabe der ccTLD „de" verantwortlich.

GLOSSAR S. 505

Nun ist das Internet durch den menschlichen Anwender schwerlich mit solchen Adressen nutzbar, die nur aus Ziffern bestehen, denn reine Zahlenkolonnen sind nicht besonders einprägsam. Im Fall von Telefonnummern gibt es Gedächtnisstützen in Form von zum Beispiel Kurzwahlnummern im Handy. Auch im Internet hat man eine technische Hilfe eingerichtet. Das ist das *Domain Name System* (DNS). Das DNS ist eine weltweit verteilte DATENBANK, die zu den IP-Adressen zugeordnete und aus Text bestehende Adressen enthält. So erreichen Sie mit der Adresseingabe `http://www.teles.de` in Ihrem Browser den Server mit der IP-Adresse `192.166.197.5`. Sie können diese IP-Adresse auch statt des Namens des Servers verwenden. Probieren Sie es aus.

Als kurze, leicht verständliche Einführung zum Thema Adressierung sei hier der *Abschnitt „4.3.4 Internet"* in „Einführung in die Wirtschaftsinformatik" von Stahlknecht und Hasenkamp (10. vollst. überarb. u. aktualisierte Aufl. 2002, Springer-Verlag) empfohlen.

Vertiefendes Wissen bietet auch die Qualifikationseinheit „Konzepte der Internet-Technik" der TEIA (SPC TEIA Lehrbuch Verlag, ISBN 3-935539-52-5).

Woher kennt der Computer die IP-Adresse eines DNS-Servers?

Beim Einrichten Ihres Computers bzw. Ihres Zuganges für den Internetbetrieb müssen Sie in den Netzwerkeinstellungen die IP-Adresse eines DNS-Servers eingeben. Diese IP-Adresse erhalten Sie immer von Ihrem Internet Service Provider bzw. dem SYSTEMADMINISTRATOR in Ihrem Unternehmen. Wenn Sie nun also eine Namensadresse eingeben, so wird Ihr Computer zunächst den DNS-Server unter dieser IP-Adresse konsultieren, ob zu der angegebenen Namensadresse eine IP-Adresse existiert. Wenn ja, wird der DNS-Server diese an Ihren Computer zurückschicken. Auch bei DNS wird demnach mit dem Client-Server-Prinzip gearbeitet. Wenn nicht, fragt dieser DNS-Server einen ihm bekannten anderen DNS-Server so lange, bis die Namensadresse zugeordnet werden kann. Wenn zu einer Namensadresse eine IP-Adresse existiert, werden Sie diese immer erhalten, und Ihr Clientprogramm kann dann den entsprechenden Server über die IP-Adresse erreichen. Existiert keine IP-Adresse, weil Sie z. B. die Namensadresse falsch geschrieben haben (Tippfehler), erhalten Sie eine Fehlermeldung.

▶ **Übung**

Wie kann man IP-Adressen zu bestimmten Namensadressen mit einfachen Mitteln erfahren?

Mit dem auf allen Computersystemen vorhandenen Tool „ping" können Sie die reale Existenz eines Rechners im Internet und die Zeitdauer der Antwort auf ein Informationspaket prüfen. Dabei wird auch die IP-Adresse ausgegeben.

Geben Sie auf der Kommandokonsole (z. B. im DOS-Fenster) ein:

```
ping www.teia.de

Ergebnis (Werte können abweichen):

C:\>ping www.teia.de

  Ping www.teia.de [ 192.166.196.41] mit 32 Bytes Daten:

  Antwort von  192.166.196.41: Bytes=32 Zeit=78ms TTL=58
  Antwort von  192.166.196.41: Bytes=32 Zeit=63ms TTL=58
  Antwort von  192.166.196.41: Bytes=32 Zeit=63ms TTL=58
  Antwort von  192.166.196.41: Bytes=32 Zeit=63ms TTL=58

  Ping-Statistik für 192.166.196.41:
      Pakete: Gesendet = 4, Empfangen = 4,  Verloren =
0 (0% Verlust),
  Ca. Zeitangaben in  Millisek.:
    Minimum = 63ms, Maximum =  78ms, Mittelwert =  66ms

  C:\>
```

Die IP-Adresse des Servers sehen Sie in der ersten Zeile der Ausgabe:

```
  Ping www.teia.de [ 192.166.196.41] mit 32 Bytes Daten:
```

Verwendung von Portnummern

Ein Server mit einer IP-Adresse kann unter Umständen nur für einen bestimmten Dienst eingerichtet sein – ein E-Mail-SMTP-Server kann beispielsweise nur E-Mails versenden. Über Portadressen lässt sich ein bestimmter Dienst auf einem Server gezielt aufrufen. Die Portadressen der wesentlichen Internetdienste sind von der IANA (Internet Assigned Numbers Authority) veröffentlicht. Siehe dazu auch eine kurze Darstellung unter RFC 793 (Request for Comment, http://www.ietf.org/rfc/ oder auch unter http://bambam.informatik.uni-oldenburg.de/RFC/main.html, Abruf: 16.05.2002).

GLOSSAR S. 505

www.ietf.org/rfc/

http://bambam.informatik.uni-oldenburg.de/RFC/main.html
(6.05.2002)

Dienst	Portnummer
Ping	7
FTP Data Channel	20
FTP Control Channel	21
Telnet	23
SMTP	25
DNS	53
TFTP	69
Gopher	70
WWW	80
POP3	110
NNTP	119
SNMP	161

Tabelle. 2.1:
Von IANA veröffentlichte Portnummern für einige Internetdienste

Ein Webserver hält normalerweise Dateien von Websites zum Abrufen bereit. Zur Unterscheidung der Dienste wurden Ports mit Portnummern eingerichtet. Es wird ein bestimmter Dienst auf einem bestimmten Server mit der IP-Adresse und einer Portnummer angesprochen. Die Portnummer für das WWW ist standardmäßig auf 80 eingestellt. Wird eine andere Portnummer verwendet, muss sie zusätzlich zur Adresse angegeben werden. Bestimmt haben Sie schon solche Adressen gesehen:

```
www.adresse.de:8080
```

Damit ist ein Dienst mit der Portnummer 8080 auf einem Server mit dem Namen `www.adresse.de` gemeint.

Die folgende Abbildung 2.1 verdeutlicht das Zusammenspiel zwischen Client und Server am Beispiel einer Abfrage.

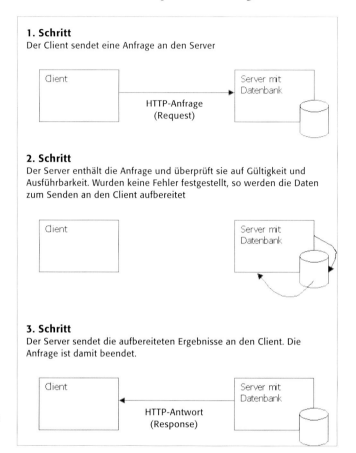

Abbildung 2.1:
Client-Server-Prinzip:
Request und
Response

Erforderliche Protokolle

Damit sich zwei Menschen verstehen, sollten beide wenigstens eine gemeinsame Sprache sprechen. Bei Computern ist das nicht anders, nur muss diese Sprache sehr präzise definiert und eindeutig vereinbart sein. Diese Sprachfestlegungen sind Standards oder andere Vereinbarungen. Diese Standards sind sehr komplexe Regelwerke.

Welche Protokolle werden bei E-Shops besonders benötigt?

GLOSSAR S. 505

Für das WWW wird das Protokoll HTTP (*Hyper Text Transfer Protocol*) benutzt. Es regelt die Kommunikation und den Austausch von Informationen zwischen Ihrem Browser und dem Webserver. Soll die Datenübertragung zwischen Client und Webserver aus Gründen der Datensicherheit verschlüsselt erfolgen, verwendet man das Protokoll HTTPS

GLOSSAR S. 505

(HyperText Transfer Protokoll Secure). Es soll die AUTHENTIZITÄT von TRANSAKTIONEN und die Vertraulichkeit der ausgetauschten Daten gewährleisten. So wird z. B. das Verbergen von Kreditkartennummern vor „Spähern" ermöglicht

Wenn Sie Ihre Kunden über deren erfolgreichen Bestellvorgang per E-Mail informieren möchten, benutzt der verwendete E-Mail-Client bzw. die verwendete Formularverarbeitung zum Versenden das Protokoll SMTP (*Simple Mail Transfer Protocol*). Empfangen bzw. holen Sie E-Mails aus Ihrem E-Mail-Postfach ab, wird meist das Protokoll *POP3 (Post Office Protocol Version 3)* benutzt.

Neben POP existiert auch das Protokoll *IMAP (Internet Message Access Protocol)*, das POP ablösen soll. IMAP ist ursprünglich ein im RFC 1730 definiertes Client-Server-Protokoll für die Manipulation einer entfernten Mailbox. IMAP definiert Methoden zum Erstellen, Löschen und Umbenennen einer Mailbox sowie zum Prüfen, ob neue Nachrichten eingetroffen sind. Außerdem erlaubt IMAP das auszugsweise Laden einer E-Mail und Verzeichnisdienste innerhalb der Mailbox. Die aktuelle Version 4 rev1 ist im RFC 2060 definiert. Dabei bietet IMAP, verglichen mit POP3, wesentlich mehr Funktionen, ist aber auch etwas komplexer.

GLOSSAR S. 505

IMAP ist inkompatibel zu POP, bildet aber funktional eine Obermenge von POP. Genau wie POP stellt IMAP eine Methode zur Verfügung, über einen zuverlässigen Datenstrom (TCP) auf serverseitig abgelegte E-Mails zuzugreifen. IMAP stellt wie POP keine Funktionen zur Verfügung um Nachrichten zu versenden.

Anders als POP bietet IMAP Funktionen, Nachrichten schon auf dem Server zu durchsuchen und zu analysieren. Dieser Mechanismus erlaubt es, Ergebnisse solcher Recherchen dem Client zu übermitteln, ohne den Inhalt der gesamten Mailbox übertragen zu müssen. So wird es möglich nur ausgewählte Nachrichten zu holen, etwa mit einem bestimmten Absender, maximalen Größe oder aus einem bestimmten Zeitraum. IMAP belässt die E-Mails auf dem Server. Sie können dort in beliebigen (Unter-)Verzeichnissen organisiert werden. Es ist ebenfalls möglich, E-Mails von der lokalen Mailbox auf einen IMAP Server zurückzuschieben. D. h.: Sie sind wieder via Internet verfügbar. Der Benutzer kann mit seinen Verzeichnissen arbeiten, als befänden sie sich lokal auf seinem Rechner. Er kann die einzelnen Nachrichten verschieben, nach ihnen suchen, sie löschen usw. Es ist ebenfalls möglich, mehreren Benutzern, etwa allen einer Abteilung, auf das gleiche Verzeichnis Zugriff zu erteilen. Die E-Mails können also von dort aus gelesen und bearbeitet werden. Hervorzuheben ist, dass mehrere Befehle in einer Sitzung gleichzeitig abgearbeitet werden können. Besonders vorteilhaft ist dies z. B. bei längeren Suchen über mehrere Verzeichnisse. IMAP bietet außerdem die Möglichkeit, den Datenstrom zu verschlüsseln.

Die untenstehende Tabelle stellt die beiden Protokolle gegenüber:

Gemeinsamkeiten von POP und IMAP:

- Nachrichten werden an einen Server ausgeliefert, der immer bereit ist, Meldungen zu empfangen.
- Zugriff auf neue Meldungen von überall im Netzwerk möglich.
- Client Programme sind für alle gängigen Plattformen erhältlich.
- Protokollstandards sind offen: RFC 1725 (für POP3), RFC1730 (für IMAP4)

Vorteile von POP:	**Vorteile von IMAP:**
• POP ist einfacher zu implementieren, da es weniger und einfachere Befehle gibt.	• Nachrichten werden direkt auf dem Server gespeichert.
• Dadurch werden auf dem Server weniger Ressourcen benötigt.	• Dadurch kann von überall auf sämtliche Nachrichten zugegriffen werden und der Aufwand für ein Backup ist kleiner.
• Verbindungszeit ist minimal, da alles auf einmal übertragen wird.	• Es muss nicht die ganze Nachricht übertragen werden. Es kann genau selektiert werden, welche Nachrichtenteile übertragen werden sollen.
• Zur Zeit gibt es mehr Client Programme, die POP unterstützten.	• Dadurch ist es auch bei kleiner Bandbreite effektiv.
	• Es können direkt auf dem Server Manipulationen wie suchen, löschen, verschieben usw. ausgeführt werden.
	• Es ist eine verschlüsselte Übertragung möglich.

Tabelle. 2.2:
Vergleich der Mail-
Protokolle POP und
IMAP

www.seicommuc.de/
book_db/fkt/alpha.
php4?wort=IMAP&
id=5192
(03.10.2002)

GLOSSAR S.505

Da IMAP POP funktional ersetzten kann, besteht das Hauptargument für den Einsatz eines POP Servers in der momentan höheren Verfügbarkeit von POP Client Software. (Quelle: SEiCOM Netzwerk Lexikon – IMAP, siehe nebenstehende Webseite)

Sie müssen als Shopbetreiber Daten von Ihrem lokalen System zu einem Webserver kopieren (dieser Vorgang wird auch UPLOAD genannt, während DOWNLOAD das Kopieren von Daten von einem Server zu Ihnen auf den Rechner bezeichnet). Dafür wird häufig das Protokoll FTP (*File Transfer Protocol*) eingesetzt.

Auf die Funktionsweise dieser Protokolle soll an dieser Stelle nicht weiter eingegangen werden, da sich damit sehr komplexe technische Abläufe verbinden. Auch zu diesem Thema erfahren Sie mehr in der Qualifikationseinheit „Konzepte der Internet-Technik" der TEIA (SPC TEIA Lehrbuch Verlag, ISBN 3-935539-52-5).

▶ **Literatur:**

Als weiterführende Literatur zu Protokollen und den im vorherigen Abschnitt angeschnittenen Themen sei hier empfohlen:

Carsten Bormann, Jörg Ott u.a.: Konzepte der Internet-Technik, SPC TEIA Lehrbuch Verlag, 2002

www.ask.uni-karlsruhe.de/books/inetbuch/all.html

*Scheller, M.; Boden, K.; u.a.: „Internet: Werkzeuge und Dienste",
Springer Verlag, 1994*

http://www.ask.uni-karlsruhe.de/books/inetbuch/all.html

Webserver für Shopsysteme

Grundsätzlich ist es unerheblich, mit welchem Betriebssystem der Webserver für ein E-Shopsystem läuft. Aus den verschiedenen Technologien ergeben sich aber unter Umständen auch verschiedene Anforderungen an die Software auf dem Server, beispielsweise läuft der IIS von Microsoft nicht unter Unix. Allerdings muss der Betreiber einige Grundbedingungen abschätzen und entsprechend dann die Ressourcen bereitstellen. Wenn Ihr E-Shop täglich von ca. 100 Kunden besucht wird, werden Sie keinerlei Ressourcenprobleme kennen, aber bei mehr als 10.000 Transaktionen pro Tag sollten Sie sich sehr ernsthaft mit der angeschlossenen BANDBREITE Ihres Webservers, dem verfügbaren ARBEITSSPEICHER, der Arbeitsgeschwindigkeit usw. beschäftigen. Bei einer derartigen Größenordnung muss eine angemessen leistungsstarke Hardware zur Verfügung stehen.

GLOSSAR S. 505

Der Server für Ihren E-Shop kann an verschiedenen Orten platziert werden. Es gibt dazu verschiedene Modelle:

Inhouse-Lösung

Die bestimmt aufwändigste Variante ist die Aufstellung eines Webservers in den firmeneigenen Räumen mit einer eigenen Anbindung (Standleitung) an das Internet mit entsprechend erforderlicher Bandbreite. Eine FIREWALL ist obligatorisch, wenn Sie Angriffe aus dem Internet auf Ihre Daten und Systeme verhindern wollen. Eine *Inhouse-Lösung* macht eine bestimmte Infrastruktur und qualifiziertes Personal erforderlich.

GLOSSAR S. 505

Internet-Provider-Hosting

Weniger aufwändig sind Lösungen, die spezialisierte Internet-Provider bereitstellen.

Unter *Shared Hosting* wird die Platzierung der Webseiten auf einem Host (Rechner) des Providers verstanden, auf dem auch andere Provider-Kunden ihre Webseiten ablegen. Viele Webseiten teilen sich bei dieser Variante die Leistungsfähigkeit eines Hostsystems.

Sie können natürlich auch einen Host mit Ihrem E-Shop vollständig nur für sich in Anspruch nehmen. Es ist eine Frage des Preises. Sie mieten die Hardware, den Zugang zum Internet und die Infrastruktur (gesicherte Räume, unterbrechungsfreie Stromversorgung, Backup usw.) des Providers. Das wird *Dedicated Hosting* genannt.

Internet-Provider-Server-Housing

Sie können auch als weiteres Modell Ihren eigenen Host (der Rechner mit Ihrer Ausstattung) in die Räume eines Providers stellen und „nur" die Internet-Infrastruktur des Providers nutzen. Das wird *Server Housing* oder COLOCATION genannt. Für den sicheren Betrieb Ihres Hosts sind Sie dann selbst verantwortlich.

Die Entscheidung, welches Modell Sie verwenden wollen, hängt von Ihren finanziellen Möglichkeiten und den Anforderungen an Ihren E-Shop ab (Bandbreite, Reaktionsgeschwindigkeit, Verfügbarkeit usw.).

SHARED HOSTING ist (bei einfachen Angeboten) schon ab unter 10 € pro Monat (Herbst 2002, beispielsweise bei der STRATO AG) erhältlich. Ein DEDICATED HOSTING kostet wenige bis mehrere 100 € pro Monat je nach Ausstattung. Server Housing ist zwar als gemieteter Service (Infrastruktur des ISP) oft preiswerter, dafür müssen Sie aber die Kosten für den Host (Hardware, Software, Wartung) und dessen sicheren Betrieb selbst tragen.

Beispielhaft seien hier zwei Anbieter genannt:

STRATO AG

Host Europe GmbH

GLOSSAR S. 505

GLOSSAR S. 505

www.strato.de

www.hosteurope.de

Welche Mindestanforderungen sollten ein Webhoster erfüllen?

Der PROVIDER sollte mehr als nur 99% Verfügbarkeit garantieren (vgl. Stahlknecht, P.; Hasenkamp, U., Einführung in die Wirtschaftsinformatik, 10. vollst. überarb. u. aktualisierte Aufl. 2002, Springer-Verlag). Konkret bedeutet dies Folgendes: Ein Prozent von 365 x 24 Stunden sind 87,6 Stunden, also mehr als drei Tage darf der Server innerhalb eines Jahres nicht ausfallen, wobei auch das in vielen Fällen aus Sicht des Nutzers bereits zu viel ist.

Das Betriebssystem des Host sollte frei wählbar sein (Unix/Linux, Windows NT/2000, FreeBSD oder andere) um für die von Ihnen eingesetzten E-Shop-Software das günstigste Betriebssystem auswählen zu können.

Eine direkte Backbone-Anbindung (möglichst mehrfach redundant über mehrere unabhängige Netze) sollte vorhanden sein. Unter einem Backbone versteht man praktisch das Rückrat des Internets, das es ermöglicht, weltweit verschiedene unternehmens- und organisationseigene Netze zu dem großen weltweiten Netz zu verbinden, das als Internet bezeichnet wird. Stahlknecht/Hasenkamp definieren ein Backbone-Netz als „Hintergrund-Netz (...), in dem die Knoten durch die einzelnen Teilnetze repräsentiert werden." (Stahlknecht, Peter; Hasenkamp, Ulrich: Einführung in die Wirtschaftsinformatik, S. 158 f.). Direkt bedeutet in diesem Zusammenhang, dass die Anbindung nicht über Subnetze, z. B. über eine Universität, realisiert sein sollte.

- Die Überwachung des Host sollte 24 Stunden täglich durch den Provider gesichert sein.
- Die Hotline des Providers sollte ebenfalls 24 Stunden täglich erreichbar sein.
- Ein tägliches Backup sollte für die Datensicherheit sorgen. Zum Bereich Datensicherheit zählt auch, dass nur autorisiertes und überprüftes Personal Zugang zu den Rechenzentren erhält.
- Eine unterbrechungsfreie Stromversorgung (USV) sollte den durchgängigen Betrieb sichern. Auch Notstromaggregate sind heute Standard.
- Firewalls sollten den Betrieb vor Angriffen aus dem Netz schützen.
- Eine ausreichende Absicherung gegen Wasser und Feuer (Lampertz-Räume) sollte ebenfalls gewährleistet sein.

2.2 Die Gestaltung der Webseiten

Es wird vorausgesetzt, dass Sie HTML für die Gestaltung Ihrer E-Shop-HTML-Seiten bereits beherrschen, weshalb an dieser Stelle auf die genaue Notation von HTML nicht näher eingegangen wird. Auf einige Aspekte, die bei der Gestaltung des E-Shops aber dennoch relevant sind, soll hier kurz eingegangen werden.

Was sind Templates und wie werden sie in E-Shopsystemen eingesetzt?

TEMPLATES sind HTML-Dateien, die alle Gestaltungselemente enthalten, in denen aber statt der Daten zu Artikeln, Preisen, Bildern, usw. Platzhalter angegeben sind. An die Stellen der Platzhalter werden durch SKRIPTE oder Programme Daten eingefügt, weshalb ein Template praktisch mit einem unausgefüllten Formular zu vergleichen ist. Die Gesamtgestaltung ist fest eingestellt, nur die Daten müssen noch eingetragen werden. Übrigens verwenden Sie bei der Nutzung von z. B. Microsoft Word auch Templates, nur heißen sie dort Mustervorlagen bzw. Dokumentvorlagen.

▶ **Beispiel:**

So sieht ein kurzes Template aus (hier ein Beispiel aus dem GS Shop-Builder Pro 2). In geschweiften Klammern { } stehen die Platzhalter.

```
<table width="100%" border="0" cellspacing="0"
cellpadding=v0">
  <!--{ ForAllMainCategories} -->
  <tr>
  <td nowrap><!--{ IfSubCategories} -->
  <img src="pfeilrechts10x10.gif" width="10" height="10">
  <!--{ ElseIfSubCategories} -->
  <img src="pfeilleer.gif" width="10" height="10">
  <!--{ EndIfSubCategories} -->
  <img src="blindgif.gif" width="2" height="10">
  <a href="{ CategoryPagelink} "><b>{ CategoryName} </b></a>
  </td>
  </tr>
  <!--{ EndForAllMainCategories} -->
</table>
```

Das hier beispielhaft aufgezeigte Template zur Darstellung von Artikeln im Artikelkatalog auf der Webseite wird mit den Artikeldaten gefüllt und in die HTML-Seite integriert. Im Browser erscheint dann bei einem Aufruf die Darstellung der Artikel immer in gleicher Gestaltung.

Durch diese Technik wird ein stabiles einheitliches Aussehen aller Webseiten gesichert und die Pflege der Webseiten vereinfacht sich deutlich, weil Änderungen nur an den Templates erforderlich sind.

Die Bezeichnungen der Platzhalter müssen eindeutig und die als Platzhalter verwendeten Namen müssen mit denen in den Skripten identisch sein.

In beiden vorgestellten Shopsystemen OPENSTORE und GS Shop-Builder Pro 2 werden dort Templates eingesetzt, wo HTML-Seiten mit Daten aus den Shopdatenbanken (z.B. Artikelkatalog, WARENKORB) gefüllt werden.

GLOSSAR S. 505

Es ist empfehlenswert, dass Sie Ihre Templates, besonders die Namen der Platzhalter (Variablen), ebenso gut dokumentieren wie das gesamte Projekt, damit eine Änderung auch nach längerer Zeit ohne große Fehlerproblematik realisierbar ist.

Skripte helfen Funktionsabläufe gestalten

Erst durch den Einsatz von Programmen und Skripten wird die Funktionalität von E-Shops realisiert. In Skripten stehen die Anweisungen als Text, die jederzeit mit einfachen Editoren änderbar sind. Skripte werden sowohl auf dem Webserver gestartet und ausgeführt (SERVERSEITIGE

GLOSSAR S. 505

Skripte) als auch auf dem Rechner des Clients (CLIENTSEITIGE Skripte). Auf dem Server werden heutzutage vorwiegend die Skriptsprachen PHP, PERL und serverseitiges JavaScript eingesetzt bei UNIX / Linux-Servern und VBScript und C, C++, C# bei Microsoft NT-Servern (IIS). Für funktionelle Abläufe auf dem Client, wie beispielsweise die Artikelauswahl, benutzt man in der Regel JavaScript. Die Skripte werden entweder direkt in die HTML-Dokumente geschrieben oder sie sind eigenständige Dateien (z. B. mit der Endung js für JavaScript), die in den HTML-Dokumenten referenziert sind und beim Darstellen der Webseite dem Browser somit zur Verfügung stehen.

Hier zur Veranschaulichung ein kurzes Skript, das in eine HTML-Datei eingebettet ist:

```html
<html>
  <head>
    <title>JavaScript in HTML-Dokument</title>
  </head>

  <body>

    <script language="JavaScript">
      <!--  name = prompt ("Bitte geben Sie Ihren
         Namen ein:","");
      alert("Ihr Name ist '" + name + "'.");
      //-->
    </script>

  </body>
</html>
```

Und hier der Aufruf eines Skripts in einer externen Datei aus der HTML-Seite heraus:

```
<html>
  <head>
    <title>JavaScript-Aufruf</title>
  </head>

  <body>
    ...
    <script src="../scripts/item1.js"
            language="JavaScript"></script>
    ...
  </body>
</html>
```

Änderungen an Skripten sollten Sie nur vornehmen, wenn Sie die Skriptsprache soweit beherrschen, dass Sie Ihre Änderungen nachvollziehen können. Ferner müssen Sie bei den in dieser Qualifikationseinheit eingesetzten E-Shopsystemen auch auf urheberrechtliche Aspekte achten, mehr dazu erfahren Sie in den jeweiligen Abschnitten über diese E-Shopsysteme.

Wie kommen die HTML-Dateien auf den Webserver?

Nun werden wir theoretisch vorstellen, was Sie in späteren Lerneinheiten selbst durchführen werden. Die lokal mit den E-Shopsystemen erzeugten E-Shopdateien müssen im Internet veröffentlicht werden. Davor müssen aber alle für den E-Shop fertig gestellten Webseiten gründlich getestet werden, wofür die entsprechenden HTML-Dateien mit dem Browser lokal geöffnet und überprüft werden.

Wenn diese Tests erfolgreich waren, können die erstellten und getesteten HTML-Dateien, alle Bilder und alle Skripte des E-Shops den Internet-Nutzern zur Verfügung gestellt werden. Dazu müssen diese Dateien auf einen Webserver kopiert werden, wofür im einfachsten Fall ein externer FTP-Client mit den Zugangsdaten (Kennwort, Passwort) für den

GLOSSAR S. 505

Webserver genutzt wird. Die in dieser Qualifikationseinheit behandelten E-Shopsysteme enthalten beide einen eigenen integrierten FTP-Client, der einfach gestartet werden kann. Die Daten für den Zugang zum Webserver können eingefügt und die Dateien in das richtige Verzeichnis mit der richtigen VERZEICHNISSTRUKTUR kopiert werden.

Nachdem alle erforderlichen Dateien auf den Webserver kopiert worden sind, werden diese Seiten über das Internet aufgerufen, indem der URL und notfalls der Pfad zu den HTML-Dateien im Browser eingegeben werden. Nun können die Seiten betrachtet und nochmals überprüft werden, ob der E-Shop einwandfrei funktioniert.

2.3 Das Zusammenspiel der Komponenten

In den vorherigen Abschnitten dieser Lerneinheit wurden viele einzelne, meist technische Aspekte im Zusammenhang eines E-Shops erläutert. Soll ein E-Shop gut funktionieren, müssen die Komponenten „zusammenspielen".

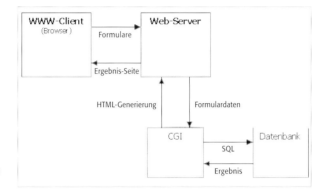

Abbildung 2.2. Der E-Shop-Betrieb erfordert ein erfolgreiches Zusammenspiel aller beteiligten Komponenten

Wie Sie in Abbildung 2.2 sehen können, ist es für einen reibungslosen E-Shop-Betrieb unerlässlich, dass alle beteiligten Komponenten reibungslos miteinander interagieren. In der Abbildung ist der Zugriff auf eine Datenbank dargestellt, wie er zum Beispiel beim Abruf der Kundendaten aus der Kundendatenbank erfolgt oder wenn ein neuer Datensatz angelegt wird. Bei nicht datenbankgestützten E-Shop-Systemen finden solche Datenbankzugriffe nicht statt. Eine Formularverarbeitung ist jedoch in jedem Fall erforderlich.

Prinzipielles Ablaufschema eines Onlineeinkaufs

Sowohl bei einem Einkauf in einem Offline-Geschäft als auch bei einem Einkauf in einem E-Shop gibt es einen strukturellen Ablauf von Prozessen, der sich – selbstverständlich mit kleinen Unterschieden – immer wiederholt. Der Kunde „betritt" das Geschäft bzw. den E-Shop, er wählt die gewünschten Artikel aus und geht mit diesen zur Kasse, um sie zu bezahlen und somit den Einkauf abzuschließen.

In einem E-Shop wählt der Kunde aus einem Warenkatalog die Waren aus, die er erwerben möchte und gibt die Stückzahl an. Man spricht in dieser elektronischen Form eines Geschäfts auch von einem *Warenkorb*, in den alle zu erwerbenden Waren gelegt werden. Auf einer Website wird dieser Warenkorb meist als eine Tabelle dargestellt, in der alle im Laufe des Auswahlvorgangs mit Kaufabsicht in den Warenkorb gelegten Waren mit Bezeichnung, Beschreibung und Bild gelistet sind und mit zusätzlichen Informationen wie Stückzahl und Gewicht, Preise und Währungen, Lieferzeiten und Verfügbarkeit, Rabatte und Lieferkosten und anderen Angaben dargestellt werden. Es obliegt dem Designer, alle Informationen übersichtlich auf relativ kleiner Fläche gut lesbar unterzubringen.

Hat der Kunde seine Auswahl beendet, beginnt der *Bestellvorgang*. Dazu gehört auch, dass der Kunde Kenntnis über die AGB erhält. Der Betreiber muss die **AGB** deutlich erkennbar platzieren, die Teil- und Gesamtsummen, die Mehrwertsteuer usw. sichtbar machen (siehe Transparenzgebot §§305ff des BGB). Rechnungs- und Lieferanschriften müssen dem Kunden abgefordert werden. Die Art der Zahlung sollte der Kunde wählen können. Zur Datenübertragung empfiehlt sich hier eine sichere also verschlüsselte Lösung (zum Beispiel **SSL**) einzusetzen.

Hat der Kunde alle erforderlichen Angaben gemacht und seine Bestellung bestätigt, wird der nachfolgende Prozess angestoßen, der dem Kunden eine *Bestätigung* des Kaufvorganges mit Reklamations- und Einspruchsmöglichkeiten per E-Mail oder per Briefpost zusendet. Die für die Distribution verantwortliche Abteilung der LOGISTIK erhält bei einem erfolgten Kaufvorgang den Auftrag zur Auslieferung der Waren, möglichst automatisch, per E-Mail oder bei größeren E-Shopsystemen auch mittels einer speziellen Software. Wenn die Ware ausgeliefert wurde, muss der Zahlungseingang geprüft werden. Das Mahnwesen sollte möglichst noch nachgeschaltet sein. Es lässt sich sehr viel durch Programme (durch ein an das E-Shopsystem angeschlossenes Warenwirtschaftssystem) automatisch erledigen.

GLOSSAR S.505

GLOSSAR S.505

Als Betreiber eines E-Shops sollten Sie die technischen Möglichkeiten zur *Analyse* nutzen. Kontrollieren Sie, welche Artikel sich am besten verkaufen, welche die Ladenhüter sind und analysieren Sie die Kaufgewohnheiten Ihrer Kunden (**CRM** – Customer Relation Management). Nutzen Sie die Analysen anschließend zum Verbessern bzw. zum Anpassen Ihres E-Shops. Vertiefend möchten wir an dieser Stelle auf Fachliteratur zu CRM verweisen (beispielsweise Schwetz, W., Customer Relationship Management. Mit dem richtigen CAS/CRM-System Kundenbeziehungen erfolgreich gestalten, Gabler-Verlag, 2000).

GLOSSAR S. 505

Es ist unentbehrlich, ständig den E-Shop zu verbessern, indem zum Beispiel neue Artikel auf der Startseite bekannt gemacht werden. Die tägliche Pflege eines E-Shops kann einiges an Ressourcen verbrauchen, die Arbeit an und mit Templates und mit Skripten ist dabei ein fest einzuplanender Bestandteil der Arbeit.

Interaktion Benutzer – Formulareingabe

Die Mehrheit aller Dateneingaben des Kunden geschieht über *Formulare*. Formulare sind HTML-Elemente, die Dateneingaben durch den Benutzer zulassen. Wie Sie sicherlich wissen, stehen in HTML Auswahlfelder(Checkboxen), Optionsfelder (Radio-Buttons), Textfelder und Textareafelder (mehrzeilige Textfelder), Auswahllisten und Buttons zum Senden und Rücksetzen zur Verfügung.

```
<form action="aktion" method="post">

    Vorname: <input type="text" name="vorname"> <br>
    Name: <input type="text" name="name">


    <!-- weitere Eingabefelder -->


    <input type="submit" value="Abschicken">

</form>
```

Abbildung 2.3: schematischer Aufbau eines formulars in HTML mit zwei Textfeldern zur Eingabe von Vorname und Name. Beachten Sie die Attribute action *und* method *im* form-*Tag*

Formulare werden in HTML mit dem paarigen Tag form dargestellt (vgl. Abb. 2.3). Zwischen Start- und End-Tag werden die Angaben zu den einzelnen Formularelementen platziert.

Der `form`-Tag besitzt zwei Attribute: Die Attribute `action` und `method` haben Einfluss auf das korrekte Verarbeiten der Nutzereingaben.

Beim *Attribut method* wird zwischen den beiden Methoden „`get`" und „`post`" unterschieden.

Ist die Übertragungsmethode get, so werden die Formulardaten mit Hilfe des URL übertragen. Das führt zum Beispiel zu URLs wie:
`http://www.adresse.de/datei.html?name=Schultze&vorname=Bernd.`

Beachten Sie das Fragezeichen („?") im URL. Auf das Fragezeichen folgen, durch das Ampersand („&") getrennt, Wertpaare in der Form: `feldname=wert`.

Ist die Übertragungsmethode `post`, so werden die Formulardaten mit Hilfe des HTTP-Headers übertragen.

Je nachdem, welche Übertragungsmethode (`get` oder `post`) Sie im Formular angeben, müssen Sie auch unterschiedliche Methoden zur Verarbeitung der Daten auf dem Server benutzen.

Das *Attribut action* bestimmt, wohin die im Formular eingegebenen Daten gesendet werden. Es bestimmt, mit welchem Programm oder Skript die Daten verarbeiten werden. Mögliche Werte sind sowohl die Angabe einer Seite, z. B.

```
action="checkdata.html" (HTML-Datei) oder
action="send_message.pl" (Perl-Skript),
```

als auch `mailto:`. Darauf werden wir im Verlauf der Qualifikationseinheit bei der Vorstellung der E-Shop-Systeme näher eingehen.

Webserver – Datenbank – Templates

Sowohl bei einem datenbankgestützten als auch bei einem nicht datenbankgestützten E-Shop müssen Daten (insbesondere zu Artikeln) in TEMPLATES eingetragen werden. Bei einem datenbankgestützten E-Shop geschieht das serverseitig mit auf dem Server ablaufenden Skripten und Programmen. Das Ergebnis wird anschließend an den Client gesendet. Bei einem nicht datenbankgestützten E-Shop werden clientseitige Skripte (vor allem JavaScript-Skripte) benutzt. Der Server sendet eine noch „unfertige" Seite an den Client. Die Daten werden erst dann eingetragen. Abb. 2.4 zeigt die Einbindung eines JavaScript-Skriptes in ein Template (Beispiel aus dem E-Shopsystem OPENSTORE):

```
<br>
    <!-- diese Verweise nicht veraendern. Don't change this: //-->
        <script src="../scripts/item2.js" language="JavaScript">
        </script>
    <!-- diese Verweise nicht veraendern. Don't change this. // -->
<br>
```

Abbildung 2.4: Einbindung eines JavaScript-Skriptes in ein Template

Auch wenn Sie fertige E-Shop-Lösungen wie OPENSTORE oder GS ShopBuilder Pro einsetzen, sollten Sie die Notwendigkeit einer klaren Konzeption nicht unterschätzen. Ein *Fachkonzept* (Beschreibung des zu unterstützenden betriebswirtschaftlichen Anwendungskonzepts) ist unerlässlich. Aufbauend auf dem Fachkonzept wird ein Datenverarbeitungskonzept (*DV-Konzept*) erstellt. Auf der Ebene des DV-Konzeptes wird die Begriffswelt des Fachkonzeptes in die Kategorien der DV-Umsetzung übertragen: ausführbare Module, Benutzertransaktionen. Beachten Sie, dass Fachkonzept und DV-Konzept nur lose gekoppelt sind. Das DV-Konzept kann also geändert werden, ohne dass dadurch das Fachkonzept angepasst werden muss. Das ist insbesondere im Hinblick auf den technischen Fortschritt von Bedeutung.

Schließlich erfolgt die *technische Implementierung*: Das DV-Konzept wird auf konkrete hard- und softwaretechnische Komponenten übertragen.

▶ **Literatur:**

Als weiterführende Literatur zu den Beschreibungsebenen und zur Architektur und Beschreibung integrierter Informationssysteme (ARIS) allgemein sei hier empfohlen:
Scheer, Ausgust-Wilhelm: Wirtschaftsinformatik – Referenzmodelle für industrielle Geschäftsprozesse. – 6. Auflage – Springer-Verlag, 1995

ZUSAMMENFASSUNG

In diesem Abschnitt haben Sie gesehen, dass der reibungslose Betrieb eines E-Shops nur dann gewährleistet ist, wenn alle beteiligten Komponenten ineinander greifen. Nach der Vorstellung des prinzipiellen Ablaufschemas eines Onlineeinkaufs haben wir Ihnen gezeigt, wie eine Interaktion zwischen Kunde und E-Shop erfolgen kann und wie der E-Shop wiederum auf die Benutzereingaben reagiert – sei es durch serverseitige Datenbankabfragen oder clientseitigen Skriptaufruf.

Im nächsten Abschnitt soll es nun um Datenbanken gehen.

2.4 Datenbanken

Mit einer Datenbank ist, vereinfacht gesagt, eine Sammlung von Daten gemeint, die miteinander in Beziehung stehen. Über Datenbanken werden beispielsweise Bestellungen, Kundenadressen oder Produktinformationen verwaltet. Dazu werden spezifische Informationen in Tabellen zusammengefasst, die wiederum aus einzelnen Feldern bestehen. In einer Datenbank kann dann beispielsweise eine Tabelle Bestellungen die Felder „Kundennummer", „Bestelldatum" und „Artikelnummer" enthalten, eine weitere Tabelle mit dem Namen Kundenadressen enthält die Felder „Kundennummer", „Name" und „Anschrift".

Ohne tiefe Kenntnis des Aufbaus und der Methoden der Datenbanknutzung ist eine Programmierung von Datenbanken und der Abfrageprogramme schwerlich möglich. Die vorgestellten Shopsysteme nehmen Ihnen zwar einen Großteil dieser Arbeit ab, Sie sollten aber zumindest einige grobe Zusammenhänge zu diesem Themenbereich erfahren.

Sollten Sie die grundlegenden Aspekte bei der Betrachtung von Datenbanken (Tabellen, Relationen, Dateneingabe, Suchen und Filtern sowie Schnittstellen) bereits kennen, dann wird dieser Abschnitt Ihnen nicht viel an neuen Informationen bieten und Sie können diesen Abschnitt überspringen.

▶ **Literatur:**

Als weiterführende Literatur zu Datenbanken seien die folgenden Standardwerke empfohlen:

- *Alfons Kemper, Andre Eickler: Datenbanksysteme. Eine Einführung. Oldenbourg, München, 2001*
- *Ramez E. Elmasri, Shamkant B. Navathe: Fundamentals of Database Systems (3rd Edition) Addison-Wesley, 1999*
- *SQL (SPC TEIA Lehrbuch Verlag GmbH, ISBN 3-935539-61-4)*

Tabellen und Relationen

Viele Bücher über Datenbanken beginnen mit einem einfachen Datenbankbeispiel: In einer Tabelle, die beispielsweise Name, Vorname, Geburtsdatum, Straße, Hausnummer, PLZ, Ort, Konto und Bankleitzahl als Spalten enthält, sind Angaben zu Personen, ihrer Adresse und ihrer Bankverbindung enthalten. Jede Tabellenzeile bezeichnet man als einen *Datensatz* (Tupel). Diese Tabelle kann man nach verschiedenen Gesichtspunkten sortieren: nach Namen alphabetisch, nach PLZ, nach Bankleitzahl usw.

Sie stellen sehr schnell fest, dass viele Personen in einem Ort mit der gleichen Postleitzahl und Ortsnamen wohnen. In der Tabelle steht dann zu jeder Person die gleiche PLZ und der gleiche Ortsname. Eine interessante Lösung zur Bereinigung der Tabelle ist, alle vorkommenden PLZ und Ortsnamen in eine andere Tabelle zu schreiben und in der Tabelle der Personen nur einen Verweis auf die neue Ortstabelle einzutragen. Dadurch wird zwischen der Tabelle Personen und der Tabelle Ortsnamen eine *Relation* hergestellt. Redundanzen in der Datenbank werden so vermieden. Die Datenkonsistenz steigt: sollten Änderungen nötig sein, so müssen diese nur einmal zentral erfolgen und nicht in einer Vielzahl von Datensätzen.

Auf diese Art und Weise werden Daten in Tabellen und Verweise aus der einen in andere Tabellen geschrieben. Die Daten beziehen sich dann aufeinander und haben somit Relationen miteinander.

► **Beispiel:**

Tabelle Personen

Name	Vorname	Wohnort
Müller	Erwin	12345
Schulze	Gerda	03456
Lehmann	Fritz	60053
Mayer	Elfriede	12345

Tabelle Orte

PLZ	Ortsname
03456	Adorf
12345	Berlin
34256	Vogelsdorf
60053	Neuhof

Die Tabellenfelder Wohnort (Tabelle Personen) und PLZ (Tabelle Orte) sind miteinander relational verbunden. Zu jedem Wert in der Spalte Wohnort kann ein Wert in der Spalte PLZ gefunden werten und, wenn gewünscht, der zugehörige Ortsname gefunden werden.

Ein *Artikelkatalog* ist eine Tabelle, in der alle Artikel mit ihren Eigenschaften aufgelistet sind (Artikelnummer, Name, Beschreibung, vorrätige Stückzahl, Größe, Gewicht, ein Bild, Hersteller, Lieferant usw.). Solche Artikelkataloge sind einfacher zu verwalten, wenn die Lieferanten und Hersteller nicht einzeln mehrfach in der Tabelle stehen, sondern dafür eigenständige Tabellen existieren und zu diesen Tabellen noch eine PLZ-Tabelle usw. gehört. So entsteht ein *relationales Geflecht von Datenbeziehungen*.

Zur *Verwaltung* dieser relationalen Datenbankstrukturen gibt es *Datenbanksoftware*, typische Vertreter sind der SQL-Server von Microsoft oder Oracle. Für den Betrieb eines E-Shops sind zur Dateneingabe und -sortierung, zum Auslesen und Filtern ("Zeige nur alle roten Oberhemden an" oder „Gib alle Artikel aus, die mehr als einmal bestellt wurden") angepasste Tools und Oberflächen für den Nutzer erforderlich, die speziell programmiert werden müssen. Die vorgestellten Shopsysteme enthalten alle nötigen Programm- und Skriptelemente für den Umgang mit Datenbanken.

In der Geschichte der Datenbanken haben sich verschiedene Datenbanksysteme (und -strukturen) herausgebildet, und es gab und gibt zahlreiche Bemühungen, sie alle wieder so zu vereinheitlichen, dass es unerheblich ist, mit welchem Programm Sie auf die Datenbank zugreifen. Die Schnittstellen dazu sind kurz im *Abschnitt 2.4.4* erläutert.

 Seite 77

Wie gelangen Daten in Datenbanken?

Für die verwendete Datenbank gibt es eine so genannte „Schnittstelle". Alle Programme, die Daten aus einer Datenbank auslesen und hineinschreiben, kommunizieren nur mit dieser Schnittstelle. Ein direkter Zugriff auf die Datenbank findet nicht statt.

Für die Pflege der Datenbanken eines E-Shopsystems werden demnach Programme oder Skripte benötigt, die auf die Datenbankschnittstelle zugreifen. Bei einem E-Shopsystem muss diese Schnittstelle webfähig sein: Der Webserver muss auf die Schnittstelle des Datenbankservers zugreifen können.

Das Schreiben, Ändern und Lesen von Daten in Datenbanken geschieht für die Datenbanknutzer über Datenbankanwendungsprogramme.

Suchen, Sortieren, Filtern und Auslesen

Suchen, Sortieren, Filtern und Auslesen sind sehr wichtige Funktionen einer Datenbanksoftware.

Suchen ist der Vorgang, der z.B. einen bestimmten Artikel in einer Artikeldatenbank finden lässt. Eine vorgegebener Wert (z.B. eine Zeichenkette (z. B. der Name des Artikels), ein numerischer Wert (z.B. ein Preis) oder auch ein Datum (z. B. Einkaufsdatum des Artikels)) wird dabei mit dem Inhalt einer bestimmten Spalte (Feld) einer Datenbanktabelle verglichen. Alle Fundstellen, bei denen der vorgegebene Wert und der Wert im Datensatz übereinstimmen, werden ausgegeben.

Sortieren ist der Vorgang, der in einer Spalte (Feld) einer Tabelle eine Reihenfolge nach alphabetischen, numerischen oder weiteren Kriterien (z. B. Sortieren nach Datum) erzeugt. Die Reihenfolge der Daten in einer Datenbank wird dabei nicht geändert, sondern es wird lediglich die Ausgabe mit der gewünschten Reihenfolge erzeugt und angezeigt.

Unter *Filtern* versteht man das Ausblenden aller Datensätze, die nicht vorgegebenen Eigenschaften entsprechen. Ein Filter kann demnach heißen: Alle Kleidungsstücke, die vom Hersteller XYZ stammen. Es wird in der Datenbank eine Hilfstabelle erzeugt, die nur noch Artikel des Herstellers XYZ enthält. Diese können Sie umsortieren und anzeigen.

Der Begriff *Auslesen* ist eine volkstümliche Umschreibung von Suchen, Sortieren und Filtern. Daten werden nach bestimmten Kriterien aus den vorhandenen Tabellen gelesen, in neuen Tabellen zusammengestellt und durch Programme/Skripte dargestellt. Die Darstellung und Ausgabe in einem E-Shop über einen Webbrowser geschieht über das Protokoll HTTP.

Die Schnittstellen

Dr. E. F. Codd formulierte bereits 1970 in seinem Werk „Ein Relationales Modell von Daten für große Mehrbenutzerdatenbanken" („A relational model of data for large shared data banks") die Regeln, die eine *relationale Datenbank* definieren. Für die relationale Datenbank DB2 wurde daraufhin von der Firma IBM eine *Abfragesprache* entwickelt, die mit „*Structured Query Language*" (*SQL*) bezeichnet wurde (siehe auch Rick F. van der Lans: Introduction to SQL. Addison-Wesley, 1993.). Diese wurde stetig weiterentwickelt und ist heute die am häufigsten verwendete Datenbankabfragesprache. Die Mehrheit aller Datenbank-Managementsysteme kennt SQL, und die Mehrheit der Programmiersprachen verfügen über Bibliotheken, die eine Implementierung von SQL möglich machen. SQL ist in einer ISO-Norm definiert:

- 1987 ISO 9075 Database Language SQL (SQL-86), 1987 veröffentlichte ISO-Norm für SQL.
- 1989 (SQL-89) mit Integrity Enhancement,
- 1992 (SQL-2) Dynamic SQL,
- 1998 (SQL-3).

Mit SQL hat man Sprachelemente für den Zugriff auf beliebige relationale Datenbanken.

Die Datenbanken selbst müssen ihrerseits den SQL-Zugriff ermöglichen. Hier haben sich zwei Quasi-Standards herausgebildet:

GLOSSAR S. 505

Open Database Connectivity (**ODBC**) ermöglicht den Zugriff auf eine Datenbank ohne Berücksichtigung des Betriebssystems und des zugreifenden Programms. ODBC beruht auf einer Spezifikation, die von der SQL-ACCESS-Group (SAG) unter Federführung von Microsoft ins Leben gerufen wurde.

GLOSSAR S. 505

Java Database Connectivity (JDBC) ist eine Java **API** (Application Programming Interface), das ist eine Schnittstelle von SUN (**JDBC** HOMEPAGE [http://java.sun.com/products/jdbc/]), um SQL-Statements auszuführen.

2.5 Sichere Datenübertragung

Kunden erwarten, dass Daten zu ihrer Person nicht in die Hände von unbeteiligten Dritten geraten. Für das Abwickeln eines Onlinegeschäfts ist es nötig, wenigstens den Namen und die Liefer-/Rechnungsanschrift dem E-Shop gegenüber bekannt zu geben. Nutzt der Kunde auch Online-bezahlsysteme wie Kreditkarte o. a., müssen auch diese Daten übertragen werden. Ohne besondere Maßnahmen werden alle Daten im Klartext übertragen, denn das Internet ist ursprünglich nicht zur Übertragung von vertraulichen Daten (also Sicherung der Authentizität, Integrität, Verfügbarkeit und Vertraulichkeit) entwickelt worden. Die technischen Möglichkeiten zum Erlangen und Verfälschen von Daten sowie zum Vortäuschen falscher Absender und Empfänger von Fremden sind vorhanden.

Im traditionellen Geschäftsumfeld ohne Nutzung des Internet haben sich Formen zur Sicherung der Vertraulichkeit, Integrität und Authentizität entwickelt. Die Elektronik kann diese Regeln nicht ersetzen, sondern höchstens unterstützen. In erster Linie ist das Umsetzen der vier Aspekte der Sicherheit (Vertraulichkeit, Integrität, Authentizität und Verfügbarkeit) eine Frage der juristischen Beziehungen (gesetzlich geregelt) und vertraglichen Regelungen, der technischen Sicherstellung und der Organisation im Umgang mit Informationen bzw. Daten. Hier sei auf Informationen der Bundesanstalt für Sicherheit in der Informationstechnik (BSI [http://www.bsi.de/]) in Bonn verwiesen. Auf deren Website finden Sie viele nützliche Informationen, wozu auch die Webseite http://www.sicherheit-im-internet.de gehört, die auch uns als Referenzquelle dient.

GLOSSAR S. 505

www.sicherheit-im-internet.de

Sicherheit in der Informationstechnologie ist ein sachübergreifendes Thema. Wir wollen in diesem Abschnitt „nur" wesentliche, zum Verständnis der technischen Lösungen beitragende Sachverhalte aufgreifen und so erläutern, dass Sie als zukünftiger E-Shopbetreiber wissen, wovon Sie reden, wenn es um sichere Datenübertragung geht.

Eine sehr gute Verschlüsselung bei der Datenübertragung zwischen Kunden und E-Shop ist wirkungslos, wenn Ihr E-Shopserver in einem für jeden Mitarbeiter zugänglichen Raum steht und das Passwort für den Administrator (das Standardpasswort bei der Betriebssysteminstallation) nicht geändert wurde. Die Verschlüsselung des Datenverkehrs zwischen Kunden und E-Shop ist unter Umständen hinfällig, wenn der Datenverkehr zwischen E-Shop und Bezahlsystemserver im Klartext erfolgt.

Für die Entwicklung der Sicherheit eines Systems sind konzeptionell die technischen und die organisatorischen Abläufe durchgängig zu betrachten und im Betrieb regelmäßig zu überprüfen. Die Materialien vom BSI werden Ihnen dabei bestimmt eine umfassende Hilfe sein. Zum E-Commerce ist die Quelle http://www.sicherheit-im-internet.de/themes/themes.phtml?ttid=6 empfehlenswert.

Daraus geht hervor, dass Sicherheit beim Einkaufen im Internet folgendes erfordert:

- den sicheren Transfer der Zahlungs- und Lieferinformationen zum Anbieter,
- den sicheren Umgang mit den Kundendaten,
- den sicheren Transfer der für die Bezahlabwicklung notwendigen Daten zu Banken und
- die Sicherung der Leistungserbringung und Auslieferung gekaufter Waren.

(Quelle: Bundesministerium für Wirtschaft und Technologie (BMWI), Sicheres Einkaufen im Internet, http://www.sicherheit-im-internet.de/themes/themes.phtml?ttid=6&tdid=708&page=0)

Für geheime Kommunikation gibt es zahlreiche Technologien. Alle haben gemeinsam, dass eine Nachricht mittels eines so genannten „Schlüssels" verschlüsselt und versendet und anschließend beim Empfänger entschlüsselt wird. Bei E-Shops findet Kommunikation zwischen einem WWW-Client, einem WWW-Server und anderen Servern, beispielsweise einem Bezahlsystemserver, statt. Dazu werden die Protokolle Secure Socket Layer (SSL) und, besonders für die Kommunikation bei Bezahlvorgängen, die Secure Electronic Transaction (SET) verwendet.

Grundprinzip SSL und SET

Secure Sockets Layer (SSL)

SSL ist ein von der Firma Netscape Communications geschaffenes Protokoll zur Schaffung einer sicheren (verschlüsselten) Kommunikation im Internet.

GLOSSAR S. 505

www.sicherheit-im-internet.de/themes/themes.phtml?ttid=6

www.sicherheit-im-internet.de/themes/themes.phtml?ttid=6&tdid=708&page=0

http://home.netscape.com/eng/ssl3/draft302.txt
(03.09.2002)

GLOSSAR S.505

Nach der Verbindungsaufnahme Client – Server per HTTP handeln Client und Server einen einmaligen SYMMETISCHEN SITZUNGSSCHLÜSSEL aus, der mit einem ASYMMETRISCHEN VERFAHREN übertragen wird. SYMMETRISCHE VERSCHLÜSSELUNGSVERFAHREN sind um ein Mehrfaches schneller als asymmetrische. Nur der Schlüsselaustausch erfolgt über eine Verschlüsselung mit dem öffentliche Schlüssel des SSL-Servers. Nach dem Schlüsselaustausch findet die Kommunikation verschlüsselt statt. Das ist im Browser an einer URL mit der Protokollangabe `https://` und (in den Browsern Microsoft Internet Explorer und Netscape Communicator) an einem geschlossenen Schlosssymbol in der Symbolleiste erkennbar.

Abbildung 2.5: Anzeige einer sicheren Verbindung mit SSL im Internet Explorer

Bei der Verwendung von SSL wird zwischen den Anwendungen, wie es auch der Webbrowser ist, und den Kommunikationsprotokollen **TCP/IP** jede übertragene Nachricht mit dem Sitzungsschlüssel verschlüsselt.

GLOSSAR S.505

Möchten Sie SSL einsetzen, benötigen Sie neben der entsprechenden Software auf dem Webserver eine käuflich zu erwerbende Lizenz von Netscape bzw. einem Vertreter. Oft können Sie dazu auch die Dienstleistung eines Internet Service Providers nutzen, der die SSL-Verschlüsselung für seine Kunden anbietet.

SSL sichert nur die Verschlüsselung der Kommunikation und nicht die Identität von Empfänger und Sender. Nachfolgendes Protokoll SET realisiert die Identifikation und Authentifizierung der an der Kommunikation beteiligten Partner. Siehe auch Security Server des Instituts für Nachrichtenübermittlung, Universität Siegen, http://www.infoserversecurity.org/index.php.

www.infoserversecurity.org/
index.php

Secure Electronic Transaction (SET)

SET ist ein von Visa, Mastercard, Netscape, Microsoft und anderen Unternehmen entwickeltes Kommunikationsprotokoll, das sichere Kreditkartenzahlungen im Internet durch die Verwendung kryptographischer Techniken ermöglicht. Es ist als Kompromiss aus den Protokollen SEPP und STT hervorgegangen, liegt als frei zugängliche Implementierung vor und wird von allen namhaften Kreditkartenfirmen unterstützt.

http://ivs.cs.uni-magdeburg.de/sw-eng/agruppe/lehre/prosem1.shtml

GLOSSAR S. 505

Die Kommunikation mit SET erfolgt zum größten Teil verschlüsselt über PUBLIC-KEY-VERFAHREN. Um die Authentizität der Teilnehmer zu bestätigen, sind für alle Teilnehmer (für die Kreditkarteninhaber optional) digitale ZERTIFIKATE vorgesehen, die als Ausweis fungieren. Diese Zertifikate bilden eine nicht genau festgelegte Hierarchie (Hierarchy of Trust), die es erlaubt, jedes Zertifikat anhand eines übergeordneten Zertifikates zu prüfen. (Quelle: SEiCOM LexiCom V9.8 Hypertext Kommunikationslexikon http://www.seicom-muc.de/booklet/)

www.seicom-muc.de/booklet/

Mittels SET werden Kunde und Händler durch Zertifikate identifiziert. Bestellungen können nicht mehr abgestritten und Bezahlungsvorgänge nicht durch Fremde übernommen werden. Die Zertifikate erlauben das elektronische Unterschreiben von Nachrichten. Voraussetzung für SET ist der Besitz je eines Zertifikats für Kunde und Händler. Zertifikate werden von Banken und TRUSTCENTERN vergeben.

GLOSSAR S. 505

Die SET hat sich heute weitgehend durchgesetzt, aber einheitliche Standards gibt es noch nicht.

Siehe auch Secure Electronic Transaction (SET), Mersch Online, Frankfurt am M., http://www.mersch.com/research/xchange/set.htm

www.mersch.com/research/xchange/set.htm

Weitere Quellen

Details zu diesen Protokollen und Verfahren finden Sie z. B. auch hier: Proseminar „Web Performance", Universität Marburg, 2000/2001, http://ivs.cs.uni-magdeburg.de/sw-eng/agruppe/lehre/prosem1.shtml

▶ **Literatur:**
Sicherheitsaspekte bei Electronic Commerce, Band 10 der BSI-Schriftenreihe zur IT-Sicherheit, ISBN 3-88784-935-3, 38,00 DM
Bezugsquelle:
Bundesanzeiger-Verlag
Postfach 10 05 34
50445 Köln
Tel: 0221-97668-200
Fax: 0221-97668-278
E-Mail: bestellungen@bundesanzeiger.de

Das Bundesinstitut für Sicherheit in der Informationstechnologie (BSI) stellt eine wesentliche Anlaufstelle für Anwendung und praktischer Einsatz von Sicherheitstechnologien in der Informationstechnologie dar. Informieren Sie sich auf der Website des BSI http://www.bsi.de.

www.bsi.de

[3] OPENSTORE – KONVERTER UND ENGINE: SYSTEM UND INSTALLATION

www.openstore.de

OPENSTORE P4.2.0.6 der Firma <u>LEITBILD Media GmbH</u> ist für die Offline-Verwaltung konzipiert. Das bedeutet eine weitgehende Unabhängigkeit vom eingesetzten Servertyp. Eine Shopverwaltungssoftware, bestehend aus dem Modul *OPENSTORE Engine* und dem MODUL zur DATENKONVERTIERUNG, dem *OPENSTORE Konverter*, hilft dem Betreiber, seinen E-Shop zu gestalten, zu verwalten und die Artikeldaten entsprechend zu pflegen. Diese Softwaremodule werden auf einem lokalen Computer betrieben. Der lokale Computer benötigt einen temporären Zugang zum Internet – für z. B. für den Test des E-Mail-Versands (Bestellung) und für die Veröffentlichung des E-Shops.

GLOSSAR S. 505

Die OPENSTORE-Software erzeugt ein *Grundgerüst an HTML-Seiten* und darin eingebettete JAVASCRIPT-SKRIPTEN, die die eigentliche Shopfunktionalität bilden. Teile dieses Grundgerüsts kann man verändern und so den E-Shop an das Unternehmensdesign und die gewünschte Funktionalität anpassen.

GLOSSAR S. 505

Mittels der Skripte werden die Artikel im Browser des Shopbesuchers gelistet, der Warenkorb zusammengestellt, die Preise berechnet und andere Funktionen realisiert. All diese Funktionen werden clientseitig umgesetzt, die E-Mail-Funktionen zur Benachrichtigung des E-Shopbetreibers über eine Bestellung und zur Benachrichtigung des Kunden als Bestellbestätigung müssen jedoch über einen Server umgesetzt werden. Die LEITBILD Media GmbH stellt hierfür optional ein kostenloses Serverskript (OPEN Mail) auf einem ihrer Server bereit, das allerdings nur eingesetzt werden kann, wenn das E-Shopsystem registriert wurde. Durch dieses Modul werden die zu versendenden E-Mails mit einer vom Hersteller vorgegebenen Formatierung versehen. Alternativ dazu können Sie auch die einfache E-Mail-Funktionalität des Browsers verwenden, der bei einem `mailto`-Wert für das Attribut `action` im HTML-Tag `<FORM>` die im Formular stehenden Daten an die

Seite 51

http://web.mit.
edu/wwwdev/
cgiemail/index.html
(Abruf: 11.09.2002)

genannte Adresse ohne jede Formatierung abschickt (Siehe *Abschnitt 2.1. – Die Adressierung*). Es ist ebenfalls möglich Freeware-Skripte zu nutzen. Ein Beispiel ist das vom MIT entwickelte Skript „cgiemail" (Informationen und DOWNLOAD unter http://web.mit.edu/ wwwdev/cgiemail/index.html, Abruf: 11.09.2002).

Mit dem Modul *OPENSTORE P4.2.0.6 Engine* wird Ihr E-Shopsystem verwaltet. Darüber können Sie Einfluss auf Gestaltung, Shopparameter (Währungen, Rabatte, Mehrwertsteuer, Versandkosten etc.), Kategorisierung und Anordnung der Artikel und einige weitere Parameter, die alle nachfolgend beschrieben werden, nehmen. OPENSTORE Engine editiert für Sie HTML-Dateien und Skripte entsprechend Ihrer in der Engine vorgenommenen Einstellungen. Die Einstellungen werden in der Voreinstellungsdatei gespeichert.

Das Modul *OPENSTORE P4.2.0.6* Konverter unterstützt Sie, zusammen mit dem Dateiinspektor, beim Import der Artikeldaten aus einer DATENBANK (z. B. dem Warenwirtschaftssystem Ihres Unternehmens) in das E-Shopsystem und bei der Pflege von Artikeldaten im E-Shopsystem. Der Konverter generiert dabei HTML- und OPENSTORE-kompatible Artikeldateien aus den Daten, die aus Datenbanken ausgelesen wurden. Die Daten zu den Artikeln können zwar mittels des Dateiinspektors verändert werden, Änderungen sollten allerdings stets nur an zentraler Stelle – in der Datenbank – erfolgen. Somit können Doppelungen und nicht gespeicherte Änderungen verhindert werden.

Bitte beachten Sie, dass Änderungen an den HTML-Dateien gute Kenntnisse in HTML voraussetzen und dass die Skripte bei OPENSTORE P4.2.0.6 aus rechtlichen Gründen lediglich geändert werden dürfen, wenn man im Besitz einer Modifikationslizenz ist. Wenn Sie nicht genau wissen, was Sie an solchen Dateien ändern, sollten Sie davon Abstand nehmen. Es ist möglich, dass die gesamten Abläufe aufgrund unbedachter Änderungen nicht mehr funktionieren oder an anderer Stelle unvorhergesehene Störungen auftauchen.

In nachfolgender Abbildung werden die Vorgänge und Abläufe bei dem OPENSTORE P4.2.0.6 -Shopsystem dargestellt. Beachten Sie die Trennung zwischen Ihrem lokalen System, dem Internet und dem lokalen System des Kunden.

GLOSSAR S. 505

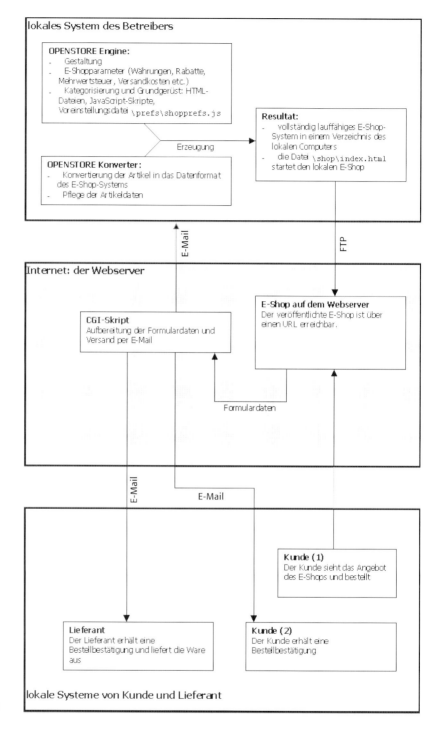

Abbildung 3.1:
Vorgänge und Abläufe beim OPEN-STORE-Shopsystem

OPENSTORE Engine und OPENSTORE Konverter schreiben die Resultate von Änderungen in das lokale E-Shop-Verzeichnis, das den lauffähigen E-Shop vollständig enthält. Sie können mit einem Browser die Datei index.html öffnen und sich den aktuellen E-Shop jederzeit ansehen, wenn Sie OPENSTORE installiert haben.

Selbstverständlich ist es nicht sinnvoll, wenn der E-Shop nur auf Ihrem lokalen Rechner eingerichtet ist. Es wird kein Kunde etwas einkaufen können. Beim erstmaligen Einrichten des E-Shops (nachdem Sie die Gestaltung vorgenommen und Artikeldaten in das System implementiert haben) müssen Sie deshalb mittels eines **FTP-PROGRAMMS** alle Dateien aus dem Shopverzeichnis Ihres lokalen Computers vollständig in ein Verzeichnis auf einem Webserver im Internet kopieren. Das ist die Grundvoraussetzung, dass Ihr E-Shop überhaupt veröffentlicht wird und von Kunden tatsächlich besucht werden kann.

GLOSSAR S. 505

Betrachten Sie bitte erneut die Abbildung 3.1. Sie können erkennen, dass nach der Bestellung des Kunden drei E-Mails versandt werden:

- Der Kunde erhält eine Bestätigung, dass er eine Bestellung (erfolgreich) durchgeführt hat.
- Der E-Shop-Betreiber erhält eine Benachrichtigung, dass ein Kunde eine Bestellung ausgeführt hat.
- Der Lieferant wird über den Bestelleingang informiert und beginnt, die Ware zu verpacken und auszuliefern.

Das Shopsystem OPENSTORE P4 enthält Grundfunktionen zum Import und zur Verwaltung von Artikeldaten, die Funktion des Warenkorbes, der Angebotserstellung, Bestellung und der Benachrichtigungen für den Kunden und den Betreiber. Als Bezahlverfahren sind Lastschrift und Nachnahme vorgesehen. Zu den weiteren Features zählen:

- Ordnung der Artikel in Artikelgruppen mit Kategorisierung in zwei oder drei Ebenen
- Abbildung der Artikel und Funktionen zur Auswahl von Artikeln nach Farben, Größen usw.
- automatische Erstellung von besonderen Angeboten (Highlights)
- Mehrwährungsfähigkeit
- Verwendbarkeit mehrerer Mehrwertsteuerklassen
- Berücksichtigung von Staffelpreisen
- Berechenbarkeit der Transportkosten pauschal oder nach Stück
- Einbindbarkeit zusätzlicher Rabatte oder Zuschläge
- Darstellung von Netto- und Bruttopreisen möglich

Trotz dieser Funktionsvielfalt ist das OPENSTORE Shopsystem keine datenbankbasierte Lösung. Die Daten zu Artikeln werden daher nicht durch eine Datenbank verwaltet, sie werden stattdessen in strukturierten Textdateien abgelegt, die mit JavaScript gelesen werden. Wie diese Dateien genau aufgebaut sind und wie man sie bearbeiten kann, erfahren Sie in *Lerneinheit 4*.

 Seite 117

Das Erscheinungsbild des E-Shopsystems kann im Detail durch den Austausch von Logos, Grafiken als BUTTONS, Texten usw. den Vorstellungen des Betreibers angepasst werden.

GLOSSAR S. 505

In dieser und nachfolgenden Lerneinheiten werden wir uns intensiv mit den Funktionen des E-Shopsystems OPENSTORE beschäftigen und an Hand des schon in *Lerneinheit 1* erläuterten Beispielshops alle Schritte in Übungen vollziehen, bis Sie diesen Übungsshop realisiert haben.

 Seite 45

Seite 42

Für die Durchführung der Übungen benötigen Sie die bereits in *Lerneinheit 1* auf Ihrem Rechner gespeicherten Handbücher (PDF-Format) und die Setup-Datei entsprechend Ihres Betriebssystems. Betrachten Sie das Handbuch zum OPENSTORE P4 als Studienmaterial. Während der Übungen wird zur Vertiefung auf Abschnitte des Handbuches verwiesen. Diese vermitteln Ihnen wertvolle Details, die die Angaben in dieser Qualifikationseinheit ergänzen.

Abschnitt 3.1 soll Ihnen die technischen Umgebungsbedingungen darstellen.

Im *Abschnitt 3.2* werden wir OPENSTORE Engine und Konverter installieren.

Abschnitt 3.3 erläutert Ihnen die Grundeinstellungen und *Abschnitt 3.4* zeigt Ihnen, wie Sie das E-Shopsystem auf einen Webserver übertragen.

GLOSSAR S. 505

Im *Abschnitt 3.5* ist dargestellt, wie Sie aus der DEMOVERSION eine VOLLVERSION machen können.

3.1 Systemvoraussetzungen

Der Aufbau und der Betrieb eines E-Shops stellen Anforderungen an die eingesetzten Systeme. Diese sogenannten *Systemvoraussetzungen* beziehen sich auf Hardware und Software sowohl Ihres lokalen Computers als auch des Webservers, auf dem der E-Shop veröffentlicht werden soll.

Anforderungen an Hardware und Software des lokalen Rechners

Die Engine und der Konverter stehen für die *Betriebssysteme* Macintosh ab MacOS 8.6, MacOS X und die Windows-Versionen 98, NT, 2000, ME und XP zur Verfügung. Der Hersteller dokumentiert in der Bedienungsanleitung (S. 6 f.), dass die Module Engine und Konverter keine besonderen *Hardwarevoraussetzungen* benötigen. Sie können davon ausgehen, dass die Engine und der Konverter auf dem jeweiligen Betriebssystem laufen werden, wenn das Betriebssystem funktioniert. Die Anforderungen dieser Tools sind eher gering.

Der benötigte Speicherplatz auf Ihrer Festplatte beträgt für die Programme Engine ca. 2,5 MB und 2,1 MB für den Konverter. Der Demoshop benötigt ohne Ihre Daten weniger als 700 KB. Kommen die Artikeldaten aus den Datenbanken hinzu, vergrößert sich dieser Speicherbedarf entsprechend. Dabei müssen Sie beachten, dass diese Daten zweimal in verschiedenen Dateiformaten auf Ihrer Festplatte gespeichert werden: Einmal im Format, wie sie aus Ihrer Datenbank exportiert wurden, und in einem durch den Konverter übersetzten, vom E-Shopsystem verwertbaren Datenformat. Näheres dazu erfahren Sie in *Lerneinheit 4*.

Seite 117

Für die ADMINISTRATION und Pflege werden zusätzliche Werkzeuge benötigt. An erster Stelle ein *Webbrowser*. Auch wenn heutige Browser (Stand 2002), die nach den durch das W3C (WWW-Consortium) festgelegten Kriterien HTML 4.0 und JavaScript interpretieren können, sollten Sie sicher sein, dass Ihr Browser diesen Ansprüchen genügt. Der Hersteller weist darauf hin, dass Browser von Netscape oder Microsoft mindestens die Versionsnummer 4.0 haben müssen, damit das OPEN-STORE-E-Shopsystem richtig dargestellt wird.

Für die Änderungen an HTML-Dateien sollten Sie einen *HTML-Editor* verwenden, der den ursprünglichen Quelltext bei der Bearbeitung unangetastet lässt. Haben Sie nur wenige Änderungen vorzunehmen, genügt ein reiner Texteditor. Beachten Sie, dass bestimmte Textverarbeitungsprogramme, wie beispielsweise Microsoft Word, Steuerzeichen und Ähnliches automatisch einfügen. Diese Programme sind nicht für HTML geeignet. Der Hersteller gibt in seinen Dokumentationen mehrfach den Hinweis, dass die Verwendung von Fremdprogrammen auf eigene Verantwortung geschieht. Wenn Sie HTML-Dateien verändern möchten, sollten Sie in jedem Fall mit HTML gut vertraut sein.

GLOSSAR S. 505

Für die Bereitstellung und *Bearbeitung der Bilder und Grafiken* für das Shopsystem (Logo, BUTTONS, Linien usw.) und für die Artikelbilder sollten Sie professionelle Bildbearbeitungsprogramme wie beispielsweise Adobe Photoshop oder auch Paint Shop Pro von der Firma Jasc verwenden, die in der Lage sind, Bilder so abzuspeichern, dass sie für den Einsatz im WWW geeignet sind. Für welches Programm Sie sich entscheiden, hängt von einer Kosten-Nutzen-Analyse ab, denn professionelle Bildbearbeitungsprogramme können sehr teuer sein. Einfachere Bildbearbeitungsprogramme, die den Ansprüchen der Lerneinheit genügen sind häufig bereits im Bundle mit einem Scanner oder Drucker bzw. einem Webspace-Angebot (z. B. bei STRATO) enthalten.

www.adobe.de
www.jasc.de

www.strato.de

Anforderungen an Hardware und Software des Webservers für den E-Shop, weitere Voraussetzungen

E-Shopkunden kommen nicht mit Ihrem lokalen Rechner und den darauf gespeicherten Daten und Anwendungen in Berührung. Alle Kunden greifen auf den Server zu und werden das fertige, auf einem Server veröffentlichte E-Shopsystem mit einem Browser öffnen. Also benötigen Sie für den Onlinebetrieb ein online öffentlich zugängliches Verzeichnis für Ihre E-Shopdateien. Dieses Verzeichnis muss über einen URI erreichbar sein.

GLOSSAR S. 505

OPENSTORE ist so konzipiert, dass es keine speziellen Anforderungen an den *Webserver* stellt. Damit ist eine Lauffähigkeit bei einer Vielzahl von Webspace-Anbietern gewährleistet.

Zum Betreiben eines E-Shops im Internet ist es günstig aber nicht zwingend erforderlich, eine eigene DOMAIN zu besitzen. Sie können Ihre E-Shopdateien in jedes über einen URI[1] erreichbare Verzeichnis auf einem über das Internet erreichbaren Webserver ablegen. Allerdings sind dann die Adressen, wie beispielsweise im folgenden Fall, nicht sehr werbewirksam:

GLOSSAR S.505

```
http://home.t-online.de/home/hans.mustermann/mein-shop
```

Besser ist es daher eine eigene Domain – gegebenenfalls auch eine eigene Domain nur für den Shop – etwa in der Form www.mein-shop.de einzusetzen.

Auf dem Webserver wird für die Shopdateien ohne Artikeldateien *Speicherplatz* von ca. 500 KB beansprucht. Für die Beschreibung der Artikel können Sie ca. 1 KB Speicherplatz je Artikel veranschlagen. Meist ist es weniger, es kommt auf die Länge des beschreibenden Textes an. Die Bilder zu den Artikeln benötigen zusätzlichen Speicherplatz. Sehen Sie mindestens einen Speicherplatz von 5–20 KB (je nach Größe) je Bild vor. Auf dem Webserver werden im Gegensatz zum lokalen Rechner nur die vom Konverter konvertierten Artikeldateien gespeichert.

GLOSSAR S.505

Nach der erstmaligen FTP-Übertragung auf den Server können zur Änderung von Einstellungen und der Artikeldaten die in der Engine und im Konverter implementierten einfach bedienbaren *FTP-Clients* benutzt werden.

Sie benötigen für den Betrieb des E-Shops außerdem mindestens eine *E-Mail-Adresse,* um die eingehenden Bestellungen auch zu erhalten. Diesen E-Mail-Account sollten Sie im Betriebszeitraum des E-Shops regelmäßig und bei hoher Kauftätigkeit möglichst mehrmals täglich leeren und die E-Mails umgehend weiter verarbeiten. E-Mail-Adressen erhalten Sie zumeist mit Ihrem Webhosting bei einem PROVIDER.

GLOSSAR S.505

---

[1] Bitte beachten Sie: wir werden in dieser Qualifikationseinheit im Allgemeinen den Begriff URI (Uniform Resource Identifier) verwenden. Von der Verwendung der Bezeichnung „URL" (Uniform Resource Locator) für HTTP- oder FTP-Adressen wird vom W3C abgeraten, da sie veraltet und ungenau sei (siehe http://www.w3.org/Addressing/). URLs stellen eine Untermenge der URIs dar. Beide Begriffe sind auch im Glossar erläutert.

Kapazitätsgrenzen

Der Hersteller empfiehlt für einen schnellen Betrieb des E-Shops, in der einzelnen Artikeldatei (Datei, die die Angaben zu und über Artikel enthält, wie Bezeichnung, Preis usw.) nicht mehr als 150 Artikelbeschreibungen abzulegen.

Artikeldaten können auf mehrere Artikeldateien sortiert nach Artikelgruppen verteilt werden. Sie können aber auch 50.000 Artikel in eine Datei schreiben, wenn die Beschreibungstexte kurz sind. Obwohl derart umfangreiche Artikelgruppen und Artikelbestände technisch möglich sind – sinnvoll sind sie sicherlich nicht (*siehe Abschnitt 1.4.2*). Große Artikeldateien wirken sich besonders negativ auf die Geschwindigkeit der Suchfunktion aus. Weil das nicht auf einer Datenbank basiert, werden die Artikeldateien auf dem CLIENT mit JavaScript-Skripten nach Suchworten durchsucht. Bei einer Gesamtmenge von mehr als 300 Artikeln mit einem umfangreichen Beschreibungstext empfiehlt der Hersteller, auf die Option „Alle Artikel" als Angabe des Suchbereichs zu verzichten. Der Geschwindigkeitsvorteil, den OPENSTORE gegenüber datenbankgestützten Lösungen habe, könne sich dann u. U. ins Gegenteil verkehren, da ein datenbankgestütztes System nicht wirklich suche, sondern die entsprechenden Felder schon vorher indiziert habe. Im Einzelfall hängt dies jedoch davon ab, wie die Suchfunktion programmiert wurde. OPENSTORE hingegen müsse wirklich immer alle Felder (Artikelbezeichnung, Artikelbeschreibung und Artikelnummer) in Echtzeit durchsuchen. Für diesen Fall wird der Einsatz des optionalen Moduls EXTENDED Search empfohlen.

Seite 40

GLOSSAR S. 505

3.2 Installation der Demoversion (OPENSTORE P4.2.0.6 Konverter und Engine)

In diesem Abschnitt werden Sie das OPENSTORE-E-Shopsystem mit Engine, Konverter und einem Beispielshop des Herstellers installieren. Der Beispielshop ist die Grundlage für Ihre Übungen und ist vollständig lauffähig.

GLOSSAR S.505

Seite 41

Sie haben bereits eine VERZEICHNISSTRUKTUR, wie in *Lerneinheit 1* beschrieben, angelegt. Im Verzeichnis

`c:\qe-shops\openstore\`

befindet sich für Windows die ausführbare Installationsdatei `setupP42.exe`.

Für das Betriebssystem Mac OS X müssen Sie zur Installation entweder die Dateien `OPENSTORE_P42OSX_Paket.sit` oder `OPEN-STORE_P42OSX_Paket.hqx` verwenden, für alle anderen Betriebssysteme der Firma Apple benötigen Sie die Dateien `OPENSTORE_P42_Paket.sit` bzw. `OPENSTORE_P42_Paket.hqx` zur Installation.

Die PDF-Dateien der Handbücher haben Sie im Verzeichnis `c:\qe-shop\openstore\dokumente` abgelegt.

▶ **Übung**

Beginnen Sie nun mit der Installation.

- **Starten Sie das Setup-Programm setupP42.exe.**
- **Lesen Sie den Lizenzvertrag. Sie müssen den Lizenzvertrag akzeptieren, um mit der Installation fortfahren zu können.**
- **Wählen Sie nun das Installationsverzeichnis aus. In der Windows-Version ist standardmäßig das Verzeichnis** `C:\Eigene Dateien\OPENSTORE P4.2.0.6_f\` **vorgegeben.**
- **Bitte ändern Sie dieses in** `c:\qe-shops\openstore\`
- **Führen Sie die Installation bis zum Ende durch. Sie brauchen dabei keine weiteren Angaben zu machen.**
- **Nach erfolgreicher Installation wird die Datei ReadmeP4.rtf geöffnet. Es werden Hinweise zum E-Shopsystem gegeben.**

Unterhalb des Verzeichnisses `C:\qe-shops\openstore\` wurden nun folgende Ordner mit den entsprechenden Dateien als Inhalt angelegt:

```
C:\qe-shops\openstore
    \OPENSTORE*\shopdemo*
                    \cart\*.htm
                    \data\*.js
                    \etc\*.htm
                    \images\*.gif
                    \infos\*.htm
                    \itmimg\*.gif oder *.jpg
                    \prefs\shopprefs.js
                    \scripts\*.js
                    \index.htm
                    \openstore.htm
              \tools\Artikeldaten\*.txt
                    \EngineP4.exe
                    \KonverterP4.exe
                    \ReadMeP4 Tools.rtf
```

Das Verzeichnis `\shopdemo*\` enthält die lauffähige Demoversion eines E-Shops, die der Hersteller als Grundgerüst bereitstellt. Wenn Sie mit einem Browser die Datei `index.htm` öffnen, können Sie sich diese ansehen. (Das Zeichen `*` dient hier als WILDCARD für beliebige Zeichen und kann nicht in Datei- oder Verzeichnisnamen benutzt werden.)

GLOSSAR S.505

Im Verzeichnis `\tools\` finden Sie die Programme Engine (`Engine P4.exe`) und Konverter (`KonverterP4.exe`), eine Readme-Datei und ein Verzeichnis `\Artikeldaten\`, das die aus einer Datenbank exportierten Textdateien mit den Artikeldaten enthält.

Studienmaterial

► Im Handbuch zu **OPENSTORE** Abschnitt 2.2 sind die Inhalte der
Unterverzeichnisse **und die Bedeutung einzelner Dateien
beschrieben. Studieren Sie bitte diesen Abschnitt (4 Seiten).**

► **Hinweis**
**Die Installation des E-Shopsystems OPENSTORE P4.2.0.6 erzeugt
nur den obigen Verzeichnisbaum inklusive der dort gespeicherten
Dateien. Es werden keine Einträge in die Registry (zentrale
Registrierungsdatenbank) des Windows-Betriebssystems
vorgenommen. Es werden auch keine Icons (Symbole) auf dem
Desktop generiert. Für die Installation auf Windows NT/2000/XP
usw. brauchen Sie keine Administratorrechte, denn es werden
keine Veränderungen an Einstellungen des Betriebssystems
vorgenommen.**

Wollen Sie das E-Shopsystem deinstallieren, brauchen Sie in der Regel
nur alle Unterverzeichnisse (in unserem Fall unterhalb `C:\qe-shops\`
`openstore\`) zu löschen.

3.3 Grundeinstellungen, Voreinstellungen

Der Hersteller hat im Demoshop zahlreiche Einstellungen voreingestellt. Diese sorgen dafür, dass der Demoshop lokal funktioniert und mit einem Browser geöffnet werden kann. Viele Voreinstellungen sichern auch die Funktionalität zwischen dem Demoshop und den Programmen Engine und Konverter. Einige Einstellungen können nicht geändert werden (z. B.

GLOSSAR S. 505

der Name der Datei `openstore.htm` – wenn diese Datei (FRAMESET) mittels OPENSTORE Engine weiterhin geändert werden soll). Ebenso sollte die E-Shopstruktur (das Grundgerüst aus dem Verzeichnisbaum und die in den Verzeichnissen liegenden Dateien) nicht geändert werden.

Der Konverter kann Dateien mit Artikeldaten aus einem von Ihnen festgelegten Verzeichnis konvertieren, er legt die konvertierten Ergebnisse jedoch stets im Verzeichnis `\data\` im E-Shopverzeichnis ab.

Die Engine liest die E-Shopeinstellungen immer aus der Datei `\prefs\shopprefs.js` und schreibt sie ebenfalls in diese Datei.

Die HTML-Dateien erwarten Bilder zur E-Shopgestaltung im Verzeichnis `\images\`, wogegen die Bilder zu den Artikeln im Verzeichnis `\itmimg\` erwartet werden.

Die Skripte zur Steuerung der Funktionalitäten sind an die Verzeichnisstruktur angepasst. Änderungen sind aus lizenzrechtlichen Gründen unbedingt zu unterlassen.

Folgende Screenshots zeigen die Grundeinstellungen der Engine. Dabei lernen Sie gleichzeitig alle Einstellungsfenster des Programms OPENSTORE Engine kennen. Sie können sich diese Fenster auch auf Ihrem Rechner ansehen, wenn Sie das Programm `EngineP4.exe` starten. Haben Sie Einstellungen vorgenommen, die Sie wieder auf die voreingestellten Werte zurücksetzen möchten, können Sie auf diese Angaben zurückgreifen. Sie können parallel mit einem Browser die Datei `index.htm` im E-Shopverzeichnis (`C:\qe-shops\openstore\OPENSTORE*\shopdemo*\index.htm`) öffnen und in dem im Browserfenster geöffneten Shop die Auswirkungen der Änderungen auf die Grundeinstellungen der Engine beobachten.

Auswahl des Shop-Verzeichnisses

Beim erstmaligen Öffnen der OPENSTORE Engine bzw. bei einer Änderung des E-Shoppfades erhalten Sie das Menü „Auswahl des Shopverzeichnisses" wie im nachfolgenden Bild dargestellt. Sie müssen zunächst
den „Shop Folder", also das Verzeichnis, in dem Ihre Shopdateien liegen,
festlegen.

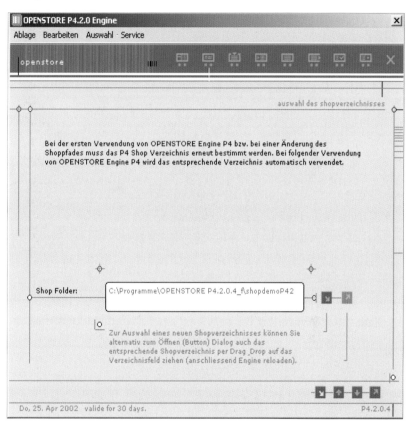

Abbildung 3.2:
Auswahl des Shop-
Verzeichnisses: Ein
Verzeichnis wurde
gewählt.

Allgemeine E-Shopvoreinstellungen

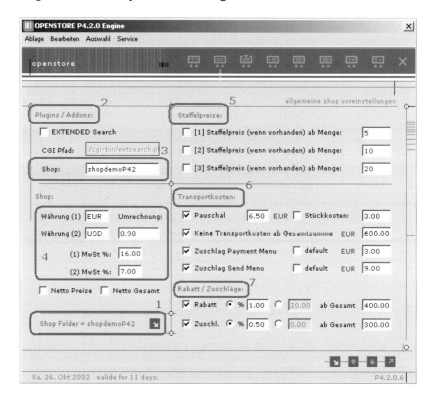

Abbildung 3.3:
Allgemeine
Shopeinstellungen

Links unten (1) sehen Sie den Namen des Verzeichnisses, in dem Ihr Shop abgelegt ist: `shopdemoP42`. Mit dem daneben stehenden Pfeil können Sie dies ändern, wenn ein solches Verzeichnis in der Shopverzeichnisstruktur existiert.

GLOSSAR S. 505

Seite 90

Im Fenster „Allgemeine Shopvoreinstellungen" werden eingestellt:

- Plug-Ins/ Add-Ons für EXTENDED Search (siehe *Abschnitt 3.1.2*) (2)
- der E-Shopverzeichnisname (online) (3)
- Währung und Mehrwertsteuer (4)
- Staffelpreise (5)
- Transportkosten (6)
- Rabatt und Zuschläge (7)

Voreinstellungen des Frame-Layouts

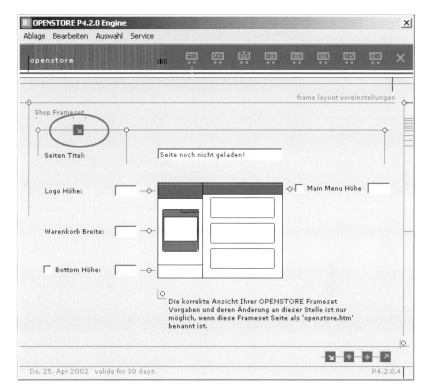

Abbildung 3.4:
Voreinstellungen des
Frame-Layouts: Es ist
noch keine Seite
geladen.

Hier finden Sie die Einstellungen für die Aufteilung des Browserfensters. Sollte im Eingabefeld „Seiten Titel:" der Hinweis auf das fehlende Frameset fehlen, klicken Sie auf den dazugehörigen blauen Pfeil.

Danach werden die Datei geladen und die aktuellen Einstellungen angezeigt (siehe Abb. 3.5).

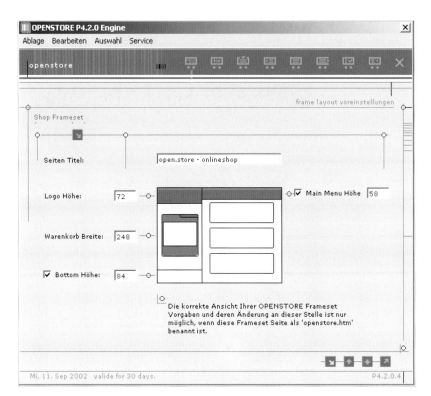

Abbildung 3.5:
Voreinstellungen des
Frame-Layouts: Das
Frameset wurde
geladen.

Voreinstellungen des Warenkorbes

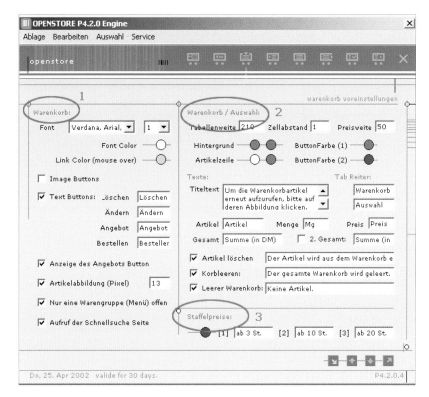

Abbildung 3.6:
Voreinstellungen zur
Darstellung und zu
den Funktionalitäten
des Warenkorbes

In dem Fenster „Warenkorb" werden eingestellt:

- Das Aussehen des Warenkorbes (1)
- Texte zum Warenkorb und dessen Funktionen (2)
- Staffelpreisverhalten innerhalb des Warenkorbes (3)

Voreinstellungen der Artikelauswahl

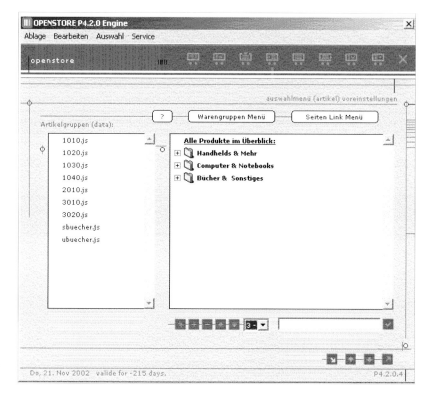

Abbildung 3.7:
Voreinstellungen zur
Artikelauswahl

Dieses Fenster „Auswahlmenü (Artikel) Voreinstellungen" zur Artikelauswahl ermöglicht es Ihnen, Warengruppierungen und Kategorisierun-
gen vorzunehmen. Abgebildet sehen Sie die Einstellung des Demoshops
des Herstellers. Dazu erfahren Sie in *Lerneinheit 4* mehr.

Seite 117

Voreinstellungen zur Darstellung der Artikel

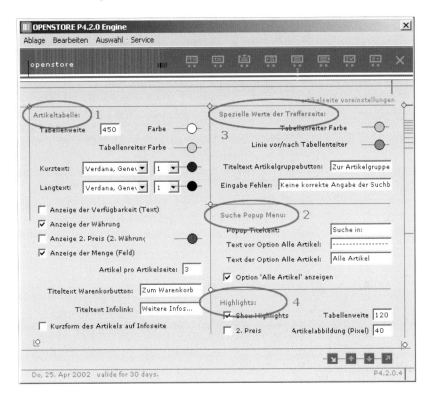

Abbildung 3.8:
Voreinstellungen zur
Darstellung der
Artikel

In diesem Fenster „Artikelseite Voreinstellungen" werden eingestellt:

- Das Aussehen der Artikeltabelle (1)
- Das Suche-Popup-Menü. Das Suche Popup Menu bestimmt über den Text, der angezeigt wird, wenn man die Suche durch den gesamten Artikelbestand zulässt sowie die Darstellung des Platzhalters, der vor dieser Option im Popup Menu dargestellt werden soll. (2)
- Das Aussehen der Antwort einer Suchabfrage (3)
- Einstellungen zu der Highlights-Tabelle (ein Feature, das die Darstellung von besonders hervorzuhebenden Artikeln auf der Startseite erlaubt) (4)

Voreinstellungen der Bestellseite

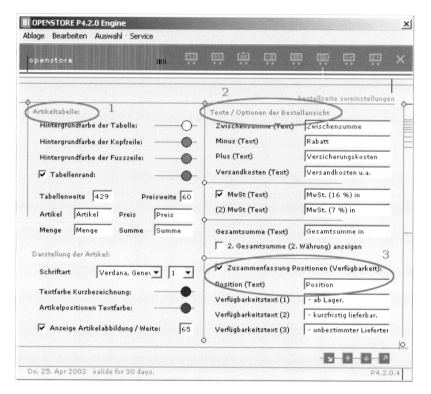

Abbildung 3.9:
Voreinstellungen der
Bestellseite

In diesem Fenster „Bestellseite Voreinstellungen" wird eingestellt:

- Das Aussehen der Artikeltabelle der Bestellseite (1)
- Texte zur Bestellseite (2)
- Angabentext zur Verfügbarkeit (3)

Voreinstellungen für den Versand der E-Mail-Bestellung

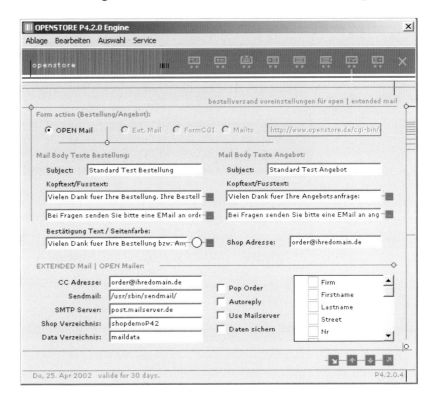

Abbildung 3.10:
Voreinstellungen für
den Versand einer
E-Mail

Hier gestalten Sie die E-Mails (E-Mail-Body-Bestandteile) an den Kunden und an den Lieferanten zur Information über die Bestellung falls OPEN Mail, OPEN Mailer, EXTENDED Mail eingesetzt wird. Näheres

Seite 200

erfahren Sie in *Lerneinheit 6,* die sich mit den Vorgängen der Bestellung und des Bezahlens im OPENSTORE P4.2.0.6 beschäftigen.

Voreinstellung von Zusatzeigenschaften

Zusatzeigenschaften sind differenzierbare Eigenschaften für einen Artikel, der in verschiedenen Varianten zum gleichen Preis angeboten wird (z. B. die Eigenschaft „Farbe" bei einem Handy, das in „Blau", „Gelb", „Grün" und „Orange" angeboten wird).

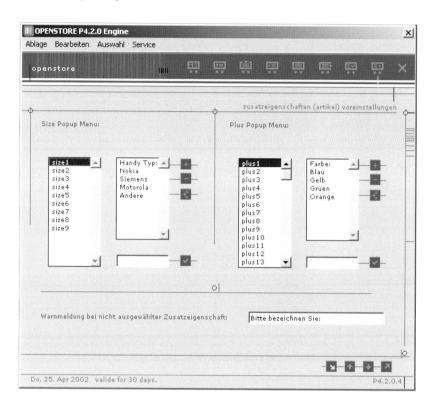

Abbildung 3.11: Voreinstellung von Zusatzeigenschaften

In diesem Bildschirm wird eingestellt, wie die Auswahlmenüs der Artikeleigenschaften aussehen sollen. Damit wird es möglich, einem einzelnen Artikel Optionen für Farben, Größen oder Versionen zuzuordnen.

 Seite 157 Auf dieses Thema wird ausführlich im *Abschnitt 5.1.2 – Templates und Engine* unter „Zusatzeigenschaften der Artikel" behandelt.

FTP-Voreinstellungen

Um den E-Shop auf den Webserver zu kopieren benutzen Sie das Protokoll
FTP. Für die Übertragung der Shopeinstellungen benötigt die Engine
FTP-Zugangsdaten, die Sie hier eintragen können.

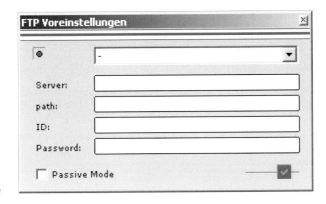

Abbildung 3.12:
FTP-Voreinstellungen

Das Fenster erreichen Sie über das Menü „Bearbeiten" → „FTP Voreinstellungen".

Abbildung 3.13:
Das Fenster (Abb.
3.12) erreichen Sie
über Das Menü
„Bearbeiten" → „FTP-
Voreinstellungen".

Details zur FTP-Übertragung und die notwendigen Angaben, die in den
FTP-Voreinstellungen (Abb. 3.12) eingetragen werden müssen, erfahren
Seite 232 Sie im *Abschnitt 7.1.*

Ansicht im Browser

In den vorherigen Abschnitten haben Sie einen kurzen Überblick über die Fenster erhalten, in denen Sie die Einstellungen festlegen können, die Einfluss auf Funktionalität und Darstellung des E-Shops im Browser haben. Mit all diesen Grundeinstellungen sieht der mit dem E-Shopsystem mitgelieferte Beispielshop wie nachfolgend dargestellt aus (Abb. 3.14). Rufen Sie die Startseite des (lokalen) E-Shops auf, indem Sie in einem beliebigen Fenster der Engine auf den Button ▨ klicken.

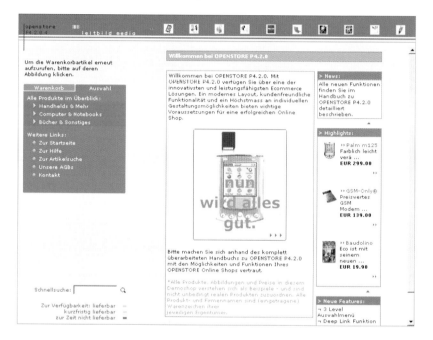

*Abbildung 3.14:
Beispielshop des
Herstellers: Ansicht
im Browser*

▶ **Übung**

Verändern Sie in der Engine über das Fenster „Warenkorb Voreinstellungen" die Farbe des Hintergrundes von Blau auf einen dunklen Rot-Ton.

Klicken Sie dazu mit der linken Maustaste im Bereich „Warenkorb / Auswahl" auf „Hintergrund" auf den bisher z.B. blau gefüllten Kreis: ◉. Es öffnet sich eine Farbpalette:

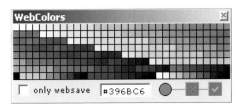

Abbildung 3.15:
Farbpalette

Per Mausklick wählen Sie Ihre gewünschte Farbe aus und klicken Sie auf das blaue OK-Häkchen ☑ zur Bestätigung.

Damit hat sich allerdings das Erscheinungsbild des Warenkorbes im Browser nicht geändert. Sie müssen zunächst die geänderte Einstellung in der Engine speichern, wozu Sie rechts unten im Engine-Fenster den mittleren blauen Pfeil nach unten betätigen: ⬇. Anschließend muss der Vorgang mit „OK" bestätigt werden:

Abbildung 3.16:
Bestätigung des
Speicherns der
Änderungen

Führen Sie dann im Browser einen Reload /ein Aktualisieren (ein erneutes Aufrufen der Webseite) durch.

Bitte beachten Sie:
Änderungen werden erst wirksam, wenn Sie über „Speichern" bestätigt werden.

Die Grundeinstellungen des Konverters

Nachdem Sie in den vorherigen Abschnitten die Grundeinstellungen der Engine kennen gelernt haben, soll es nun um den *Konverter* gehen.

Nach dem Starten des Programms Konverter erhalten Sie folgendes Fenster:

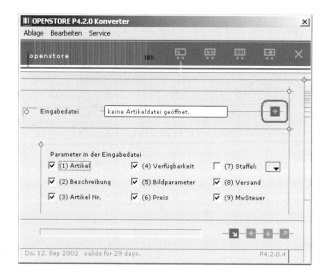

Abbildung 3.17:
Voreinstellungen des
Konverters

Über den blauen Pfeil ⬆ rechts neben der Angabe „Eingabedatei" können Sie einzelne, aus Ihrer Datenbank (z.B. Warenwirtschaftssystem) oder Ihrem Tabellenkalukationsprogramm zu exportierende Dateien auswählen. Das Konvertierungsergebnis wird immer in das Verzeichnis `\data\` des mit der Engine eingestellten E-Shopverzeichnisses geschrieben.

Der gleiche Vorgang lässt sich auch für komplette Eingabeverzeichnisse mit mehreren aus Ihrer Datenbank exportierten Datendateien durchführen, indem in der Symbolleiste das Icon ▦ angeklickt und ein Eingabeverzeichnis gewählt wird:

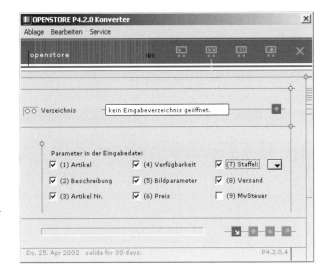

Abbildung 3.18:
Einstellungen zur
Datenkonvertierung:
Konvertieren
mehrerer Dateien
aus einem
Verzeichnis

Die einzelnen Vorgänge bei der Datenkonvertierung werden in nachfolgenden Lerneinheiten besprochen.

Der Konverter verfügt über einen einfachen FTP-Client. Die konvertierten Artikeldateien können damit auf den Webserver kopiert werden. Die FTP-Voreinstellung enthält zunächst leere Eingabefelder, die mit den FTP-Zugangsdaten zu Ihrem Webshopverzeichnis auf dem Webserver ausgefüllt werden müssen.

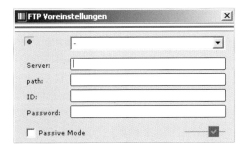

Abbildung 3.19:
FTP-Voreinstellungen

In das Formularfeld „Server" tragen Sie den Namen des Webservers ein. Im Feld „path" geben Sie den Pfad zum E-Shopverzeichnis an. Die „ID" (BENUTZERKENNUNG) und das „Password" (Passwort) ermöglichen das Kopieren auf den Webserver.

Auf die Übertragung des E-Shops auf den Server werden wir im Laufe der Qualifikationseinheit noch ausführlicher eingehen.

Hinweis zum Verwalten mehrerer E-Shops

Mit nur einer Engine und einem Konverter lassen sich mehrere E-Shops verwalten, es ist aber besondere Aufmerksamkeit vonnöten, wenn man mehrere E-Shops lokal verwalten möchte. Vor allem muss man darauf achten, dass man sich im richtigen Verzeichnis des gerade zu ändernden E-Shops befindet und nicht Änderungen im falschen E-Shop durchführt. Prüfen Sie daher vor jeder durchzuführenden Änderung, welches Verzeichnis gerade in der Engine und dem Konverter aktiv ist. Geben Sie den unterschiedlichen lokalen E-Shops unbedingt eindeutige E-Shopnamen und Verzeichnisnamen. Man sollte beim Starten der Engine stets prüfen, mit welchem E-Shop gearbeitet wird.

Vorteilhaft ist das Verwalten mehrerer E-Shops mit nur einem Werkzeug, weil Sie die Software nur einmal installieren müssen und die stets gleiche Bedienung der Werkzeuge die Arbeit vereinfacht.

 Seite 251 Auf dieses Thema und die hinsichtlich der Lizenzierung zu beachtenden Rahmenbedingungen wird im *Abschnitt 7.4.1 – Worauf sollte man achten?* erneut eingegangen.

3.4 Installation des E-Shopsystems auf einem Webserver

Voraussetzungen

 Seite 90

Wie bereits in *Abschnitt 3.1.2* aufgezeigt wurde, benötigen Sie ein im Internet über einen URI erreichbares Verzeichnis.

- Verfügen Sie bereits über ein solches Verzeichnis, wie z. B. für Ihre eigene Homepage, dann haben Sie beste Voraussetzungen. Allerdings sollten Sie aufgrund der bereits beschriebenen Namensproblematik eine Homepage mit eigenem Domainnamen vorziehen.

- Haben Sie einen INTERNET SERVICE PROVIDER (der Dienstleister, der Ihnen den Zugang ins Internet möglich macht), der neben dem Zugang auch WEBSPACE für seine Kunden bereitstellt (wie Sie wissen, genügen für unsere Übungen 1-2 MB), dann können Sie diese Möglichkeit nutzen. Informieren Sie sich beim PROVIDER über den Webspace-Zugang (Kennwort/Passwort für den FTP-Zugang) und die Hinweise des Providers, wie Sie eine Homepage anlegen, Unterverzeichnisse einrichten und Dateien auf den Server kopieren (UPLOAD). Damit können Sie die Übungen auch online durchführen.

- Falls Sie noch keine Möglichkeit haben, Webspace auf einem Webserver zu nutzen, sollten Sie sich für einfache Lösungen bei einschlägigen Providern entscheiden. Wir empfehlen Ihnen, für die Durchführung der Übungen eine Internetpräsenz mit eigener Domain einzurichten.

Für die *Übertragung des E-Shopsystems* von Ihrem lokalen Rechner auf einen Webserver sollten Sie über folgende Voraussetzungen verfügen:

- Die *FTP-Zugangsdaten:* Server, Kennwort/Passwort. Bitte studieren Sie die Hinweise und Anleitungen des Providers zum HOCHLADEN (Upload) von Dateien für eine Website.

- Ein *FTP-Client*-Programm (Bitte studieren Sie die Anleitung/das Handbuch zu diesem Programm)

- Einen *Internetzugang*

- Webspace auf dem *Server* mit Möglichkeit zur Einrichtung entsprechender Verzeichnisnamen. Wählen Sie den Verzeichnisnamen für den E-Shop sinnvoll – empfohlen sei `openstore`. Hier wird dieser Name immer so verwendet.

Wenn Sie diese Voraussetzungen realisiert haben und eine FTP-Verbindung zum Verzeichnis openstore besteht, kann der Kopierprozess (upload) beginnen.

Upload des Shops

Für den öffentlichen Zugang zu Ihrem E-Shop müssen folgende Verzeichnisse mit allen sich darin befindlichen Dateien und die angegebenen Dateien index.htm und openstore.htm in ein beliebig zu benennendes Verzeichnis auf den Webserver kopiert werden. Diese Dateien und Verzeichnisse gehören alle zu Ihrem E-Shop. Die Übung dazu vollziehen Sie in der *Lerneinheit 7*. Diesen Vorgang nennt man „Upload".

Seite 231

Überprüfung des Upload

Nun können Sie mit Ihrem Browser den Erfolg Ihrer Kopieraktion prüfen. Geben Sie als Adresse Folgendes ein:

schematisch: `http://servername/pfad/openstore/index.htm`

Beispiel: `http://www.meine-firma.de/shop/openstore/index.htm`

So sollte Ihre Adresse aussehen, wenn Ihr Verzeichnis auch openstore heißt. Für server und pfad müssen Sie Ihre Angaben verwenden. Über diese Adresse erreicht jeder potenzielle Kunde nun Ihren E-Shop.

Nun ist der Demoshop im Web erreichbar. In den nachfolgenden Lerneinheiten werden wir den in *Lerneinheit 1* beschriebenen E-Shop schrittweise aufbauen, indem wir die Einstellungen und die Parameter des Demoshops gezielt verändern.

Seite 45

3.5 Wissenswertes über die Erweiterung des Demoshops

Wie wandelt man eine Demoversion in eine lizenzierte Version um, die länger als 30 Tage funktioniert?

Beim Kauf einer Lizenz für OPENSTORE P4.2.0.6 erhalten Sie eine individuelle Lizenznummer vom Hersteller. Die Lizenzierung erfolgt ausschließlich online.

www.openstore.de/
de/order/

Schließen Sie das Programm Engine und starten Sie Konverter.

Die Lizenznummer tragen Sie im Menü „Service" → „Register OPENSTORE" im OPENSTORE Konverter in das dort sichtbare Eingabefenster ein. Zusätzlich müssen Sie den Namen des Lizenznehmers, so wie Ihnen der Hersteller diese Daten übergibt, eintragen. Ab diesem Zeitpunkt entfällt das Zeitlimit für die Nutzung der Probelizenz (Vgl. Handbuch des Hersteller, Abschnitt 2.3, S. 9).

Für die Lizenzierung ist keine Neuinstallation nötig. Ihr E-Shop bleibt so, wie Sie ihn bisher eingerichtet haben, erhalten.

Für die Übungen benötigen Sie – wie bereits dargelegt – keine Vollversion.

ZUSAMMENFASSUNG

In dieser Lerneinheit haben Sie zunächst die Systemanforderungen kennen gelernt, die Einrichtung und Betrieb eines E-Shops mit OPENSTORE an Hardware und Software Ihres lokalen Computers und des Webservers stellen. Anschließend haben Sie OPENSTORE installiert. Auf Ihrer Festplatte befinden sich jetzt ein Beispielshop des Herstellers sowie die Verwaltungswerkzeuge Engine und Konverter.

Anschließend haben wir Ihnen einen kurzen Überblick über die Einstellmöglichkeiten und Fenster der Engine und des Konverters gegeben. In den folgenden Lerneinheiten werden wir diese schrittweise und ausführlich behandeln und Ihre Kenntnisse im Umgang mit OPENSTORE vertiefen.

[4] OPENSTORE –
DATENBANKANBINDUNG

GLOSSAR S. 505

Die Daten zu den angebotenen Artikeln können im Unternehmen in unterschiedlichen Formen vorliegen – in den meisten Fällen werden diese in einer DATENBANK abgelegt sein. Diese Artikeldaten enthalten Angaben, die sowohl für das Unternehmen als auch für den Kunden interessant sind (Preis, Beschreibung, Lieferzeit etc.) aber auch Angaben, die nur für die Steuerung der innerbetrieblichen Abläufe (Lieferantenadressen, Einkaufspreise etc.) von Bedeutung sind. Dem Besucher Ihres E-Shops möchten Sie ausgewählte Daten online so präsentieren, dass der potenzielle Kunde zum Käufer wird. Die Daten sollten stets aktuell sein. Dies kann nur erreicht werden, wenn eine einfache Pflegemöglichkeit gewährleistet ist.

Seite 101
GLOSSAR S. 505

Neben den Artikeldaten gibt es den bereits in der *Lerneinheit 3* kurz dargestellten WARENKORB. Dieser stellt eine Sammlung von Daten über Artikel dar, die ein Kunde ausgewählt hat und erwerben möchte. Der Warenkorb ist zu Beginn des Kundenbesuchs leer, erst durch den Vorgang „In den Warenkorb legen" wird er mit Angaben zu den ausgewählten Artikeln gefüllt. Preise und Verfügbarkeiten der Artikel sind in diesem Zusammenhang besonders wichtig. Die Berechnung des Gesamtbestellwertes erfolgt ebenfalls durch die Warenkorb-Funktionalität. Dazu gehören auch das Ausweisen bzw. Berechnen der Mehrwertsteuer und ggf. das Umrechnen und Anzeigen des Bestellwertes in einer Zweitwährung.

In dieser Lerneinheit wird Ihnen dargestellt, wie die Artikeldaten und die Daten des Warenkorbes für den Kunden in einem mit OPENSTORE Version P4.2.0.6 erstellten E-Shopsystem bereitgestellt werden und wie Sie diese Daten pflegen können.

GLOSSAR S. 505

Die Daten zu den Artikeln werden innerhalb des OPENSTORE E-Shopsystems nicht in einer Datenbank gespeichert. Ein Zugriff über ABFRAGESPRACHEN wie SQL ist daher nicht nötig und nicht möglich. OPENSTORE hat eine eigenständige Lösung gewählt:

Die Artikeldaten werden in durch in JAVASCRIPT geschriebene SKRIPTE schnell lesbaren Dateien (Endung .js) im Textformat gespeichert. Sie liegen in einer präzise definierten Form vor. Das Bearbeiten dieser Dateien sollte nur mit dem dafür vorhandenen Werkzeug (Tool) *OPENSTORE Konverter* vorgenommen werden, denn Fehler in diesen Dateien führen unweigerlich zu fehlerhaften Anzeigen im E-Shopsystem. Der Konverter schreibt die Daten nach fest definierten Regeln in diese Dateien, so dass immer die richtige Struktur gewahrt bleibt.

GLOSSAR S. 505

Seite 135

Das Programm OPENSTORE Konverter unterstützt Sie auch beim IMPORTIEREN von Artikeldaten in den E-Shop (*Abschnitt 4.1.3*) aus anderen Dateiformaten. Ein Modul des Konverters ist der Dateiinspektor. Mit ihm können die vorhandenen E-Shop-internen Artikeldatendateien über eine komfortable Oberfläche editiert werden.

4.1 Artikelkatalog

Der Artikelkatalog umfasst die Gesamtheit der Informationen über alle Artikel, die im E-Shop angeboten werden bzw. zum Sortiment gehören aber kurzfristig nicht angeboten werden können (z.B. wegen eines Lieferengpasses). Er stellt eine der wichtigsten Datensammlungen des E-Shops dar. Dabei kann man heutzutage davon ausgehen, dass sowohl die innerbetrieblichen als auch die für Kunden wesentlichen Informationen einer Firma bereits in elektronischer Form existieren (zumeist in Datenbanken oder in einem WARENWIRTSCHAFTSSYSTEM). Je nach Anzahl der Artikel, Datenmenge (alle Daten wie Beschreibungstexte, Preise, Artikelnummer, Bilddaten usw. zusammen) je Artikel, Verwaltungsaufwand und Betriebsabläufen verfügen Firmen über Datenbanken verschiedenster Größe und verschiedenster DATENBANKFORMATE. Die parallele Entwicklung in verschiedenen Softwarefirmen hat trotz Versuchen zur Vereinheitlichung eine Vielzahl von unterschiedlichen Formaten zur Speicherung hervorgebracht (vgl. Born, G., Referenzhandbuch Dateiformate, Addison Wesley Verlag, Bonn, Seiten 1399 ff., 1997, ISBN 3-8273-1241-8). Daneben haben sich Standards zum Datenaustausch zwischen den verschiedenen Formaten entwickelt, insbesondere das Format CSV (Comma Separated Values) (mehr dazu im *Abschnitt 4.1.5*). Abbildung 4.1 zeigt, wie die Datenkonvertierung im OPENSTORE E-Shopsystem abläuft:

Abbildung 4.1: Konvertierungsvorgang im OPENSTORE E-Shopsystem

GLOSSAR S.505

Die Dateien werden aus der Tabellenkalkulation, der Datenbank oder dem Warenwirtschaftssystem in ein beliebiges Verzeichnis als Textdateien (Endung `.txt`) gespeichert (z. B. im Verzeichnis `Tools\Artikel-dateien`). Danach werden diese Dateien mit dem OPENSTORE Konverter in das E-Shopinterne Datenformat konvertiert (.js-dateien). Die Bearbeitung dieser Dateien erfolgt – falls nötig – mit dem Dateiinspektor. Neue Artikel und Artikelgruppen können Sie ebenfalls mit dem Dateiinspektor anlegen. Nach der Veröffentlichung des E-Shops befinden sich die neu erstellten oder bearbeiteten JS-Dateien auf dem Webserver.

GLOSSAR S.505

Aufbau der Artikelkatalog-Dateien bei OPENSTORE

Die Angaben zu den Artikeln werden in verschiedenen zugeordneten Datenfeldern beschrieben. Im OPENSTORE E-Shopsystem gibt es drei Pflichtangaben zur Unterscheidung und Beschreibung von Artikeln: *Artikelnummer, Beschreibung* und *Preis*. Optionale Angaben sind *Artikelname, Verfügbarkeitsparameter* und *Bildparameter*. Ferner kann man als zusätzliche Angaben *Staffelpreise, Versandkostenbefreiung* und einen *zweiten Mehrwertsteuersatz* angeben und für jeden Artikel separat speichern. Diese Daten befinden sich in den TXT-Dateien (im Verzeichnis `Tools\Artikeldateien` des Demoshop) und den JS-Dateien (Verzeichnis `data`) auf Ihrem lokalen System. Die TXT-Dateien stellen die verwaltbare Datenbasis für die Artikeldaten dar. Diese Dateien werden mit dem Tool OPENSTORE Dateiinspektor verändert und verwaltet. Das Onlinesystem auf dem Webserver enthält nur die JS-Dateien, die für die Onlinenutzung geeignet sind (vgl. dazu auch Abbildung 4.1).

Tabelle 4.1 zeigt die einzelnen Angaben und deren Bedeutung im Überblick.

	Bezeichnung (keine Feldnamen)	Bedeutung und Bedingungen
Pflichtangaben	Artikelnummer	Diese Angabe enthält eine eindeutige, maximal zehnstellige Nummer, d. h. diese Nummer darf nur ein einziges Mal innerhalb dieses E-Shops existieren. Die Artikelnummer kann aus Ziffern, den Zeichen a-z und A-Z, dem Unterstrich und dem Leerzeichen (wird im System durch Unterstrich ersetzt) bestehen. Nicht zugelassen sind Komma (,), Bindestrich (-), Semikolon (;), Slash (Schrägstrich) (/), Klammern und alle üblichen Sonderzeichen sowie Umlaute und Sonderzeichen, die landestypisch sind. (Erlaubte Artikelnummern beispielsweise: 1357a, _abcd13, A_123. Nicht erlaubt sind beispielsweise: 08/15, Übertopf-Set)
	Beschreibung	Beliebiger Text zur Beschreibung des Artikels. Eine Zeichenbegrenzung ist nicht vorgesehen; längere Texte wirken sich aber auf den Zeitbedarf bei der Suche aus. WICHTIG: Es dürfen keine Zeilenumbrüche oder Absätze im Text eingegeben worden sein.
	Preisangabe	Hier wird der Verkaufspreis inklusive Mehrwertsteuer (Bruttopreis) als Dezimalzahl mit zwei Stellen nach dem Komma angegeben – die Formatierung ist dabei unerheblich. Preise werden als Nettopreise behandelt wenn diese Option in den E-Shopvoreinstellungen definiert wurde.
Optionale Angaben	Artikelname	Zusätzlich zur Artikelnummer, die jeden Artikel eindeutig kennzeichnet, kann ein Artikelname verwendet werden, der in der Artikelpräsentation angezeigt wird. Es können gleiche Artikelnamen auch für mehrere Artikel verwendet werden. WICHTIG: Es dürfen keine Zeilenumbrüche oder Absätze in der Artikelbezeichnung enthalten sein.

Seite 150

Optionale Angaben	Verfügbarkeitskriterien	Diese Angabe wird in einer Ziffer kodiert: 0 = keine Anzeige der Verfügbarkeit 1 = sofort lieferbar 2 = kurzfristig lieferbar 3 = nicht lieferbar Die textliche Bedeutung der Werte 1 bis 3 ist frei definierbar und kann individuellen Bedürfnissen angepasst werden. Einstellung über OPENSTORE Engine (siehe *Lerneinheit 5*).	

	Angaben zur Einbindung von Bildern 	Bilder von Artikeln oder Artikelgruppen befinden sich nicht in den Artikelkatalog-dateien. Alle Artikelbilder befinden sich im Verzeichnis `itmimg`. Die Dateinamen der Bilddateien müssen identisch mit der Artikelnummer oder dem Artikelgruppen-namen sein. Z. B. hat ein Artikel die Artikelnummer 3366. Die dazugehörige Bilddatei muss den Dateinamen 3366.gif oder 3366.jpg haben. Es sind nur die Bildformate GIF und JPEG (JPG) zulässig.
		   In diesem Datenfeld zur Einbindung von Bildern wird über eine Ziffernangabe die Art und Weise des Bildaufrufs aus dem Verzeichnis `itmimg` geregelt.
		   Werte für *GIF-Bilder*:
		0 = keine Abbildung darstellen
		1 = artikelnummer.gif
		2 = artikelgruppenname.gif
		3 = artikelnummer.gif mit Link auf eine Datei artikelnummer.html (im Verzeichnis ‚infos')
		4 = artikelgruppenname.gif mit Link auf eine spezielle Infoseite im Verzeichnis infos
		5 = artikelnummer.gif mit Link auf allgemeine Infoseite im Verzeichnis info
		6 = artikelgruppenname.gif mit Link auf allgemeine Infoseite im Verzeichnis infos
		7 = keine Abbildung, Textlink auf spezielle Infoseite im Verzeichnis info
		8 = keine Abbildung, Textlink auf allgemeine Artikelgruppeninfos im Verzeichnis infos
		   Für *JPG-Bilder* wird obige Kodierung durch die Ziffer 1 ergänzt: 11, 21, 31, 41, 51, 61 (vgl. dazu die obige Abbildung)	

Zusätzliche Angaben	Staffelpreise	Bis zu drei Staffelpreise können angegeben werden (richtet sich nach den in den Voreinstellungen definierten Staffelmengen!) Es werden Dezimalzahlen mit zwei Stellen nach dem Komma erwartet. Eine prozentuale Berechnung findet nicht statt. Die Festlegung individueller Staffeln muss selbst errechnet werden.
	Versandkostenbefreiungskode	Möchte man einen Artikel ohne Versandkosten anbieten, setzt man hier den Wert 0. Anbieten mit Versandkosten wird durch den Wert 1 veranlasst. Wichtig: Wird diese Angabe nicht definitiv auf 0 (Null) gesetzt oder dieses Datenfeld nicht verwendet, gilt immer die Voreinstellung „mit Versandkosten".
	Mehrwertsteuersatz	Als Hauptmehrwertsteuersatz gilt immer der in der Engine durch Ihre Einstellung festgelegte Wert. Soll ein anderer Mehrwertsteuersatz (der in den Voreinstellungen definierte zweite Mehrwertsteuersatz) für einen Artikel gelten, wird dieser hier als Prozentzahl eingegeben.

Tabelle 4.1: Beschreibung der Angaben in den Artikeldateien bei OPENSTORE

Datenexport aus anderen Anwendungen

Damit der OPENSTORE Konverter die zu konvertierenden Artikeldaten korrekt verarbeiten kann, müssen die Daten aus anderen Programmen zur Verwaltung von Artikeldaten in einem definierten Format und in einer festgelegten Struktur exportiert werden. Wir werden im *Abschnitt 4.1.6* genauer auf die technischen Fragen eingehen. Damit Sie ein Verständnis für die Inhalte der TXT-Dateien entwickeln, wird hier ein Überblick über deren Struktur vermittelt.

 Seite 141

Die Angaben zu jeweils einem Artikel (Attribute) finden sich in einer Textzeile. Die einzelnen Informationen wie Name, Preis usw. werden dabei durch Trennzeichen (Tabulatorzeichen) separiert dargestellt. Der OPENSTORE Konverter erwartet nach einer bestimmten Anzahl von Trennzeichen eine ganz bestimmte Angabe zu dem Artikel, z. B. zwischen dem 5. und 6. Trennzeichen steht immer die Angabe Preis.

Die Zuordnung der Daten in die richtigen Felder erfolgt ausschließlich über die Reihenfolge der Angaben innerhalb der Textzeile. Artikel werden durch den Beginn einer neuen Zeile voneinander getrennt. Datenfelder oder Datenfeldnamen, wie Sie Ihnen vielleicht von Datenbanken her bekannt sind, gibt es im E-Shopsystem OPENSTORE nicht. Abbildung 4.2 stellt den Aufbau der TXT-Dateien noch einmal schematisch dar.

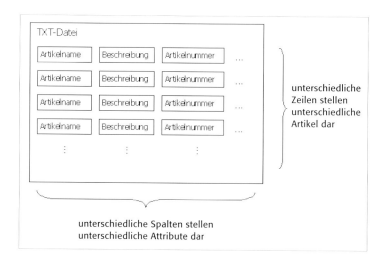

Abbildung 4.2: schematischer Aufbau einer Artikeldatei (TXT-Datei)

Wollen Sie Daten aus einer Tabellenkalkulation oder aus einer Datenbank für Ihren mit OPENSTORE aufgebauten E-Shop verwenden, müssen Sie die Daten aus diesen Programmen in Textdateien exportieren (bzw. in diesem Format abspeichern), die genau so strukturiert sind, wie es der OPENSTORE Konverter erwartet. Ausschließlich die Reihenfolge der Attribute der Artikel bestimmt ihre Bedeutung:

- Artikelname
- Beschreibung
- Artikelnummer
- Verfügbarkeit
- Bildparameter
- Preis
  - Preis 1. Staffel
  - Preis 2. Staffel
  - Preis 3. Staffel
  - Versandkostenbefreiungskode
  - 2. Mehrwertsteuersatz

Diese Reihenfolge muss beim Datenexport aus Ihrer Datenbank zwingend eingehalten werden. Die in obiger Aufzählung zusätzlich eingerückten Angaben sind optional. Werden sie verwendet, muss auch hier die Reihenfolge eingehalten werden.

Wenn Sie sowohl die optionalen als auch die Zusatzfelder verwenden, müssen diese bei allen Artikeln angegeben werden. Zwischen den Trennzeichen (Tabulator) kann sich auch ein Freiraum befinden. Zwei aufeinander folgende Trennzeichen bedeuten, dass an dieser Stelle keine Daten vorhanden sind. Das Attribut ist „leer". Das kommt zum Beispiel vor, wenn Sie zu einem Artikel keine Angabe zur Verfügbarkeit machen.

Innerhalb des E-Shopsystems werden die Artikeldaten in den spezifischen Dateien (TXT und JS) in dieser Struktur abgelegt.

Alle Artikeldateien (TXT und JS) im Verzeichnis `tools\artikel-dateien` (aus anderen Anwendungen exportierte Dateien) und `data` (mit dem Konverter konvertierte Dateien) können Sie mit einem einfachen Texteditor betrachten. Zum Editieren wird empfohlen, dies stets in der Quelldatei zu tun, aus der Sie die TXT-Dateien exportiert haben, um den Datenbestand konsistent zu halten.

Die Kategorisierung

Um einen aus Kundensicht reibungslosen Einkauf zu gewährleisten, ist es nötig, dass das angebotene Sortiment gut strukturiert und sortiert ist. Eine klare Kategorisierung hilft, hohen Suchaufwand zu vermeiden. Das wird erreicht, indem man *Artikelgruppen einführt und ihnen die Artikel* zuordnet.

Im Warengruppenmenü des Fensters „Auswahlmenü (Artikel) Voreinstellungen" der OPENSTORE Engine (siehe folgende Abbildung 4.3 oder im geöffneten Programmfenster selbst) ist der Aufbau einer *zwei- oder dreiebenigen Menütiefe* in der Auswahlliste einstellbar (im Auswahlmenü beispielsweise 🖅 auswählen). Nach der Auswahl können Sie in den jeweiligen Ebenen Gruppennamen vergeben und Artikeldateien (JS-Dateien) zuordnen. Mit einer zweidimensionalen Menütiefe fassen Sie Artikelgruppen in Warengruppen zusammen. Bei einer dreidimensionalen Menütiefe können Sie mehrere Warengruppen in Hauptgruppen eingliedern, in den Warengruppen sind dann die Artikelgruppen eingeordnet. In den Artikelgruppen sind die Artikel zusammengefasst.

Zweidimensionale Menütiefe	(1) Warengruppe (2) Artikelgruppe (mit Artikeln)
Dreidimensionale Menütiefe	(1) Hauptgruppe (2) Warengruppe (3) Artikelgruppe (mit Artikeln)

Artikel	Artikel entspricht einer Datenzeile in einer Artikeldatei.
Artikelgruppe	Artikelgruppe sind alle Artikel in einer Warengruppe.
Warengruppe	Warengruppe ist eine Struktur, die eine oder mehrere Artikeldateien enthält. In einer Warengruppe können auch Artikeldateien verknüpft sein, die schon in anderen Warengruppen Verwendung fanden.
Hauptgruppe	Eine Hauptgruppe enthält wenigstens eine Warengruppe.

Tabelle 4.2: Kategorisierung von Artikeln bei ein- und mehrdimensionaler Menütiefe

Mit welcher Menütiefe Sie Ihren E-Shop einrichten sollten, hängt von der Vielfalt und der Sortimentsbreite/-tiefe ab. In unseren Beispielübungen genügt eine zweidimensionale Menütiefe.

Im rechten Fensterteil der folgenden Abbildung sehen Sie rechts die Namen der JS-Datei und links den dazu gehörigen und vom System angezeigten Artikelgruppennamen. Im linken Fensterteil sind alle im Verzeichnis data verfügbaren Artikeldateien aufgelistet, die je einer Artikelgruppe entsprechen. Im Folgenden sehen Sie, wie dies in dem E-Shop unseres Beispiels aussehen wird.

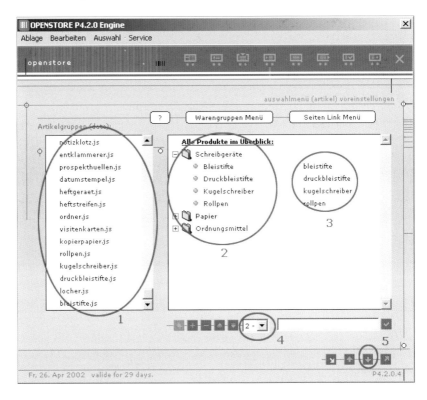

Abbildung 4.3:
Kategorisierung im
Auswahlmenü
(Artikel)
Voreinstellungen

Tabelle 4.3 zeigt die Bedeutung der einzelnen Elemente im Fenster:

Bedienelement	Bedeutung
1	Artikeldateien im ausgewählten Verzeichnis (hier: data)
2	Kategorisierung
3	Name der zur Artikelgruppe (Kategorie) gehörenden Artikeldatei
4	Menütiefe (zwei- oder dreidimensional)
5	Speichern der Änderungen

Tabelle 4.3:
Bedeutung der
Elemente aus Abbil-
dung 4.3

Wie die in obiger Abbildung vorgenommene Kategorisierung danach im E-Shop (d. h. im Browser) aussieht, zeigt die folgende Abbildung:

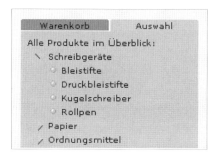

Abbildung 4.4:
Kategorisierung
(Ansicht im E-Shop)

Beim Neuaufbau einer Warenstruktur im E-Shopsystem sollten Sie bereits vorher klare Vorstellungen haben, welche Artikel in welchen Artikelgruppen und in welchen Warengruppen diese Artikelgruppen wiederum zusammengefasst werden sollen.

Beginnen Sie dann in der OPENSTORE Engine mit dem Erstellen der Warengruppen. Die Artikelgruppen können Sie einer Warengruppe zuordnen, indem Sie die betreffende Warengruppe markieren und im linken Teilfenster doppelt auf die betreffende Artikeldatei klicken. Danach vergeben Sie einen Artikelgruppennamen im Eingabefeld rechts unten. Wiederholen Sie diesen Vorgang, bis alle Artikeldateien ihren Warengruppen zugeordnet wurden.

Sollen *Änderungen in der Zuordnung von Artikeln zu Artikelgruppen* in der Artikelgruppe durchgeführt werden, müssen Sie den Inhalt der Dateien im Verzeichnis `tools\Artikeldateien` ändern.

Sollen *Änderungen in der Zuordnung von Artikelgruppen zu Warengruppen* durchgeführt werden oder sollen die Zuordnungen erweitert, gelöscht oder in der Reihenfolge geändert werden, müssen Sie das mit der Engine tun. Ist eine Artikelgruppe in einer Warengruppe markiert, kann durch Benutzen der Tasten ⊞ bzw. ⊟ die Einordnung der markierten Artikelgruppe bzw. Warengruppe verändert werden. Mit der Taste ⊞ wird eine neue, leere Warengruppe eingefügt. Den Namen tragen Sie in das Eingabefeld ein. Mit der Taste ▦ werden markierte Einträge gelöscht. Wird eine markierte Warengruppe gelöscht, werden auch alle Untereinträge (Artikelgruppen) entfernt. Das Symbol ▦ dient dem Hinzufügen von Hauptgruppen und ist nur bei einer dreidimensionalen Menütiefe aktiv.

▶ Übung

Diese Übung beschäft sich mit der Zuordnung von Artikelgruppen zu Warengruppen.

Entfernen Sie zunächst alle Dateien aus dem Verzeichnis `data` des Beispielshops. Kopieren sie anschließend alle Dateien aus den Übungsmaterialien (`./KMU-shop-os/data`) in dieses Verzeichnis. In dem Verzeichnis sollten sich jetzt 18 Dateien befinden. ablagekorb.js, bleistifte.js. ..., visitenkarten.js.

Starten sie Ihre OPENSTORE Engine und wählen Sie ,Auswahl-menü (Artikel) Voreinstellung' (siehe Abbildung 4.1).

Löschen Sie alle Kategorisierungsstrukturen, die durch den Hersteller bereitgestellt wurden. Klicken Sie auf einen Eintrag (z.B. „Handhelds") und anschließend auf den Entfernen-Button ▣. Führen Sie diese Schritte für alle angezeigten Gruppen durch. Danach sollte sich folgendes Bild ergeben:

Abbildung 4.5:
Ansicht nach dem
Ersetzen der Artikel-
dateien und dem
Löschen aller Einträge

Bauen Sie danach eine zweidimensionale Struktur auf. Als Warengruppen benutzen Sie bitte:

- Schreibgeräte
- Papier
- Ordnungsmittel

Ordnen Sie die Artikeldateien inhaltlich zu.

Sollten in der Engine keine JS-Dateien angezeigt werden, müssen Sie ihr noch das richtige E-Shopverzeichnis zuordnen (siehe Bildelement (1) in Abbildung 4.6). Nach der Auswahl des richtigen E-Shopverzeichnisses muss die Enginge neu gestartet werden (Enginge Reload Button). Sie werden nach Änderung des E-Shopverzeichnisses zum Reload aufgefordert und müssen dies dazu lediglich bestätigen. Sie sollten bei der Durchführung der vorhergehenden Übung zu einem ähnlichen Ergebnis kommen, wie in der folgenden Abbildung 4.7 gezeigt.

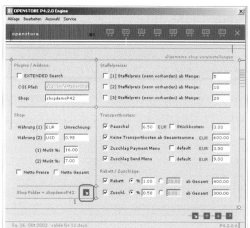

Abbildung 4.6:
Einstellen oder Verändern des Shopverzeichnisses

Abbildung 4.7:
Warengruppen-Menü

Änderungen speichern

Mit dem Button ■ werden Ihre geänderten Einstellungen in der Voreinstellungsdatei `prefs\shopprefs.js` gesichert. Ändern Sie Inhalte dieser Datei niemals über einen Editor, sondern verwenden Sie immer nur die Engine dazu. Das Beenden der Engine speichert getätigte Änderungen nicht! Erst nach dem Sichern der Änderungen in der Voreinstellungsdatei werden die Änderungen in Ihrem E-Shop wirksam.

Sie können das Ergebnis im lokalen E-Shopsystem mit einem Browser überprüfen, indem Sie die Datei `index.html` in Ihrem E-Shopverzeichnis öffnen (bzw. den Button 'Shop starten' betätigen). Bitte bedenken Sie, dass in diesem Zwischenstadium z.B. keine Grafiken angezeigt werden.

Nachdem Sie nun gelernt haben, wie man Artikel in Artikelgruppen zusammenfasst und Artikelgruppen nach Warengruppen und Hauptgruppen ordnen kann, lernen Sie im nächsten Abschnitt, wie die Dateneingabe und -pflege erfolgt.

Werkzeuge zur Dateneingabe und Datenpflege

Konvertieren mit dem OPENSTORE Konverter

Ihr lokales E-Shopsystem besitzt zwei Verzeichnisse mit Dateien, die Daten zu den Artikeln enthalten. Im Verzeichnis `data` sind immer die durch den Konverter konvertierten Artikeldateien gespeichert. Im Demoshop des Herstellers sind im Verzeichnis `tools\Artikelda-teien` Beispieldateien im Text-Tab-Format zu den Artikeln gespeichert, welche den Daten vor der Konvertierung entsprechen. Wie im *Abschnitt 4.1.2* beschrieben, werden alle Daten zu einem Artikel in eine einzelne Zeile geschrieben, während durch einen Zeilenumbruch der nächste Artikel abgetrennt wird. Die Angaben zu einem Artikel sind durch Tabulatorzeichen voneinander getrennt. In gleicher Strukturierung werden die Artikeldateien aus Datenbanken exportiert (für unsere Übung nicht erforderlich) bzw. generiert. Dieses Beispiel soll den Sachverhalt noch einmal veranschaulichen (Tabulator-Zeichen sind hier mit dem → sichtbar gemacht):

Seite 124

```
Bleistift (H)        → Sehr gut geeignet für den Büroalltag.
                     → 2312 → 1     → 21   → 0,35
Bleistift (B)        → Sehr gut geeignet für den Büroalltag.
                     → 2313 → 2     → 21   → 0,35
Bleistift (B2)       → Sehr gut geeignet für den Büroalltag.
                     → 2314 → 3     → 21   → 0,35
```

Die Struktur der Artikeldaten entspricht damit folgendem Schema:

```
Artikelname → Beschreibung → Artikelnummer → Verfügbar-
keitscode → Bildeinbindungscode → Preis
```

Die in dieser Form vorliegenden Artikeldaten müssen mit dem Programm OPENSTORE Konverter (Konverter.exe) im Verzeichnis tools in das Datenformat des E-Shopsystems konvertiert werden. Das E-Shopsystem arbeitet ausschließlich mit diesen konvertierten Dateien.

GLOSSAR S. 505

Alle für die DATENKONVERTIERUNG wichtigen Bedienelemente des Konverters sind in der folgenden Abbildung 4.8 gezeigt:

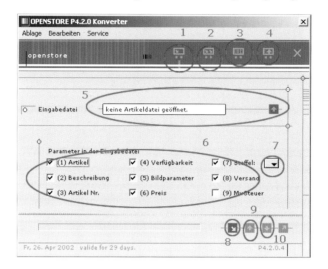

Abbildung 4.8: Bedienelemente für die Datenkonvertierung

(1)   Button zum Konvertieren einer einzelnen Datei

(2)   Button zum Konvertieren mehrerer Dateien aus einem Verzeichnis

(3)   Button zum Starten des Dateiinspektors

GLOSSAR S. 505

(4)   Button zum Öffnen des **FTP**-Dialogfensters

(5)   Button zur Auswahl einer Datei oder eines Verzeichnisses (je nachdem, ob vorher (1) oder (2) angewählt wurde)

(6)   Auswahl Optionsfelder für Datenfelder in den TXT-Dateien

(7)   Einstellung der Staffelpreise (nur relevant soweit „Staffelpreise" per Checkbox als Optionsfeld ausgewählt wurde)

(8)   Wahl des Zielverzeichnisses

(9)   Button zum UPLOAD der veränderten JS-Dateien

(10) Button zum Starten der Konvertierung

Der *Einzeldateimodus* unterscheidet sich vom *Verzeichnismodus* nur durch die Auswahl der Datenquelle *Datei* bzw. *Verzeichnis*. Die Abbildung zeigt den Einzeldateimodus. Als Quelldatei oder Quellverzeichnis sollten immer TXT-Dateien zur Verfügung stehen. Beim Konvertieren von Verzeichnissen dürfen sich nur konvertierbare TXT-Dateien in diesem Verzeichnis befinden, die identische Datenstrukturen haben. Für die tägliche Arbeit richten Sie sich am besten ein Konvertierungsverzeichnis ein, das immer nur diese Dateien enthält. Die Zieladresse des gewünschten Ausgabeverzeichnisses können Sie mit dem Button (8) einstellen.

Im unteren Teil der Abbildung werden die Zuordnungen der Inhalte (Parameter der Eingabe) zwischen den Tabulatoren in der Textdatei vorgenommen. Sind alle Felder durch ein Häkchen markiert, erwartet der Konverter die Daten an der entsprechenden Stelle.

In dieser Abbildung sehen Sie, dass vor dem ersten Tabulator '(1) Artikel' steht. Alle Daten, die vor dem ersten Tabulator stehen, gehören somit zu Artikel(-name). Die Daten zwischen dem ersten und zweiten Tabulator werden '(2) Beschreibung' zugeordnet usw. Sind alle Stellen von Artikeldaten in der TXT-Datei besetzt und ist bei Anzahl der Staffelpreise „3" ausgewählt, müssen in der Textdatei durch einen Tabulator getrennt folgende Daten in dieser Reihenfolge für jeden Artikel enthalten sein:

(1)   Artikel
(2)   Beschreibung
(3)   Artikel-Nummer
(4)   Verfügbarkeit
(5)   Bildparameter
(6)   Preisangabe
(7)   Staffel 1
(8)   Staffel 2
(9)   Staffel 3
(10) Versand
(11) Mehrwertsteuer

Werden nicht alle Inhalte durch die TXT-Datei bereitgestellt, können Sie durch Entfernen der Häkchen die jeweiligen Zuordnungen entfernen. Beachten Sie aber, dass die Pflichtangaben (1), (2) und (3) nicht entfernt werden dürfen. Für die Konvertierung der Daten müssen eindeutige Vorgaben über die Reihenfolge und die Bedeutung der Daten zwischen zwei Tabulatoren eingehalten werden. In obiger Abbildung erwartet das Programm Konverter nur acht Felder. Die Option MwSteuer wurde nicht ausgewählt.

Konvertierung ausführen

Die Konvertierung (Button „Konvertieren" betätigen) wird nur unter den folgenden Voraussetzungen ausgeführt:

- Die Anzahl der Stellen mit Daten muss genau der Anzahl der Tabulatoren entsprechen
- Es dürfen keine Zeilenumbrüche zwischen den Tabulatoren enthalten sein
- Preisangaben müssen als Dezimalzahlen mit einem Komma und zwei Nachkommastellen vorliegen. Nur an den Stellen (6) Preisangabe bis (9) Staffel 3 sind Kommata zwischen Tabulatoren erlaubt.

Andernfalls wird eine Fehlermeldung angezeigt.

Die konvertierten Dateien werden in das Verzeichnis `data` des zugeordneten E-Shops geschrieben. Der Dateiname ist mit dem der TXT-Datei identisch, die Endung ist aber dann JS, da es sich um eine JavaScript-Datei handelt.

▶ **Übung**

 Seite 45

Im Verzeichnis Artikeldateien der Übungsmaterialien, die Sie sich bereits heruntergeladen haben sollen (siehe Abschnitt 1.5), liegen die TXT-Dateien für diese Übung. Kopieren Sie sich die TXT-Dateien in Ihr Verzeichnis Artikeldateien. Konvertieren Sie zuerst nur die Datei bleistifte.txt. Der Aufbau der Datei ist:

(1) Artikel

(2) Beschreibung

(3) Artikelnummer

(4) Verfügbarkeit

(5) Bildparameter

(6) Preis

(7) Versand

Danach konvertieren Sie alle Dateien, die sich in diesem Verzeichnis befinden. Fügen Sie das Häkchen zum Eintrag „(11) Mehrwertsteuer" hinzu. Was stellen Sie fest?
Aus dem bereits Gelernten müssten Sie sich die ‚Message'
erklären können.

Upload konvertierter JS-Dateien

Wurde der komplette E-Shop per FTP bereits auf den Webserver hochgeladen und über die Eingabe der FTP-Daten der Zugang zum Webserver mittels FTP (Hostname, Kennwort, Passwort) angegeben, können Sie die aktualisierten Dateien auch über den einfachen FTP-Client des Konverters auf den Webserver hoch laden. Das ist eine Hilfe, weil Sie zum Hochladen aktualisierter Artikeldaten nicht unbedingt einen externen FTP-Client starten müssen.

Der Dateiinspektor

Der Dateiinspektor ist ein Modul des Konverters. Er dient

- der Prüfung der Daten in einer Artikeldatei
- (falls notwendig) dem Anlegen, Ändern und Löschen von Artikeleinträgen in Artikeldateien und
- (falls notwendig) dem Anlegen, Ändern und Löschen von Artikeldateien selbst, der Prüfung der funktionalen Richtigkeit von Parametern (Werten) für den Bildimport/Verfügbarkeit etc., da die Verknüpfung zu Artikelbildern und die Angaben zur Verfügbarkeit durch Ziffern codiert sind.

Hauptfunktion ist die Überprüfung der durch Datenbankexport bereitgestellten TXT-Artikeldateien. Dieses kleine Tool hilft Ihnen auch dabei, kleine Mengen von Artikeldaten zu verwalten. Jede Datenangabe in Artikeldateien lässt sich bequem einstellen. Mit dem Dateiinspektor werden der Inhalt und die Artikeldateien im TXT-Format in dem zugeordneten Verzeichnis (hier Artikeldateien) bearbeitet. Nach der Bearbeitung mit dem Dateiinspektor muss noch die Konvertierung der Artikeldateien stattfinden.

Der Hersteller weist darauf hin, dass die Artikeldatenverwaltung bei mehr als 30 zu verwaltenden Artikeln besser in einer Datenbank (z. B. MS Access) stattfinden sollte. Datenbanken können nach entsprechender Einstellung in das geforderte Text-Tab-Format exportieren. Auch eine Tabellenkalkulation wie MS Excel bietet sich an und bietet die benötigten Exportfunktionalitäten.

Der Dateiinspektor beinhaltet elf Icons für die verschiedenen Arbeitsgänge, die Ihnen in der folgenden Tabelle kurz vorgestellt werden.

Erläuterungen der Icons

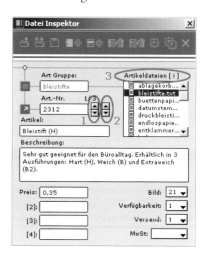

- Artikeldatei öffnen
- Verzeichnis öffnen
- Artikeldatei sichern (speichern)
- neue Artikeldatei anlegen
- neuen Artikel anlegen
- Artikeldatei löschen
- Artikel löschen
- Datei zum Konvertieren auswählen (trägt Artikeldatei in Konverter zum Konvertieren ein)
- Verzeichnis zum Konvertieren auswählen (trägt Verzeichnis in Konverter zum Konvertieren ein)
- Artikelgruppe für Highlight
- Artikel zu Highlight-Liste hinzufügen oder löschen

Abbildung 4.9:
Dateiinspektor
Erläuterungen der
Icons

Erläuterungen der anderen Elemente
(1) Auswahl des Artikels aus Warengruppe zur Anzeige im Dateiinspektor
(2) Einstellung der Reihenfolge innerhalb der Warengruppe
(3) Liste der TXT-Artikeldateien

Überprüfen der Artikeldaten

Die Angaben in den TXT-Artikeldateien überprüfen Sie, indem Sie eine Artikeldatei auswählen und mit dem linken Feld neben der Artikelnummer jeden Artikel der ausgewählten Artikeldatei wählen. Die Angaben zu jedem Artikel (Artikelname, Beschreibung, Preis, Staffelpreise [2] bis [4], Bildparameter, Verfügbarkeit, Versand, MwSt.) können Sie hier kontrollieren und auch editieren (vgl. Abbildung).

Für besondere Angebote und Hinweise auf ausgewählte Artikel schon auf der Startseite des E-Shops, verfügt das OPENSTORE E-Shopsystem über eine so genannte „Highlight-Funktion". Alle in der Datei `high.js` im Verzeichnis `data` enthaltenen Artikel werden in einer gesonderten Tabelle auf der Startseite platziert. Diese Datei wird durch das Zusammenstellen von Artikeln zu Highlights im Dateiinspektor und dem anschließenden Konvertieren erzeugt (Button ◪). Der Dateiname wird automatisch richtig erzeugt. Die Datei wird beim Konvertieren im dafür vorgesehenen Verzeichnis `data` abgelegt.

▶ **Übung**

Studieren Sie im Handbuch zu OPENSTORE P4 (Datei Openstore.pdf), das im Softwarepaket enthalten ist, den Abschnitt 4.1.3 zum OPENSTORE Dateiinspektor (S.16).

Abbildung 4.10:
Ansicht Highlights

Fügen Sie im Übungsbeispiel die Artikel Bleistift (H) und Bleistift (B) den Highlights hinzu und kontrollieren Sie das Ergebnis mit dem Browser. Das Ergebnis sollte der Abbildung (Ausschnitt aus der E-Shop-Startseite) entsprechen.

Hinweis: Wenn € und US-Dollar noch nicht in dieser Anordnung sichtbar sind, liegt das an den noch nicht vorgenommenen Einstellungen zur Währung. Diese Thematik wird in der nächsten Lerneinheit behandelt.

Werkzeuge zum Suchen und Finden, Filtern und Sortieren

Reihenfolge von dargestellten Artikeln

Wie mittels des Dateiinspektors die Reihenfolge von Artikeln in einer Artikeldatei und damit die Reihenfolge bei der Anzeige im Artikelkatalog beeinflusst wird, haben Sie bereits kennen gelernt. So können Sie als Betreiber Einfluss darauf nehmen, welcher Artikel als erster oder zweiter in der Artikelkatalogdarstellung angezeigt wird. Damit platzieren Sie gezielt Artikel in das Blickfeld des Kunden.

Suchwerkzeuge

Aus Kundensicht stellt die Möglichkeit nach Artikeln zu suchen eine wichtige Funktionalität dar. So kann er zum Beispiel schnell überprüfen, ob der gewünschte Artikel vorhanden ist oder sich alle Artikel zu einem Stichwort anzeigen lassen – ohne durch alle Kategorien navigieren zu müssen. Ein Suchfunktion ersetzt jedoch keine Kategorisierung!

Auf der E-Shopstartseite ist eine Möglichkeit zur *Schnellsuche* integriert:

Die Bereitstellung dieser Funktion ist optional, die Suchmaske kann mittels der OPENSTORE Engine auch entfernt werden. In diesem Fall wird statt der Seite `quicks.htm`, die die Suchmaske enthält, die Seite `bottom.htm` in den entsprechenden Frame geladen.

Neben der Schnellsuche steht außerdem noch die *Artikelsuche* zur Verfügung, die Sie über das Auswahlmenü „Weitere Links" aufrufen können: [Zur Artikelsuche]. Wie Abbildung 4.11 zeigt, verfügt die Artikelsuche über mehr Möglichkeiten, die Suche zu gestalten, als die Schnellsuche.

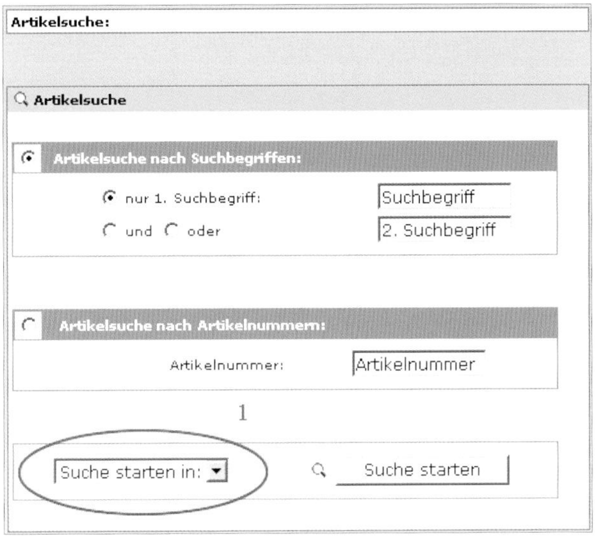

Abbildung 4.11:
Artikelsuche

Die Suchfunktion der Artikelsuche bezieht die Datenfelder *Artikel* (Artikelbezeichnung), *Beschreibungstext* und *Artikelnummer* ein. Die Suche mit Begriffen kann zwei Wörter mit logischem UND oder ODER verknüpfen. Zwei Begriffe A, B mit UND verknüpft heißt, dass alle Artikel, die in den Daten den Begriff A und B zusammen enthalten, aufgelistet werden. Zwei Begriffe A, B mit ODER verknüpft heißt, dass entweder Begriff A oder Begriff B oder auch beide in den Daten zu einem Artikel vorkommen müssen, damit der Artikel angezeigt wird.

Das Auswahlfeld „Suche starten in:" (1) listet alle Warengruppen getrennt auf und dient dazu, den zu durchsuchenden Bereich einzugrenzen. Sie können in nur einer einzelnen Warengruppe oder in allen Warengruppen suchen lassen.

Die Datenfelder werden im Volltextmodus durchsucht. Alle Fundstellen werden dann als Suchergebnis gelistet. Auch Wortfragmente können Fundstellen sein. Die Suche nach „ei" wird alle Worte mit „ei" finden und anzeigen (Bleistift, Kugelschreiber, aber auch beim, beige usw.). Die folgende Abbildung zeigt ein Suchergebnis.

Abbildung 4.12:
Artikelansicht nach
Suche
(Suchergebnis)

Der Kunde kann sofort die gefundenen Artikel aus dem Suchergebnis heraus in den Warenkorb legen.

Der Hersteller weist darauf hin, dass die Suche in Artikeldateien mit mehr als 300 Artikeln recht langsam sein kann. Diese Artikelzahl sollte daher als eine technisch bedingte Einschränkung gelten. Sollen mehr Artikel als 300 durchsucht werden, sollten Sie das Zusatzmodul „OPENSTORE EXTENDED Search" erwerben und einsetzen. Im Handbuch sind im *Abschnitt 9.3 „Optimierung des Laufzeitverhaltens"* einige Anmerkungen zu diesem Thema festgehalten.

Datenimport/-export

In den vorangegangenen Abschnitten dieser Lerneinheit wurde immer vorausgesetzt, dass Artikeldaten aus Datenbanken oder Tabellenkalkulationsprogrammen exportiert und passgerecht in ein bestimmtes Verzeichnis (Artikeldaten) abgelegt wurden. Die Struktur des Artikelkataloges wurde Ihnen bisher weitestgehend unter der Maßgabe, dass schon Artikeldaten im E-Shopsystem vorhanden sind, dargestellt. Nun gehen wir auf diese Vorstufe näher ein, denn die Bereitstellung dieser Artikeldaten ist bei größeren Artikelmengen erforderlich. Die Pflege der Daten per Hand ist mühsam und fehleranfällig und bei größeren Mengen auch ineffektiv. Wenn zudem Artikeldaten an mehreren Stellen im E-Shopsystem und in einer Datenbank/Tabellenkalkulation gleichzeitig gepflegt werden müssen, ergeben sich weitere Schwierigkeiten (zum Beispiel das Problem der DATENINKONSISTENZ). Diese Nachteile der Fehleranfälligkeit und Doppelarbeit sollen durch die Verwendung von Text-Tab-Dateien ausgeschlossen werden.

GLOSSAR S. 505

Den Aufbau der Text-Tab-Dateien für das OPENSTORE E-Shopsystem haben Sie in den vorangegangen Abschnitten kennen gelernt.

Die Verknüpfung von Artikeldaten mit dem OPENSTORE E-Shopsystem, die in Datenbanken (wie MS Access) oder Tabellenkalkulationsprogrammen (MS Excel) meist schon vorhanden sind, geschieht in mehreren Schritten:

1. Exportieren der Artikeldaten aus Datenbanken oder Tabellenkalkulationsprogrammen in Text-Tab-Dateien.
2. Kontrollieren und Editieren der Text-Tab-Dateien mittels des Dateiinspektors (siehe *Abschnitt 4.1.4*).
3. Konvertieren der Text-Tab-Dateien in das Dateiformat des OPENSTORE E-Shopsystem (JS-Dateien) (siehe *Abschnitt 4.1.4*).

 Seite 130

 Seite 130

Die Schritte 2. und 3. kennen Sie bereits.

Seite 124 Das Ergebnis des ersten Schritts (Export der Artikeldaten aus anderen Anwendungen) müssen immer Text-Tab-Dateien nach der Struktur des E-Shopsystems sein (vgl. dazu auch den *Abschnitt 4.1.2*):

(1) Artikel-Bezeichnung (optional)

(2) Beschreibung (Pflichtangabe)

(3) Artikel-Nummer (Pflichtangabe)

(4) Verfügbarkeit (optional)

(5) Bildparameter (optional)

(6) Preis (Pflichtangabe)

(7) Staffel 1 (zusätzlich bei Version P4)

(8) Staffel 2 (zusätzlich bei Version P4)

(9) Staffel 3 (zusätzlich bei Version P4)

(10) Versand (zusätzlich bei Version P4)

(11) Mehrwertsteuer (zusätzlich bei Version P4)

Jede Angabe muss durch ein Tabulatorzeichen und jeder Artikel durch ein Neue-Zeile-Zeichen (bedeutet Zeilenende und damit Datensatzende) voneinander getrennt werden.

Die heute gängigen Datenbank- und Tabellenkalkulationsprogramme haben meist die Möglichkeit, Text-Tab-Dateien zu exportieren. Oft wird auch angeboten, CSV-Dateien zu exportieren. Dabei müssen Sie dann als Trennzeichen den TAB einstellen, sofern das Programm die Auswahl des Trennzeichens zulässt, denn in Text-Tab-Dateien ist das Trennzeichen immer ein Tabulator.

Zur Erläuterung von CSV-Dateien sei hier auf die folgende Definition aus

www.glossar.de

http://www.glossar.de verwiesen:

- **CSV**:

Abkürzung für „Comma-Separated Values"

CSV-Dateien sind ASCII-Dateien, die häufig benötigt werden, um den Inhalt einer Datenbank (z.B. dBase, ACCESS, SQL-Datenbank) zu extrahieren und in eine andere Datenbank wieder einzulesen. Dabei entspricht häufig ein Datensatz einer Zeile und die Zellen werden durch ein Separationszeichen getrennt. Dieses Zeichen muss nicht ein Komma sein; häufig wird das Semikolon verwendet, das „|"–Zeichen oder ein Tabulatorzeichen. Denn es darf natürlich als Separator (Trennzeichen) kein Zeichen werden, welches als Inhalt auch nur eines Datensatzes vorkommen könnte – z. B. in einem Namen wie „Müller, Maier und Partner" das Komma.

Der Anfang einer CSV-Datei könnte zum Beispiel so aussehen (Tabulator als Trennzeichen: →):

```
Firma → Ansprechpartner → Str → Hausnr → Plz → Ort →
Tel → Mail → URL
ARCHmatic → → → → 67433 → Neustadt →→
ao@archmatic.de → http://www.glossar.de
```

Die erste Zeile enthält den Tabellenkopf mit den Spaltenüberschriften, die zweite Zeile enthält den ersten Datensatz. Beachten Sie, dass in diesem Beispiel die Felder zu „Ansprechpartner", „Str", „Hausnr" und „Tel" freigelassen wurden.

Das Trennzeichen kann während des Exportvorgangs angegeben bzw. ausgewählt werden.

Die Reihenfolge der Datenfelder muss durch entsprechende Anordnungen der Spalten einer Tabelle im Tabellenkalkulationsprogramm vor dem Export oder durch Abfragenprogrammierung (meist SQL-Abfragen) in Datenbanken sichergestellt werden. Das Abfrageprogramm für das Exportieren von Artikeldaten muss durch Datenbankprogrammierer erstellt werden. Eventuell bietet das Tabellenkalkulationsprogramm Unterstützung für den Export an. Für die Erstellung von SQL-Abfragen sei hier auf Fachliteratur und von der TEIA angebotene Kurse verwiesen:

- Rick F. van der Lans: Introduction to SQL
  Addison-Wesley, 1993
- Peter Kleinschmidt, Christian Rank: Relationale Datenbanksysteme. Eine praktische Einführung
  Springer-Verlag Berlin Heidelberg, 2001, 2. überarb. u. erw. Aufl. 2002
- SPC TEIA Lehrbuch Verlag: „SQL, ISBN 3-935539-61-4" und „Relationale Datenbanken, ISBN 3-935539-57-6"

Da in einem funktionierenden E-Shopsystem häufig Artikeldaten geändert, hinzugefügt und gelöscht werden müssen, ist die Programmierung einer speziellen (automatisierten) Abfrage für den Datenexport aus einer Datenbank für das E-Shopsystem, die auf Knopfdruck die erforderlichen Text-Tab-Dateien erzeugt, sinnvoll. Diese programmierten Datenbankabfragen lassen sich dann auch von Mitarbeitern starten und ausführen, die über keine tieferen Datenbankkenntnisse verfügen.

Beachten Sie: Alle in Artikelgruppen sortierten Artikeldateien müssen die gleiche innere Struktur haben, denn bei Abweichungen wird die Konvertierung abgebrochen und eine Fehlermeldung ausgegeben.

Datenkonvertierung

Sie haben den Konverter schon kennen gelernt. Er liest die Text-Tab-Dateien aus dem von Ihnen festgelegten, wählbaren Verzeichnis aus und legt die Dateien mit demselben Dateinamen wie die Text-Tab-Datei, aber mit der Endung JS, in das Verzeichnis `data` des E-Shopsystems ab.

Datenaustauschformate

Im OPENSTORE E-Shopsystem sind nur JS-Dateien nutzbar, die für das E-Shopsystem strukturiert sind. Daten zu Artikeln können aus Datenbanken (Warenwirtschaftssystem) oder Tabellenkalkulationsprogrammen durch Abfragen und Export in Text-Tab-Dateien exportiert und dem Konverter zur Verfügung gestellt werden. Lesen Sie dazu im Handbuch des Herstellers den Abschnitt 9.13 (S. 46).

Anhand einer Übung sollen nun noch einmal alle drei oben genannten Schritte vollzogen werden.

▶ Übung
Diese Übung ist optional.
Im Verzeichnis ihrer Übungsmaterialien befindet sich eine Excel-
Datei (produktkatalog.xls) mit allen für den Übungsshop
vorgesehenen Artikeln. Exportieren Sie die Artikelgruppe
„Kugelschreiber" (Tabellenblatt „Kugelschreiber" auswählen,
Menüpunkt „Datei" → „Speichern unter..." anklicken, im
Formularfeld „Dateityp" den Eintrag „Text (Tabs-getrennt)(*.txt)"
wählen und „Speichern" drücken). Konvertieren Sie diese Text-
Tab-Datei in das JS-Format. Ändern Sie mit dem Dateiinspektor
alle Verfügbarkeitskriterien auf 'sofort verfügbar' und
konvertieren Sie diese Änderung.
Bitte beachten Sie: Diese Übung können Sie nur durchführen,
wenn Sie über MS Excel 95, 97, 2000 oder XP verfügen.

produktkatalog.xls

Mit diesem Abschnitt zum Datenimport nach OPENSTORE endet der
Abschnitt zum Artikelkatalog. Sie haben gelernt, wie Artikeldateien aufgebaut sind, wie sie sich kategorisieren lassen und wie Daten eingegeben,
geändert und aus anderen Anwendungen importiert werden können.
Außerdem lernten Sie Möglichkeiten zur Suche nach Artikeln kennen.

In den nächsten beiden Abschnitten soll es nun um die Daten im
Warenkorb gehen und die Möglichkeiten zur Anbindung an ein Warenwirtschaftssystem.

4.2 Weitere Datenbanken innerhalb des E-Shopsystems OPENSTORE

Das OPENSTORE E-Shopsystem verfügt über keine Datenbanken. Die Daten zu Artikeln werden in Artikeldateien gespeichert.

Das Speichern von Daten zu Kunden oder Bestellungen ist nicht vorgesehen. Erst mit dem optionalen Softwarepaket EXTENDED Mail können Sie Kunden- und Bestelldaten speichern.

GLOSSAR S. 505

Während des Einkaufsvorgangs wird jedoch – CLIENTSEITIG – eine temporäre Tabelle aufgebaut: der Warenkorb. Die Realisation des Warenkorbs geschieht mit JavaScript-Skripten.

Temporäre Tabellen im E-Shop: der Warenkorb

Der Warenkorb ist eine temporäre Tabelle, die alle für den Bestellvorgang nötigen Daten sammelt. In dieser Tabelle werden diese Informationen gespeichert und im Browserfenster dargestellt.

Bei der folgenden Abbildung handelt es sich um einen Ausschnitt aus der Browseransicht des Übungsshops. Sie erkennen folgende Angaben:

- Artikel mit Miniaturbild und Bezeichnung
- Stückzahl
- Preis
- Summe in Währung 1 und 2

Abbildung 4.13: der Warenkorb (maximierte Darstellung)

Der Warenkorb wird auf der linken Seite des Browserfensters ständig angezeigt. Das ist vorteilhaft, weil der Kunde auf diese Art und Weise einen dauerhaften Überblick über alle von ihm bereits ausgewählten Waren hat. Die Warenkorbtabelle wird temporär auf dem Rechner des Kunden im ARBEITSSPEICHER durch ein Skript geführt.

GLOSSAR S. 505

Wird eine Bestellung ausgeführt, werden aus den Daten dieser Tabelle die Bestellbestätigung an den Kunden und der Bestellauftrag an den E-Shopbesitzer generiert. Danach wird diese temporäre Tabelle gelöscht. Das E-Shopsystem auf dem Webserver kennt diese Warenkorbtabelle aus diesem Grund nicht. Der Inhalt wird über eine E-Mail oder per CGI-Skript (z. B. die OPENSTORE-Erweiterung EXTENDED Mail) verarbeitet. In *Lerneinheit 7* wird näher darauf eingegangen.

Seite 227

4.3 Verknüpfung mit Warenwirtschaftssystemen

GLOSSAR S. 505

Bei größeren E-Shopsystemen ist die Verknüpfung mit WARENWIRT-SCHAFSSYSTEMEN sehr sinnvoll. Bei derartigen Verbundsystemen werden nicht nur die Artikeldaten aktuell gehalten und automatisch gepflegt, sondern auch die Bestellungen werden über das Warenwirtschaftssystem (LOGISTIK, Buchhaltung usw.) abgewickelt. Diese Funktionalitäten sind im OPENSTORE E-Shopsystem nicht vorgesehen. OPENSTORE hat keine direkten Verknüpfungsmöglichkeiten mit Warenwirtschaftssystemen.

Eine feste Verknüpfung zwischen E-Shop und Warenwirtschaftssystem erfordert einen ständigen Austausch beider Systeme über eine Netzwerkverbindung. Dazu ist eine besondere technische Ausstattung und Absicherung erforderlich, die ein Mehrfaches an Kosten hervorrufen, als die E-Shoplizenz für OPENSTORE Version 4.2.0.6 . Die folgende Abbildung 4.13 stellt die Netzwerk-Architektur von OPENSTORE noch einmal der in einem mit einem Warenwirtschaftssystem verknüpften E-Shop gegenüber.

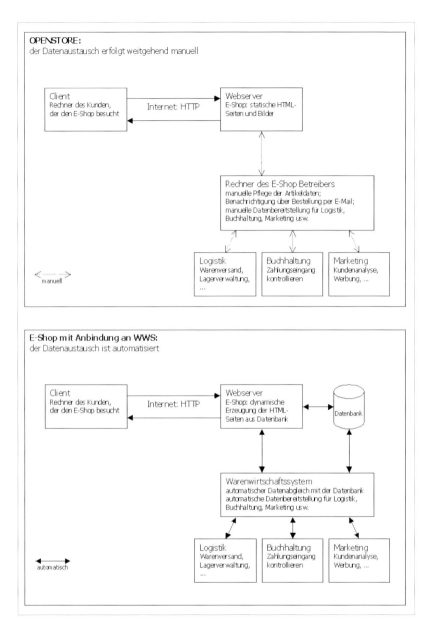

*Abbildung 4.14:
Vergleich der Daten-
flüsse bei einem
OPENSTORE E-Shop
und einem E-Shop,
der mit einem WWS
verknüpft ist.*

Nachdem Sie nun die Datenanbindung von OPENSTORE kennengelernt haben, werden wir uns in der folgenden Lerneinheit 5 mit der Anpassung und der Administration beschäftigen.

[5] OPENSTORE – ANPASSUNG UND ADMINISTRATION

GLOSSAR S. 505

Diese Lerneinheit wird Sie mit der Anpassung und der ADMINIS-TRATION des E-Shops vertraut machen.

Zunächst beginnen wir mit der Anpassung des Erscheinungsbilds (der Gestaltung) des E-Shops an das Corporate Design Ihres Unternehmens. Die verschiedenen Gestaltungsmöglichkeiten werden wir in den zugehörigen Übungen nachvollziehen. Grundlage ist dafür der Büroartikel vertreibende KMU-E-Shop.

Sie werden im Laufe der Lerneinheit die zur Gestaltung verwendeten Templates und Skripte kennenlernen. Die Bearbeitung erfolgt dabei mit der OPENSTORE Engine, einem Tool der LEIT-BILD Media GmbH (in der aktuell vorliegenden Version 4.2.0.6, Oktober 2002). Die Engine erlaubt das Editieren von Texten, die so nicht mit einem HTML-Editor verändert werden können. Der Hersteller weist mit Recht darauf hin, dass er keine Garantie für Fehler übernimmt, die durch unqualifizierte Eingriffe mit unqualifizierten Werkzeugen entstanden sind. Sofern Sie selbst mittels Editoren in die HTML-Dateien eingreifen wollen, sollten Sie umfangreiche HTML-Kenntnisse mitbringen.

Templates stellen wichtige Elemente zur Gestaltung dar. Im Demoshop sind alle benötigten Templates enthalten. Wir werden die Voreinstellungen (Schriften, Farben, Bilder u. ä.) nach unseren Vorgaben verändern.

GLOSSAR S. 505

Die Dateistruktur mit den Abhängigkeiten der HTML-Seiten untereinander wird dabei ebenso wie die VERZEICHNISSTRUKTUR (Abb. 5.1) erhalten bleiben.

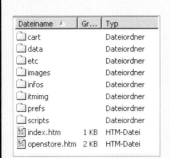

Abbildung 5.1:
Verzeichnisstruktur
der zum E-Shop
gehörenden Dateien

Die Inhalte der einzelnen Verzeichnisse werden in der folgenden Lerneinheit ausführlich beschrieben. Grundkenntnisse in HTML sind für das Verständnis erforderlich.

Vorab bereits eine kurze Erläuterung der wesentlichen E-Shop-seiten:

GLOSSAR S. 505

Die Datei `index.htm` ruft über eine JAVASCRIPT-Funktion die Datei `openstore.htm` auf. Diese Datei `openstore.htm` ist die eigentliche E-Shopseite. Mit `index.htm` und der darin befind-lichen JavaScript-Komponente wird die JavaScript-Fähigkeit des verwendeten Browsers geprüft. Kann der Browser kein JavaScript interpretieren, wird nicht openstore.htm geöffnet, sondern die Meldung ausgegeben, dass beim benutzten Browser kein JavaScript aktiviert ist und der E-Shop somit nicht funktioniert. Richten Sie Ihren Browser so ein, dass JavaScript durch den Browser interpre-tiert werden kann. Das gilt selbstverständlich nicht nur für Sie, son-dern auch für den Browser des E-Shopkunden, der mit deaktivier-tem JavaScript den E-Shop nicht benutzen kann.

Im zweiten Teil wird dann die Administration des E-Shops im Vordergrund stehen. Um den Betrieb des E-Shops sicherzustellen, sind einige begleitende, administrative Aufgaben nötig. Dazu zählen zum Beispiel das Hochladen der Daten auf den WEBSERVER oder das Durchführen einer regelmäßigen Datensicherung (BACKUP).

GLOSSAR S. 505

5.1 Gestaltung des Erscheinungsbildes des Shopsystems

Der vom Hersteller in der Demoversion bereitgestellte E-Shop entspricht wahrscheinlich nicht oder nur zum Teil Ihren Vorstellungen. Auch die Textinhalte, die auf OPENSTORE und den Hersteller verweisen, werden Sie wahrscheinlich abändern oder neu erstellen wollen. Grafische Elemente, wie beispielsweise die zahlreichen Buttons, können Sie ebenfalls durch Ihre eigenen Elemente ersetzen. Das Tool OPENSTORE Engine wird uns dabei behilflich sein. An einigen Stellen ist aber auch der direkte Zugriff auf HTML-Dateien und Bilder erforderlich.

Seite 96

Im ersten Schritt beschäftigten wir uns mit der Engine. In *Lerneinheit 3* wurden alle Einstellmöglichkeiten in Abbildungen gezeigt. Schauen Sie sich diese Einstellungen jetzt direkt im Programm an, indem Sie neben dem Studium dieser Lerneinheit OPENSTORE Engine immer gestartet haben und so das Engine-Fenster je nach Bedarf in den Bildschirmvordergrund holen können. Zu diesem Zweck starten Sie das Programm engineP4.exe im Verzeichnis tools auf Ihrem LOKALEN RECHNER.

GLOSSAR S. 505

Tabelle 5.1 zeigt die Menüleiste der OPENSTORE Engine und erläutert die einzelnen Icons.

Einstellungen des E-Shoplayouts

Voreinstellungen des E-Shops

Voreinstellungen des Warenkorbs

Voreinstellungen des Auswahlmenüs

Voreinstellungen der Artikelseite

Einstellungen der Bestellseite

Einstellungen des Bestellversands

Zusatzeigenschaften der Artike

Engine beenden

Tabelle 5.1: Menüleiste der OPENSTORE Engine und Bedeutung der Icons

Alle in Tabelle 5.1 dargestellten Menüpunkte können auch über die Menüleiste „Auswahl" aufgerufen werden. Die Fenster der Engine sind je nach Funktionen und Einstellungen durch Linien und blaue Überschriften unterteilt.

Vier weitere Buttons haben in der Engine grundlegende Bedeutung:

GLOSSAR S. 505

- Führt einen Upload der Datei `prefs\shopprefs.js` oder `openstore.htm` auf dem Webserver aus, abhängig von dem jeweils geöffneten Fenster. Die Parameter für das einfache, integrierte **FTP-PROGRAMM** müssen vorher über das Menü „Edit" → „FTP-Voreinstellungen" richtig eingestellt werden.
- Durch Benutzen dieses Buttons werden geänderte Angaben in die Datei `prefs\shopprefs.js` oder `openstore.htm` gespeichert (lokal, auf Ihrem Computer). Wenn hier von Speichern oder Sichern gesprochen wird, ist dieser Button gemeint.
- Ein Klick auf diesen Button öffnet Ihren Browser mit dem lokalen E-Shop.
- Mit diesem Button wird das Shopverzeichnis eingestellt.

Darstellung des E-Shops im Browserfenster

GLOSSAR S. 505

Das Shopsystem OPENSTORE verwendet ein FRAMESET (eine HTML-Technik) zur Aufteilung des Browserfensters. Die Einstellungen zum Frameset werden in der Datei openstore.htm festgelegt. Abbildung 5.2 und Tabelle 5.2 erläutern den Aufbau des Frameset anhand des vom Hersteller gelieferten Demoshops.

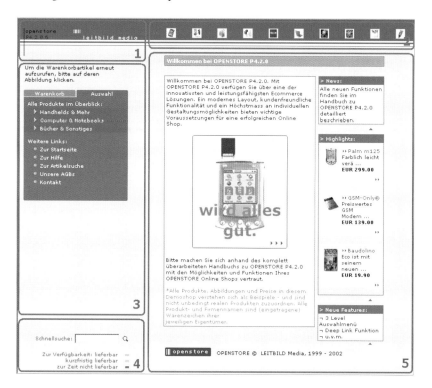

Abbildung 5.2:
Darstellung des
E-Shops im Browser-
fenster

Bildelement	Inhalt	Geladene Datei
1	Logo-Höhe, Voreinstellung 72 Pixel	etc\logo.htm
2	Menü-Höhe, Voreinstellung 56 Pixel	etc\mmenu.htm
3	Warenkorb-Breite, Voreinstellung 248 Pixel	etc\cart.htm cart\data.htm
4	Bottom-Höhe, Voreinstellung 84 Pixel	etc\bottom.htm etc\quicks.htm
5	Frame zur Anzeige	etc\front.htm etc\search.htm etc\result.htm etc\noresult.htm etc\items.htm etc\noitems.htm u.a.

Tabelle 5.2: Legende zur Darstellung im Browserfenster

In der Abbildung 5.3 ist die Darstellung des Frameset noch einmal schematisch dargestellt. Die Größenangaben sind in Pixel angegeben. Im Browser ist der Frame `data` nicht sichtbar, da er die Höhe Null hat.

Frame: logo Höhe = 72 Datei: `etc\logo.htm`	Frame: mainmenu, Höhe = 56, Datei: `etc\mmenu.htm`
Frame: data, Höhe = 0 Datei: `cart\data.htm`	Frame: main Dateien: etc\front.htm etc\result.htm etc\noresult.htm etc\items.htm etc\noitems.htm etc\agb.htm etc\help.htm cart\order.htm cart\offer.htm
Frame: basket Breite = 248 Datei: `cart\cart.htm`	
Frame: bottom Höhe = 84 Datei: `etc\quicks.htm` oder `etc\bottom.htm`	

Abbildung 5.3: Prinzipdarstellung des Framesets

Einstellungen des Shoplayouts

Im Fenster „Einstellungen des Shoplayouts" sind folgende Parameter in der Datei `openstore.htm` einstellbar: 'Höhe' des FRAMES `logo`, 'Höhe' des Frames `mainmenu`, 'Breite' des Frames `basket` (Warenkorb) und 'Höhe' des Frames `bottom` (vgl. Abbildung 5.4)

Der Titel des E-Shops kann im Eingabefeld „*Seitentitel*" individuell angegeben werden. Die eingestellten Hintergrundfarben werden im Schema angezeigt.

Die in obiger Prinzipdarstellung (Abb. 5.3) angegebenen Dateinamen benennen die Dateien, die im entsprechenden Frame aufgerufen und angezeigt werden können. Welche Datei nach welchem Aufruf in dem jeweiligen Frame angezeigt wird, hängt von der jeweiligen Situation beim Einkaufsvorgang ab. Dazu drei Beispiele:

1. Befinden Sie sich auf der Startseite direkt nach dem Aufruf des E-Shops, befindet sich im Frame `bottom` die Datei `etc\ quicks.htm` und im Frame `main` die Datei `etc\ front.htm`.

2. Haben Sie bereits in der Artikelauswahl eine Artikelgruppe aufgerufen (beispielsweise „Bleistifte"), wird im Frame `main` die Datei `etc\ items.htm` dargestellt, die die entsprechenden Artikel beinhaltet.

3. Wenn Sie von der Startseite aus eine Suche in der Datei `etc\ quicks.htm` gestartet haben, beispielsweise nach dem Suchbegriff „Bleistifte", dann bekommen Sie im Frame `main` das Suchergebnis innerhalb der dort dargestellten Datei `etc\ result.htm`.

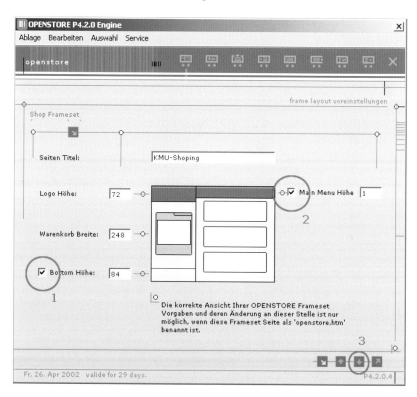

Abbildung 5.4: Einstellungen zum E-Shop Frameset

Mit den Checkboxen für die Frames `bottom` (1) und `mainmenu` (2) können diese beiden Frames ein- bzw. ausgeblendet werden. Beim Entfernen der Häckchen wird die Höhe auf '0' gesetzt, was den entsprechenden Frame unsichtbar macht. Die Höhenangaben können Sie ändern, wobei die Werte in Pixel angegeben werden. Mit einem Klick auf den Button zum Speichern (3), werden die Änderungen in der Datei `openstore.htm` gespeichert.

Fassen wir das bisher zur Gestaltung Gelernte zusammen:
1. Gestaltungselemente können mit dem Tool Engine verändert werden. Erst lokales Speichern und anschließendes Hochladen auf den Webserver bewirkt sichtbare Änderungen im E-Shop.
2. Das Browserfenster ist durch ein Frameset unterteilt. Die Framesetdatei heißt `openstore.htm`. Dieser Name sollte nicht geändert werden. In den verschiedenen Frames werden verschiedene HTML-Dateien geladen und angezeigt.
3. Die Gestaltung mit Farben, Bildern, Hintergründen und Schriften wird in der Datei `prefs\shopprefs.js` gespeichert. Die als Vorlagen gestalteten HTML-Dateien enthalten die grundlegenden Elemente für die Darstellung. Erst durch den Ablauf der JavaScript-Skripte (`prefs\shopprefs.js`, `scripts\gethigh.js` und `scripts\shop.js`), die durch die Datei `cart\data.htm` aufgerufen werden, werden Parameter für die Darstellung gesetzt.

Im nachfolgenden Abschnitt werden wir die Einstellmöglichkeiten an den Templates mittels der Engine genauer betrachten.

Templates und Engine

Einstellungen für die HTML-Dateien werden in einer Voreinstellungsdatei (`prefs\shopprefs.js`) gespeichert. Diese zentrale Skriptdatei wird beim Öffnen der HTML-Datei `cart\data.htm` geladen. Sie wird durch den nicht sichtbaren Frame `data` (Höhe = 0) aufgerufen. Die zuletzt geänderten und gespeicherten Einstellungen der Engine werden dann wirksam. Wird das Speichern der Änderungen in der Engine vergessen, werden Sie keine Änderungen im E-Shop erkennen können.

Wie die in `prefs\shopprefs.js` gespeicherten Angaben verändert werden können, ist im Folgenden beschrieben. Danach unterziehen wir die HTML-Templatedateien einigen Untersuchungen, so dass Sie bei vorhandenen HTML-Kenntnissen weitergehende Veränderungen vornehmen können.

Voreinstellungen des Shops

Zu den allgemeinen Shopvoreinstellungen zählen unter anderem Einstellungen zu Währungen, Transportkosten und Plug-ins / Add-ons. Auch das Shopverzeichnis werden Sie in diesem Abschnitt festlegen.

Studienmaterial
▶ **Bitte lesen Sie zu diesem Thema auch den Abschnitt 5.2.2 im OPENSTORE Handbuch.**

Nach dem Start der OPENSTORE Engine erhalten Sie das in Abb. 5.5 abgebildete Fenster „Allgemeine Shopvoreinstellungen". Während des Studiums dieser Lerneinheit empfiehlt es sich, die Engine stets gestartet zu haben, damit Sie Gelesenes selbst überprüfen können.

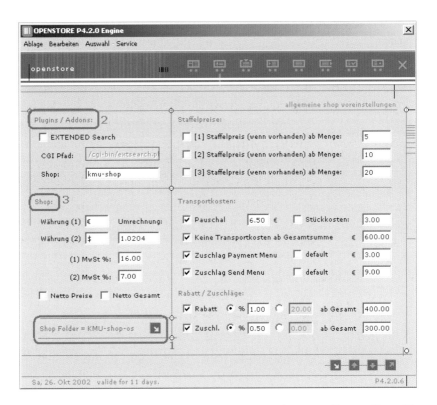

Abbildung 5.5:
Allgemeine E-Shop-
voreinstellungen

Die Zuordnung der OPENSTORE Engine zu Ihrem E-Shop sollten Sie jetzt vornehmen.

▶ **Übung**

Wählen Sie in der linken unteren Ecke das zum E-Shop gehörende Verzeichnis aus (1). Nach der Auswahl muss die Engine neu gestartet werden (reload), denn es werden immer nur die Werte angezeigt, die auch zu dem ausgewählten E-Shop gehören.

Erläuterungen und Einstellungen zu den Abschnitten in „allgemeine shop Voreinstellungen"

PLUG-INS/ADD-ONS (2)

Vereinfachend ausgedrückt handelt es sich bei PLUG-INs und ADD-ONs um Programmerweiterungen. Alle Änderungen, die in diesem Bereich an den PLUG-INS/ADD-ONS vorgenommen werden, finden in der Datei `prefs\shopprefs.js` statt.

GLOSSAR S. 505

Wenn die Checkbox „Erweiterte Suche" (EXTENDED Search) auf dem Webserver markiert ist, wird an dieser Stelle der Pfad zum Skript `extsearch.pl` (ein Skript in der Sprache PERL) auf Ihrem Webserver bestimmt. Die Suchfunktion wird dadurch deutlich beschleunigt. EXTENDED Search ist ein optionales Tool für das E-Shopsystem OPENSTORE, das Sie – um es einsetzen zu können – separat erwerben müssen. Lassen Sie die Checkbox leer, wenn Sie nicht über EXTENDED Search verfügen.

GLOSSAR S. 505

Das Eingabefeld „Shop" ist der Name des Verzeichnisses Ihres E-Shops, wenn Sie EXTENDED Search verwenden.

SHOP (3)

Unterhalb des Abschnitts „Shop" befindet sich die Einstellung, welche *Parameterdatei* für die Einstellungen zum E-Shop verwendet wird. Alle E-Shopparameter werden in der Datei `prefs\shopprefs.js` im zugehörigen *E-Shopverzeichnis* gespeichert. Bei der erstmaligen Verwendung von OPENSTORE Engine müssen Sie hier die Parameterdatei zuordnen.

▶ Übung

Ein Klick auf den blauen Pfeil öffnet Ihnen das Dateiverzeichnis-auswahlfenster. Wählen Sie die gewünschte Parameterdatei in Ihrem E-Shop.

(Beachten Sie aber bitte, dass diese Übung nur bei erstmaliger Verwendung der Engine durchführbar ist. Sollte die Parameterda-tei bereits vorher zugeordnet worden sein, erscheint das betreffende Fenster in der Engine nicht mehr.)

Da seit dem 01.01.2002 der Euro in Deutschland gesetzliches Zahlungsmittel ist, sollten Sie bei „Währung (1)" ‚EUR' eintragen. Das Zeichen ‚€' ist nicht auf jedem System verfügbar, benutzen Sie deshalb lieber ‚EUR'. Sie sollten immer die Formel

```
Währung(1) = Währung(2) x Umrechnung
```

verwenden, wenn Sie mit einer zweiten Währung arbeiten, wie zum Beispiel US-Dollar ($).

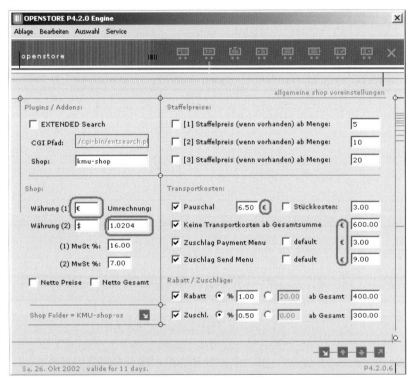

Abbildung 5.6:
Voreinstellungen zu
Währung,
Transportkosten u. a.

Sollten Sie z.B. als „Währung (1)" ‚EUR' und als „Währung (2)" ‚USD' ($) benutzen, also *Währungen*, die täglich ihren Kurs ändern, werden Sie auch täglich diesen Kurs in Ihrem Shop mit der Engine pflegen müssen. Das heißt, täglich muss die Formel Währung(1) = Währung(2) × Umrechnung durch das Ändern des Wertes für die Variable Umrechnung nach dem durch die Banken herausgegebenen Tageskurs aktualisiert werden.

Es ist aber auch möglich, einen festen Umrechnungskurs einzugeben, wie dies bei vielen anderen E-Shops gemacht wird.

Es können zwei verschiedene *Umsatzsteuersätze* eingetragen werden. Die Verwendung ist artikelspezifisch und wird als Eigenschaft behandelt. Die Markierung der Checkbox „Netto Preise" bewirkt, dass in Ihrem E-Shop nur Nettopreise angegeben werden. Ein Gesamtpreis Brutto wird erst bei der Bestellung berechnet. Das bedeutet, dass Sie in den Artikeldaten auch Nettopreise angeben müssen. Die Checkbox „Netto Gesamt" weist an keiner Stelle die Mehrwertsteuer aus. Ist keine der beiden Checkboxen markiert, werden die Preisangaben als Bruttobeträge ausgewiesen. Auf der Bestellseite wird dann die Mehrwertsteuer berechnet und extra dargestellt. In E-Shops, die sich nicht explizit nur an gewerbliche Kunden richten, sind stets Bruttopreise für die Preisauszeichnung anzuwenden.

Die weiteren Parameterangaben zu *Staffelpreisen* und *Transportkosten* sind entsprechend Ihrem Geschäftsmodell einzutragen. Soll ein Wert verwendet werden, muss die dazugehörige Checkbox markiert sein.

Die vorgenommenen Änderungen werden in der Datei `prefs\` `shopprefs.js` gespeichert. Mit diesem blauen Pfeil führen Sie den Vorgang des Speicherns aus. Sie werden im Browser erst nach dem Aktualisieren (lokaler E-Shop) bzw. Hochladen auf den Webserver und nach dem Aktualisieren des Browsers sichtbar.

Voreinstellungen des Warenkorbs

Die Voreinstellungen zum Warenkorb beziehen sich vorrangig auf die Gestaltung und das Erscheinungsbild des Warenkorbs. Die Abbildungen 5.7 und 5.8 zeigen das Fenster zum ändern der Einstellungen in der OPENSTORE Engine und die Anzeige im Browser.

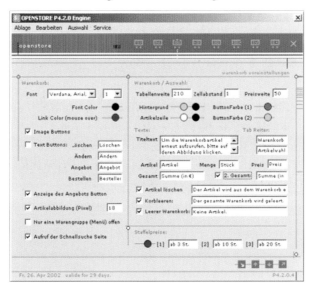

Abbildung 5.7:
Voreinstellungen des
Warenkorbs

Um die Warenkorbartikel erneut
aufzurufen, bitte auf deren
Abbildung klicken.

Warenkorb	Artikelauswahl	
Artikel	Mg	Preis
Kopierpapier (weiß/80 g) (1266)	1	5.79
Kopierpapier (Recycling/80 g) (1267)	1	5.79
Kopierpapier (weiß/120g) (1268)	1	5.79
Ordner A 4 (2567)	1	0.93
Summe in EUR		18.30
Summe in US-Dollar		17.93

Abbildung 5.8: Voreinstellungen des Warenkorbs (Anzeige im Browser)

Übung

▶ Öffnen Sie parallel die Engine und mit dem Browser den lokalen E-Shop. Wählen Sie einige Artikel aus dem Artikelkatalog aus. So können sie den Warenkorb sehen und Veränderungen, die Sie in der Engine vornehmen, verfolgen. Vergessen Sie nicht, vorgenommene Änderungen mit einem Klick auf das Icon ▼ zu speichern und die Seite im Browser zu aktualisieren (reload). Im Browser ändern Sie die Ansicht von „Warenkorb" in „Auswahl" (bzw. „Artikelwahl"), um die Änderungen in der Artikelauswahl sehen zu können.

Verändern Sie die folgenden Einstellungen:

- „Image Buttons"/„Text Buttons"
- Texte auf den „Text Buttons"
- Farbe der Buttons
- „Nur eine Warengruppe (Menü) offen"

Beachten sie, in welcher Ansicht (Warenkorb oder Artikelauswahl) die Änderungen wirksam werden.

Gehen sie immer folgendermaßen vor: Sichern Sie mit ▼ und aktualisieren sie danach die Browserdarstellung. Die Änderungen werden in der Datei `prefs\shopprefs.js` gespeichert.

Im Fenster der Engine werden die veränderbaren Attribute des Warenkorbes sehr dicht gedrängt dargestellt. Die Platzierung erfolgt sortiert, was der Übersichtlichkeit der Darstellung zugute kommt. Auf die Gestaltung des Warenkorbes können Sie auf vielfältige Weise Einfluss nehmen. Im gleichen Fenster bestimmen Sie die Texte für die Staffelpreise, deren Mengenschwellen Sie im Fenster „Allgemeine Shopeinstellungen" angegeben haben. Bei der Anzeige des Warenkorbes werden diese Staffelpreise berücksichtigt.

Voreinstellungen des Auswahlmenüs

 Seite 126

Mit dem Auswahlmenü haben wir uns unter dem Stichpunkt „Kategorisierung" im *Abschnitt 4.1.3* der Lerneinheit 4 sehr ausführlich beschäftigt und das Warengruppenmenü zusammengestellt.

In diesem Fenster „Auswahlmenü (Artikel) Voreinstellungen" wird die Hierarchie von Artikelgruppen und Warengruppen aufgebaut (Warengruppen-Menü). Ebenfalls werden die zusätzlichen Links zu gesonderten Seiten (einstellbar im „Seiten Link Menü"), wie z. B. zu einer Seite mit

den AGB, zugeordnet. So können Sie weitere Links einfügen, z. B. auch zum Internetauftritt Ihrer Firma oder anderen Webdokumenten. Die hier in der Abbildung gezeigten Links sind Standardeinstellungen. Die verlinkten HTML-Seiten sollten sich bevorzugt im Verzeichnis etc befinden. Die Veränderungen werden in der Datei prefs\shopprefs.js gespeichert.

Weiteres entnehmen Sie bitte dem Abschnitt 5.2.4 des Handbuchs.

Die Abbildungen 5.9 und 5.10 zeigen das Fenster in der Engine zum Verändern der Einstellungen und die Anzeige der „Artikelwahl" im Browser.

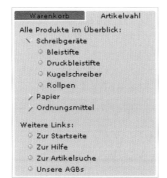

Abbildung 5.10:
Anzeige der
Einstellungen im
Bereich „Artikelwahl"

 Voreinstellungen der Artikelseite

Die Artikelseite können Sie mit dem Fenster „Artikelseite Voreinstellungen" anpassen. Abbildung 5.11 zeigt das Fenster der Engine, Abbildung 5.12 die Entsprechung in der Browserdarstellung.

Das Einstellungsfenster der Engine ist in *vier Bereiche* gegliedert (vgl. Abb. 5.11). Im ersten Bereich (*1*) werden die Eigenschaften der Artikeltabelle dargestellt, welche eine katalogartige Liste der Artikel mit Beschreibungen und Preise ist. Der zweite Bereich (*2*) betrifft die Trefferseite zu einer Suche, der dritte Bereich (*3*) die Darstellung des Popup-Menüs „Suche" und der Bereich (*4*) die Highlights (besondere Angebote) auf der E-Shopstartseite. Auch hier stellen Sie Farben, Schriften und weitere Merkmale ein. Das Verändern der Tabellenbreite ist nur erforderlich, wenn Sie aus verschiedenen Gründen (vgl. *Abschnitt 5.1.1*) diese Tabellenbreiten anpassen müssen.

☞ Seite 154

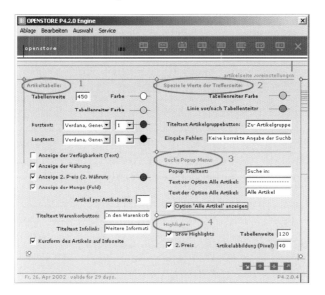

Abbildung 5.11: Artikelseite Voreinstellungen: Einstellungsfenster in der Engine

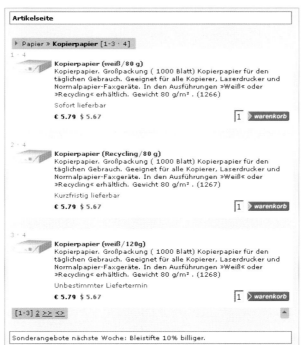

Abbildung 5.12: Artikelseite Voreinstellungen: Ansicht im Browser

Die eingetragenen Werte werden in der Datei `prefs\ shopprefs.js` gespeichert.

Zur Vertiefung sei hier abermals auf das Handbuch verwiesen, wo im Abschnitt 5.2.5 eine detaillierte Beschreibung erfolgt.

Einstellungen der Bestellseite

Die Einstellungen sind denen der Artikelseite ähnlich. Zusätzlich gibt es bei den Einstellmöglichkeiten der Bestellseite aber noch die Möglichkeit, die Farbigkeit der Bereiche oberhalb und unterhalb der Tabelle im Rahmen der Kopf- und Fußzeilenfarbe festzulegen.

Wird die Checkbox „*Zusammenfassung Positionen (Verfügbarkeit)*" markiert, erscheint eine textliche Erläuterung der Verfügbarkeit am unteren Rand der Bestellung in der Browseransicht. Weitere Erläuterungen dazu finden Sie im Abschnitt 5.2.6 des Handbuchs.

Die beiden folgenden Abbildungen zeigen wiederum das Einstellungsfenster und die Ansicht im Browser.

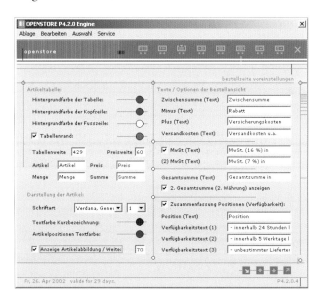

Abbildung 5.13: Bestellseite Voreinstellungen: Einstellungsfenster in der Engine

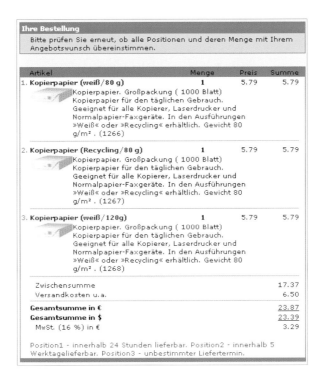

Ihre Bestellung

Bitte prüfen Sie erneut, ob alle Positionen und deren Menge mit Ihrem Angebotswunsch übereinstimmen.

Artikel	Menge	Preis	Summe
1. **Kopierpapier (weiß/80 g)** Kopierpapier. Großpackung (1000 Blatt) Kopierpapier für den täglichen Gebrauch. Geeignet für alle Kopierer, Laserdrucker und Normalpapier-Faxgeräte. In den Ausführungen »Weiß« oder »Recycling« erhältlich. Gewicht 80 g/m² . (1266)	1	5.79	5.79
2. **Kopierpapier (Recycling/80 g)** Kopierpapier. Großpackung (1000 Blatt) Kopierpapier für den täglichen Gebrauch. Geeignet für alle Kopierer, Laserdrucker und Normalpapier-Faxgeräte. In den Ausführungen »Weiß« oder »Recycling« erhältlich. Gewicht 80 g/m² . (1267)	1	5.79	5.79
3. **Kopierpapier (weiß/120g)** Kopierpapier. Großpackung (1000 Blatt) Kopierpapier für den täglichen Gebrauch. Geeignet für alle Kopierer, Laserdrucker und Normalpapier-Faxgeräte. In den Ausführungen »Weiß« oder »Recycling« erhältlich. Gewicht 80 g/m² . (1268)	1	5.79	5.79

Zwischensumme		17.37
Versandkosten u.a.		6.50
Gesamtsumme in €		23.87
Gesamtsumme in $		23.39
MwSt. (16 %) in €		3.29

Position1 - innerhalb 24 Stunden lieferbar. Position2 - innerhalb 5 Werktageliefербar. Position3 - unbestimmter Liefertermin.

Abbildung 5.14: Bestellseite Voreinstellungen: Ansicht im Browser

Der Bestell- und Bezahlvorgang wird ausführlich in der nächsten Lerneinheit erläutert.

Einstellungen des Bestellversands

Seite 210 Diese Einstellungen werden ausführlich im *Abschnitt 6.2.1* der nächsten Lerneinheit behandelt.

Zusatzeigenschaften der Artikel

Wenn Artikel in unterschiedlichen Ausführungen, beispielsweise unterschiedliche Größen oder Farben vorliegen, jedoch den gleichen Preis haben, empfiehlt es sich, diese auf der Artikelseite nur einmal abzubilden und dem Kunden Auswahlmöglichkeiten für die einzelnen Varianten anzubieten. Bei OPENSTORE wird dies mit Auswahlfeldern (sogenannten DROPDOWN-LISTEN) gelöst, von denen jeweils maximal zwei Stück für jeden Artikel auf der entsprechenden Artikelseite (`etc\item.htm`) zur Verfügung stehen können. OPENSTORE unterscheidet zwischen den Auswahlfeldern „*Size Popup*", welche neun unterschiedliche Produktmerkmale ("Klassen") aufnehmen können und „*Plus Popup*", welche bis zu 99 Produktmerkmale ("Klassen") aufnehmen können.

GLOSSAR S. 505

Die folgende Abbildung 5.15 zeigt, wie ein Beispiel aussehen könnte, bei dem sowohl ein „Size Popup" als auch ein „Plus Popup" verwendet wird.

Abbildung 5.15: Artikelseite: differenzierte Eigenschaften eines Artikels mit Dropdown-Listen

Beispielsweise können Sie sich Menüs für alle Größensysteme in Ihrer Firma zusammenstellen. Die Anzahl von Größenangaben kann je nach Größensystem sehr verschieden sein:

- Size1: klein, mittel, groß, sehr groß
- Size2: S, M, L, XL, XXL
- Size3: 40, 41, 42, 43, 44, 45 (für Schuhe)
- Size4: M2, M3, M4, M5, M8, M10 usw. (für metrische Gewinde)

Ebenso können Sie für jedes der Plus-Popup-Menüs beliebige Gruppen von Eigenschaften zusammenstellen. Das können Farben, optionale Baugruppen (PC mit oder ohne CD-ROM-Brenner), Substanzen usw. sein. Die Variationen für einen Artikel stellen Sie in je einem Menü „plusx" zusammen und können es dann diesem Artikel zuordnen.

Die Größensysteme stellen Sie im linken Teil des Engine-Fensters unter „Size Popup Menü" zusammen (siehe Abbildung 5.16).

Für den Fall, dass für eine Größe/Farbe eines Produktes ein weiteres Unterscheidungsmerkmal ausgewählt werden soll (z. B. kann man für Töpfe sowohl die Farbe als auch den Durchmesser wählen), stellen Sie mit dem Plus Popup Menu (siehe Abbildung 5.16) Auswahlfelder zusammen.

▶ **Wichtig:**

Wichtig: Verwenden Sie kurze und zutreffende Begriffe, damit der Kunde sie sofort verstehen kann. Benutzen Sie niemals nur innerbetrieblich verwendete Bezeichnungen.

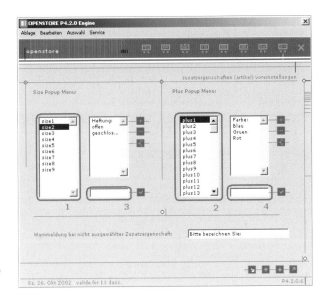

Abbildung 5.16:
Voreinstellungen von
Zusatzeigenschaften

Bildelement	Einstellungen
1	Übersicht über die neun verfügbaren Größenmenüs (size1 bis size9)
2	Übersicht über die 99 verfügbaren Eigenschaftenmenüs (plus1 bis plus99)
3	Eingabefeld zum Ändern eines Eintrags für eine size-Klasse
4	Eingabefeld zum Ändern eines Eintrags für eine plus-Klasse

Tabelle 5.3: Legende
zu Abbildung 5.16:
Voreinstellungen von
Zusatzeigenschaften

Popup-Menüs für Artikeleigenschaften

Die *Zusammenstellung der Popup-Menüs* ist einfach. Der Vorgang wird im Folgenden für das Size-Popup-Menü beschrieben; für das Plus-Popup-Menü ist der Vorgang analog.

Sie markieren eine Size-Klasse (`size1` bis `size9`), die Sie für ein Menü verwenden möchten. Vorhandene, nicht gewollte (z.B. vom Demoshop herrührende) Einträge in der Liste zur Klasse „`sizex`" (x steht dabei für 1 bis 9) können markiert und dann mit ▬ entfernt werden. In Abb. 5.16 könnten das beispielsweise die Einträge „Heftung..." aus der Klasse „`size2`" sein, wenn Sie diese löschen möchten.

Ist die Liste zu einer markierten Klasse leer und Sie möchten beispielsweise unter der Klasse „size3" eine Auswahlliste für die Eigenschaft „Papierformat" erstellen, dann klicken Sie auf den Button ⊞. Daraufhin werden „Neue Auswahl:" und „Neue Option:" eingetragen. Markieren Sie nun „Neue Auswahl:" in der Liste.

Der Text „Neue Auswahl" erscheint im Editierfenster darunter (Bildelement 3 in der Abbildung 5.16) und kann durch z. B. „Papierformat" ersetzt werden. Die Veränderung muss mit Hilfe des Buttons ☑ in die Liste darüber übernommen werden. So entstand in unserem Beispiel in Abbildung 5.16 aus „Neue Auswahl:" die Bezeichnung „Heftung:".

Den Eintrag „Neue Option" können Sie in „DIN A5" für die Klasse „Papierformat" ändern und mit dem Häkchen ☑ bestätigen. Sind schon Optionen vorhanden, können Sie zusätzliche Optionen durch das Betätigen des Buttons ⊞ hinzufügen. Möchten Sie in die Reihenfolge der Optionen einen Eintrag einfügen, markieren Sie den Optionseintrag, der dann unter dem neuen stehen soll, und benutzen Sie das Symbol ⊞.

Im Eingabefeld „Warnmeldung" legen Sie für den Kunden den Hinweistext fest, der erscheinen soll, wenn der Kunde keine Auswahl getroffen hat. Diese Warnmeldung sollte neutral gehalten werden (z.B.: „Bitte eine Auswahl treffen"), da diese stets durch den Titeltext des jeweiligen Popup-Menüs ergänzt wird (z. B. ʻIhr Handy Typʼ).

Die Einträge in die Size-Klassen und in die Plus-Klassen werden erst durch Klick auf den Button ⊡ in der Datei `prefs\shopprefs.js` gespeichert.

▶ **Bitte beachten Sie:**
Die Erstellung von Eigenschaftsklassen ist unabhängig von einer Artikelzuordnung. Es kann auch eine Klasse mehreren Artikeln zugeordnet werden.

Übung

▶ Stellen Sie geeignete Size-Menüs und Plus-Menüs für Bleistifthärtegrade zusammen. Dazu soll Ihnen diese Tabelle als Grundlage dienen.

Bleistift-Härtegrade

Steigender Tonanteil (höhere Ziffer bedeutet härtere Mine)

Steigender Graphitanteil (höhere Ziffer bedeutet weichere Mine)

H: hard=hart

F: firm=fest

B: black

HB: hard + black = hart + schwarz

H	B
2H	2B
3H	3B
4H	4B
5H	5B
6H	6B
7H	7B
8H	8B
	9B
F	HB
2F	2HB
3F	3HB
4F	4HB
5F	5HB
6F	6HB
7F	7HB
8F	8HB
	9HB

Quellen: Elysée Schreibgeräte, Staedtler Warenkunde

Zuordnung von Popup-Menüs zu Artikeln

Bis jetzt haben wir nur die Inhalte verwendbarer Auswahlmenüs zusammengestellt. Nun müssen wir die Popup-Menüs den Artikeln zuordnen, die mit den Menüs ausgestattet werden sollen.

Die Zuordnung von Klasse „sizex" bzw. Klasse „plusx" wird durch einen Schlüsselcode im *erweiterten Verfügbarkeitscode* vorgenommen. Das ist ein Feld in den Artikeldateien.

Sie kennen den Verfügbarkeitscode:

0 oder keine Angabe:	verfügbar
1:	verfügbar
2:	kurzfristig verfügbar
3:	nicht verfügbar

Diese Verfügbarkeitsschlüssel bleiben immer die rechte Ziffer in einer Ziffernfolge zur Kodierung der Verfügbarkeit (z. B. 1291 hat die Verfügbarkeit 1) und der Verwendung von Auswahlmenüs. Linksseitig werden die Ziffern der Klassen „size(0,1...9)" und dann – weiter nach links – die Ziffern der Klassen „plus(1...99)" angefügt. Abbildung 5.17 zeigt den Aufbau des erweiterten Verfügbarkeitscodes noch einmal schematisch:

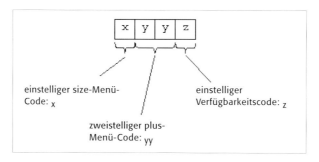

Abbildung 5.17: schematischer Aufbau des erweiterten Verfügbarkeitscodes

einstelliger size-Menü-Code: x

zweistelliger plus-Menü-Code: yy

einstelliger Verfügbarkeitscode: z

Die Kodierung für sofortige Verfügbarkeit und Verwendung des Auswahlmenüs der Klasse „`size9`" und des Auswahlmenüs der Klasse „`plus12`" entspricht der Ziffernfolge `1291`. Im Abschnitt 5.2.8 des Handbuchs wird das gleiche Beispiel erörtert. Studieren Sie bitte diesen Abschnitt.

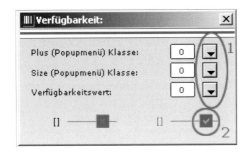

Abbildung 5.18: Einstellen der Verfügbarkeit und Zuordnung der Plus-Klasse und Size-Klasse

Haben Sie mit der Engine die Auswahlmenüs erzeugt und abgespeichert, können Sie die entsprechenden Kodierungen des Verfügbarkeitsschlüssels zum einen durch den Export der Artikeldaten aus Ihrer Datenbank generieren. In Ihrer vom E-Shop unabhängigen DATENBANK oder TABELLENKALKULATION können Sie die Verfügbarkeitsschlüssel mit den Kodierungen für die Size-Klasse und die Plus-Klasse zu jedem Artikel in einem eigenen DATENFELD pflegen. Diese Werte werden dann bei der DATENKONVERTIERUNG übernommen. Zum anderen können Sie mittels des Dateiinspektors die Verfügbarkeitsschlüssel für jeden Artikel einzeln in den TXT-Tab-Dateien kontrollieren und ändern. Dazu steht Ihnen das folgende Unterfenster des Dateiinspektors zur Verfügung. Das Fenster rufen Sie auf, indem Sie über „Konverter starten" den Link zum Aufrufen des Dateiinspektors betätigen. Anschließend müssen Sie den Button „Verfügbarkeit" anklicken und zum Schluss mit „Verfügbarkeit ändern" bestätigen.

GLOSSAR S.505

GLOSSAR S.505

In diesem Fenster brauchen Sie nur die Werte für die Plus-Klasse (Zahlenwerte 0-99), die Size-Klasse (Zahlenwerte 0-9) oder „Verfügbarkeitswert" eintragen oder durch das Aufklappen der Buttons mit dem schwarzen Dreieck (1) den gewünschten Wert auswählen. Diese Werte werden dann in die TXT-Dateien zum jeweiligen Artikel im Verzeichnis Artikeldateien durch Bestätigen mit dem Häkchen (2) eingetragen.

Wie Sie bereits wissen, muss dann noch die Konvertierung mit dem Konverter stattfinden, damit die Auswahlmenüs für zusätzliche Eigenschaften auch im E-Shop sichtbar werden.

Engine beenden

Haben Sie alle Änderungen vorgenommen und mit ⬇ gesichert, können Sie die Engine und den Konverter/Dateiinspektor beenden. *Ein Beenden ohne Sichern führt zu keinen Änderungen am E-Shop und somit zum Verlust der seit dem letzten Speichern vorgenommenen Änderungen.*

Sie kennen nun die Einstellmöglichkeiten der Gestaltung des E-Shops mittels Engine.

Nachdem Sie in diesem Abschnitt gesehen haben, welche Möglichkeiten zur Veränderung und Anpassung des E-Shops an Ihre Vorstellungen die OPENSTORE Engine bietet, sollen im nächsten *Abschnitt 5.1.3* weitere Gestaltungsmöglichkeiten durch ein direktes Verändern der verwendeten Grafiken oder HTML-Seiten erörtert werden.

Fortgeschrittene Gestaltung

Unter Umständen werden Ihnen die bereits gelernten Gestaltungsmöglichkeiten für Ihren E-Shop nicht ausreichen. Weitere Fragestellungen sind:

- Wie wird das Logo verändert?
- Wie werden die Buttons (als Schaltflächen dargestellte funktionale Links) bearbeitet?
- Wie ändert man Texte, die nicht durch die Engine anpassbar sind?

Diese spezifischen Änderungen können nicht immer per Engine vorgenommen werden, auch wenn die Entwickler umfangreiche Gestaltungsmöglichkeiten vorgesehen haben.

Das Logo, die Buttons und andere grafische Elemente für den E-Shop liegen im Verzeichnis `images`. Die folgenden Grafiken wurden vom Hersteller mit dem Demoshop bereitgestellt:

Darstellung	Dateiname	Größe in Pixel	Verwendung
Angebot	`angeb.gif`	70x15	"Warenkorb" `cart.htm`
▶ ▶ ▶	`artseite.gif`	30x12	Navigation der Artikelseite, `item.htm`
▶	`auswahl_r.gif`	9x7	Navigation der Artikelseite, `item.htm`
▲	`auswahl_ro.gif`	11x11	Navigation der Artikelseite, `item.htm`
▶	`auswahl_rot.gif`	11x11	Navigation der Artikelseite, `item.htm`
▼	`auswahl_ru.gif`	11x11	Navigation der Artikelseite, `item.htm`
	`avail1.gif`	12x8	"Verfügbarkeit 1", `bottom.htm, quicks.htm`
	`avail2.gif`	12x8	"Verfügbarkeit 2", `bottom.htm, quicks.htm`
	`avail3.gif`	12x8	"Verfügbarkeit 3", `bottom.htm, quicks.htm`
Bestellen	`bestell.gif`	70x15	"Warenkorb", `cart.htm`
Ändern	`change.gif`	27x15	"Warenkorb", `cart.htm`
Löschen	`clearall.gif`	27x15	"Warenkorb", `cart.htm`

🗑	`deleteit.gif`	12x14	"Warenkorb", `cart.htm`
✋	`handsw.gif` (Animation)	16x16	`index.htm`
ⓘ	`info.gif`	22x15	Links zu Hilfe und Informationen, mehrfach Verwendung
▸warenkorb	`inkorb_1.gif`	67x15	Artikelseite
▸warenkorb	`inkorb_2.gif`	67x15	Artikelseite
▸warenkorb	`inkorb_3.gif`	67x15	Artikelseite
▬	`ishigh.gif`	13x8	Navigation „Highlight"
▦	`jetzt.gif` (stark verkleinert)	200x230	`openstore.htm`
▭	`leer.gif` (transparent)	12x19	als Abstandshalter
▬	`logo.gif` (stark verkleinert)	248x72	`logo.htm`
🔍	`lupe_kl.gif`	16x11	`quicks.htm`
▤	`maxi.gif` (weiß)	13x13	"Warenkorb", `cart.htm`
▣	`mini.gif` (weiß)	13x13	"Warenkorb", `cart.htm`
▭	`minusit.gif`	12x14	"Warenkorb", `cart.htm`
OK	`ok.gif`	27x15	"Warenkorb", `cart.htm`
‖ openstore	`openstore.gif`	94x19	Logo OPENSTORE, mehrfache Verwendung
✚	`plusit.gif`	12x14	"Warenkorb", `cart.htm`
●	`ppfeil_.gif`	12x12	Artikelauswahl
▸	`spfeil.gif`	12x12	Artikelauswahl
▾	`spfeil_u.gif`	12x12	Artikelauswahl
▪	`tback.gif`	45x80	Hintergrund in `mainmenue.htm`

Tabelle 5.4: Übersicht über die Grafiken im Demoshop

Grafiken können durch andere ausgetauscht werden.

Sie können beispielsweise Navigationspfeile selbst gestalten, indem Sie für eigenerstellte Grafiken dieselben Bezeichnungen (Dateinamen) verwenden, die vom System für die Originalgrafiken verwendet werden. und diese in das Verzeichnis `image` kopieren. Sie ersetzen damit die vorhandenen Grafiken durch Ihre eigenen. Legen Sie vorher eine Sicherheitskopie an, sodass Sie problemlos die Originalgrafiken wiederherstellen können.

Nach dem gleichen Prinzip können Sie die Logos `logo.gif` und `openstore.gif` durch Ihre eigenen Logos austauschen. Das Bild `jetzt.gif`, welches auf der Startseite des E-Shops sehr dominant wirkt, ersetzen Sie entsprechend Ihren Wünschen und der aktuellen Situation.

Diese Änderungen können Sie vornehmen, ohne HTML-Kenntnisse zu besitzen. Beachten Sie aber, dass veränderte Bildgrößen Einfluss auf die Proportionen der Gestaltung haben können. Deshalb sind die Größenverhältnisse in der Tabelle als Orientierungshilfe angegeben. Wenn Sie Grafiken mit eigenen Dateinamen verwenden wollen, insbesondere wenn Sie planen, statt GIF-Dateien JPG-Dateien einzusetzen, sind Änderungen im HTML-Quellcode und in den JavaScript-unvermeidlich. Bitte beachten Sie aber, dass die Skripte im OPENSTORE-E-Shopsystem aus rechtlichen Gründen nur bei der Modifikationslizenz geändert werden dürfen.

▶ **Tipp:**

Um den Namen einer bestimmten Grafik- oder HTML-Datei herauszufinden, öffnen Sie den E-Shop im Browser. Klicken Sie mit der rechten Maustaste in den entsprechenden Frame und wählen Sie aus dem Menü „Eigenschaften" aus. Im Fenster werden der Pfad und der Name der HTML-Datei angezeigt. Wenn Sie mit der rechten Maustaste auf die Grafik und dann auf „Eigenschaften" klicken, wird Ihnen der Name der Grafikdatei angezeigt. Nun kennen Sie den Namen der HTML-Datei und den Namen der Grafikdatei. Damit können Sie ans Werk zur Veränderung der HTML-Datei bzw. der Grafikdateien gehen.

▶ **Ein Beispiel für den Eingriff in HTML-Dateien:**

Das von Ihnen verwendete Firmenlogo soll nicht `logo.gif` *bzw.* `openstore.gif` *heißen, denn das sind OPENSTORE-spezifische Bezeichnungen. Sie möchten stattdessen das Logo Ihrer Firma verwenden, das den Dateinamen* `meinlogo.gif` *hat.*

Dazu ist zunächst zu klären, in welchen HTML-Dateien sich die Standard-Logo-Namen `logo.gif` *und* `openstore.gif` *befinden. Die Datei* `images\logo.gif` *ist Hintergrund (background) der HTML-Datei* `etc\logo.htm`.

Hier der Quelltext von logo.htm:

```
<html>

  <head>
    <title>Logo</title>
    <meta http-equiv="content-type" content="text/html;
        charset=iso-8859-1">
  </head>

  <body bgcolor="#dfe2e8" leftmargin="0" marginwidth="0"
        topmargin="0" marginheight="0"
            background="../images/logo.gif">
    <a href="javascript:parent.data.redata();"
    title="Shop neu laden">
            <img src="../images/leer.gif" border=0></a>
  </body>

</html>
```

Speichern Sie die Grafikdatei mit Ihrem Logo als `meinlogo.gif` *(oder* `meinlogo.jpg`*) im Verzeichnis images ab und ändern Sie in der Datei logo.htm den Dateinamen des Hintergrunds in* `../images/meinlogo.gif` *(oder* `../images/meinlogo.jpg`*) um. Beachten Sie, dass die Bildgröße der Originalbildgröße (248x72 Pixel) oder der Größe des Frames* `logo` *entspricht, da die Framegröße*

*(Einstellungen zum Frameset) sonst die korrekte Bilddarstellung ver-
hindert. Ein zu kleines Bild lässt Ränder erkennen, weil zwischen
Framerand und Bild Leerräume entstehen und ein zu großes Bild passt
nicht in den Frame hinein, sodass nur ein Teil des Bildes sichtbar ist.
Das Logo* openstore.gif *(94x19 Pixel) wird in der HTML-Datei*
etc/front.htm *verwendet (diese erscheint im Frame main als
erste Seite nach dem Shopaufruf) und dient dort als Link zur Homepage des Herstellers von OPENSTORE.*

*Ausschnitt aus dem Quelltext der Datei etc/front.htm
(abschließender Teil der Datei):*

```
. . . . .
  <tr>
     <td valign="bottom" align="left" colspan="3">
        <table border="0" cellpadding="0" cellspcing="2">
           <tr>
              <td><a href="http://www.IhreFirma.com"
              target="_blank">
      <img src="../images/openstore.gif" width="94"
      height="19" border="0">
                 </a>
              </td>
              <td valign="middle">  
               <font size="1" face="Verdana,Geneva,
               Helvetica,Arial">
                KMU-Shop, ein Trainingsshop mit
                Openstore, 2001-2002</font>
              </td>
           </tr>
        </table>
     </td>
  </tr>
. . . . .
```

genommenen Veränderung in der Logo-Grafikdatei auch den Link zur Homepage Ihrer Firma anpassen, der zum Logo gehört. Ferner sollten Sie den darauffolgenden Text der Beispielshopvorlage verändern.

Beim Einrichten Ihres E-Shops sollten Sie natürlich die HTML-Dateien der Geschäfts-AGB (`agb.htm`) und der Hilfe (`help.htm`) Ihren Bedingungen anpassen. Ersetzen Sie die Textinhalte in diesen Dateien durch Ihre eigenen Texte.

Liste der verwendeten HTML-Dateien und ihre Frameplatzierung
Zu Ihrer Hilfe sind hier alle HTML-Dateien mit dem Anzeigeframe und der Verwendung aufgelistet.

HTML-Datei	Frame	Verwendung
`cart/order.htm`	main	Bestellseite
`cart/offer.htm`	main	Angebotsseite
`cart/data.htm`	data	Ruft JavaScripte (u. a. `prefs/shopprefs.js`) auf
`cart/cart.htm`	basket	Navigation von Artikel und „Warenkorb"
`etc/agb.htm`	main	Allgemeine Geschäftsbedingungen
`etc/aload.htm`	main	Anzeige „[die Artikel werden geladen]"
`etc/bottom.htm`	bottom	Zeigt Bedeutung „Verfügbarkeit"
`etc/cload.htm`		Leere Seite zum Ausblenden
`etc/front.htm`	main	erste Seite im Frame main
`etc/help.htm`	main	Hilfeseite
`etc/items.htm`	main	Artikelseite
`etc/logo.htm`	logo	Logo
`etc/mload.htm`	mainmenu	Anzeige „[der Shop wird geladen]"
`etc/mmenu.htm`	mainmenu	Navigationsmenü
`etc/noitems.htm`	main	Keine Artikel
`etc/noresult.htm`	main	Kein Suchergebnis
`etc/quicks.htm`	bottom	Wie buttom.htm mit Schnellsuche
`etc/result.htm`	main	Suchergebnis
`etc/search.htm`	main	Suchfunktion
`infos/*.htm`	main	Zusatzinfos zu Artikel oder Artikelgruppen
`index.htm`		Startseite
`openstore.htm`		Frameset

Tabelle 5.5: Liste der HTML-Dateien

Wenn Sie Änderungen an HTML-Dateien ausführen, sollten Sie in jedem Fall die mit Warnungen versehenen Stellen zur Nichtveränderung respektieren. Diese Abschnitte sind entscheidend für die Funktionalität des gesamten Shopsystems. Solche Stellen sehen in etwa so aus:

```
<!-- diesen Verweis nicht veraendern. Dont change
                                      this: // -->
           <script src="../scripts/puthigh.js"
language="JavaScript"></script>
  <!-- diesen Verweis nicht veraendern. // -->
```

▶ *Man kann nicht oft genug darauf hinweisen, Änderungen in HTML-Dateien nur mit entsprechenden Kenntnissen vorzunehmen. Sie sollten immer wissen, was Sie tun.*

▶ **Übung**
Das prinzipielle Vorgehen zum Ändern der HTML-Dateien ist Ihnen nun bekannt. Haben Sie ausreichende HTML-Kenntnisse, dann tauschen Sie die Logos logo.gif **und** openstore.gif **mit den in den Übungsmaterialien liegenden GIF-Dateien** logo-kmus.gif **und** kmus.gif **aus. Ersetzen Sie den Text, der nach der Grafik openstore.gif bzw. neu nach kmus.gif erscheint, durch den Text „Das KMU-E-Shopsystem Ihrer Wahl". Speichern Sie die geänderten HTML-Dateien und aktualisieren Sie Ihren Browser.**

Konzeption und Dokumentation

Wenn Sie mit OPENSTORE Ihren eigenen E-Shop aufbauen, dann ist vor dem Ändern der Dateien – wie Sie inzwischen bestimmt erkannt und verstanden haben – ein planvolles Herangehen angebracht. Nachdem Sie die Möglichkeiten für Änderungen erfasst und verstanden haben, entwerfen Sie Ihren E-Shop zunächst auf dem Papier und legen Sie die gegenüber der Vorlage vorzunehmenden Änderungen schriftlich fest. Eine gute Dokumentation ist wichtig, diese erlaubt Ihnen und anderen am Shopprojekt beteiligten auch zukünftig die Änderungen nachzuvollziehen und darauf aufbauend das System weiterzuentwickeln.

Für die sachgemäße Vorgehensweise zur Dokumentation sind einschlägige Quellen zum DV-Projektmanagement und existierende Normen heranzuziehen. Empfohlen sei hier auch die TEIA-Qualifikationseinheit „Projektmanagement & MS Project", ISBN 3-935539-33-9.

www.teia.de

▶ **Literatur:**

Burghardt, M., Projektmanagement: Leitfaden für die Planung, Überwachung und Steuerung von Entwicklungsprojekten.
4. Aufl., Erlangen, 1997.
Balzert, H., Lehrbuch der Software-Technik: Software-Entwicklung.
Heidelberg, 1996.
Heinrich, L. J., Informationsmanagement: Planung, Überwachung und Steuerung der Informationsinfrastruktur.
5. Aufl., München, 1996.

Normen

- DIN 66230, Programmdokumentation,
- DIN 66231, Programmentwicklungsdokumentation,
- DIN 66232, Datendokumentation,
- DIN 6789, Dokumentationssystematik, Aufbau technischer Erzeugnis-Dokumentationen

Die Dokumentation ist

- Ein Medium für die Information und Kommunikation zwischen den Teilnehmern eines Projektes,
- eine Unterlage zur Qualitätssicherung,
- die Nachweisführung des Projektablaufes,
- Wartungsunterlage,
- Analyseinstrument,
- Planungsgrundlage für Weiterentwicklung.

Damit ist der Abschnitt zur Gestaltung des E-Shops mit der OPENSTORE Engine und direkten Änderungen der Grafiken und HTML-Seiten abgeschlossen. Wie bereits mehrfach betont, werden die entscheidenden Funktionalitäten im Einkaufsablauf im mit OPENSTORE erstellten E-Shop durch CLIENTSEITIGE Skripte realisiert. Der sich daraus ergebende Gestaltungsspielraum, wird im nächsten Abschnitt behandelt.

GLOSSAR S. 505

Verwendete Skripte

Die Funktionalitäten „Artikelauswahl", „Warenkorb", „Kategorisierung" und andere werden durch CLIENTSEITIGE Skripte auf der Basis der Skriptsprache JAVASCRIPT realisiert. Sie werden als clientseitig bezeichnet, weil sie an durch den Browser geladene HTML-Dateien gebunden sind und nur im Browser des Nutzers ablaufen. Die nachfolgende Tabelle listet alle Skripte mit ihren Funktionen und ihrem Speicherort auf. Verfügen Sie über Kenntnisse zu JavaScript, können Sie diese Tabelle sehr gut verwenden.

Skript	Aufruf von HTML-Datei aus	Verwendung
`data/*.js`	`scripts/shop.js`	Zentrales Funktions-Skript
`data/highs.js`	`scripts/gethigh.js`	Artikel als „Highlights"
`prefs/shopprefs.js`	`cart/data.htm`	Voreinstellungen für das gesamte Shopsystem
`scripts/dobuy.js`	`cart/order.htm` `cart/offer.htm`	Funktionen „Angebot" und „Bestellen"
`scripts/gethigh.js`	`cart/data.htm`	Stellt „Highlights" zusammen
`scripts/item1.js`	`etc/items.htm` `etc/result.htm`	Artikelanzeige, Suchergebnisanzeige
`scripts/item2.js`	`etc/items.htm` `etc/result.htm`	Artikelanzeige, Suchergebnisanzeige
`scripts/puthigh.js`	`etc/front.htm`	Darstellung der „Highlights"
`scripts/shop.js`	`cart/data.htm`	Steuert die gesamte Shopfunktionalität

Tabelle 5.6: im OPENSTORE E-Shop verwendete clientseitige Skripte

Jedes Skript ist aus urheberrechtlichen Gründen mit dem folgenden Kommentar versehen:

```
OPENSTORE P4.2.0b2, © 1999 - 2001 LEITBILD Media GmbH
Alle JavaScripte der OPENSTORE Loesung sind urheberrechtlich geschuetzt.
Jede kommerzielle oder nicht kommerzielle Modifizierung/
Vervielfaeltigung ist nur mit schriftlicher Zustimmung von
LEITBILD Media gestattet.
Alle Rechte vorbehalten.
```

Ein Ändern der Skripte ist Ihnen damit nicht gestattet.

KMU-shop-
os/index.htm

Artikeldaten mit Bild

In unserem Übungsshop fehlen jetzt noch die Bilder zu den Artikeln, die Sie in dem Beispiel auf der CD sehen können. In diesem Abschnitt wird gezeigt, wie sie in das Shopsystem eingebunden werden.

GLOSSAR S.505

Das Shopsystem OPENSTORE kann mit Bilddateien vom Format **GIF** (Grafics Interchange Format) und **JPEG** (Joint Photographic Experts Group) umgehen. Diese beiden Bilddateiformate sind die gebräuchlichsten für bildliche Darstellungen in Webbrowsern. Die durch die aktuellen Browser ebenfalls darstellbaren Bilddateiformate PNG (Portable Network Graphic, empfohlen von W3-Konsortium, 1996) und JPEG 2000 (setzt zur Komprimierung die Wavelet-Kompression ein) werden durch OPENSTORE nicht unterstützt.

In der folgenden Tabelle 5.7 sind die jeweiligen Vor- und Nachteile der beiden verwendbaren Grafikformate aufgeführt:

	GIF **(Dateiendung: gif)**	**JPEG** **(Dateiendung: jpg oder jpeg)**
Vorteile	■ Sehr gute und verlustfreie Komprimierung bei gleichfarbigen Flächen, wie sie bei Grafiken, Zeichnungen und anderen gezeichneten Darstellungen vorkommen. ■ Eine Farbe der Palette kann mit Transparenz versehen werden. ■ Mehrere Bilder können als Animation in eine Datei gepackt werden. ■ Einsatz besonders bei Zeichnungen und Clipparts.	■ Auf fotorealistische Bilder optimierter, verlustbehafteter Komprimierungsalgorithmus mit einstellbarem Komprimierungsfaktor. ■ Die Farbpalette umfasst 24 Bit je Farbkanal (Rot, Grün, Blau), was True-Color (ca. 16 Mill. Farben) entspricht. ■ Einsatz besonders bei fotografischen Bildern.
Nachteile	■ Farbpalette ist auf 256 Farben beschränkt (8 bit je Farbkanal). Daher sind Farbverfälschungen möglich	■ Durch Komprimierung werden Bildinhalte verändert. Keine Animation Keine Transparenz

Tabelle 5.7: Vergleich der Grafikformate GIF und JPEG

In der Praxis wird für Zeichnungen und Cliparts eher das GIF-Format eingesetzt, während das JPEG-Format besonders gut für größere Fotos geeignet ist.

Der Demoshop von OPENSTORE enthält für die Artikeldarstellung nur JPEG-Bilder. Sie können aber bei jedem Artikel individuell entscheiden, welches Format Sie einsetzen. Das hängt ganz von Ihren Ansprüchen und Bildmaterialien ab. Zu unseren Übungen sind vorwiegend Bilder zu Artikeln im JPEG-Format bereitgestellt.

Ablage der Artikelbilder

Alle Artikelbilder müssen immer im Verzeichnis `itmimg/` abgelegt werden. Der *Dateiname des Bildes* eines Artikels muss genau der Artikelnummer entsprechen (Das Bild zu Artikel 5362 hat den Dateinamen `5362.gif` bzw. `5362.jpg`). Bei allen in einer Artikeldatei zusammengefassten Artikeln mit einem gemeinsamen Bild muss der Name der Artikeldatei und die Dateiendung `.gif` oder `.jpg` angegeben sein, z.B. `bleistifte.jpg`. Auf die genaue Identität der Dateinamen sollten Sie Sorgfalt verwenden. Auch auf die Groß- und Kleinschreibung sollten Sie besonders achten. Sie machen keinen Fehler, wenn alle Dateinamen immer klein oder immer groß geschrieben werden. Auf den Webservern, die Groß- und Kleinschreibung unterscheiden (beispielsweise Webserver auf Unix- und Linux-Basis) ist der Dateiname `Bild.gif` nicht identisch mit `bild.gif`! Dies kann oft die Fehlerquelle sein, wenn Bilder nicht angezeigt werden.

Auf zwei andere Probleme soll hier ebenfalls aufmerksam gemacht werden:

1. Die *Bilddateigröße* sollte sich an die darstellbaren Verhältnisse und die Übertragungsgeschwindigkeiten anpassen. Artikelbilder sollten möglichst eine Größe von 10 KByte nicht überschreiten. Die Breite bzw. Höhe in Pixeln hängt natürlich von den Seitenverhältnissen der Abbildung ab, aber zum Beispiel 60 Pixel in Höhe oder Breite greifen schon in die Größenverhältnisse des Seitenaufbaues ein. Die Auflösung für Darstellungen im Webbrowser sollte 75 ppi oder 72 ppi (Pixel per Inch = Pixel pro 2,54 cm) sein.

2. Die Eigenschaft von GIF-Bildern, eine *Farbe transparent* erscheinen zu lassen, kann mit JPEG-Dateien nicht realisiert werden. Das hat zur Folge, dass ein weißer Bildvordergrund auf weißem Hintergrund unsichtbar erscheint. Wenn der Hintergrund andersfarbig ist, fallen bei JPEG-Bildern die Bildhintergründe unter Umständen unangenehm auf.

 Seite 120

 GLOSSAR S. 505

Im *Abschnitt 4.1.1* der vorhergehenden Lerneinheit haben Sie erfahren, dass es beim DATENIMPORT in das E-Shopsystem ein Feld in den TXT-Artikeldateien mit der Bezeichnung „Bildparameter" gibt. In diesem Feld sollen nur Ziffern auftauchen, die als Parameter für die Bilddarstellung zu jedem Artikel interpretiert werden.

▶ **Zur Erinnerung an Lerneinheit 4:**
Bilder von Artikeln oder Artikelgruppen befinden sich nicht in den Artikelkatalogdateien. Alle Artikelbilder befinden sich im Verzeichnis itmimg. Die Dateinamen der Bilddateien müssen identisch mit der Artikelnummer und dem Artikelgruppennamen sein. Es sind nur die Bildformate GIF und JPEG (JPG) möglich.

In diesem Datenfeld wird über eine Ziffernangabe die Art und Weise des Bildaufrufs aus dem Verzeichnis itmimg geregelt.

Die Bildparameter in den TXT-Artikeldateien haben folgende Bedeutung (wiederholende Zusammenfassung):

GLOSSAR S.505

Abbildung 5.19: Einbindung von Bildern: Bildparameter und Bedeutung

Werte für GIF-Bilder und zu verwendender Dateiname:

0 = keine Abbildung darstellen

1 = `artikelnummer.gif`

2 = `artikelgruppenname.gif`

3 = `artikelnummer.gif` mit Link auf eine Datei artikelnummer.html

4 = `artikelgruppenname.gif` mit Link auf eine spezielle Infoseite im Verzeichnis `infos`

5 = `artikelnummer.gif` mit Link auf allgemeine Infoseite im Verzeichnis infos

6 = `artikelgruppenname.gif` mit Link auf allgemeine Infoseite im Verzeichnis `infos`

7 = keine Abbildung, Textlink auf spezielle Infoseite im Verzeichnis `infos`

8 = keine Abbildung, Textlink auf allgemeine Artikelgruppeninfos im Verzeichnis `infos`

Tabelle 5.8: Bedeutung der Bildparameter

Für JPG-Bilder wird obige Kodierung mit der Ziffer 1 rechtsseitig ergänzt, wie 11, 21, 31, 41, 51, 61

Der Wert 0 kann auch weggelassen werden; das bedeutet ebenfalls keine Bilddarstellung.

Mit dem Wert 1 für GIF-Bild und 11 für JPEG-Bild wird neben den Artikeldaten das Bild mit dem Namen der Artikelnummer angezeigt.

Die Werte 2 und 21 zeigen immer ein Bild mit dem Namen der Artikeldatei (Artikelgruppe) an, z. B. `bleistifte.gif`.

Die Werte 3, 31 bis 6 bzw. 61 verbinden die Abbildung des Artikels mit einem Link zu einer artikelspezifischen Infoseite oder zu einer allgemeinen Infoseite zur Artikelgruppe. Die Infoseiten müssen die Nummer des Artikels plus `.htm` bzw. den Artikelgruppennamen plus `.htm` haben und im Verzeichnis `infos/` gespeichert sein (z.B. `rollpen.htm`, `bleistifte.htm`).

Bitte studieren Sie die Abschnitte 3.1.5 und 9.6 des Handbuchs über die Werte für den Bildparameter.

▶ **Übung**

Tragen Sie mit Hilfe des Dateiinspektors Bildparameter in die Artikeldateien für den KMU-Shop ein und prüfen Sie die Umsetzung im Browser. Vergessen Sie nicht, folgende Arbeitsschritte einzuhalten: ändern, speichern, konvertieren, Browser lokal aktualisieren oder erst Hochladen und dann die Ansicht im Browser aktualisieren. Die TXT-Artikeldatein enthalten nicht immer Bildparameter. Ordnen Sie für Bleistifte und Kopierpapier die Artikelgruppenbilder zu.

Für die Durchführung der Übungen und den Aufbau eines Übungsshops benötigen Sie Daten für den Artikelkatalog. In der nachfolgenden Tabelle sind die Ihnen zu Übungszwecken bereit gestellten Dateien benannt. Die TXT-Dateien enthalten die Artikeldaten zu je einer Warengruppe. Mit Hilfe der Dateiliste können Sie die Warengruppen organisieren und die Verknüpfungen zu den Bildern einfacher vornehmen. Die Bilder der Artikel sind mit der Artikelnummer als Dateiname in der rechten Spalte zusammengestellt.

Für die Übung „KMU-Shop" verwendete TXT-Artikeldateien (Übungsverzeichnis Artikeldateien/)	Für die Übung „KMU-Shop" verwendete Bild-Artikeldateien (Übungsverzeichnis Artikelbilder/)
ablagekorb.txt	1271.jpg
bleistifte.txt	1301.jpg
buettenpapier.txt	1433.jpg
datumstempel.txt	1521.jpg
druckbleistifte.txt	1522.jpg
endlospapier.txt	1523.jpg
entklammerer.txt	2332.jpg
heftgeraet.txt	2344.jpg
heftstreifen.txt	2511.jpg
kopierpapier.txt	2512.jpg
kugelschreiber.txt	2567.jpg
locher.txt	2568.jpg
notizklotz.txt	2655.jpg
ordner.txt	2656.jpg
prospekthuellen.txt	2713.jpg
rollpen.txt	2714.jpg
visitenkarten.txt	2715.jpg
	2813.jpg
	2814.jpg
	2815.jpg
	2816.jpg
	5374.jpg
	5376.jpg
	5377.jpg
	5378.jpg
	5399.jpg
	9834.jpg
	bleistifte.jpg
	bleistifteimage.jpg
	kopierpapier.jpg
	kopierpapierimage.jpg
	rollen.jpg
	rollpenimage.jpg

Tabelle 5.9: Verwendete Bild- und TXT-Artikeldateien

Nachdem Sie nun abschließend im Abschnitt zur Gestaltung Ihres E-Shops gesehen haben, wie Artikeln und Artikelgruppen Bilder zugeordnet werden können, werden wir uns in den nächsten Abschnitten mit den administrativen Aufgaben beschäftigen.

5.2 Administrative Aufgaben zur Sicherung des Betriebs

Für den stabilen Betrieb eines E-Shops ist die Erfüllung einiger Aufgaben notwendig, die weniger mit Gestaltung und Funktionalität zu tun haben, als mit der Sicherung des Betriebs.

Ein sicherer Betrieb erfordert:

- Eine ausreichende BANDBREITE für die hoffentlich große Menge von Käufern. Die gesamte Bandbreite muss dabei nicht schon zu Projektbeginn bereitstehen, sondern kann später bei einer Steigerung der Zugriffe zusätzlich erworben und eingerichtet werden. Wird die Benutzung des E-Shops durch die Menge an Zugriffen langsamer, ist es dringend erforderlich, die Leistungsfähigkeit des Webservers deutlich zu erhöhen.

- *Keine oder minimalste Ausfälle des Webservers*. Dieses technische Problem muss durch entsprechende Verträge mit dem PROVIDER oder durch technische Ausstattung der eigenen SERVER mit Sicherungstechnik (Stromversorgung, doppelte Systeme usw.) gelöst werden.
- *Regelmäßiges Backup* des kompletten E-Shopsystems. Sie wissen zwar bereits, dass das E-Shopsystem zweimal existiert: Einmal lokal auf einem Rechner in der Firma zusammen mit OPENSTORE Engine und Konverter und ein zweites Mal auf einem Webserver für den Zugriff durch die Kunden. Das garantiert eine gewisse aber keine absolute Sicherheit vor dem Verlust der Artikeldateien und der Einstellungen mit den Gestaltungselementen. Es sollte ein Backup-System für den lokalen Rechner vorhanden sein.

GLOSSAR S. 505

GLOSSAR S. 505

▶ **Weiterführende und grundlegende Literatur zur Datensicherung**

- *Herbst, A.: Anwendungsorientiertes DB-Archivieren: Neue Konzepte zur Archivierung in Datenbanksystemen. Berlin, Heidelberg: Springer 1997*

- *Schaarschmidt, R., Bühnert, K., Herbst, A., Küspert, K., Schindler, R.: Konzepte und Implementierungsaspekte anwendungsorientierten Archivierens in Datenbanksystemen. Informatik Forschung und Entwicklung, 13(2): 79-89 (1998)*

- *Störl, U.: Backup und Recovery in Datenbanksystemen. Verfahren, Klassifikation, Implementierung und Bewertung. Teubner Verlag: 2001.*

- *Pohl, Hartmut; Weck, Gerhard: Einführung in die Informationssicherheit. Oldenbourg, München, 1993*

- *Kersten, Heinrich: Sicherheit in der Informationstechnik. Einführung in Probleme, Konzepte und Lösungen. Oldenbourg, München, 1995*

5.3 Deep Links

Normalerweise wird ein E-Shop nicht allein betrieben. Im *Umfeld* existieren die zur Firma gehörende Website und unter Umständen weitere Websites. Sehr hilfreich ist das im E-Shopsystem OPENSTORE umgesetzte Feature, das ermöglicht, von einer beliebigen Website aus, den E-Shop mit der sofortigen Anzeige eines Artikels oder einer Artikelgruppe aufzurufen (zu verlinken). Wenn Sie möchten, dass Besucher einer Website sofort (beim Start des E-Shops unter 'Umgehung' der eigentlichen Startseite 'front.htm') über einen Link z. B. den Artikel „Ordner" zum Kauf angeboten bekommen, gestalten Sie zum Seitenaufruf den so genannten *externen Deep Link:*

```
<A HREF="http://www.IhreDomain.com/shopverzeichnis/
openstore.htm?ordner,2567"> Ordner im Angebot </A>
```

Der Link muss enthalten:

```
openstore.htm?artikelgruppe,artikelnummer
```

Fehlt `artikelnummer`, wird die Artikelgruppe gelistet.

Ähnlich kann von jeder beliebigen Stelle des E-Shops eine bestimmte Artikelgruppe oder ein Artikel „angesprungen" werden. Im Demoshop ist diese Variante auf der Startseite front.htm zum Bild `jetzt.gif` verwendet. Ein Klick auf das große Bild (`jetzt.gif`) lässt sofort bestimmte Artikel anbieten. Dieser Link, im Handbuch als *interner Deep Link* bezeichnet, muss so aussehen:

```
<A HREF="javascript:parent.data.hselect('Warengruppen-
name', 'Artikelnummer')"> Linktext</A>
```

▶ **Beispiel:**
```
<A HREF="javascript:parent.data.hselect('ordner',
'2567')">Ordner im Angebot</A>
```

Diese Technik wird auch im Navigationsmenü mmenu.htm im Frame mainmenu benutzt, um zu bestimmten Artikelgruppen springen zu können.

▶ **Hinweis:**

Für „deep links", die direkt von innerhalb oder außerhalb des E-Shops auf die Seite zu einem Artikel oder einer Artikelgruppe verweisen, wird auch der Begriff „direct storefront entry" verwendet (Storefront bezeichnet den E-Shop, so wie der Kunde ihn in seinem Webbrowser sieht). Diese Bezeichnung wurde zunächst für E-Shop-Lösungen der Firma Intershop verwendet, ist jedoch heute auch allgemeingültig anerkannt.

Studienmaterial

▶ **Bitte studieren Sie die Verwendung externer und interner Links im Abschnitt 9.10 des Handbuchs.**

5.4 Mehrsprachigkeit

Sie können alle Texte in den HTML-Dateien in eine andere Sprache übersetzen und die TXT-Dateien auch in der anderen Zielsprache formulieren. Allerdings ist es nicht möglich, einen E-Shop mit mehreren Sprachen gleichzeitig betreiben. Jede Sprache benötigt einen eigenen E-Shop, zumindest beim OPENSTORE. Beachten Sie auch, dass Sie für jeden E-Shop eine Lizenz des Herstellers benötigen.

ZUSAMMENFASSUNG

In dieser Lerneinheit haben Sie zunächst die Möglichkeiten zur Gestaltung des E-Shops mit OPENSTORE kennen gelernt. Dabei haben wir die einfache Gestaltung, die Sie mit der OPENSTORE Engine vornehmen können, und die fortgeschrittene Gestaltung, bei der Sie selbst manuell in den HTML-Quelltext der Templates eingreifen müssen, unterschieden. Bei vorhandenen HTM-Kenntnissen sind mit der fortgeschrittenen Gestaltung weitreichende Änderungen und eine sehr weitgehende Individualisierung möglich.

Im Anschluss sind wir auf die administrativen Aufgaben eingegangen, die der reibungslose Betrieb eines E-Shops erfordert. Dazu zählen insbesondere Datenpflege, Systempflege und Datensicherheit. Auf das wichtige Thema Datensicherung werden wir im Seite 240 *Abschnitt 7.3.1 – „Backup bei OPENSTORE" (Lerneinheit 7)* noch einmal vertiefend eingehen.

Die Übungen haben Sie beim Studium unterstützt. Scheuen Sie sich nicht, mit den bereitgestellten Übungsmaterialien zu experimentieren.

Die folgende Lerneinheit über die Funktionen Artikelauswahl, Bestellen und Bezahlen stellt dar, wie diese Funktionen einerseits von den Kunden benutzt und andererseits vom Betreiber realisiert werden.

[6] OPENSTORE – FUNKTIONEN „BESTELLEN" UND „BEZAHLEN"

In der vorangegangenen Lerneinheit wurden Fragen zum Ablauf beim Bestellvorgang und beim Bezahlen zunächst zurückgestellt. Die Vorgänge des Bezahlens und Bestellens sind wesentliche Prozesse in einem E-Shop, weshalb sie nun in dieser Lerneinheit ausführlich behandelt werden sollen.

Das Betrachten der Artikel und das Studieren der Artikeleigenschaften im kategorisierten KATALOG des E-Shops ist für den Kunden der Ausgangspunkt für alle nachfolgenden und für den Betreiber wünschenswerten Aktionen: Artikel in den WARENKORB legen, Bestellung auslösen, Bezahlvorgang erfolgreich abwickeln, Ware richtig ausliefern und – falls erforderlich – die Reklamationen und den Support realisieren.

Die in Abbildung 6.1 abgebildeten Prozesse ähneln einem Einkaufsvorgang aus dem täglichen Leben. Das Ergebnis ist, ob online oder offline, im Regelfall die Realisierung eines Kaufvorganges. Nach der Einigung über den Preis werden die Ware und der Gegenwert übergeben.

Einige Prozesse werden dabei im E-Shop elektronisch realisiert: Artikelauswahl, Bestellung und die Übergabe von Informationen. Auch die Bezahlung kann elektronisch erfolgen. Die Ware muss wegen ihres meist materiellen Charakters oft einen anderen Weg als über das Internet nehmen (ausgenommen sind digitale Güter wie Software, Bilder und Informationen). Deshalb muss der E-Shopbetreiber über eine LOGISTIK zur Auslieferung der Waren verfügen. Diese Organisation kann er selbst betreiben oder dafür einen bzw. mehrere (externe) Dienstleister in Anspruch nehmen.

Für Betreiber und Kunden ist die Art und Weise der Bezahlungsabwicklung von besonderer Bedeutung. Die bei OPENSTORE Version P4.2.0.6 in der Grundausstattung benutzten Bezahlverfahren werden hier erklärt. Erweiterungsmöglichkeiten und dazu notwendige Überlegungen werden wir im *Abschnitt 6.2* besprechen.

GLOSSAR S. 505

 Seite 211

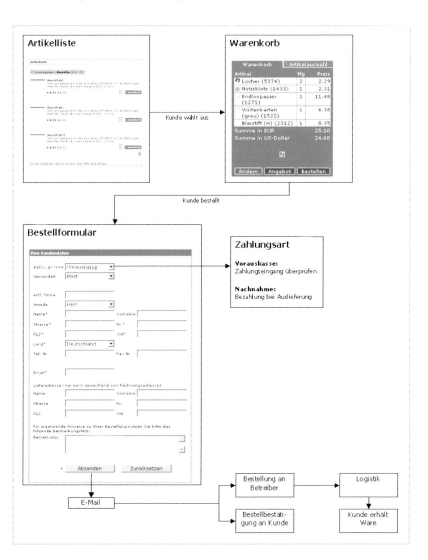

Abbildung 6.1: Der Bestellungs- und Bezahlungsprozess im E-Shop

6.1. Funktionen „Artikelauswahl" und „Warenkorb"

Bevor der Bestellprozess eingeleitet wird, muss der Kunde die Artikel, die er kaufen möchte auswählen und in den Warenkorb legen. Die Auswahl der Artikel erfolgt aus der Menge aller im E-Shop vorhandenen und verfügbaren Artikel. Dabei beeinflusst die Art der Präsentation der Artikel den Vorgang des Auswählens. Ähnlich wie im Offline-Einzelhandel sind mehrere Situationen denkbar:

- Der Kunde sucht einen bestimmten Artikel. Dabei ist es für den Kunden wichtig, Antworten auf die Fragen zu bekommen, ob der gesuchte Artikel geführt wird und wenn ja, auf welche Weise er ihn in den Warenkorb legen kann. Suchfunktionen und eine intuitiv verständliche KATEGORISIERUNG unterstützen den Kunden dabei.

GLOSSAR S. 505

- Der Kunde sucht eine Lösung zu einem Problem, jedoch ohne genau zu wissen, welchen Artikel er dafür kaufen muss. Hier sind klare Begleittexte zu den Artikel, Artikelbilder und Hintergrundinformation ebenso wie die Kategorisierung hilfreich.
- Der Kunde stöbert im Artikelbestand – zunächst ohne konkretes Ziel. Unterstützende Funktionen des E-Shops in einer solchen Situation sind Highlights, eine „angenehme Einkaufsatmosphäre" und wiederum eine intuitiv verständliche Kategorisierung. Der Auswahlprozess kann durch den E-Shopbetreiber durch die Gliederung der Artikel innerhalb einer Kategorie beeinflusst werden.

Allgemein lässt sich festhalten, dass eine gute Kategorisierung, Suchfunktionen und ausreichende Artikelinformationen den Auswahlprozess fördern. Hinderlich ist in jedem Fall eine unübersichtliche Präsentation der Artikel. Eine fehlende oder schwer verständliche Kategorisierung ist ebenso zu vermeiden, wie zu umfangreiche Artikelgruppen, die häufiges Scrollen auf der Seite nötig machen.

Daher soll in dieser Lerneinheit den Fragen nachgegangen werden, welchen Einfluss der E-Shopbetreiber auf die Platzierung der Artikel in der Artikelliste `etc/items.htm` hat und wie er einen gut sortierten Artikelkatalog erhält.

Artikelpräsentation und Auswahl, Filtern und Sortieren

OPENSTORE ist eine clientbasierte Lösung, die mit JAVASCRIPT arbeitet. Sie wissen bereits, dass die Daten und Informationen zu den Artikeln in so genannten Artikeldateien gespeichert sind. Aus einer DATENBANK oder TABELLENKALKULATION werden Text-Tab-Dateien exportiert, die dann mittels des Konverters in JS-Dateien in das E-Shopsystem übertragen werden.

Im Browserfenster wird unter dem Register „Auswahl" die Struktur der Warengruppen gezeigt. Bei Auswahl einer bestimmten Warengruppe

wird die zugehörige JS-Datei vom WEBSERVER angefordert und im Hauptframe als Artikelliste angezeigt.

Dadurch bekommt der Kunde bei der Auswahl einer Artikelgruppe unter dem Register „Auswahl" die Daten der Artikel im Frame `main` mittels `etc/items.htm` angezeigt. Die angezeigte HTML-Datei `etc/items.htm` ruft die Skripte `scripts/item1.js` und `scripts/item2.js` auf. Die Skripte lesen die JS-Dateien mit den Artikeldaten aus und fügen die Daten in die HTML-Datei `etc/items.htm` ein. Dies ist der übliche Ablauf bei einem Auswahlvorgang des Kunden. Routinen zum Sortieren, Filtern und Anordnen sind dabei nicht vorhanden.

Die Artikel werden in der *Reihenfolge* angezeigt, in der die Artikeldaten in den JS-Dateien stehen. Deshalb haben Sie im Dateiinspektor die Möglichkeit, die Reihenfolge der Artikel in einer Artikeldatei zu ändern. Sinnvoll ist, die gewünschte Reihenfolge im Warenwirtschaftssystem oder in der Datenbank für den Export bereits festzulegen – um nicht bei jedem erneuten Export die Reihenfolge im Inspektor ändern zu müssen.

Seite 117

Sie wissen aus *Lerneinheit 4 – Datenbankanbindung*, dass die Artikel in Artikelgruppen durch die Artikeldateien zusammengefasst sind. Auch die Reihenfolge der im Register „Auswahl" im Browser gelisteten Artikelgruppen kann durch das Verändern der Reihenfolge in der Engine im Menü „Artikel Voreinstellungen" geändert werden. Die Platzierung in den „Artikel Voreinstellungen" der Engine bestimmt die Reihenfolge in der Browseransicht.

Glossar-Verweise am linken Rand: GLOSSAR S.505 (zweimal).

Ihnen stehen im OPENSTORE E-Shopsystem für die gezielte Darstellung der Artikel in der Anzeige folgende Einstellmöglichkeiten zur Verfügung

- die Strukturierung in zwei oder drei Ebenen,
- die Reihenfolge der Artikelgruppen und
- die Reihenfolge der Artikel innerhalb einer Gruppe.

Aus Sicht des Marketings kann eine Platzierung im oberen Teil einer Liste vorteilhaft sein, denn die im Browserfenster sofort angezeigten Artikel haben eine prägnantere Position gegenüber denen, die erst durch Scrollen ins Blickfeld des Kunden gelangen. Platzieren Sie daher die geeigneten Artikel wie in einem Warenhaus, in dem die Angebote im Eingangsbereich, im Kassenbereich oder in der Nähe von anderen Artikeln stehen, die oft gekauft werden.

Da die grundlegenden Möglichkeiten der Platzierung im E-Shopsystem von OPENSTORE Aktionen wie beispielsweise besondere Angebote nicht unterstützen, hat der Hersteller die *Funktion Highlights* eingerichtet. Mit dieser Funktion werden auf der Startseite des E-Shops ausgewählte Artikel in kurzer Form (Artikelname und Preis) präsentiert.

Abbildung 6.2:
Highlights auf der
E-Shopstartseite

Der Kunde erhält zunächst zum „Highlight"-Artikel kurze Informationen und kann anschließend zum Artikelkatalog weiterklicken. Die Highlights erscheinen nur in der Startseite des E-Shops (Datei `etc/front.htm` im Frame `main`), die Anzeige wird durch den Aufruf des Skripts `scripts/puthigh.js` gefüllt, welches auf die Daten in der Datei `data/highs.js` zurückgreift.

Die Suchfunktion

 Seite 138

Die Möglichkeiten, die OPENSTORE in der Version P4.2.0.6 zum Suchen zur Verfügung stellt, wurden bereits in *Lerneinheit 4 (Abschnitt 4.1.5 – Werkzeuge zum Suchen und Finden, Filtern und Sortieren)* benannt. An dieser Stelle soll nun untersucht werden, wie die Suche implementiert ist.

Die Suchfunktion ist erreichbar über den Link „Zur Artikelsuche" im Frame `basket` und kann bis zu zwei Suchbegriffe (mit UND oder ODER verknüpfbar) oder die Artikelnummern zur Suche verwenden.

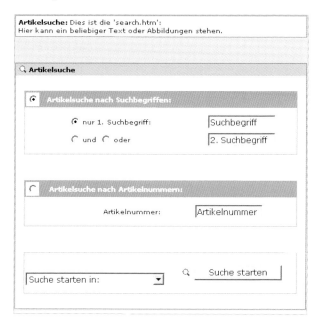

Abbildung 6.3:
Artikelsuche:
Suchmaske

Da es sich um eine Volltextsuche in den JS-Artikeldateien handelt, werden als Fundstellen immer alle Artikelgruppendateien angezeigt, die die Begriffe entsprechend der Verknüpfung enthalten. Bei der Suche nach einer Artikelnummer wird nur der Artikel angezeigt, der mit dieser Nummer gefunden wurde. Andere Sortiermöglichkeiten, wie zum Beispiel alphabetische Reihenfolge nach Artikelnamen, sind im OPENSTORE E-Shopsystem nicht vorgesehen. Die Sortierung erfolgt ausschließlich nach der Reihenfolge in den Artikeldateien.

Die Darstellung eines Artikels in der Artikelliste

Zu jedem in der Artikelseite angezeigten Artikel wird ein Warenkorb-Button rechts unten mit der voreingestellten Stückzahl „1" dargestellt (1) und die Verfügbarkeit farblich symbolisiert (2) (vgl. Abbildung 6.4 und Tabelle 6.1).

Abbildung 6.4:
Artikeldarstellung in
der Artikelseite

Die Verfügbarkeit wird durch das kleine farbige Dreieck an der linken Seite des Buttons „Warenkorb" codiert. Die folgende Tabelle zeigt die Bedeutung der Farben im Überblick. Durch einen Klick auf den Button wird der Artikel in der eingetragen Anzahl in den Warenkorb gelegt – unabhängig von der Verfügbarkeit. Das heißt, auch nicht verfügbare Artikel können in den Warenkorb gelegt werden.

Tabelle 6.1:
Darstellung der
Verfügbarkeit

▶warenkorb	Das grüne Dreieck symbolisiert die Verfügbarkeit „sofort verfügbar".
▶warenkorb	Das gelbe Dreieck symbolisiert die Verfügbarkeit „kurzfristig lieferbar".
▶warenkorb	Das rote Dreieck symbolisiert die Verfügbarkeit „zur Zeit nicht lieferbar".

Durch Klick auf den Button löst man die JavaScript-Methode `buyItem(#)` der Klasse `parent.data` aus. Das Zeichen # symbolisiert die Nummer des Artikels innerhalb dieser angezeigten Artikelseite. Der dritte Artikel hat somit die Nummer 3.

Artikel im Warenkorb auflisten

Seite 146 Der Warenkorb ist, wie bereits in *Abschnitt 4.2* erwähnt, eine Liste (Tabelle) innerhalb des E-Shopsystems, der alle in der Artikelliste gewählten Artikel sammelt und im Frame basket sofort nach der ersten Auswahl eines Artikels angezeigt wird.

*Abbildung 6.5:
Darstellung des
Warenkorbs im
Browser nach der
Auswahl von vier
Artikeln, links
maximiert, rechts
minimiert.*

*Bitte beachten Sie
den Hinweis unter
Fehlermöglichkeiten
(S. 208).*

Die obige Abbildung 6.5 zeigt die Darstellung der Datei `cart/cart.htm` im Frame `basket`. Die Texte und die Gestaltung der Warenkorbtabelle werden durch die Engine vorgenommen, was Sie bereits im *Abschnitt 3.1* kennen gelernt haben. Der Warenkorb wird durch die JavaScript-Methode `showCart()` aufgerufen.

Dem Kunden stehen im Warenkorb vier Bedienelemente zur Verfügung:

Minimieren/maximieren	⊠ ⊟
Ändern	Ändern
Angebot	Angebot
Bestellen	Bestellen

www.glossar.de

Im Modus „Ändern" werden diese Bedienelemente durch fünf weitere ergänzt, die in der folgenden Tabelle aufgelistet sind. Abbildung 6.6 zeigt den obigen Warenkorb (mit gleichem Inhalt) im Änderungsmodus.

Stückzahl Minus 1	⊖
Stückzahl Plus 1	⊕
Artikel löschen	🗑
Alle Artikel löschen	Löschen
Änderungen beibehalten und beenden	OK

Abbildung 6.6: Warenkorb im Modus „Ändern", minimiert.

Bitte beachten Sie den Hinweis unter Fehlermöglichkeiten (S. 208).

Die Bedienung für den Kunden und die Symbolik lässt eine intuitive Bedienung des Warenkorbs zu, die Bedienungsabfolge kann dabei aber vom Betreiber nicht verändert werden.

Fehlermöglichkeiten

Bedienungsfehler innerhalb der Artikelliste und des Warenkorbes sind kaum möglich. Ungeeignete Farbzusammenstellungen im Warenkorbdesign können dem Kunden allerdings die Navigation erschweren, zusätzlich kann die Verwendung von Grafiken ohne transparenten Hintergrund für die Artikelbilder nachteilig sein, wenn die Liste der Artikel ebenfalls einen farbigen Hintergrund hat.

▶ **Hinweis:**

Die TEIA weist auf folgende Besonderheit der Software OPENSTORE Version P4.2.0.6 hin:

Die Warenkorb-Ansicht 'Minimieren' (Minimize) führt bei Texten, in denen Sonderzeichen als Name oder Unicode in HTML eingegeben wurden in Ausnahmefällen zu inkorrekter Darstellung.

Beispiel: Darstellungstext „Kopierpapier (wei&sz…" bei Verwendung des HTML-Namens „ß" für das Sonderzeichen „ß".

Bitte beachten Sie dies bei Eingabe der Artikel- und Beschreibungstexte. Überprüfen Sie insbesondere bei der Verwendung von Umlauten und „ß", ob die Darstellung in der 'Minimieren'-Ansicht des Warenkorbs Ihren Wünschen entspricht.

6.2 Funktion „Bestellen"

Jeder E-Shopbetreiber wünscht sich, dass der Kunde eine Bestellung erfolgreich abschließt. Dafür sind einige Details zu klären:

- Lieferanschrift
- Kundenanschrift (Rechnungsanschrift)
- Zahlungsweise und Bezahlung
- Versandart (Lieferservice, Bote, Post etc.)

Eine vertrauliche Behandlung der Daten sowohl bei der Speicherung im E-Shopsystem als auch bei der Übertragung über das Internet, wird nicht nur vom Gesetzgeber (Datenschutzgesetzgebung) vorgeschrieben, sondern vom Kunden auch erwartet.

Verschlüsselte Datenübertragung

Eine verschlüsselte Übertragung kundenbezogener Daten ist im E-Shopsystem durch OPENSTORE nicht vorgesehen – dieser Leistungsumfang gehört allerdings auch nicht zur Standardausstattung eines E-Shopsystems. Die praktikabelste Lösung ist die Einrichtung einer SSL-Verschlüsselung (SSL – Secure Socket Layer) auf dem Webserver, wobei die Voraussetzungen und das Vorgehen als E-Shopbetreiber mit dem jeweiligen Internet Service Provider (ISP) geklärt werden müssen.

Datenschutz

Bei der Erhebung und Speicherung von Kundendaten sind stets die aktuellen Datenschutzbestimmungen (zum Beispiel speziell bei E-Shops das Teledienstedatenschutzgesetz, TDDSG) zu beachten. Das OPENSTORE E-Shopsystem speichert elektronisch KEINE Kundendaten, somit gibt es auch keine Datei mit Kundendaten im OPENSTORE E-Shopsystem. Datenschutzbestimmungen werden somit maximal für Kundendaten relevant, die Sie innerhalb eines möglicherweise angebundenen Warenwirtschaftssystems speichern.

Schritte zwischen „gefüllter Warenkorb" und Bestellung bzw. Angebot

Der gefüllte Warenkorb ist nur ein Schritt – wenn auch ein zwingend erforderlicher – auf dem Weg zum Kaufvertrag. Der gefüllte Warenkorb selbst ist bis zum Bestellen unverbindlich. Da der Warenkorb durch clientseitige Skripte realisiert wird, ist der Inhalt dem E-Shopbetreiber sogar unbekannt (d. h. der Betreiber weiß nicht, ob und welche Artikel im Warenkorb liegen). Diese Lücke wird durch das Anfordern eines Angebotes bzw. durch die Bestellung geschlossen.

Im OPENSTORE E-Shopsystem sind im Warenkorb zwei Buttons vorhanden: Angebot (optional) und Bestellen. Mit dem ersten Button wird an den Kunden ein Angebot zu den ausgewählten Artikeln gesendet, der zweite Button dient dazu, dass der Kunde die Bestellung auslösen kann.

Angebot

Ein Klick auf diesen Button löst das Versenden einer E-Mail an den Kunden mit den Daten der im Warenkorb zusammengestellten Artikel aus. Eine E-Mail gleichen Inhaltes wird auch dem Betreiber zur Information zugeschickt. Es ist ein Angebot und als solches im vom Betreiber zu gestaltenden Betreff ("Subject") kenntlich gemacht.

So könnte eine vom E-Shop generierte Angebots-E-Mail aussehen (diese Darstellung ist die Wiedergabe eines vom E-Shop versendeten Angebotes):

Abbildung 6.7 (Seite 211): Beispiel für eine Angebots-E-Mail, die durch das OPENSTORE E-Shop-System generiert und an den Kunden gesendet wird.
Die fett markierten Textstellen sollen verdeutlichen, dass sie in der Engine verändert werden müssen, wenn man nicht die Vorlagentexte mit Hinweis auf OPENSTORE verwenden möchte. Die kursiv gekennzeichneten Textstellen sind Angaben, die der Kunde in das Angebots- bzw. Bestellformular einträgt. Fett und kursiv ausgezeichneter Text treten in E-Mails nicht auf.

Subject: **Ihre Angebots-Nachfrage**

[Tue Nov 20 15:23:23 2001]

Vielen Dank für Ihre Angebots-Nachfrage.

Herr
Martin Mustermann
Straße
10787
Berlin
Deutschland
Tel : 030-123456789
Fax : 030-123456780
Email: *kunde@firma.de*

```
------------------------------------------------------------------
Pos
ANr.      Artikel                         Stü      Preis      Summe
------------------------------------------------------------------
  1  1266  Kopierpapier (weiß/80 g)          1      5.79       5.79
  2  1267  Kopierpapier (Recycling/80 g)     1      5.79       5.79
  3  1268  Kopierpapier (weiß/120g)          1      5.79       5.79
------------------------------------------------------------------
Zwischensumme                                                17.37
Versandkosten u.a.                                            6.50
------------------------------------------------------------------
Gesamtsumme in EURO                                          23.87
Gesamtsumme in US-Dollar                                     24,36

==================================================================
=
Tax [ MwSt]                                                   3.29
------------------------------------------------------------------

Payment [ Zahlungsweise] : Vorauskasse
Dispatch [ Versandart]   : Post

Comment [ Bemerkung]     : --
```

Bei Fragen senden Sie bitte eine E-Mail an order@unserefirma.de.
Wir wünschen Ihnen noch einen schönen Tag.

Unsere Firma
Die Strasse 969
12345 Stadt

Tel **0123456 7890**, Fax **0123456 7891**
Email: **firma@shop.de**

```
-------------------------------------------------------------

    this mail is best viewed with font courier, size 10
-------------------------------------------------------------
```

Bestellung

Ein Klick auf diesen Button löst das Versenden einer E-Mail an den Kunden mit den Daten der im Warenkorb zusammengestellten Artikel aus. Auch in diesem Fall wird dem Betreiber eine E-Mail gleichen Inhaltes zur Information zugeschickt. Hierbei handelt es sich aber um eine Bestellung, was ebenfalls im Betreff kenntlich gemacht wird.

So könnte eine vom E-Shop generierte Bestellungs-E-Mail aussehen (diese Darstellung ist die Wiedergabe einer vom E-Shop versendeten Bestellung):

```
Subject: Ihre Bestellung

[ Tue Nov 20 15:23:23 2001]

Vielen Dank für Ihre Bestellung. Ihre Bestelldaten:

Herr
Martin Mustermann
Straße
10787 Berlin
Deutschland
Tel  : 030-123456789
Fax  : 030-123456780
Email: kunde@firma.de


-----------------------------------------------------------------
Pos  ANr.      Artikel                        Stü    Preis   Summe
-----------------------------------------------------------------
  1  1266      Kopierpapier (weiß/80 g)          1    5.79    5.79
  2  1267      Kopierpapier (Recycling/80 g)     1    5.79    5.79
  3  1268      Kopierpapier (weiß/120g)          1    5.79    5.79
-----------------------------------------------------------------
Zwischensumme                                                17.37
Versandkosten u.a.                                            6.50
-----------------------------------------------------------------
Gesamtsumme in EURO                                          23.87
Gesamtsumme in US-Dollar                                     24,36

=================================================================
=
Tax [ MwSt]                                                   3.29
-----------------------------------------------------------------

Payment [ Zahlungsweise] : Vorauskasse
Dispatch [ Versandart]   : Post

Comment [ Bemerkung]     : Lieferung nur während Bürozeit 9 bis 15 Uhr


Bei Fragen senden Sie bitte eine E-Mail an order@unserefirma.de.
Wir wünschen Ihnen noch einen schönen Tag.

Unsere Firma
Die Strasse 969
12345 Stadt
```

```
Tel 0123456 7890,  Fax 0123456 7891
Email: firma@shop.de

--------------------------------------------------------

    this mail is best viewed with font courier, size 10
--------------------------------------------------------
```

Abbildung 6.8:
Beispiel für eine Bestellungs-E-Mail, die durch das OPENSTORE- E-Shop-System generiert und an den Kunden gesendet wird. Die fett markierten Textstellen sollen verdeutlichen, dass sie in der Engine verändert werden müssen, wenn man nicht die Vorlagentexte mit Hinweis auf OPEN-STORE verwenden möchte. Die kursiv gekennzeichneten Textstellen sind Angaben, die der Kunde in das Angebots- bzw. Bestellformular einträgt. Fett und kursiv ausgezeichneter Text tritt in E-Mails nicht auf.

Eine Bestellung ist der Auftrag zur Auslösung der Lieferung.

E-Mail-Texte festlegen

Wie Sie oben bereits in den Abbildungen 6.7 und 6.8 sehen konnten, können Sie einige Textbausteine der E-Mails für Angebot und Bestellung ändern. Dafür steht das Fenster „Bestellversand Voreinstellungen" 🖼 in der OPENSTORE-Engine zur Verfügung.

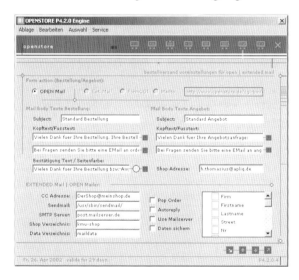

Abbildung 6.9:
E-Mail-Vorein-stellungen: Festlegen der Textbausteine für die E-Mails für Ange-bot und Bestellung

Die Buttons 🖼 öffnen jeweils ein Editierfenster, in dem der gesamte Text jedes Eingabefeldes sichtbar wird und auch editierbar ist.

Sie können erkennen, dass auf der linken Seite die Texte für eine Bestellung und auf der rechten Seite die für das Angebot getrennt bearbeitbar sind. In den obigen E-Mail-Beispielen Angebot und Bestellung sind die veränderbaren Textstellen **fett** markiert.

Alle anderen Angaben werden aus den Daten des Warenkorbes und den durch den Kunden angegebenen Daten zusammengestellt.

Wie funktioniert der Versand von E-Mails durch das E-Shopsystem?

Im oberen Teil des Engine-Fensters „Bestellversand Voreinstellungen" sind vier Möglichkeiten für den Versand von E-Mail-Nachrichten vorgesehen (vgl. Abbildung 6.9). Dies sind vier technische Möglichkeiten, die je nach den Voraussetzungen beim Betreibersystem verwendet werden können:

- OPEN Mail
- Ext. Mail (Extended Mail)
- FormCGI
- Mailto

Diese vier Möglichkeiten sollen im folgenden kurz dargestellt werden.

- **OPEN Mail** ist ein vom Hersteller von OPENSTORE kostenlos zur Verfügung gestellter Dienst zum Versand von Angebots- bzw. Bestell-Mails. Die Daten aus dem E-Shopsystem werden in einer übersichtlichen Gestaltung (siehe obige Beispiele) an den Kunden und an den Betreiber versendet. (studieren Sie dazu auch im Handbuch *Abschnitt 5.2.7 „Bestellversand Voreinstellungen"*). Auf einem Server des Herstellers läuft ein **CGI**-basiertes Programm für die Formatierung der Daten (erkennbar in Abb. 6.7 und 6.8) der Bestellung oder des Angebots. Deshalb ist auch ein URI zu diesem Programm auf dem Server des Herstellers für die Angabe „Form Action" im Fenster „Bestellversand Voreinstellung" des OPENSTORE Herstellers angegeben. Allerdings ist für die Nutzung dieses CGI-basierten Programms eine Registrierung beim Hersteller erforderlich. Dabei ist die Angabe der E-Mail-Adresse des Empfängers der Bestellung (z. B. der E-Shopbetreiber oder die Logistik-Abteilung) anzugeben. Die volle Funktionalität von OPEN Mail steht Ihnen erst als registrierter Benutzer von OPENSTORE zur Verfügung. Die Registrierung können Sie für den Demoshop bei http://www.openstore.de/rom.htm vornehmen.

GLOSSAR S. 505

www.openstore.de/
rom.htm

- **Extended Mail** können Sie verwenden, wenn Sie das optionale Tool OPENSTORE Extended Mail erworben haben. Dies ist ein Paket, das auf Ihrem Webserver die zu versendenden Daten übernimmt und in einer übersichtlichen Gestaltung an Betreiber und Kunden versendet. Weiteres können Sie dem Handbuch zu Extended Mail entnehmen. Dieses Handbuch finden Sie bei http://www.openstore.de/de/products/about_mail.html.

www.openstore.de/
de/products/
about_mail.html

- Mit **FormCGI** können Sie mit selbstgeschriebenen Skripten oder Programmen (CGI), die auf Ihrem Webserver laufen, die Daten übernehmen und in einer übersichtlichen Gestaltung nach Ihren Vorstellungen an Betreiber und Kunden versenden. Hier müssen Sie den URI für Ihre Skripte in der Engine eintragen. Für das Skript bzw. Programm benötigen Sie die Namen der Variablen zu den übertragenen Daten. Im Abschnitt 8.4 des Handbuches sind diese Feldbezeichnungen vollständig dargestellt.

- Mit **mailto** verfügen Sie über die einfachste Möglichkeit, die Bestelldaten aus dem E-Shopsystem an den Betreiber zu versenden. Die Zusendung erfolgt in diesem Fall nur an den Betreiber. Dem Kunden sind die völlig unformatierten Daten nicht zuzumuten. Damit der Kunde eine Bestellbestätigung erhält, sollten Sie zu Ihrer E-Mail-Adresse, an die die Bestellmails gesendet werden, einen Autoresponder einsetzen, der an den Absender eine immer gleichlautende Bestätigung als E-Mail sendet.

- **Autoresponder** sind automatisch antwortende Programme in einem E-Mail-Server (POP). Wenn eine E-Mail eintrifft, wird eine Nachricht an den Absender verschickt. Diese Nachricht muss natürlich von Ihnen einmalig geschrieben und gestaltet sein. Zu dieser Problematik müssen Sie sich mit Ihrem Provider verständigen, damit ein Autoresponder zu einer Ihrer E-Mail-Adressen eingerichtet wird. Heute sind Autoresponder allerdings häufig im Standardleistungsumfang bei einem E-Mail-Account enthalten und können meist vom Anwender selbst administriert werden.

- **Bedingung für mailto** ist, dass der Kunde über einen Browser mit Verknüpfung zu einem E-Mail-Client-Programm verfügt, was man bei der Entscheidung für die Nutzung von mailto unbedingt berücksichtigen sollte. Sollte keine Verknüpfung beim Kunden zwischen Browser und E-Mail-Programm vorliegen, erhält der Kunde eine Fehlermeldung und kann keine E-Mail auf diese Art versenden und damit auch keine Bestellung aufgeben.

Der Vorgang des E-Mail-Versands wird nach dem Ausfüllen des Formulars ausgelöst (hier am Beispiel einer Bestellung erläutert, für ein Angebot gilt dies analog). Sie können sich die Bestellansicht in Ihrem lokalen E-Shopsystem ansehen: legen Sie einen oder mehrere Artikel in den Warenkorb und klicken Sie anschließend auf „Bestellen".

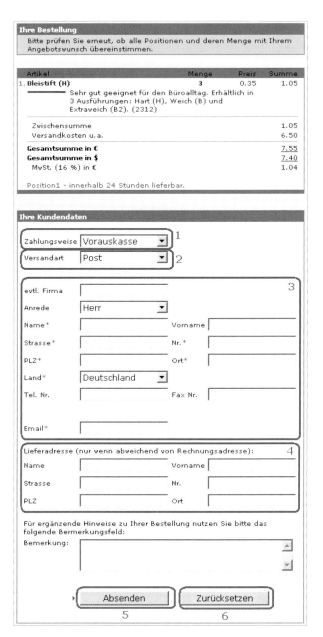

Abbildung 6.10:
Das Bestellformular

Der Kunde trägt in die Eingabefelder des Bestellformulars seine Angaben ein oder wählt aus den Auswahlfeldern den zutreffenden Eintrag aus. Die mit einem roten Stern gekennzeichneten Felder sind Pflichteingaben, für die die erforderlichen Eingaben durch Skripte überprüft werden. Nicht ausgefüllte Pflichtfelder führen zu einer Aufforderung, alle Felder richtig auszufüllen.

Sie können in Abb. 6.10 erkennen, dass in diesem Formular die Angaben zu Zahlungsweise (1), Versandart (2), Rechnungsanschrift (3) und Lieferanschrift (4) erforderlich sind.

Mit dem Button „Absenden" (5) werden die Daten des Warenkorbs und die Kundendaten zusammen entsprechend der Einstellungen in der Engine mittels OPEN Mail, EXT Mail, FormCGI oder mailto versendet. Für den ordnungsgemäßen Versand der Daten sorgen Skripte in der Datei `cart/order.htm`.

Der Button „Zurücksetzen" (6) entfernt alle durch den Kunden gemachten Einträge, ohne dass die eingegebenen Daten versandt werden.

Die in diesem Formular getätigten und in den E-Mails widergegebenen Eingaben wurden in obigen E-Mail-Beispielen in Abb. 6.7 und 6.8 *kusiv* markiert.

ZUSAMMENFASSUNG

In diesem Abschnitt haben Sie gelernt, wie aus dem gefüllten Warenkorb eine Bestellung oder ein Angebot erzeugt werden kann: Nachdem der Kunde im Warenkorb auf „Bestellen" oder „Angebot" geklickt hat, gelangt er zum Bestell-/Angebot-Formular, wo er u.a. Angaben zur Zahlungsweise, zur Versandart und zur Lieferanschrift machen muss. Sind alle erforderlichen Angaben gemacht worden, wird gemäß der Konfiguration in der Engine eine Bestell-/Angebot-Mail verschickt.

Die nun folgenden Schritte (Benachrichtigung des Kunden und der Logistik) sowie mögliche Fehlerquellen sollen in den nächsten drei Abschnitten behandelt werden.

Benachrichtigung des Kunden

Bei den vom Hersteller von OPENSTORE angebotenen Produkten „OPEN Mail", „OPEN Mailer" bzw. bei „EXTENDED Mail" (siehe auch dazu Handbuch OPEN Mailer bzw. Extended Mail) werden entsprechend den Einstellungen die Angebots- bzw. Bestelldaten an je zwei E-Mail-Adressen verschickt. Die eine Mail geht an die vom Kunden im Formularfeld „Kundendaten" angegebene E-Mail-Adresse. Die E-Mail-Bestellung entspricht dem oben gezeigten Beispiel (Abbildung 6.8).

Die Benachrichtigung des Kunden stellt rechtlich meistens die Annahmeerklärung des Verkäufers auf das Kaufgesuch des Kunden dar. Die ausführliche juristische Darstellung entnehmen Sie bitte der Qualifikationseinheit „Recht im Internet", SPC TEIA Lehrbuch Verlag, ISBN 3-935539-50-9.

Für den Kunden ist solch eine E-Mail wichtig, denn sie dokumentiert, dass der Kaufvorgang in die Wege geleitet wurde und welche Artikel zu welchen Preisen bestellt wurden. Gute textliche Formulierungen und Gestaltung helfen, das Vertrauen des Kunden zum E-Shop zu festigen und den Kunden somit unter Umständen für weitere Einkäufe in Ihrem E-Shop zu gewinnen.

Wenn Sie FormCGI oder mailto verwenden, müssen Sie selbst für eine Benachrichtigung des Kunden über seine ausgelöste Bestellung sorgen. So sollte auf die oben skizzierte Art und Weise eine Kundenbenachrichtigung im CGI-Skript vorgesehen bzw. ein Autoresponder (siehe vorheriger Abschnitt) eingerichtet werden.

Benachrichtigung der Logistik

Die durch den Kunden ausgelöste Bestellung muss zur Realisierung des Kaufvorganges an die *Logistik* weitergeleitet werden. Gleichzeitig muss der *Bezahlvorgang* auch anhand der Auslösung der Bestellung überwacht werden. Grundlage dafür ist eine E-Mail, die die Bestelldaten an die vom Betreiber unter „Shop-Absender" in der Engine angegebene E-Mail-Adresse überträgt. Das gilt sowohl für OPEN Mail als auch für die Methode mailto. EXTENDED Mail und FormCGI benutzen andere Mechanismen, denn deren Methoden schicken die Daten per HTTP an die entsprechenden Skripte des Webservers. Diese Skripte übernehmen dann die weitere Verarbeitung.

GLOSSAR S. 505

Zwischen den Benachrichtigungen des Kunden und des Betreibers gibt es einen kleinen Unterschied: In der Benachrichtigung an den Betreiber ist in der ersten Textzeile „[offer]" (offer – Angebot) für ein Angebot und „[order]" (order – Bestellung) für eine Bestellung angefügt. Daran kann der Betreiber erkennen, welche Aktionen der Nachricht folgen müssen.

```
[ Tue Nov 20 13:58:30 2001] [ offer]
oder
[ Tue Nov 20 13:58:30 2001] [ order]
```

Versandkosten müssen in der *Engine* im Fenster „Allgemeine E-Shopvoreinstellungen" unter „Transportkosten" in den Checkboxen „Zuschlag Payment Menu" und „Zuschlag Send Menu" eingetragen werden. Der Versandkostenzuschlag „Payment Menu" wird in der Liste der Artikel in der Bestellung aufgeführt - also dem Warenwert der Bestellung zugeordnet. Der Versandkostenzuschlag „Send Menu" wird im Formular „Kundendaten" im Auswahlmenü „Versandart" standardisiert der ersten Versandartoption (in der Voreinstellung ist das UPS) zugewiesen. Der Betreiber kann dadurch, dass er eine bestimmte Versandartoption auf die erste Stelle setzt, für diese den Zuschlag erheben.

In den „Allgemeinen E-Shopvoreinstellungen" ist die Angabe des Zuschlags (Send Menu) für eine bestimmte *Versandart* möglich. Der Kunde kann im Formular „Kundendaten" bei der Bestellung in dem Auswahlmenü „Versandart" zwischen „UPS" und „Post" (Voreinstellung) wählen. Solche Auswahlmenüs sind in HTML folgendermaßen ausgezeichnet (in der Datei cart/order.htm bzw. cart/offer.htm):

```
<select name="ModeOfSend" size="1"
onchange="doSpecial(this.selectedIndex,this.name)">
    <option value="UPS">UPS (+ 9,- EUR)</option>
    <option value="Post" selected>Post</option>
</select>
```

Die im ersten HTML-Element `<option>` angegebene Versandart erhält den unter „Zuschlag Send Menu" eingetragenen Betrag. Der zu berechnende Betrag (hier 9,- EUR) wird in der OPENSTORE *Engine* bestimmt (in E-Shop Voreinstellungen). Den Text im Auswahlfeld „Versandart" müssen Sie per Hand in den Dateien `/cart/offer.htm` und `/cart/order.htm` selbst ändern, die HTML-Auszeichnungen dieser Dateien können Sie Ihren Anforderungen entsprechend anpassen und auch weitere Versandarten anfügen.

Die Einbeziehung der Versandkosten in die Rechnung und die Benachrichtigungen an den Kunden und den Betreiber erfolgen durch das Aktualisieren der Seite mit dem Formular „Kundendaten".

Hier sei wiederum auf den Abschnitt 5.2.2 des Handbuches zu OPENSTORE zum Verständnis der Beziehungen zwischen den Einstellungen in der Engine und der Darstellung im Bestellfenster verwiesen.

Fehlermöglichkeiten

Um Fehler in der Kommunikation zu vermeiden, wird empfohlen, die Handbücher zu OPENSTORE und, sofern Sie diese Funktionen einsetzen, zu OPEN Mail und gegebenenfalls OPEN Mailer bzw. Extended Mail gut zu studieren und die Hinweise zu befolgen. Vergessen Sie nicht, bei der Verwendung von OPEN Mail in der Demoversion die Registrierung zur OPEN Mail-Nutzung vorzunehmen (dies ist erst nach der Lizenzierung der OPENSTORE-Software möglich) und immer eine Betreiber-E-Mail-Adresse in den „Bestellversand Voreinstellungen" anzugeben, deren regelmäßige Abfrage durch Sie als Betreiber gesichert ist. Die Bestell-/Angebot-Mails werden Sie sonst nicht erreichen – Sie werden nicht erfahren, ob etwas bestellt wurde.

▶ **Übung**

www.openstore.de/
rom.htm

www.openstore.de/
de/products/
open_mail.html

**Führen Sie nach der <u>Registrierung</u> bei OPENSTORE OPEN Mail in
der <u>Demoversion</u> Testeinkäufe durch. Geben Sie dabei als Kunde
eine E-Mail-Adresse an, die Sie ebenfalls abrufen können (es
kann auch die gleiche wie die Betreiberadresse sein). Führen Sie
Bestellungen und Anforderungen von Angeboten durch. Sie
sollten sowohl die Kundenbenachrichtigung als auch die
Nachricht an den Betreiber erhalten. Überprüfen und ändern Sie
Texte der E-Mails und kontrollieren Sie diese durch Testkäufe.**

6.3 Funktion „Bezahlen"

Nachdem Sie nun bereits erfahren haben, wie der Kunde Artikel in den Warenkorb legen und darauf aufbauend Bestellungen auslösen kann, soll es nun um die Bezahlung der bestellten Artikel gehen.

Sie werden die in OPENSTORE integrierten und optionalen Bezahlsysteme kennenlernen. Auch werden wir auf die Frage von Währungsumrechnungen und Sicherheit eingehen.

Voreingestellte Bezahlsysteme

Seite 216

Im Formular „Kundendaten" kann der Kunde zwischen der *Zahlungsweise* „per Vorkasse" oder „Bar/ per Nachnahme" wählen (vgl. Abbildung 6.10). Diese beiden Möglichkeiten sind vom Hersteller voreingestellt. Diese Zahlungsweisen erfordern stets *weitere Kommunikationsabläufe* zwischen dem Kunden und dem Betreiber, wie z. B. das Mitteilen der Bankdaten des Betreibers.

Bei *Vorkasse* muss die Bankverbindung des Betreibers gut sichtbar platziert und möglichst auch in die Bestellnachricht an den Kunden eingebunden werden. Tragen Sie die Bankverbindung am besten in die E-Mail zur Bestellbenachrichtigung ein. Bei der Rechnungsbezahlung per *Nachnahme* muss der Zuschlag für die Nachnahme in die Rechnung mit einbezogen werden. Dazu dienen im Fenster „Allgemeine E-Shopvoreinstellungen" der Engine die Eingabefelder für Zuschläge (Zuschlag Payment Menu) (siehe dazu auch Abschnitt 5.2.2 im Handbuch). Sie können an dieser Stelle den zu erhebenden Zuschlag, z. B. für Nachnahme, eintragen.

Der *Zuschlag für die Zahlungsweise* (falls gewünscht) muss in der Engine im Fenster „Allgemeine E-Shopvoreinstellungen" unter „Transportkosten" (Zuschlag Payment Menu) eingetragen werden. Dieser Zuschlag für die Zahlungsart gilt für das erste wählbare Element im Formular „Kundendaten" im Auswahlmenü „Zahlungsart". Wie Sie sehen, geht das OPENSTORE E-Shopsystem mit dem Zuschlag für eine

Seite 218

bestimmte Zahlungsweise genauso um wie mit dem Transportkostenzuschlag (siehe *Abschnitt 6.2.3*). Auch für diese Auswahlmenüs möchten wir Ihnen zeigen, wie diese in HTML notiert werden (in der Datei `cart/order.htm` bzw. `cart/offer.htm`):

```
<select name="ModeOfPayment" size="1"
onchange="doSpecial(this.selectedIndex,this.name)">
      <option value="Bar/Nachnahme">
          Bar/Nachnahme(+3,-EURO)</option>
      <option value="Vorauskasse" selected>
          Vorauskasse</option>
</select>
```

Die im ersten HTML-Element `<option>` angegebene Zahlungsart sollte den unter „Zuschlag" eingetragenen Betrag anzeigen. Alle nach dem ersten Element `<option>` eingetragenen Zahlungsarten sind stets zuschlagsfrei bzw. setzen den in der Bestellposition Tabelle angezeigten Rechnungsbetrag auf einen Betrag ohne entsprechende Zusatzkosten zurück.

Die HTML-Auszeichnungen können Sie selbstverständlich auch hier Ihren Anforderungen anpassen, wobei sich weitere Zahlungsarten anfügen lassen (Beispiel: `<option value="Rechnung">Rechnung</option>`).

Die Einbeziehung des Zuschlages für eine Zahlungsart in die Rechnung bzw. in die Benachrichtigungen an den Kunden und den Betreiber erfolgt auch in diesem Fall stets mit einem automatischen Reload (Aktualisieren) der jeweiligen Seite.

Integration optionaler Bezahlsysteme

GLOSSAR S.505

www.openstore.de/
de/documents/
faq.html

Zur Nutzung von Kreditkarten als Zahlungsart geben die häufig gestellten Fragen (FAQ) auf den Webseiten des Herstellers Antwort.

Das Wichtigste kurz zusammengefasst:

Die Nutzung der elektronischen Zahlungsweisen setzt immer zusätzliche Optionen und Verträge mit den Leistungsanbietern (Kreditkarteninstituten) voraus.

Außerdem sollten sensible Daten wie die Kreditkartennummer nicht per E-Mail verschickt werden. Will man mit OPENSTORE eine sichere Kreditkartenlösung anbieten, ist der Erwerb des Moduls EXTENDED Mail zu empfehlen. Alternativ kann eine Formularverarbeitung verwendet werden, welche sensible Daten nicht per E-Mail versendet, sondern entgegennimmt und verschlüsselt speichert.

Währungsumrechnungen – Einstellungen und Pflege

 Seite 161

Im *Abschnitt 5.1* haben wir die parallele Verwendung von zwei Währungen bereits kurz angesprochen. Es wurde erläutert, wie EUR/€ als Währung (1) eingesetzt wird. Sie können jede beliebige Währung für Währung (1) oder Währung (2) in den „Allgemeinen E-Shop Voreinstellungen" in der Engine einsetzen.

Der *Umrechnungskurs* wird in den „Shop Voreinstellungen" fest eingetragen. Problematisch wird dieses Vorgehen bei schwankenden Umrechnungsfaktoren wie z.B. von Euro in Dollar, da sich diese täglich ändern. In diesem Fall müsste täglich mittels der Engine der Kursfaktor eingetragen, gespeichert und per FTP an den Webserver übertragen werden. Der Einfachheit halber können Sie aber auch einen festen *Durchschnittsfaktor* angeben, was in vielen E-Shops gängige Praxis ist.

Mehr als zwei Währungen sind im OPENSTORE E-Shopsystem nicht vorgesehen. Möchten Sie nur eine Währung verwenden, müssen Sie die Anzeige der Zweitwährung in der Artikelliste, im Warenkorb und in der Bestellseite in den entsprechenden Checkboxen ausschalten.

Bitte lesen Sie sich den kurzen Abschnitt 9.4 – Nutzung einer anderen Erst- bzw. Zweitwährung im OPENSTORE Handbuch durch, wo zusammengefasst erläutert wird, an welchen Stellen Sie Änderungen vornehmen müssen, wenn Sie eine Zweitwährung verwenden bzw. nicht verwenden möchten.

Sicherheit der Datenübertragung

Wie bereits am Anfang dieser Lerneinheit erwähnt, sieht OPENSTORE *keine sichere Datenübertragung* zwischen dem Client des Kunden und dem Webserver vor.

Möchten Sie eine sichere Datenübertragung einrichten, so müssen Sie dies mit Ihrem PROVIDER für den Webserver abklären. Erkundigen Sie sich nach den Möglichkeiten für eine sichere Datenübertragung für Ihr E-Shopsystem mittels SSL oder TSL. Beide Verfahren gewährleisten die sichere Datenübertragung durch das „Zwischenschalten" eines SSL-Servers (bzw. TSL). Nimmt ein Client mit diesem Server Kontakt auf, tauschen beide die für die Verschlüsselung notwendigen Daten aus und jegliche Kommunikation zwischen dem Client des Kunden und Ihrem E-Shopsystem wird verschlüsselt. Der Preis für diese Sicherheit wird dann eine geringfügige, aber vernachlässigbare, Erhöhung der Kommunikationszeiten zwischen Client und Server sein. Auch wird die Serverleistung stärker beansprucht – insbesondere bei hohen Besucherzahlen.

Die Grundlagen der sicheren Datenübertragung können Sie im Seite 79 *Abschnitt 2.5 – Sichere Datenübertragung* nachlesen.

► **Übung**
Ändern Sie die Texte für die Benachrichtigungs-E-Mail. Führen Sie als Kunde Angebote und Bestellungen aus. Benutzen Sie dabei verschiedene Zahlungsarten und Versandarten. Kontrollieren Sie die Inhalte der empfangenen E-Mails.

6.4 Funktionen nachfolgender Prozesse zu Kundenpflege und Marketing

Sie wissen sicher, dass ein Geschäft erst abgeschlossen ist, wenn Ware und Geld vollständig ausgetauscht wurden. Für die Begleitung der Nachfolgeprozesse steht Ihnen OPENSTORE nicht zur Verfügung. Es sind keinerlei Funktionen für die *Kundenpflege*, für das *Marketing* usw. vorgesehen. Diese Funktionen werden Sie meist nur in komplexeren E-Shopsystemen finden.

Beim Einsatz von OPENSTORE sollten Sie trotzdem sorgfältig die neben dem E-Shopsystem ablaufenden Prozesse *Versand* der Waren, Kontrolle des *Zahlungsablaufs* und die Kundenpflege beachten.

Natürlich sollten Sie die Ressourcen Ihrer *Lagerhaltung, Logistik, Buchhaltung* usw. kennen. Sie benötigen *Personal*, das regelmäßig die E-Mails des E-Shopsystems abruft und weiterverarbeitet. Zusätzlich müssen Sie entweder über eine Logistik zur Auslieferung Ihrer Waren verfügen oder die Lösungen von Drittanbietern nutzen.

Zu Fragen der nachfolgenden Prozesse eines E-Shops innerhalb der Wertschöpfungskette sei auf einschlägige Fachliteratur verwiesen:

▶ **Literatur:**

- *Wirtz, B.W., Electronic Business, 2. Aufl., Gabler Verlag, 2001,*
- *Merz, M., Electronic Commerce, 2. Aufl. dpunkt-Verlag, 2002*

[7] OPENSTORE – DER E-SHOP-BETRIEB, TIPPS UND TRICKS

In den Lerneinheiten 3 bis 6 wurden Ihnen die Möglichkeiten und das notwendige Wissen vermittelt, um aus dem Demoshop des OPENSTORE E-Shopsystems einen E-Shop nach Ihren Vorstellungen zu gestalten. Mit der Engine und dem Konverter verfügen Sie über die notwendigen Werkzeuge für die Gestaltung und Verwaltung, die Sie inzwischen in ihrer Bedienung beherrschen. Ferner erhielten Sie in den vorangegangenen Lerneinheiten bereits einige Hinweise zum Betrieb des E-Shops. In dieser Lerneinheit sollen Sie nun zusammengefasst erfahren, welche Arbeitsschritte für einen stetigen und sicheren Betrieb eines E-Shops nötig sind.

Einiges werden Sie schon wissen, anderes wird Ihr Wissen ergänzen und erweitern. In den Übungen werden Sie den KMU-Shop fertig gestalten, werden ihn auf den SERVER HOCHLADEN und anschließend testen.

GLOSSAR S. 505

7.1 Veröffentlichung des E-Shops

Ihnen sind im Zusammenhang mit der Veröffentlichung des E-Shops bereits folgende Tatsachen bekannt:

Durch die Installation des Demoshops von OPENSTORE wird auf dem LOKALEN RECHNER ein komplettes E-Shopsystem eingerichtet. Es enthält alle HTML-Dateien, SKRIPTE und Daten über die angebotenen Artikel des Demoshops.

Übungsmaterialien

Mit den *Werkzeugen OPENSTORE Engine und Konverter* können Sie wichtige Elemente ändern, so dass der E-Shop mit Artikeldaten, Bildern und Gestaltungen individuell auf Ihre Bedürfnisse angepasst ist. Dazu verwenden Sie die mit dieser Qualifikationseinheit gelieferten Beispieldaten (auf der CD). Ihren lokalen E-Shop können Sie mit einem Browser testen. Dieses Verfahren kennen Sie aus den vorangegangenen Lerneinheiten und haben es schon mehrfach in Übungen nachvollzogen.

Im nächsten Schritt werden Sie den E-Shop für die Kunden *veröffentlichen*, das heißt, das E-Shopsystem muss im Internet verfügbar gemacht werden. Dazu noch einige Erläuterungen:

Voraussetzungen

Hier eine Zusammenfassung der wichtigsten Voraussetzungen: Das Konzept von OPENSTORE beruht auf einem E-Shopsystem, das die Funktionen des E-Shops auf dem Rechner des CLIENT realisiert, also mittels des Browsers des E-Shopbesuchers. Mit dem Öffnen der Startseite des E-Shops werden alle für die Funktion erforderlichen Dateien vom WEBSERVER zum Client gesendet. Es ist also kein zusätzliches Programm auf dem Webserver und auch keines auf dem Clientrechner nötig außer dem *Browser*. Somit werden nur die HTML-Dateien, die Dateien mit den Skripten, die Grafik- und Bilddateien und die Dateien mit den Daten der Artikel für den funktionierenden E-Shop auf dem Webserver gespeichert.

In OPENSTORE sind das alle Dateien in der abgebildeten *Dateiver-*
zeichnisstruktur:

- /index.htm
- /openstore.htm
- /cart/*.*
- /data/*.*
- /etc/*.*
- /images/*.*
- /infos/*.*
- /itmimg/*.*
- /prefs/*.*
- /scripts/*.*

Die Platzhalter „* .* " symbolisieren, dass alle Dateien in diesem Verzeichnis gemeint sind.

Soll ein fertig gestalteter E-Shop öffentlich zugänglich werden, muss
diese Struktur inklusive aller Dateien auf einen Webserver im Internet in
ein für den Shopbesucher zugängliches Verzeichnis kopiert werden (das
Verzeichnis muss über einen URI ansprechbar sein). Diesen Übertra-
gungsvorgang nennt man „hochladen". Danach lässt sich der E-Shop mit
einem Browser und einer bestehenden Onlineverbindung besuchen und
starten – genauso wie Sie es von Ihrem lokalen E-Shop her kennen.
Beispielsweise könnten die Kunden Ihren E-Shop über den URI
`http://www.meinwebserver.com/shop-verzeichnis/`
`index.htm` erreichen.

Übertragung der Dateistruktur inklusive aller Dateien auf den Webserver

Verwendung von FTP

Das Hochladen aller benötigten Dateien und der Verzeichnisstruktur
erfolgt mit dem Dateiübertragungsprotokoll FTP, das in den vorherigen
Lerneinheiten bereits kurz angesprochen wurde. Wir fassen wiederholend
zusammen:

GLOSSAR S. 505

Seite 47

GLOSSAR S. 505

FTP ist ein Protokoll zum Transfer von Dateien über auf dem Protokoll TCP/IP basierende Netze, wie es beispielsweise auch das Internet ist (siehe *Lerneinheit 2*). Für die Nutzung von FTP benötigt man immer einen FTP-Server und einen FTP-Client. Meist verfügen Webserver schon über einen FTP-Server. Sonst wäre ein UPLOAD von Dateien nicht über diesen Weg möglich. Ein FTP-Server steht Ihnen immer auf dem Webserver zur Verfügung, wenn Sie über WEBSPACE mit FTP-Zugang verfügen.

In den meisten gängigen Betriebssystemen gibt es einen FTP-Client, den man in einem Konsolenmodus mit dem Befehl `ftp` aufrufen und benutzen kann. Einfacher ist es selbstverständlich, wenn Sie einen *FTP-Client mit grafischer Bedienoberfläche* benutzen.

Im Internet sind zahlreiche gute FTP-Clients mit grafischer Oberfläche kostenlos zum Download bereitgestellt. Als Beispiele seien hier genannt:

www.inter-archie.com/

www.softer.de/ Detail/426.shtml

www.ipswitch.com/ international/ german/ wsftppro.html

- *Interarchie* (für Mac)
- *Cute-FTP* (für Windows)
- *WS_FTP* (für Windows, gibt es auch in einer lite-Version (im Funktionsumfang reduzierte Version).

Die Bedienung dieser Programme entnehmen Sie bitte den entsprechenden Handbüchern.

Für die Übertragung von Dateien muss man wissen, dass die Übertragung in den beiden Modi *ascii* oder *binary* möglich ist. Die Einstellung des gewünschten Modus kann man direkt im FTP-Client vornehmen. Im Modus `ascii` werden nur 7 Bit je Zeichen übertragen, was für reine Text-Dateien, wie es auch HTML-Dateien sind, ausreichend ist, denn diese enthalten nur Zeichen, deren achtes Bit immer Null (0) ist. Für die Übertragung von binären Dateien (Bilder, Programme, DATENBANKEN usw.) funktioniert das nicht (das achte Bit ist nicht immer Null (0)). Deshalb müssen diese binären Dateien mit dem Modus `binary` übertragen werden. Sollten Sie sich nicht sicher sein, welchen Übertragungsmodus Sie benutzen müssen, so wählen Sie den Modus `binary`.

GLOSSAR S. 505

Webspace

GLOSSAR S.505

Voraussetzung für eine Veröffentlichung des E-Shops ist das *Vorhandensein von Webspace*, worunter man nutzbare Speicherkapazität auf einem Webserver versteht. Diesen Webspace erhalten Sie bei einem INTERNET SERVICE PROVIDER (ISP). Die dort gespeicherten Dateien müssen über einen URI aufrufbar sein, was bedeutet, dass der Webserver eine eindeutige Internet-Adresse benötigt. Den Domain-Namen lässt Ihr ISP bei der DENIC eintragen. Über diese Domain ist dann der E-Shop erreichbar.

Verfügen Sie bereits über Webspace und den erforderlichen Zugang (Kennwort/Passwort), steht dem Übertragen des E-Shopsystems auf den Server nichts mehr im Wege.

Übertragung des E-Shopsystems auf den Webserver

Vor der Übertragung richten Sie auf dem Webserver ein *Verzeichnis* ein, das einen zum E-Shop passenden Namen hat. Beispiele sind hier Verzeichnisnamen wie `shop` oder `eshop`. Der Kunde sollte möglichst schon an dem URL erkennen, dass es sich um Ihren E-Shop handelt. Übertragen Sie von Ihrem lokalen Rechner (der eine Verbindung ins Internet zum Webserver haben muss) die Struktur und alle Dateien des E-Shopsystems zu diesem Webserver.

Testen Sie den Erfolg Ihrer Übertragung anschließend mit einem Browser, indem Sie die Adresse Ihres E-Shops in der Form

```
http://www.meinwebserver.com/e-shopverzeichnis/
```

aufrufen. Für Ihren Test müssen Sie die oben angeführten Verzeichnisse mit allen Dateien und die Datei `index.htm` und `openstore.htm` in das E-Shopverzeichnis mit FTP übertragen haben.

Beim erstmaligen Einrichten des E-Shopsystems auf einem Webserver muss ein externes FTP-Client-Programm zur Übertragung der Dateien benutzt werden, da mit dem im OPENSTORE E-Shopsystem integrierten FTP-Client nur veränderte Daten auf den Server hochgeladen werden. Denn ist der E-Shop einmal auf einem Webserver eingerichtet, und Sie nehmen nur noch Änderungen vor, können Sie auch die einfachen FTP-Clients in der Engine oder im Konverter verwenden: Es werden nicht mehr alle Dateien übertragen, sondern nur die Dateien, in denen Sie Änderungen vorgenommen haben. Dadurch sinkt das Transfervolumen und damit die für das Update des Shops benötigte Onlinezeit z.T. erheblich.

Selbstverständlich können Sie auch nach dem ersten Hochladen weiterhin einen externen FTP-Client benutzen. Das empfiehlt sich auch bei größeren Änderungen oder bei einer Neugestaltung. Dabei müssen Sie immer genau wissen, was Sie tun, denn eine falsche Datei zu überschreiben, kann zur Beeinträchtigung der Funktionalität führen.

Der nächste Schritt ist das Eintragen der Angaben zum *FTP-Zugang* in die *OPENSTORE-Engine* und den *Konverter*. Bei beiden Tools wird das Fenster über das Menü „Bearbeiten" → „FTP-Voreinstellungen" geöffnet.

Abbildung 7.1: Aufruf der FTP Voreinstellungen über das Menü „Bearbeiten" (hier in der Engine)

Anschließend öffnet sich ein Dialogfenster, in dem die Daten zur FTP-Verbindung eingegeben werden können.

Abbildung 7.2: Dialogfenster zur Eingabe der FTP-Verbindungsdaten

Folgende Angaben müssen in diesem Fenster gemacht werden:
- die Serveradresse („Server") als URI oder IP-Adresse
- der Pfad, in dem die E-Shop-Dateien abgelegt werden sollen („path"). Der Pfad muss dabei vollständig, beginnend bei Wurzelverzeichnis (Root), eingegeben werden, jedoch ohne Schrägstrich / am Anfang. In diesem Verzeichnis suchen Engine und Konverter z.B. nach den Verzeichnissen `prefs/` und `data/`.

- die Benutzerkennung und das dazugehörige Passwort („ID" und „Password"), so wie Sie die Angaben von Ihrem Webspace-Anbieter erhalten haben.

Abbildung 7.3 zeigt beispielhaft, wie dieses Dialogfeld ausgefüllt wird:

Abbildung 7.3: Beispiel zum Ausfüllen des Dialogfensters FTP Voreinstellungen

Im oberen Bereich des Dialogfenster befindet sich eine Drop-Down-Liste: Mit der Version 4.2.0.6 wurde OPENSTORE um die Funktion der *„FTP Bookmarks"* erweitert. Mit der Drop-Down-Liste können Sie die aktuell angezeigten Daten als Bookmark speichern, ein neues Bookmark anlegen und ein bestehendes Bookmark löschen. Ein Bookmark umfasst dabei alle eingegebenen Daten zur Verbindung (Server, Verzeichnis, Benutzerkennung und Passwort). Die Angaben zum Passwort werden verschlüsselt gespeichert, um ein mögliches Ausspähen zu verhindern.

Abbildung 7.4: Die Drop-Down-Liste im oberen Fensterbereich dient dem Verwalten der FTP-Bookmarks.

Die Bookmarks werden von der Engine und dem Konverter gemeinsam verwaltet. In der Engine eingegebene Daten stehen im Konverter zur Verfügung und vice versa.

Der Einsatz von Bookmarks empfiehlt sich besonders, wenn Sie mehrere E-Shops mit OPENSTORE verwalten (zum Beispiel bei mehrsprachigen E-Shops). Legen Sie sich in diesem Fall zu jedem Shop ein Bookmark an und wählen Sie vor der Übertragung die entsprechenden Daten aus der Liste.

Jedes Fenster der *Engine* und des *Konverters* enthält den Button ⬆, um die Voreinstellungsdatei bzw. konvertierte Artikeldatei hochzuladen. Sind die FTP-Voreinstellungen richtig eingestellt, können Sie durch einen Klick darauf geänderte und gesicherte (wichtig!) Einstellungen und Daten sofort bei bestehender Onlineverbindung auf dem Webserver aktualisieren. *Die Abfolge Ändern, Sichern und Hochladen müssen Sie immer einhalten. Es werden nur die vorher gesicherten Änderungen an den Webserver übertragen.*

Aktualisierungen, die auf den Webserver übertragen wurden, wirken im E-Shopsystem sofort. Nach dem Hochladen werden die Veränderungen wirksam. Allerdings sollten Sie wissen, dass zwischen Ihrem Webserver und dem Browser Ihres Kunden PROXYSERVER ältere Darstellungen Ihres E-Shops zwischenspeichern können, was zu einer Zeitverzögerung der Aktualisierung aus Kundensicht führen kann. Das Verhalten von Proxyservern kann aber durch geeignete Einträge im Kopfteil der HTML-Dateien beeinflusst werden. Der Eintrag

GLOSSAR S.505

```
<meta http-equiv="expires" content="0">
```

bewirkt beispielsweise, dass die HTML-Datei mit diesem Eintrag direkt vom Webserver unter Umgehung des Proxyservers neu geladen wird.

Tests

Die Tests vor der Veröffentlichung des E-Shops können prinzipiell nicht intensiv genug sein. Bitten Sie unter Umständen auch Kollegen oder Freunde, die nicht an dem Projekt beteiligt sind, um intensives Testen, sowohl im lokalen Zustand als auch anschließend online. Geben Sie diesen Testern ausreichend Zeit und lassen Sie immer alle Funktionen testen. Gehen Sie jedem Hinweis gründlich nach und bemühen Sie sich bei auftauchenden Leistungs- oder Funktionseinschränkungen, Ursachen zu finden.

Führen Sie Test mit unterschiedlichen Browser (zumindest Microsoft Internet Explorer und Netscape Communicator) und auf unterschiedlichen Betriebssystemen durch.

Nach Möglichkeit sollten Sie nur ein E-Shopsystem im Internet veröffentlichen, das von mehreren Personen kontrolliert und für funktionstüchtig befunden wurde. Testen Sie auch jeweils unter verschiedenen Gesichtspunkten, denn Sie haben mehrere Aspekte zu betrachten, die Einfluss auf den Erfolg haben.

Testobjekte:

GLOSSAR S. 505

- Umsetzung der CORPORATE IDENTITY bei Farben, Gestaltung, Bilder, Logo, Namen
- Umsetzung des Datenexports aus Datenbanken und Konvertierung in den E-Shop
- Umsetzung der Kategorisierung und Artikelplatzierung
- Umsetzung von Aktionen (Angeboten) in den Highlights auf der E-Shop Startseite
- Funktionen „Artikel betrachten" und „Suchen", Darstellung von Artikelnamen, Beschreibung, Abbildung und Preis
- Funktionen „Artikel in den WARENKORB legen" und „Warenkorb ansehen"
- Funktionen „Angebot" und „Bestellung"
- Ablauf bezüglich LOGISTIK und Buchhaltung
- Navigation im E-Shop

Dazu gehört auch das Prüfen der Umsetzung der Marketingstrategie als Bestandteil des gesamten Geschäftskonzepts.

▶ **Übung**

Sie haben Ihren E-Shop mit Hilfe der Übungen in den vorange-gangenen Lerneinheiten lokal eingerichtet.

1) **Übertragen Sie den fertigen lokalen E-Shop mit einem FTP-Client auf einen Webserver. Testen Sie Ihre Ergebnisse durch Aufrufen des E-Shops, der sich nun auf Ihrem Webserver befindet, in Ihrem Browser. Führen Sie diese Schritte wenigstens einmal durch.**

2) **Tragen Sie in der OPENSTORE Engine und dem Konverter die FTP-Zugangsdaten ein. Verändern Sie eine E-Shop-Vorein-stellung und laden Sie die (vorher gesicherte) veränderte Datei mit OPENSTORE hoch. Überprüfen Sie das Ergebnis. Machen Sie die Änderung anschließend rückgängig, sofern Sie sie nicht beibehalten wollen.**

7.2 Die Datenpflege

Inkongruenz, d.h. das Fehlen der Deckungsgleichheit der Daten des E-Shops zu den Daten in Ihrem realen Geschäft sollte nach Möglichkeit nicht auftreten. Insbesondere Preise sind dabei ein heikles Thema. Möchten Sie das Vertrauen zu Ihren Kunden nicht verlieren, sollten Sie Ihre Daten immer auf dem neuesten Stand halten.

Sie haben sich in den vorangegangenen Lerneinheiten Kenntnisse erarbeitet, wie die Artikeldaten gepflegt werden können. Wenn Sie Ihre Daten manuell pflegen, ist das wichtigste Werkzeug dazu der *Datei-Inspektor*.

Die elektronische Form der Datenpflege ist wesentlich einfacher zu handhaben und somit auch effektiver, als einen gedruckten Katalog herauszugeben. Elektronische Daten können Sie ohne Zeitverzögerung ändern, wohingegen gedruckte Preislisten bis zu ihrem Erscheinen oder einer Neuauflage länger benötigen.

Effizienz bei der Datenpflege erreichen Sie aber nur durch die *Pflege aller Daten immer nur an einem zentralen Ort*. Das kann je nach Umfang eine TABELLENKALKULATION oder eine DATENBANK, unter Umständen aber natürlich auch ein WARENWIRTSCHAFTSSYSTEM sein. Pflegen Sie Daten *nur* an diesem einen Ort. Die inhaltliche Datenpflege darf nur in einer Hand liegen (das kann auch ein Bereich oder eine Abteilung sein), sonst treten unter Umständen Unregelmäßigkeiten (z. B. Inkonsistenzen) im Datenbestand auf. Sie sollten erforderlichenfalls einen Nachweis führen, welche Daten wann durch wen geändert wurden und welche Nachfolgeprozesse durchgeführt wurden. Bei großen E-Shopsystemen ist das Protokollieren Pflicht.

GLOSSAR S. 505

Preisänderungen

Die Preise in einem E-Shop sind oft die am häufigsten geänderten Daten. *Ändern Sie auch die Preise immer nur an einem zentralen Ort.*

Damit dann die aktuellen Preise in den E-Shop gelangen, führen Sie folgende Schritte aus:

- Exportieren der Artikeldaten in Text-Tab-Dateien aus Ihrer zentralen Datenstelle nach dem Ändern der Preise.
- Konvertieren mit dem OPENSTORE-Konverter in Artikeldateien.
- Sichern der konvertierten Daten.
- Hochladen der Artikeldateien auf den Webserver.

Diese Vorgehensweise ist auch bei der Änderung von lediglich einem einzigen Wert (z. B. des Preises eines einzelnen Artikels) wesentlich schneller als das separate Ändern mit dem Dateiinspektor. Der Export aus einer Datenbank oder einem Warenwirtschaftssystem dauert in der Regel nur einige Sekunden.

Nach dem Upload mittels des FTP-Client der Engine, des Konverters oder mittels eines separaten FTP-Clients (bei mehreren Dateien sinnvoll), sind die Änderungen sofort im E-Shop wirksam.

Neue Artikel und Artikelgruppen

Für neue Sortimente und *größere Änderungen* (Hinzufügen oder Löschen) ist der Weg über Datenexport, Konvertierung, Sicherung und Übertragung (Upload) der effektivere Weg, anstatt die Artikeldaten per Hand über den Dateiinspektor einzugeben. Artikelgruppen müssen, nachdem die Konvertierung stattgefunden hat, in das „Auswahlmenü (Artikel) Voreinstellungen" in der Engine eingeordnet werden, sonst werden sie nicht angezeigt. Die Existenz der Datei `artikelgruppe.js` im Verzeichnis `\data\` für eine Artikelgruppe genügt, um sie in der Engine anzuzeigen und dann einzuordnen.

Vergessen Sie nicht, das dazu passende Bild mit dem Dateinamen `artikelnummer.gif` (oder `.jpg`) in das Verzeichnis `/itmimg/` abzulegen und den passenden Bildcode einzutragen.

Bei einem *kleinen E-Shop mit wenigen Artikeln* und ohne Datenbank für die Artikeldaten können unter Umständen einzelne Artikel auch über den Datei-Inspektor des Konverters hinzugefügt werden. Auch das Ändern von Texten, Bildkodierungen und Verfügbarkeitskode ist mit dem Datei-Inspektor schnell zu erledigen. Vergessen Sie nicht die Reihenfolge der Arbeitschritte: Ändern, Sichern, dann Upload.

Artikelgruppen werden aus dem E-Shopsystem einfach entfernt, indem Sie diese aus dem Auswahlmenü herausnehmen und danach die zugehörige .js-Datei löschen.

▶ **Übung**

Fügen Sie in der Artikelgruppe „Bleistifte" weitere Bleistifte der Härtegrade F ein. Aktualisieren Sie Ihren lokalen E-Shop und danach den E-Shop auf Ihrem Server. Als Bild verwenden Sie das für die gesamte Artikelgruppe verwendbare Bild. Die Bleistifte mit der Härte F sind auf Lager und damit sofort verfügbar. Die Preise erhöhen Sie für alle Bleistifte um 10%.

 Seite 169 **Danach sollten Sie diese Artikelgruppenerweiterung einmal mittels Popup-Menü (siehe Lerneinheit 5, Abschnitt 5.1.2 Templates und Engine, „Zusatzeigenschaften der Artikel") realisieren. Welche Variante der Artikelauswahl würden Sie als Kunde vorziehen?**

Datensynchronisation

GLOSSAR S. 505 Da die DATENSYNCHRONISATION in einem E-Shop eine große Rolle spielt, empfiehlt es sich, weitsichtig darüber nachzudenken. Wenn Sie täglich zehn Preise ändern und fünf Artikel hinzufügen oder löschen müssen, wofür Sie – beispielhaft angenommen – täglich 30 Minuten benötigen, ist das kein allzu großer Aufwand. Wenn Sie dies aber auf ein ganzes Jahr, also auf etwa 200 Arbeitstage hochrechnen, sind das bereits 100 Stunden. Sie verwenden also über zwölf Arbeitstage im Jahr für die Aktualisierung von Daten.

Es gibt natürlich leistungsfähigere Methoden, die aber Investitionen voraussetzen. Vorstellbar sind beispielsweise automatisch ablaufende Skripte, welche Daten aus der Datenbank lesen, exportieren, konvertieren, speichern und selbständig auch hochladen. Da es sich bei diesen Skripten aber um für jeden E-Shop individuell angefertigte Programmierungen handelt, bedeutet es einen zeitlichen Aufwand für die erstmalige Erstellung. Dieser Aufwand kann sich aber je nach Menge der ständig auftretenden Änderungen relativ schnell amortisieren.

Ein solches Skript kann täglich so oft ausgeführt werden, wie es Ihr E-Shopsystem erfordert. Der Vorgang der Datensynchronisation ist automatisierbar.

Die Entscheidung, ob Sie die Aktualisierungen manuell oder automatisiert bzw. halbautomatisiert vornehmen ist eine Einzelfallentscheidung. Dazu sollten Sie neben der Größe des E-Shops, dem Umfang der Aktualisierungen auch die Häufigkeit und Art (werden nur Preise oder auch Bilder, Beschreibungs- und Informationstexte geändert) der Änderungen bedenken. Vergessen Sie auch nicht Ihre technischen Möglichkeiten zu berücksichtigen.

7.3 Die täglichen administrativen Aufgaben

In jedem E-Shop, der auf dem aktuellen Stand gehalten werden soll, fällt eine Reihe administrativer Aufgaben an. Zu den wichtigsten zählen dabei sicherlich

- das Sichern der E-Shop-Dateien (Backup) und
- die Auswertung der im E-Shop anfallenden Daten,

die wir in den nächsten Abschnitten schrittweise behandeln wollen.

Backup bei OPENSTORE

Der größte anzunehmende Unfall bei einem E-Shopsystem ist immer der Verlust der Daten. Die Rekonstruktion der Artikeldateien und der E-Shopdateien ohne aktuelle Datenbestände ist sehr beschwerlich und aufwendig. Glücklicherweise wurde bei OPENSTORE das Konzept verfolgt, dass das gesamte E-Shopsystem doppelt existiert: lokal auf Ihrem Rechner und online auf einem Webserver. Das kann eine gewisse Sicherheit darstellen. Gehen aus irgendwelchen Gründen bei einem System die Daten verloren, können sie aus dem anderen durch Übertragen kopiert werden. Allerdings führt der Verlust des lokalen E-Shopsystems auch zum Verlust der in Textform vorliegenden Artikeldateien. Der Datei-Inspektor kann nur an diesen Text-Tab-Dateien Änderungen vornehmen.

▶ *Sie sind auf der sicheren Seite, wenn Sie trotz des Doppelkonzepts von OPENSTORE für ein regelmäßiges Backup sorgen.*

Das E-Shopsystem sollten Sie in das *Backupsystem des Webservers* einbinden lassen. Erkundigen Sie sich nach dem Backupsystem Ihres Webspace-Providers.

Für Ihr *lokales E-Shopsystem*, das zur Verwaltung des Onlinesystems dient, sollte eine Backup-Einbindung erfolgen, wenn in Ihrer Firma bereits nach einem Backup-Plan gearbeitet wird. Normalerweise werden in diesem Fall alle Daten Ihres E-Shops auf einem Server im Netzwerk Ihrer Firma oder einfach auf einem lokalen Rechner abgelegt sein. Wenn Sie einen Backup-Operator haben, geben Sie diesem das Verzeichnis des lokalen E-Shopsystems an. Er sorgt dafür, dass bei jedem durchgeführten *zentralen Backup* diese Dateien mit gesichert werden.

Haben Sie kein Firmennetz, genügt das Kopieren des E-Shopsystems und der Artikeltextdateien auf ein gesondertes Speichermedium (z.B. Diskette) (s. u.). Eine eindeutige Beschriftung und sichere Verwahrung des Datenträgers ist in jedem Fall erforderlich. „Sichere Verwahrung" bedeutet dabei sowohl den Schutz gegen physische Einflüsse bis hin zur Zerstörung als auch den Schutz gegen unbefugten Zugriff auf die Daten. Lagern Sie Disketten kühl und trocken und vermeiden Sie größere Schwankungen von Luftfeuchtigkeit und Raumtemperatur. Setzen Sie Disketten keinen Magnetfeldern aus, die z. B. auch von größeren elektrischen Geräten verursacht werden.

Welche Sicherungstypen gibt es?

Das Durchführen von Backups ist ein eigenständiger Zweig in der Informationstechnologie geworden. Einige Begriffe dazu sollen hier erläutert werden:

- NORMALE/VOLLSTÄNDIGE SICHERUNG

  Es werden alle ausgewählten Dateien und Verzeichnisse vollständig auf einen Archivdatenträger geschrieben. Backup-Programme deaktivieren das zu jeder Datei existierende Dateiattribut Archiv. Wird nach dem Backup an einer Datei etwas geändert, aktiviert sich das Attribut Archiv wieder und das Backup-System erkennt, dass eine Änderung seit dem letzten Backup stattgefunden hat.

- KOPIESICHERUNG

  Bei diesem Typ werden die ausgewählten Dateien und Verzeichnisse auf einen Datenträger kopiert, ohne dass das Attribut Archiv geändert bzw. deaktiviert wird.

- DIFFERENTIELLE SICHERUNG

  Die differenzielle Sicherung sichert nur die Dateien, die seit der letzten normalen/vollständigen Sicherung verändert wurden. Das erkennt das Sicherungsprogramm am Attribut Archiv. Seit der letzten normalen Sicherung werden geänderte Dateien mit dem aktivierten Attribut Archiv versehen. Das Attribut Archiv wird durch differentielle Sicherungen nicht verändert.

- INKREMENTELLE SICHERUNG

  Die inkrementelle Sicherung sichert alle ausgewählten Dateien, die seit der letzten normalen/vollständigen Sicherung ihr Attribut Archiv aktiviert haben und deaktiviert dieses Attribut nach der inkrementellen Sicherung.

- TÄGLICHE SICHERUNG

  Tägliche Sicherungen berücksichtigen nicht das Attribut Archiv. Es werden nur die Dateien gesichert, deren Änderungsdatum identisch mit dem Datum der Sicherung ist.

Die Sicherungstypen werden normalerweise nach einem *Sicherungsplan* im Wechsel eingesetzt. So ist es sinnvoll, einmal wöchentlich eine vollständige Sicherung und dazwischen täglich eine differentielle Sicherung auszuführen.

Die täglichen Sicherungen speichern nur die täglich geänderten Dateien, der Backupvorgang geht wesentlich schneller und die Speicherkapazität beschränkt sich auf die geänderten Dateien. Auch das Sichern mit inkrementellem Verfahren reduziert den Aufwand.

Sie sollten aber immer nach angemessenen Zeitabständen vollständige Sicherungen durchführen. Der Wiederherstellungsprozess ist mit vollständigen Sicherungen am einfachsten.

Studienmaterial

► **Für die Benutzer von Windows 2000 bietet Microsoft unter** `http://www.microsoft.com/windows2000/de/` `professional/help/backup_overview.htm` **Erläuterungen an. Bitte lesen Sie dieses Dokument ebenso wie die Unterdokumente, sofern sie Sie betreffen. Mehr Hintergrundinformationen erhalten Sie außerdem bei Eurodis unter** `http://www.eurodis.ch/thema5.shtml`**. Konsultieren Sie diese Seite bitte in jedem Fall.**

Für einfache Fälle sollte man das E-Shopsystem nach jeder Änderung, wenn es auf eine 1,44 MB-Diskette passt, auch auf eine Diskette kopieren. Diese Diskette sollte separat, d.h. nicht in der Nähe Ihres PCs mit dem lokalen E-Shopsystem, aufbewahrt werden. Man kann die Diskette beispielsweise auch zu Hause oder bei einem Mitarbeiter bzw. Bekannten aufbewahren. Allerdings ist streng auf korrekte Lagerbedingungen von Disketten (Luftfeuchtigkeit, Temperatur, …) zu achten, sofern sie für eine längere Lagerung vorgesehen sind.

GLOSSAR S. 505

Sofern Sie über einen CD-Brenner verfügen, ist eine Sicherung auf CD empfehlenswert – auch wenn der Speicherplatz auf einer CD die zu sichernden Datenmengen bei weitem übertrifft. Verwenden Sie deshalb sogenannte MULTISESSION-CDs (konsultieren Sie bei Bedarf die Dokumentation Ihres Brennprogramms). Achten Sie auch hier auf die korrekte Lagerung.

Ist der Umfang größer, kann man die Dateien in zwei Kategorien einteilen: in sich häufig ändernde und in jene, die länger unverändert bleiben. Zur letzten Gruppe zählen beispielsweise die Bilder im Verzeichnis `/images/`und `/itmimg/`. Die Dateien `/prefs/shopprefs.js`, die Artikeldateien im Verzeichnis `/data/` und die Text-Tab-Dateien ändern sich häufiger und gehören dann auf eine Sicherungsdiskette.

▶ *Auch wenn Sie über moderne Hardware verfügen, sollten Sie das Thema Datensicherung nicht unterschätzen.*

Analysen

Ziel von Analysen ist die Beantwortung zur Optimierung Ihres E-Shops relevanter Fragen. Dazu zählen u. a.:

- Wie haben sich die Umsätze in diesem Monat im Vergleich zum Vormonat entwickelt?
- Wie setzt sich die Käuferstruktur zusammen?
- Wann werden Einkäufe und Besuche des E-Shops durchgeführt (Tageszeit, Wochentag, bei Saisonartikel auch: Jahreszeit)?
- Wie häufig und wann wird ein Bestellvorgang abgebrochen?
- Wie viele Besucher leiten einen Bestellvorgang ein?

Obwohl einige Fragen relativ einfach zu beantworten sind (beispielsweise jene zur Entwicklung des Umsatzes), stellt sich meistens ein Kernproblem: Woher erhalten Sie die relevanten Daten.

Das OPENSTORE E-Shopsystem hat keine Erfassung von Daten über Kunden, Kundenverhalten usw. vorgesehen. Trotzdem haben Sie einige Möglichkeiten zur Erfassung von Daten:

- Sie sammeln die per E-Mail eintreffenden Bestellungen und Angebote und entnehmen daraus: Umsatzzahlen, Häufigkeiten gekaufter Artikel (beispielsweise die zehn am häufigsten gekauften Artikel), regionale Angaben der Kunden und andere Daten. Achten Sie aber stets auf die Regeln des Datenschutzes bezüglich personengebundener Daten (Teledienstedatenschutzgesetz, TDDSG,).

bundes-
recht.juris.de/
bundesrecht/tddsg/
(Abruf 24.08.2002)

- Sie werten die LOGFILES Ihres Webservers bezüglich Ihres E-Shopsystems aus. Ihr ISP stellt Ihnen meistens diese Logfiles zur Verfügung. Nutzen Sie, sofern vorhanden, die vom Webhostinganbieter angebotene und in vielen Fällen online nutzbare Auswertungs- und Analysesoftware. Sollte Ihnen Ihr Provider keine solche Analysemöglichkeiten zur Verfügung stellen, können Sie beispielsweise das frei benutzbare Programm Analog verwenden.

www.analog.cx/

Studienmaterial

▶ **Sie erhalten weitere Angaben über die Analyse von Logfiles**
ausführlicher in dem Artikel `http://www.heise.de/ix/`
`artikel/1996/11/096/` **von Oliver Schade in der Zeitschrift iX**
(11/1996, S. 96). Sie erfahren dort auch, wie Sie die gewonnenen
Daten auswerten und bewerten können.
Bitte lesen Sie diesen Artikel vollständig.
Informationen über die in diesem Artikel angesprochenen
WWW-Caches erhalten Sie auch in einer kurzen, verständlichen
Darstellung des Leibniz-Rechenzentrum (LRZ) der Bayerischen
Akademie der Wissenschaften in den „LRZ-Mitteilungen
Dezember 1998" unter `http://www.lrz-muenchen.de/`
`services/schriften/rundschreiben/1998-12/`
`1998-12-14.html`

Professionelle Tracking-Software (Software zur Analyse der Kundendaten) bietet beispielsweise die Firma <u>Sevenval AG</u> in Köln (Abruf: 24.08.2002) oder die <u>Exody E-Business Intelligence GmbH</u> aus Eschborn (Abruf: 24.08.2002) an.

www.sevenval.de
www.exody.net/ger/index/cfm.

Eine kostenlose Tracking-Software (SiteTracker) finden Sie unter <u>http://www.sitetracker.com/</u>.

www.sitetracker.com/ (28.05.2002)

In der folgenden *Lerneinheit 8* wird Ihnen das optionale MODUL *EXTENDED Mail* vorgestellt. Diese Erweiterung kann die Kunden- und Bestelldaten auf dem SERVER speichern. Die Daten lassen sich anschließend in andere DATENBANKEN importieren und auch statistisch auswerten.

GLOSSAR S. 505

Wenn Sie Analysen durchführen möchten, sollten Sie stets folgendes schrittweises Vorgehen einhalten – auch bei weniger umfangreichen Analysen:

- Planung
- Erhebung
- Aufbereitung
- Analyse
- Interpretation

Unterschätzen Sie insbesondere nicht den Aufwand der Aufbereitung der gewonnenen Daten.

Der Erhebungszeitraum sollte sinnvoll gewählt werden: Bei zu kleinen Zeiträumen können die Ergebnisse durch zufällige Schwankungen verfälscht werden.

Seien Sie bei der Interpretation vorsichtig: Bedenken Sie die – auch im Artikel von Oliver Schade genannten – Messprobleme.

▶ Übung

Überlegen Sie sich ein Backup-Konzept, das ein lokales E-Shop-system so sichert, dass für die Wiederherstellung nur ein geringer Aufwand benötigt wird. Ihr E-Shopsystem enthält in den Verzeichnissen images\ und itmimg\ zusammen 2,3 MB Bilddaten. Alle anderen Dateien sind ca. 1 MB.

7.4 Tipps und Tricks

Eine Reihe von Hinweisen soll Ihnen an dieser Stelle praktische Erfahrungen vermitteln: Worauf sollte man beim Betrieb des E-Shops besonders achten? Wo bekommt man zusätzliche Informationen zum eingesetzten E-Shopsystem? Welche Hilfestellungen bietet der Hersteller?

Worauf sollte man achten?

Die Autoren haben das OPENSTORE E-Shopsystem installiert und getestet. Dabei wurden zahlreiche Erfahrungen gesammelt, die hier als Tipps wiedergegeben werden sollen.

Für den Übungsshop wurde in einer *Tabellenkalkulation* (MS Excel 2000) ohne vorherige Kenntnis der Struktur der Text-Tab-Dateien ein Katalog von Büroartikeln zusammengestellt. Das entspricht wahrscheinlich der üblichen Situation, wenn man bereits Daten zu seinen Artikeln hat und erst dann OPENSTORE benutzen und einrichten möchte. Zur Übernahme von Daten aus der Exceltabelle in das E-Shopsystem war eine Neuordnung der Exceltabelle (Kategorisierung und Anordnung der Felder/Spalten) nötig. Für jede Artikelgruppe wurde ein Tabellenblatt angelegt und die Daten der Reihe nach in die Tabelle geschrieben, bis die Reihenfolge der Daten in den Artikeldatensätzen den Anforderungen des E-Shopsystems entsprachen (siehe dazu Lerneinheit 4). Anschließend folgte in Excel der Vorgang „Speichern unter" mit der Auswahl des Dateityps „Text (Tabs getrennt) (*.txt)" für jedes Tabellenblatt respektive Artikelgruppe.

Seite 117

Sofern eine *Datenbank* (MS Access oder andere) vorliegt, benötigen Sie eine Abfrage nach Artikelgruppen und den Export der dann entstehenden Tabellen als Text-Tab-Dateien. Die Tätigkeiten für das Anlegen der Tabellenblätter oder für die Entwicklung einer Abfrage fallen nur einmal an.

Entsprechend der in den Text-Tab-Dateien vorhandenen Felder, müssen im OPENSTORE-*Konverter* im Bereich „Parameter in der Eingabedatei" die Häkchen für die DATENFELDER gesetzt oder entfernt werden. Dabei können Sie ruhig experimentieren, z. B. das Häkchen in (9) MwSteuer entfernen oder die Staffelpreise anpassen.

GLOSSAR S. 505

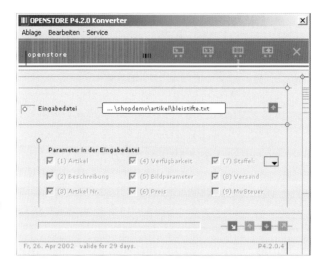

Abbildung 7.5:
OPENSTORE
Konverter Einstellung
für Konvertierung
der TXT-Datei
bleistifte.txt aus den
Beispieldateien

Vergabe der Dateinamen für Bilder von Artikeln

Achten Sie auf die Schwierigkeiten, wenn die *Dateinamen* der Bilder nicht den Artikelnummern bzw. Artikelgruppendateinamen entsprechen. Groß- bzw. Kleinschreibung ist wichtig. Wie bereits erwähnt, haben einige Webserver die Eigenschaft, in Dateinamen zwischen Groß- und Kleinschreibung zu unterscheiden. So kann es vorkommen, dass auf Ihrem lokalen E-Shopsystem (unter Windows) alles funktioniert. Nach dem Übertragen auf einem Webserver sind aber plötzlich keine Bilder mehr sichtbar. Diese Problematik deutet auf das Schreibweisenproblem hin.

Laufzeitverhalten

Bedenken Sie, dass das *Laufzeitverhalten* die Kundenakzeptanz beeinflusst. Für die Kunden Ihres E-Shopsystems kann eine schlechte PERFOR-

GLOSSAR S.505

MANCE des Systems sehr unangenehm wirken. Zugunsten des Kunden sollten Sie als Betreiber darauf achten, dass die Artikeldaten möglichst klein gehalten werden. Zu lange Beschreibungstexte bremsen beispielsweise die Performance. Besonders die *Suche über alle Artikel* kann sich bei größeren Artikelmengen verlangsamen. Deshalb sollten Sie die Möglichkeit der Suche über alle Artikel einfach bei mehr als ca. 500 Artikeln ausblenden, auch wenn gerade eine Suche bei größeren Artikelmengen sinnvoll erscheint. Es ist aus Gründen der Performance besser, diese

Funktion nicht anzubieten, wenn zu lange Wartezeiten drohen und deswegen Kunden abspringen könnten. Die Einstellung sollte an zwei Stellen geschehen: einerseits in den „Warenkorb Voreinstellungen" und in den „Artikelseite Voreinstellungen" im „Suche Popup-Menü" in der Engine. Weitere Hinweise zur Laufzeitoptimierung lesen Sie bitte im Handbuch im Abschnitt 9.3 „Optimierung des Laufzeitverhaltens Ihres OPENSTORE Onlineshops" nach. Erst durch das Zusatzmodul *EXTENDED Search* lösen Sie das Laufzeitproblem beim Suchen.

Im Abschnitt 9.7 des Handbuches geht der Hersteller auf die Problematik der *Schriftarten* für die Darstellung des E-Shops im Browser des Kundenein. Sie haben den besten Einfluss auf die Steuerung der Schrift. Sie können davon ausgehen, dass die Betriebssysteme Windows, Macintosh und Linux die häufigsten Betriebssysteme von Kunden im B2C sind (vgl. dazu die Abbildungen 7.7 und 7.8). Die Schriftenwelten der Betriebssysteme sind historisch gewachsen und jedes Betriebssystem hat seine eigenen Standardschriften, manche sehen gleich aus, haben aber dafür andere Namen. Jedes Betriebssystem hat auch eine Standardschriftart, die eingesetzt wird, wenn Schriftinformationen fehlen oder falsch bezüglich dieses Betriebssystems sind. Es kann nicht immer in Ihrem Sinne sein, wenn andere Schriften das von Ihnen angelegte Erscheinungsbild des E-Shop verändern. Aus diesem Grunde werden in der OPENSTORE-Engine bei der Schriftenauswahl Kombinationen wie „Arial, Helvetica, sans-serif" angegeben. Das bedeutet, dass der Browser zuerst nach einer Schrift mit dem Namen „Arial" suchen soll. Wird diese nicht gefunden, weil der Browser beispielsweise auf einem Macintosh-Client arbeitet, wird nach der Schrift mit dem Namen „Helvetica" gesucht. Wird sie gefunden, wird sie verwendet. Wird auch „Helvetica" nicht gefunden, sucht der Browser nach einer Schrift, die zur Schriftfamilie der serifenlosen Schriften gehört. Im jeweiligen Betriebssystem sind die Schriften in ihre Familien eingeordnet und es kann die favorisierte Schrift aus der Familie „sans-serif" benutzt werden (vgl. Anmerkung weiter unten).

Probieren Sie durch Änderungen der Standardschriften und Einstellungen in der Engine verschiedene Schriftvarianten aus. Sorgen Sie dafür, dass sich für die häufigsten Anwendungsfälle gute Darstellungen ergeben (Windows, Macintosh und Linux), indem Sie solche Schriften einstellen, die auf den häufigsten Betriebssystemen vorgefunden werden und bei möglichen Tests auch die gewünschte Darstellung finden. Exotische Schriften sind in einem E-Shopsystem bestimmt nicht verkaufsfördernd.

Abbildung 7.6:
Statistik Betriebs-
systeme Internet-
nutzer von WebHits
(www.webhits.de/
webhits/
browser.htm
(15.05.2002).

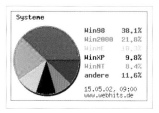

Diese Daten wurden unter 13800 Web-Hits-Abonnenten ermittelt und beziehen sich auf die Zugriffe auf die Seite www.webhits.de im Zeitraum vom 01.01.2000 bis zum 15.05.2002.

Als Beispiel sehen Sie die Auswertung der verwendeten Betriebssysteme beim Zugriff auf die Homepage des Unternehmens „Fast Internet For Individuals (www.fifi.de)". Der Erhebungszeitraum war vom 18.07.1998 bis zum 15.05.2002.

Abbildung 7.7:
Statistik Betriebs-
systeme Internet-
nutzer von Tophits
(GerNet) (http://
cgi.gernet.de/tophits/
stat.cgi?df=1174&
pwd=gast
(15.05.2002).

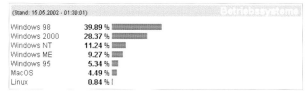

Aus beiden statistischen Auswertungen von Zugriffen auf die jeweilige Website lässt sich erkennen, dass die unterschiedlichen Windows-Betriebssysteme eine sehr hohe Verbreitung haben (je nach Erhebung zwischen 90 und 95% Verbreitung). Somit kann man davon ausgehen, dass Webseiten, die die in diesen Systemen enthaltenen Schriftarten verwenden, in den meisten Fällen wie gewünscht angezeigt werden.

Anmerkung zu Schriftarten

Oben wurde von Schriftenfamilie „sans-serif" gesprochen. Dazu hier eine kurze Erläuterung:

Serife: kleiner Querstrich an den Buchstaben der Antiquaschriften, von ndrl. Schreef „Strich" oder lat. scribere „schreiben" (Wahrig Fremdwörterlexikon, Gütersloh/München 2000)

Schriften der Schriftfamilie „sans-serif" haben keine Häkchen an den Enden der Schriftzeichen. Serifenschriften werden so bezeichnet, weil sie diese Serifen besitzen.

TEIA AG	Schrift mit Serifen (serif)
TEIA AG	Schrift ohne Serifen (sans-serif)

Betrieb mehrerer E-Shopsysteme mit OPENSTORE

Betreiber, die mehrere E-Shopsysteme von OPENSTORE mit einem lokalen System betreuen, d.h. mehrere E-Shopsysteme werden auf einem lokalen Rechner (oder Netz) mit einer OPENSTORE Engine und einem Konverter verwaltet, sollten die genaue Zuordnung zum E-Shopverzeichnis beachten. Stellen Sie sich das richtige E-Shopverzeichnis stets ein, bevor Sie Änderungen an einem E-Shop vornehmen. Sie begeben sich sonst in die Gefahr, die Daten und Einstellungen des einen E-Shops mit denen eines anderen durcheinander zu bringen.

Beachten Sie auch, dass Sie für jeden E-Shop eine Lizenz des Herstellers benötigen (vgl. Abschnitt 9.14 im OPENSTORE Handbuch).

Änderungen an HTML-Dateien

Bei Änderungen an HTML-Dateien sollten Sie gute HTML-Kenntnisse besitzen.

Informationsquellen

Zusätzlich zu den bereits zitierten Quellen und zum angegebenen Studienmaterial seien hier noch drei weitere Quellen angegeben, mit denen Sie vertraut sein sollten:

www.ecin.de/shops/

- Electronic Commerce Info Net herausgegeben von FTK - Forschungsinstitut für Telekommunikation ist ein Forum, in dem man zu verschiedenen Themen des E-Commerce Know-how, Fachberichte und Informationen finden kann.

GLOSSAR S.505

www.compe-
tence-site.de/

- Weitergehende Infos zu E-Commerce-Themen finden Sie auch bei der von der NetSkill AG betriebenen Competence Site.

www.openstore.de

- Der Hersteller von OPENSTORE, die *LEITBILD Media GmbH*, stellt einige Quellen als PDF-Dateien zum Download bereit. Sie erhalten dort unter anderem alle Handbücher zu den Produkten.

Hilfen durch Hersteller

www.open-
store.de/de/
support/index.html

LEITBILD Media stellt einen Support für registrierte OPENSTORE-Kunden bereit: http://www.openstore.de/de/support/index.html.

Lesen Sie bei Problemen auch die auf dieser Website angebotenen FAQ und Hilfen.

Die Erfahrung zeigt, dass kompetente Mitarbeiter des Unternehmens LEITBILD Media innerhalb von einem Tag auf Supportanfragen reagieren.

ZUSAMMENFASSUNG

Mit Abschluss dieser Lerneinheit sind Sie nun in der Lage mit OPENSTORE einen E-Shop zu erstellen, zu verwalten und zu pflegen.

Sie haben die Bedienung der beiden Werkzeuge Engine und Konverter kennengelernt, mit denen Sie den E-Shop anpassen und den Datenbestand pflegen können (inklusive Datenimport aus anderen Anwendungen) (Lerneinheiten 3 und 4).

In der Lerneinheit 5 haben wir uns intensiv mit der Gestaltung des E-Shops beschäftigt und mit anfallenden administrativen Aufgaben.

Darauf aufbauend wurde in der Lerneinheit 6 gezeigt, wie im fertigen E-Shop Artikel ausgewählt und in den Warenkorb gelegt werden können. Sie haben auch gesehen wie die Bestellung dieser Artikel und die nachfolgen Prozesse ablaufen.

In der vorliegenden Einheit schließlich lernten Sie, wie der lokale E-Shop im Internet veröffentlicht werden kann und welche Aufgaben sich zur Sicherung des stetigen Betriebs ergeben.

Sie haben das Erscheinungsbild angepasst und die Artikeldaten eingepflegt. Ihr E-Shop ist nun funktionstüchtig und im Internet veröffentlicht.

In der nun folgenden letzten Lerneinheit zu OPENSTORE werden wir Sie noch mit einigen Zusatzmodulen vertraut machen, mit denen Sie den Funktionsumfang Ihres E-Shops erweitern können.

[8] OPENSTORE – ERWEITERUNGEN UND SUPPORT

Der fertige E-Shop kann um weitere optionale Module und Dienste ergänzt werden, die den Funktionsumfang erweitern. Diese Ergänzungen werden vom Hersteller von OPENSTORE, der LEITBILD Media GmbH, bereitgestellt. Dazu zählen insbesondere erweiterte E-Mail-Funktionalitäten und eine Verbesserung der Artikelsuche:

OPEN Mail ist ein kostenloser, limitierter Dienst für die Verarbeitung und Weiterleitung von Formulareingaben im Bestellvorgang. *OPEN Mailer* und *EXTENDED Mail* sind Formularverarbeitungen zur Weiterleitung der Bestellmails und für andere Funktionen. *EXTENDED Search* beschleunigt die Suchvorgänge bei der Artikelsuche.

In den folgenden Abschnitten werden wir Ihnen die genannten Module kurz erläutern und deren Leistungsumfang und Einsatzmöglichkeiten darstellen. Nach Abschluss der Lerneinheit werden Sie selbst entscheiden können, um welche Zusatzfunktionen Sie Ihren E-Shop sinnvoll erweitern können.

8.1 OPEN Mail

OPEN Mail wird von der LEITBILD Media GmbH kostenlos für registrierte OPENSTORE-Betreiber für eine limitierte Anzahl von Bestellungen (200 Bestellungen) angeboten. Mit diesem Modul werden die Benachrichtigungs-, Bestell- und Angebots-E-Mails formatiert an den Kunden und an den Betreiber versendet.

GLOSSAR S. 505

OPEN Mail ist ein CGI-SKRIPT, das auf einem Rechner von LEITBILD Media GmbH läuft, der an das Internet angeschlossen ist. Die Verwendung von OPEN Mail wählen Sie in der Engine im Fenster „Bestellversand Voreinstellungen" aus (1) (vgl. Abbildung 8.1).

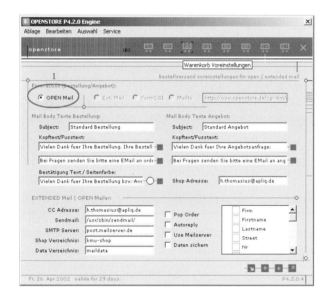

Abbildung 8.1:
Einstellung OPEN
Mail im Fenster
„Bestellversand
Voreinstellungen"

Vor der Benutzung von OPEN Mail müssen Sie eine *Registrierung* durchführen. Unter http://www.openstore.de/rom.htm geben Sie die E-Mail-Adresse an, die Sie auch in der Engine als E-Mail-Absender im Engine-Fenster „Bestellversand Voreinstellungen" eingegeben haben. Es sollte die E-Mail-Adresse des E-Shopbetreibers sein. Zusätzlich muss die Ziffernfolge Ihrer OPENSTORE-Lizenznummer (ab dem zweiten Bindestrich) angegeben werden.

www.openstore.de/
rom.htm

Für Testzwecke, also im Zustand des *nicht lizenzierten Demoshops*, werden alle Bestell- und Bestätigungsmails an die Adresse versendet, die Sie im Bestellformular auf der Bestellseite eintragen. In der Testphase ist das sinnvoll, denn Sie als Betreiber möchten ausprobieren, wie alles funktioniert und können so dafür sorgen, dass die E-Mails nur an Sie versendet werden. Eine Registrierung ist dafür nicht notwendig.

www.openstore.de/
de/products/
open_mail.htm

Der Hersteller schreibt dazu auf http://www.openstore.de/de/products/open_mail.html:

- *„Im Demo Modus kann* OPEN Mail *auch ohne Registrierung genutzt werden. Dabei werden unabhängig von den* OPENSTORE *Voreinstellungen sowohl die Bestätigungsmail als auch die Mail an den E-Shopbetreiber an ein und dieselbe E-Mail-Adresse gesendet (E-Mail-Adresse auf dem Bestell/Angebots Formular).“*

Durch die Auswahl OPEN Mail in der Engine wird im Bestellformular der Wert für das Attribut `action` auf `http://www.openstore.de/cgi-bin/openmail.pl` gesetzt. Das CGI-Skript auf dem Server der LEITBILD Media GmbH generiert dann aus den eingegebenen Werten

GLOSSAR S. 505

des Bestellformulars und den Angaben aus dem WARENKORB eine formatierte E-Mail. Sie haben dies bereits in der *Lerneinheit 6 (Abschnitt 6.2.1*

Seite 210

– Schritte zwischen „gefüllter Warenkorb“ und Bezahlung bzw. Angebot) kennen gelernt und bestimmt schon mehrfach getestet.

Sie sollten diesen Dienst nutzen, wenn Sie keine andere Möglichkeit zur Gestaltung der Bestell- und Bestätigungs-E-Mails haben. Die Gestaltung der Texte ist über die Eingaben in der Engine im Fenster „Bestellversand Voreinstellung“ sehr gut möglich. Die Texte können ohne weiteres etwas länger sein, wenn Sie es für nötig halten, dem Kunden weitere Informationen zu übermitteln. Das Editierfenster öffnen Sie mit dem BUTTON ⬚. Abgesehen von den in der Engine änderbaren Texten sind jedoch keine weiteren Gestaltungsmöglichkeiten vorhanden. Die änder-

Seite 210

baren Texte waren in den Abbildungen 6.7 und 6.8 fett gedruckt.

OPEN Mailer ist ein *eigenständiges* PERL-*Skript*. Es läuft nicht auf einem Server von LEITBILD Media, sondern auf einem Server Ihrer Wahl. Die Funktionalitäten sind im Wesentlichen identisch mit denen von OPEN Mail. Zusätzlich sind u.a. die sogenannten *Pflichtfelder* im Kundendatenformular frei festlegbar, mit denen man die Felder bestimmen kann, die der Kunde zwingend ausfüllen muss.

Über weitaus umfangreichere Funktionen verfügt *EXTENDED Mail*, welches Ihnen im nächsten Abschnitt dargestellt werden soll.

LEITBILD Media GmbH überarbeitet derzeit (2002) die Produkte OPEN Mailer und EXTENDED Mail. Für beide Formularverarbeitungen ist u.a. eine Verschlüsselung der Kundendaten und die optionale Formatierung der Kunden-Benachrichtigung als HTML Mail geplant.

8.2 EXTENDED Mail

EXTENDED Mail ist eine Formularverarbeitung für das OPENSTORE E-Shopsystem. Es liegt gegenwärtig (2. Quartal, 2002) in der Version 3.3 vor. Eine Kurzbeschreibung finden Sie unter http://www.openstore.de/de/products/about_mail.html.

www.openstore.de/de/products/about_mail.html

Es handelt sich hierbei um ein CGI-Skript mit einer Reihe von Funktionen, die erst durch die Verarbeitung auf der Serverseite möglich werden, wie beispielsweise die Unabhängigkeit vom OPEN Mail Server, Einrichtung von Kundenkonten sowie die Speicherung von Bestell- und Kundendaten auf dem Server. Kernaufgaben von EXTENDED Mail sind der Versand der Bestell- und Bestätigungs-E-Mails und die Verwaltung von Kundendaten.

EXTENDED Mail verlässt das Konzept von OPENSTORE, nach dem ursprünglich alle Funktionalitäten des E-Shopsystems auf dem Clientsystem laufen. Es funktioniert als *CGI-Komponente auf dem Webserver* und kann nicht lokal getestet werden.

Quelle:
www.openstore.de/de/products/about_mail.html
(15.05.2002)

Zum Leistungsumfang von EXTENDED Mail in der Version 3.3 gehören folgende Elemente:

- Versendung von individuell gestalteten Bestell- und Bestätigungs-E-Mails. Der Aufbau der E-Mails kann dabei frei bestimmt werden (Anrede, Gestaltung, Anordnung der Texte).
- Die Bestell-E-Mail kann als Kopie an eine zweite Adresse gesendet werden.
- Vergabe von Kundennummern und Speichern der Kundendaten.
- Bei wiederholten Bestellungen genügt die Angabe der PLZ und der Kundennummer. Nur bei der Erstbestellung werden alle Daten abgefragt.

GLOSSAR S.505

- Die Dateien mit den Kundendaten lassen sich in DATENBANKEN und Warenwirtschaftssysteme IMPORTIEREN.
- Alle Einstellungen lassen sich über die Engine vornehmen.
- Komfortable Begleitung des Kunden beim Bestellvorgang durch eine Abfolge von einzelnen Webseiten.
- Das Bestellfenster lässt sich als eigenständiges Fenster öffnen.

- Bei E-Mail-Adressen ist für Eingabefelder die Angabe von so genannten Required Fields möglich. Das sind Pflicht-Eingabefelder, z.B. für Namen und Anschrift zur besseren KundenIDENTIFIZIERUNG.

GLOSSAR S. 505

- Überprüfung vorhandener Kundendaten in der Kundendatenbank nach der Anmeldung des Kunden.
- Speichern der letzten Zahlweise, die dann als Voreinstellung im folgenden Kaufvorgang angeboten wird.

Welche Voraussetzungen sind erforderlich?

Für den Einsatz von EXTENDED Mail benötigen Sie ein online betriebenes OPENSTORE E-Shopsystem ab der Version P4 bzw. P3.

Zusätzlich ist auf der Serverseite nach den Anforderungen vom Hersteller ein Webserver auf Linux-Basis notwendig, der das Ausführen eigenständiger Perl-Skripte zulässt. Webserver, die auch Perl-Skripte ausführen können, wie zum Beispiel UNIX-Server, sind jedoch auch möglich. Zudem muss ein Perl-Interpreter Version 5 auf diesem Webserver vorhanden sein. Zudem benötigen Sie ein E-Mail-Postfach, um die per E-Mail an Sie gesendeten Bestellungen empfangen zu können.

Perl ist eine Skriptsprache, die bevorzugt bei CGI-Anwendungen eingesetzt wird. Perl-Skripte können erst auf einem Webserver laufen, wenn der Perl-Interpreter ebenfalls auf diesem Server installiert ist. Ist dem Perl-Skript bekannt, in welchem Verzeichnispfad sich der Perl-Interpreter befindet, kann das Skript erfolgreich ablaufen.

Als Webserver wird inzwischen in knapp 60% aller Fälle der Apache-Webserver eingesetzt, den es in einer UNIX/Linux- und in einer Windows-Version gibt (siehe auch <u>Netcraft Web Server Survey</u>, Abruf: 26.08.2002).

www.netcraft.com survey/ (26.08.2002)

Außerdem muss ein *Perl-Interpreter* installiert und, sofern vorhanden, `sendmail` konfiguriert sein. Bitte wenden Sie sich im Zweifelsfall an den Systemadministrator. Für die sichere Übertragung der Kundendaten sollte die **SSL**-Unterstützung (SSL – Secure Socket Layer) auf diesem Server mit der sogenannten *Dokumenten-Root*, also dem Startverzeichnis des E-Shops, für

GLOSSAR S. 505

diesen installiert sein. So ist es möglich, mit dem Protokollaufruf `https://` im URI eine *sichere Datenübertragung* zwischen Client und Server aufzubauen, welche dann in einem eigenständigen (Bestell-) Fenster stattfindet. Das symbolische Schloss in der Statusleiste des Browsers ist dann geschlossen (siehe Abb. 8.2).

Abbildung 8.2:
Das (geschlossene)
Schloss in der
Statuszeile des
Browser zeigt an,
dass es sich um eine
sichere Verbindung
(SSL) handelt (hier
am Beispiel des
Microsoft Internet
Explorers)

GLOSSAR S.505

Verständigen Sie sich mit den Systemadministratoren des Webservers und besprechen Sie mit ihnen, wie EXTENDED Mail am besten auf dem Server installiert und eingesetzt werden kann. Alle Voraussetzungen bedürfen einiger sachlicher Kompetenz. Über diese verfügt Ihr Webspace-Provider. Ohne die Zugriffsrechte, über die Administratoren des Providers verfügen, können Sie sich den gemieteten Webspace für den OPENSTORE-Shop mit EXTENDED Mail und SSL nicht einrichten. Benutzen Sie hingegen einen eigenen Webserver, benötigen Sie die Sachkenntnis eines Systemadministrators, der sich mit Webservern auf Linux-Basis auskennt. Sollte das der Fall sein, müssen Sie die spezifischen Anleitungen zum Einrichten von eigenständigen CGI-Skripten, sendmail und SSL studieren und auch befolgen. SSL gibt es auch für andere Webserver-

www.verisign.com
products/
(15.05.2002)

Plattformen, wie z. B. für denn IIS (Internet Information Server) von Microsoft (siehe dazu auch <u>Verisign</u>. Hier können Sie beispielsweise auch SSL-Lizenzen erwerben, die Sie zum Einsatz von SSL benötigen *(vgl.*

 Seite 79

Abschnitt 2.5.1 – Grundprinzip SSL und SET).).

Ein *vollwertiges E-Mail-Postfach* ermöglicht sowohl den E-Mail-Versand (Protokoll SMTP) als auch den Empfang (Protokoll POP3). Der Postversand kann auch mit der Sendmail-Routine auf einem Linux-Server abgewickelt werden.

Bestandteile von EXTENDED Mail

Das EXTENDED Mail-Skript heißt `extmail33.pl` und muss im Verzeichnis `/cgi-bin/` auf dem Webserver platziert werden. Zuvor müssen Sie das Skript mit einem Editor öffnen, der Unix-Zeilenumbrüche akzeptiert und anschließend den Pfad zum Perlinterpreter richtig angeben (`#!/usr/bin/perl` in der ersten Zeile des Skriptes wäre Standard). Ebenso müssen Sie den Namen der zukünftigen Kundendatei eintragen: `$adrDB="ihrekundendatendatei.txt"`. Alle anderen Einstellungen können Sie mit der Engine vornehmen.

Das gesamte EXTENDED Mail-Paket ist in dieser VERZEICHNIS-STRUKTUR zu platzieren:

`/cgi-bin/extmail33.pl`	das Skript EXTENDED Mail
`/cgi-bin/maildata/*.*`	Dateien für den Betrieb von EXTENDED Mail
`/tools/2to3Expander`	Programm zum einmaligen Konvertieren der Kundendatei von Vorgängerversionen
`/shop/cart/order_em.htm`	neue Bestellseite, alte wird ersetzt
`/shop/cart/offer_em.htm`	neue Angebotsseite, alte wird ersetzt
`/shop/cart/order_send.htm`	listet alle Bestelldaten auf und löst Bestellung aus
`/shop/cart/offer_send.htm`	listet alle Angebotsdaten auf und löst ein Angebot aus
`/shop/cart/myid.htm`	Aufforderung zur Eingabe von PLZ und Kundennummer
`/shop/cart/falseId.htm`	Fehlerausgabe „Kundennummer/PLZ nicht korrekt"
`/shop/cart/failure.htm`	Eingabedaten fehlen
`/shop/cart/email_failure.htm`	das @-Zeichen fehlt in der E-Mail-Adresse
`/shop/cart/confirm.htm`	erfolgreiche Bestellung
`/shop/cart/newid.htm`	Eingabe Kundendaten bei neuen Kunden
`/shop/images/*.*`	alle Bilder für EXTENDED Mail

Tabelle 8.1: Datei- und Verzeichnis-struktur von EXTENDED Mail

Alle HTML-Dateien können an die Gestaltung des OPENSTORE E-Shopsystems angepasst werden.

Beim *Bestellvorgang* (Waren sind im Warenkorb, im Warenkorb wird auf „Bestellen" geklickt) gibt es eine vorgeschaltete Seite (`order_em.htm`). Diese Seite bietet die Auswahl der Zahlungsweise, bei der jetzt auch die Kreditkarte mit aufgenommen ist, und die Lieferart sowie die alternative Auswahl: „Neues Kundenkonto" oder „Mein Kundenkonto". Im oberen Teil (1) wird ein Teil der Bestellung abgebildet, im unteren Teil (2) kann man sehen, wie die Datei `order_em.htm` aussieht (siehe Abb. 8.3).

Abbildung 8.3:
Ansicht einer
Bestellung mit
EXTENDED Mail

Beim Betätigen des Buttons „*Mein Kundenkonto*" wird die Eingabe der Kundenummer und der Postleitzahl vom Kunden verlangt.

Beim Betätigen des Buttons „*Neues Kundenkonto*" wird ein neues Kundenkonto angelegt. Der Kunde muss seine Angaben zur Person (Name, E-Mail-Adresse) und Lieferadresse / Rechnungsadresse eingeben. Wurde die Zahlweise „Kreditkarte" ausgewählt, so werden auch die Kreditkartendaten abgefragt.

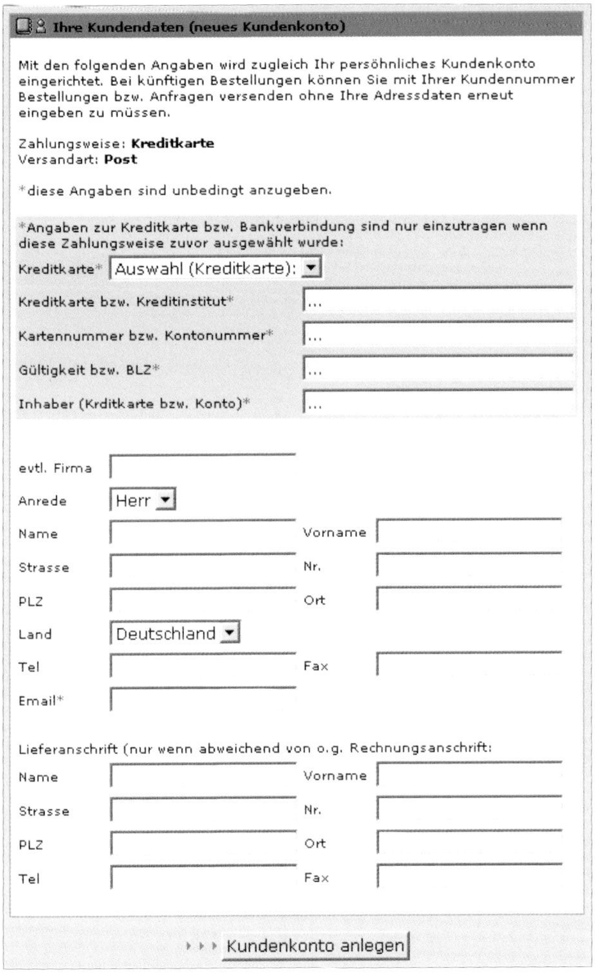

Abbildung 8.4:
Formular „Ihre
Kundendaten" beim
Anlegen eines neuen
Kundenkontos

Nach dem Ausfüllen dieses Eingabefenster und dem Bestätigen mit *„Kundenkonto anlegen"* wird auf dem Webserver ein Kundenkonto eingerichtet und die eingegeben Daten werden gespeichert. Mit seiner Kundennummer kann der Kunde bei künftigen Bestellungen über „Mein Kundenkonto" auf seine individuellen Kundendaten (Rechnungsdaten) zugreifen und diese aufrufen.

Nun erscheint die eigentliche endgültige Bestellseite.

Abbildung 8.5:
Bestellseite mit der
Extended Mail Erwei-
terung (gekürzt)

Die Kundendaten werden in der oben gezeigten Form nur dargestellt, wenn auf dem Server eine Kundendatendatei existiert. Die Kundendatendatei `adress.txt` wird im Verzeichnis `/maildata/` gespeichert. Aus Gründen der Sicherheit und des Datenschutzes darf diese Datei für Kunden (und Außenstehende) nicht zugänglich sein. Da der Standardname und -pfad allgemein bekannt sind, sollte der vorgegebene Dateiname von Ihnen umbenannt werden. Er wird in der Praxis immer anders lauten. Durch das Umbenennen und durch entsprechende Sicherheitseinstellungen (Lese- und Schreibberechtigung nur für ausgewählte Personen), die der Webserveradministrator einstellen muss, werden Sie den Sicherheitsansprüchen gerecht.

Die *Kundendatei* enthält folgende Daten:

Standardwerte	Bei Lieferanschrift
Kundennummer	SupplyAdress (0=keine Lieferanschrift; kein Wert=Liefer-
Firmenname	anschrift vorhanden)
Anrede	
Vorname	SupplyFirstname
Nachname	SupplyLastname
Strasse	SupplyStreet
Hausnummer	SupplyNr
Postleitzahl	SupplyPlz
Ort	
Land	
Telefon	SupplyTel
Fax	SupplyFax
E-Mail-Adresse	
modeOfPayment	
CreditArt	
CreditNr	
CreditValid	
creditOwn	

Tabelle 8.2: Felder in der Kundendatei

GLOSSAR S. 505

Die Kundendatendatei ist eine **CSV**-Datei mit dem Komma als Trennzeichen der DATENFELDER. Sie kann leicht in andere Datenbanken importiert werden.

Neben den Kundendaten werden die Bestelldaten (alle immer CSV-Dateien) gespeichert. Die Dateien order.txt und orderitems.txt für Bestellungen enthalten folgende Felder:

Datei order.txt:

- Kundenummer
- Bestellnummer
- Bestelldatum
- Gesamtsumme der Bestellung
- Versandkosten
- Gesamtsumme plus Versandkosten
- Mehrwertsteuer

Datei orderitems.txt:

- Bestellnummer
- Artikel
- Stückzahl
- Einzelpreis
- Summe

Die Dateien `adress.txt`, `order.txt` und `orderitems.txt` ermöglichen, alle Geschäftsvorgänge jedes Kunden genau aufzuzeichnen, zu speichern und jederzeit für verschiedene Zwecke heranzuziehen.

Die beiden Dateien `offer.txt` und `offeritems.txt` sind identisch aufgebaut, nur sind darin die Angaben zu Angeboten enthalten.

Damit ergibt sich eine *relationale Datenstruktur*, die Sie in anderen Datenbanken zur Verwaltung und Analyse benutzen können. Jederzeit lassen sich alle Bestellungen eines jeden Kunden zusammenstellen.

Abbildung 8.6 zeigt die Darstellung der Beziehungen in MS Access. Die Beziehungen sind vom Typ 1:n:

- Ein Kunde hat eine oder mehrere Bestellungen getätigt.

  D. h.: Zu *einer* Kundennummer in der Tabelle „Kundendaten" gehören (ein oder) *mehrere* Datensätze mit der gleichen Kundennummer in der Tabelle „Bestelldaten".

- Bei einer Bestellung werden ein oder mehrere Artikel bestellt.

  D. h.: Zu *einer* Bestellnummer in der Tabelle „Bestelldaten" gehören (ein oder) *mehrere* Datensätze mit der gleichen Bestellnummer in der Tabelle „Bestellungen".

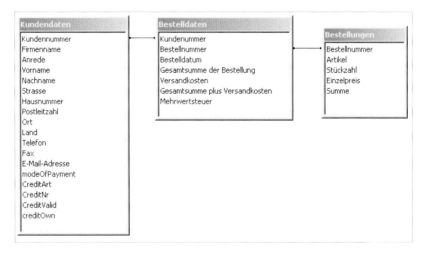

Abbildung 8.6: Relationale Beziehungen zwischen den Tabellen ‚Kundendaten' (adress.txt), ‚Bestelldaten' (order.txt) und Bestellungen (orderitems.txt) (Darstellung in MS Access): Die Linien stellen die Beziehungen zwischen den Tabellen dar.

(Analog gilt das für die Dateien zu den Angeboten `offer.txt` und `offeritems.txt`)

Diese Dateien können Grundlage für eine weitergehende Auswertung sein. Dies wären insbesondere Top-Ten der Artikel, zeitliche und regionale Analysen, Kundenverhalten, Reaktionen auf Highlights usw.

Datenschutz

Es ist verständlich, dass die Dateien im Verzeichnis `/maildata/` eines besonderen Schutzes bedürfen. Ein wichtiger Schutz wird dabei durch Umbenennen und Verschieben des Verzeichnisses erreicht. Nur die Dateinamen müssen identisch bleiben (`order.txt`, `orderitems.txt`, `offer.txt`,
`offeritems.txt`). Die Platzierung des Verzeichnisses `/maildata/` im
Verzeichnis `/cgi-bin/` ist schon ziemlich sicher. Ändern Sie den Namen des
Verzeichnisses in einen beliebigen Namen. Dazu ist die Einstellung auch
unbedingt in der Engine vorzunehmen. Zusätzlich zu diesen Schutzmaßnah-
men wird Ihnen empfohlen, in das Verzeichnis mit den Kundendaten eine
HTML-Datei beliebigen Inhaltes (eine leere Datei reicht aus) aber unbedingt
mit dem Namen `index.html` abzulegen. Jeder Versuch, mit einem Browser
das bewusste Verzeichnis zu öffnen (z.B. mit `http://www.shop-`
`server.de/cgi-bin/maildata/`), führt zur Anzeige dieser Datei
`index.html`, wenn `index.html` als Standarddokument festgelegt
wurde. Das Durchsuchen von Verzeichnissen und das Anzeigen von Ver-
zeichnisinhalten sollte ebenfalls abgeschaltet werden. Diese Option ist auf
allen gängigen Webservern (z. B. Apache, Microsoft Internet Information Server) vorhanden und häufig auch standardmäßig eingestellt. Bitte
konsultieren Sie im Bedarfsfall die Hilfeseiten der Serversoftware.Sie
können den Zugriff auf das Verzeichnis mit den Kundendaten auch über
die Verwendung eines Kennworts bzw. *Passworts* regeln. Beachten Sie
dabei, dass die Zugriffe durch die Software EXTENDED Mail durch
passende *Zugriffsberechtigungen* gesichert sind, sonst können keine Kundendaten in die Dateien geschrieben werden.

Welche Einstellungen müssen in der Engine vorgenommen werden?

Die *Einstellungen in der Engine* werden in dem Fenster „Bestellversand Voreinstellungen" vorgenommen. Alle Eingabefelder, außer dem Feld „Bestätigung", behalten ihre Wirkung. Neu ist, dass nun die Eingabefelder zu „EXTENDED Mail Voreinstellungen" ausgefüllt werden müssen:

- **CC Adresse**
  E-Mail-Adresse, an die die Bestell-E-Mail zusätzlich gesendet werden soll (z.B. eine Lieferfirma). Das CC kommt von Carbon Copy, da früher Kopien mit zwischengelegtem Kohlepapier beim Schreiben mit Schreibmaschine erzeugt wurden.

- **Sendmail**
  Pfadangabe zum Skript `sendmail` (`sendmail` ist eine Software zum Versenden von E-Mail)

- **SMTP Server**

GLOSSAR S.505

  Nur wenn Sie über einen vollwertigen E-MAIL-ACCOUNT verfügen, der einen eigenen SMTP-Server bereitstellt, die Adresse hier eingeben.

- **Shop Verzeichnis**
  Pfad und Name des E-Shopsystems auf dem Server.

- **Data Verzeichnis**
  Pfad und Name des Verzeichnisses, in dem sich die Kundendaten, Bestelldaten und Angebotsdaten befinden.

- **Pop Order**
  Die Bestellseite wird in einem eigenen Browserfenster geöffnet. Das ist sinnvoll zur Anzeige einer sicheren SSL-Verbindung in der Statuszeile des Bestellfensters. Bei einer SSL-Verbindung wird dann das neue Browserfenster im sicheren Modus gezeigt (das Schloss ist zu) (siehe oben).

- **Autoreply**
  Aktivieren, wenn der Kunde eine Bestellbestätigung erhalten soll.

- **Use Mailserver**
  Nur aktivieren, wenn Sie über einen SMTP Mailserver verfügen. Sonst wird `sendmail` von Linux verwendet.

- **Daten sichern**

  Muss aktiviert werden, wenn die Kundendaten und Bestelldaten (auch Angebot) auf dem Server gespeichert werden sollen.

- **Liste der Pflichteingabefelder**

  Markieren Sie die Felder, die der Kunde unbedingt bei der Eingabe der Kundendaten ausfüllen muss.

Nachdem Sie alle Änderungen vorgenommen haben, sichern Sie die Einstellungen und laden Sie sie hoch.

Sollten Sie die Vorzüge von EXTENDED Mail nutzen wollen, wie verbesserte Bestell- und Benachrichtigungs-Funktion und Speicherung aller Kunden- und Bestelldaten, dann kann Ihnen der Erwerb und die Installation dieser Erweiterung sehr nützlich sein.

Studienmaterial

▶ **Für EXTENDED Mail existiert zum Download beim Hersteller ein Handbuch (PDF-Datei –** `http://www.openstore.de/de/documents/`**). Dort werden neben dem Transfer der Dateien auf den Server noch weitere Hinweise zur Gestaltung, Sicherheit und Zahlweise mit Kreditkarte gegeben.**

▶ **Übung**

  Auf der Webseite

  `http://www.openstore.de/demos/demoP4exmail/openstore.htm` **ist ein E-Shop mit EXTENDED Mail bereitgestellt. Schauen Sie sich diese Demo an. Füllen Sie den Warenkorb und führen Sie eine Bestellung aus. Es kommt zu keinem echten Kaufvorgang, aber Sie können sich auf diese Weise ein genaues Bild von den Möglichkeiten machen.**

8.3 EXTENDED Search

In den vorhergehenden Lerneinheiten wurde schon von dem Problem berichtet, dass die Artikelsuche bei mehr als 300 Artikeln merklich langsamer wird. EXTENDED Search ist ein Tool zur *deutlichen Beschleunigung des Suchvorganges.*

Zu diesem Zwecke wird erneut das OPENSTORE-Prinzip, die Funktionalitäten des E-Shops auf dem Rechner des Client ablaufen zu lassen, verlassen. EXTENDED Search läuft als CGI-Skript nur auf einem Webserver. Die Suchfunktion wird deshalb nicht mittels eines JavaScript-Skripts auf dem Clientsystem ausgeführt. Eine Begrenzung für die zu durchsuchenden Artikelmengen gibt es nicht mehr. Diese Art der Suche kann einen klaren Geschwindigkeitsvorteil erbringen. Auch mehr als 10000 Artikel können mit EXTENDED Search schnell durchsucht und die maximal 100 Fundstellen im Browser des Kunden angezeigt werden. EXTENDED Search durchsucht dabei alle Artikeldateien auf dem Server und gibt dem Browser nur die gefundenen Artikeldaten zurück. Eine Kurzbeschreibung finden sie unter http://www.openstore.de/de/products/about_search.html.

Für den Kunden und den Betreiber ändert sich am E-Shopsystem nichts. Die Extended Search Suchmaske ist identisch mit der für die CLIENTSEITIGE Suche.

www.openstore.de
/de/products/
about_search.html

GLOSSAR S. 505

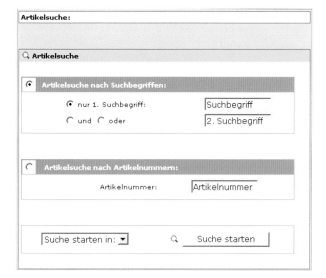

Abbildung 8.7:
Artikelsuche mit
EXTENDED Search
(Abbildung aus dem
Demoshop von LEIT-
BILD Media GmbH)

Der Unterschied zwischen den clientseitigen Suchskripten mit JavaScript und dem serverbasierten Perl-Skript liegt im schnelleren Vorliegen eines Suchergebnisses, weil vom Server nur das Suchergebnis und nicht wie bei der clientseitigen Suche alle Artikeldaten übertragen werden müssen. Zusätzlich sind einige kleine Meldungen eingebaut, die dem Nutzer helfen, sich besser zurecht zu finden. Z.B. wird die Überschreitung von mehr als 100 Fundstellen mit der Anzeige der HTML-Seite `search_err.htm` angezeigt:

Abbildung 8.8:
Mitteilung von
EXTENDED Search,
wenn die Anzahl der
Treffer größer als
100 is7

EXTENDED Search Message:

Es wurden zuviele Treffer gefunden. Bitte
nutzen Sie die Verknüpfungsmöglichkeiten des
Suchformulars zur einschränkenden
Bestimmung Ihrer Suchanfrage.

Wenn Sie EXTENDED Search besitzen und installiert haben, muss für die Verwendung lediglich in der Engine das Häkchen für EXTENDED Search im Administrationsbereich „Allgemeine Shop Voreinstellungen" (1) gesetzt und der Pfad zum Suchskript (extsearch.pl) angegeben werden (2). In dem in Abbildung 8.9 mit der Ziffer (3) markierten Formularfeld legen Sie den Pfad und den Namen des E-Shops fest.

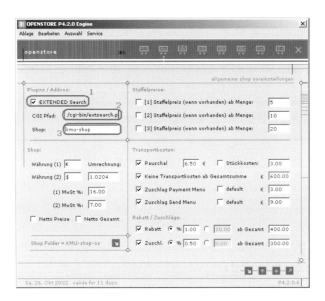

Abbildung 8.9: Einstellungen zur Verwendung von EXTENDED Search

Nachdem Sie alle Änderungen vorgenommen haben, sichern Sie die Einstellungen und laden Sie sie hoch.

Welche Voraussetzungen sind erforderlich?

Ein *registrierter OPENSTORE E-Shop* (P4 bzw. P3) muss vorhanden sein. Sie benötigen einen Webserver auf UNIX-/Linux-Basis (oder einen virtuellen Server bei einem ISP), auf dem Perl-Skripte laufen können und der Perl-Interpreter Version 5 vorhanden ist. Desgleichen gilt auch hier das, was schon für EXTENDED Mail und CGI gesagt wurde.

GLOSSAR S. 505

Bestandteile von EXTENDED Search

Es besteht nach der erfolgreichen Installation (siehe auch das Handbuch) aus den folgenden Dateien:

`/cgi-bin/extsearch.pl`	Das Perl-Skript zu EXTENDED Search
`/etc/search.htm`	Die neue Suchseite
`/etc/quicks.htm`	Die neue Quick-Suchseite
`/etc/result_es.htm`	Ergänzung zur bisherigen Suchergebnisseite
`/etc/result_err.htm`	Hinweis beim Überschreiten von 100 Treffern

Alle HTML-Dateien können frei gestaltet werden, solange Sie die Skriptverweise unverändert lassen.

Im Skript extsearch.pl muss die Pfadangabe zum vorhandenen Perl-Interpreter an die Bedingung des Webservers angepasst werden. Diese Angabe steht in der ersten Zeile des Perl-Skriptes:

```
#!/user/bin/perl
```

Ändern Sie diese Anweisung so, wie es Ihr System erfordert und Sie mit Ihrem Systemverwalter besprochen haben.

Nach allen Gestaltungsanpassungen kopieren Sie mittels FTP alle Dateien in die entsprechenden Verzeichnisse. Beachten Sie dabei die Hinweise im Handbuch zu EXTENDED Search.

www.openstore.de/de/documents/

ZUSAMMENFASSUNG

In dieser Lerneinheit wurden die vom Hersteller von OPENSTORE bereitgestellten optionalen Module aufgezeigt. Mit den Modulen OPEN Mail, EXTENDED Mail und EXTENDED Search können einfache Bestellungen per E-Mail versendet, die Verwaltung von Bestellungen und Kunden realisiert und die Artikelsuche optimiert werden. Es wurde dargestellt, wie diese Module arbeiten und welche grundsätzlichen Einstellungen vorzunehmen sind. Damit wurde eine Entscheidungsgrundlage für den möglichen Einsatz der Module in einem E-Shopsystem gegeben.

www.openstore.de/
de/order/
(25.08.2002

Die Preise für die Zusatzmodule können Sie dem E-Shop der LEITBILD Media GmbH entnehmen: http://www.openstore.de/de/order/ (Abruf: 25.08.2002)

Mit dieser Lerneinheit wird der Inhaltsbereich zum E-Shopsystem OPENSTORE abgeschlossen (Lerneinheit 3–8). Das E-Shopsystem OPENSTORE ist eine Lösung, die ohne Verwendung von Datenbanken auskommt und für E-Shops bei klein- und mittelständischen Unternehmen einsetzbar ist.

Die nächsten Lerneinheiten (9 bis 13) behandeln das E-Shopsystem GS ShopBuilder Pro 2, das auf der Betreiberseite eine Datenbank für die Artikeldaten benutzt. Die Version GS ShopBuilder Entry wird von der STRATO AG als E-Shopsystem ab dem Premium-Paket bereitgestellt (Mai 2002). Diese Version basiert auf GS ShopBuilder Pro 2.

Sie werden in den folgenden Lerneinheiten – ähnlich dem Vorgehen bei den Lerneinheiten zu OPENSTORE – schrittweise einen E-Shop für Büroartikel aufbauen und dabei lernen, als E-Shopbetreiber das E-Shopsystem GS ShopBuilder Pro 2 zu nutzen. Optionale Module werden in der Lerneinheit 13 vorgestellt.

In der abschließenden Lerneinheit 14 schließlich erfolgt eine vergleichende Gegenüberstellung der beiden E-Shop-Systeme.

[9] GS SHOPBUILDER PRO 2 – SYSTEM UND INSTALLATION

Mit *GS ShopBuilder Pro 2* können E-Shopbetreiber ihren E-Shop selbst erstellen, pflegen und publizieren. Das Konzept von GS ShopBuilder Pro 2 der Firma GS Software AG orientiert sich an einer einfachen Bedienbarkeit der E-Shopsoftware und an einem weitestgehend vom Serversystem unabhängigen E-Shop. Entsprechend den unterschiedlichen Ansprüchen der E-Shopbetreiber bietet GS ShopBuilder Shoplösungen von der einfachen Standardversion bis hin zum E-Shopsystem für Internet-Service-Provider (GS ShopBuilder ISP) an.

www.gs-software.de/

Der Artikelbestand kann aus verschiedenen Datenquellen (z.B. ASCII-Texte, CSV-Dateien, dBase, Paradox, MS Access) importiert werden. Die Artikel werden nach Kategorien und Warengruppen sortiert in der Katalogdatenbank erfasst. Zu jedem Artikel können Bilder und Grafiken sowie Links hinzugefügt werden.

GLOSSAR S. 505

Die mitgelieferten TEMPLATES bzw. STILVORLAGEN erlauben die Festlegung des Erscheinungsbildes des E-Shops mit einfachen Mitteln mit der GS ShopBuilder Pro 2 Software. Die Stilvorlagen, bei denen es sich um einfache HTML-Seiten handelt, sind editierbar. Somit können Sie auch eigene Designs für den E-Shop entwickeln.

Die Software zur ADMINISTRATION und Pflege der Artikelbestände bzw. Katalogdaten wird auf einem LOKALEN COMPUTER gespeichert. Ebenso erfolgt das Erzeugen des E-Shops zunächst lokal auf dem PC. Ins Internet werden lediglich die E-Shopseiten, d.h. die erzeugten HTML-Seiten und die Bilder bzw. Grafiken übertragen. Hierfür benötigt der lokale Rechner einen temporären Zugang zum Internet. Nachdem die FTP-Einstellungen zum HOCHLADEN der Daten auf den WEBSERVER im integrierten FTP-Client des GS ShopBuilder Pro 2 richtig eingetragen wurden und eine Verbindung zum Internet besteht, können die fertigen E-Shopseiten auf den Webserver übertragen werden.

GLOSSAR S. 505

GS ShopBuilder Pro 2 verwendet ein Grundgerüst an HTML-Seiten und JAVASCRIPT-SKRIPTEN für einen E-Shop. Dieses Grundgerüst kann man verändern, um nicht nur das Design, sondern auch die gewünschte Funktionalität des E-Shops anzupassen. Die Funktionen wie Auflisten der Artikel, Zusammenstellen und Verwalten des WARENKORBS, Berechnung der Preise werden CLIENTSEITIG ausgeführt. Die Benachrichtigung des E-Shopbetreibers über eine Bestellung per E-Mail muss jedoch auf einem WEBSERVER umgesetzt werden. Die verschiedenen Möglichkeiten dafür werden Sie im *Abschnitt „12.2.1 – Schritte zwischen gefülltem Warenkorb und Bezahlung beziehungsweise Angebot"* kennen lernen.

Seite 414

Mit dem GS ShopBuilder Pro 2 verwalten Sie Ihr E-Shopsystem selbst. Sie nehmen Einfluss auf Gestaltung, E-Shopparameter (Währungen, Rabatte, Mehrwertsteuer, Versandkosten etc.), Kategorisierung und Anordnung der Artikel und einige weitere Parameter, die alle nachfolgend beschrieben werden. GS ShopBuilder Pro 2 editiert für Sie HTML-Dateien und Skripte entsprechend den von Ihnen vorgenommenen Einstellungen. Die Einstellungen werden von GS ShopBuilder Pro 2 als DATENBANK- oder Textdateien gespeichert.

GS ShopBuilder Pro 2 unterstützt den IMPORT von Datenbeständen aus verschiedenen Datenquellen oder Datenbanken, wie ASCII-Textdateien mit Tabulator als Feldtrennzeichen, CSV-Dateien (ASCII-Textdateien mit beliebigen Feldtrennzeichen), dBase, Paradox oder MS Access 97 und generiert hieraus automatisch die erforderlichen Artikeldateien bzw. Katalogdateien für den E-Shop. Im GS ShopBuilder Pro 2 können dann diese Artikeldateien weiter verändert und gepflegt werden.

GS ShopBuilder Pro 2 schreibt beim Generieren des E-Shops die Resultate in das lokale Verzeichnis `\onlineshop\` im Installationspfad des GS ShopBuilder E-Shopsystems, das den lauffähigen E-Shop vollständig enthält. Sie können mit einem Browser die Datei `index.html` öffnen und sich den aktuellen E-Shop jederzeit ansehen.

Die Grundfunktionen des E-Shopsystems GS ShopBuilder Pro 2 sind nahezu identisch mit anderen Mittelstands-E-Shopsystemen (wie z. B. auch OPENSTORE). Sie enthalten Funktionen zum Import und zur Verwaltung von Artikeldaten, des Warenkorbes, des

Bestellvorgangs und der Benachrichtigungen für den E-Shopbetrei-ber und Kunden. Zahlungsarten und Versandbedingungen werden vom E-Shopbetreiber selbst vorgegeben. Außerdem können eine zweite Währung, die Mehrwertsteuer, Rabattstaffeln und die Versandkosten implementiert werden. Die Artikel werden in Warengruppen angelegt, welche als hierarchische Baumstruktur wiedergegeben werden. Die Tiefe der Verschachtelung der Warengruppen ist dabei beliebig. Ebenso bestehen hinsichtlich der Anzahl der Warengruppen oder der Artikel keine Beschränkungen. Jedem Artikel können Produktbilder und Links zugeordnet werden. Für die einzelnen Artikel kann eine Detailseite angelegt werden; optional können Artikel (z. B. Sonderangebote) auf der Startseite des E-Shops platziert werden. Daneben können bis zu drei verschiedene Artikeleigenschaften bzw. Attribute (z. B. Farbe, Größe etc.) für jeden Artikel definiert werden.

Das E-Shopsystem GS ShopBuilder Pro 2 auf dem lokalen Rechner ist datenbankbasiert. Die Artikeldaten und Einstellungen zum E-Shopsystem werden in einer Datenbank (Paradox-Datenbank) gespeichert. Diese lokale Katalogdatenbank verwendet die Borland Database Engine (**BDE**) von Inprise. BDE ist die Schnittstelle zwischen der Datenbankdatei und der Anwendung, die die Datenbank nutzt, in unserem Fall das Programm GS ShopBuilder Pro 2. Die dazu erforderlichen Bibliotheksdateien werden automatisch bei der Installation des GS ShopBuilder Pro 2 auf Ihrem Rechner installiert. Weitere wichtige Informationen zur Thematik der Datenbank in E-Shopsystemen wurden bereits in Abschnitt 2.4 gegeben. Der E-Shop auf dem Webserver ist allerdings keine Datenbanklösung, denn die Inhalte des Produktkataloges werden durch das Programm GS ShopBuilder Pro 2 in HTML-Dateien gespeichert.

Für die Durchführung der nachfolgenden Übungen benötigen Sie die Bedienungsanleitung (PDF-Format; sie ist im Installationspaket enthalten und steht nach der Installation zur Verfügung) und die Setup-Datei des GS ShopBuilder Pro 2. Der Download und die Installation werden im folgenden Abschnitt erläutert.

Wenn sie die Strato Edition des GS ShopBuilder Pro 2 einsetzen, sollten Sie dennoch Bedienungsanleitung und Dokumente des Herstellers GS Software AG downloaden und einsetzen.

GLOSSAR S. 505

Seite 74

9.1 Systemvoraussetzungen

Bevor Sie die Installation von GS ShopBuilder Pro 2 durchführen, sollten Sie sicherstellen, dass sowohl Ihr lokaler Rechner als auch Ihr Webserver den Anforderungen genügen. Diese Anforderungen werden Ihnen in den nächsten beiden Abschnitten dargestellt.

Hardware/Software und das Betriebssystem des lokalen Rechners

GS ShopBuilder Pro 2 steht *ausschließlich für Windows*-Betriebssysteme in den Versionen 95, 98 und NT, 2000, ME, XP zur Verfügung. Das bedeutet, die E-Shopsoftware ist nicht für die Betriebssysteme Macintosh, MacOS X oder z. B. Unix / Linux konzipiert. Die Software, Connectix Virtual PC for Macintosh, ermöglicht auch Macintosh-Anwendern die Ausführung GS ShopBuilder Pro 2.

▶ **Hinweis zur Verwendung von BDE:**

Im Zusammenhang mit der Katalogdatenbank treten gelegentlich Probleme mit der BDE (Borland Database Engine) auf. Häufiger Grund sind Installationen von älteren Versionen der BDE, die wegen eines falschen Datums bei der Installation des GS ShopBuilder Pro 2 nicht aktualisiert werden. Da die BDE zu älteren Versionen abwärtskompatibel ist und GS ShopBuilder Pro 2 stets die aktuelle Version der BDE benutzt, ist es häufig erforderlich, die alte BDE vorher vollständig zu entfernen und anschließend GS ShopBuilder Pro 2 erneut zu installieren.

Achtung: Fertigen Sie vorher eine Sicherheitskopie der alten BDE an und prüfen Sie anschließend, ob alle anderen Anwendungen, die die BDE benutzen, noch einwandfrei funktionieren.

Die Systemvoraussetzungen im Überblick:

- Betriebssystem: Windows 95, 98, Windows NT, 2000, ME oder Windows XP
- Prozessor: Pentium 300 MHz oder besser
- Arbeitsspeicher: Mindestens 64 MB Hauptspeicher
- Festplatte: Mindestens 30 MB Festplattenspeicherplatz

www.gs-shopbuilder.de/pro_produktinfo.htm (21.02.2002)

- Maus
- Bildschirm: Min. 800 x 600 Bildschirmauflösung mit High Color (65536 Farben) oder True Color (16 Mio. Farben) (empfohlen)
- Browser: Installation von Netscape 4 oder Microsoft Internet Explorer 4 oder höher

Der benötigte *Speicherplatz auf Ihrer Festplatte* beträgt für die gesamte E-Shopsoftware inklusive des Beispielshops etwa 8 MB (nach der Installation in Anspruch genommener Speicherplatz). Der Beispielshop selbst benötigt ohne Ihre Artikeldaten weniger als 200 KB. Der Beispielshop wird im Verzeichnis `C:\qe-shops\GSSBPro2\onlineshop` installiert und besteht aus den HTML-Seiten, den in die HTML-Seiten integrierten Skripte und den in den Stilvorlagen eingebundenen Bilddateien.

GLOSSAR S.505

Die Produktbilder selbst (im JPG- oder GIF-Format) werden in dem separaten Unterverzeichnis `\images\` abgelegt.

Die Katalogdatenbank der DEMOVERSION benötigt etwa 300 KB. Die Dateien finden Sie im Verzeichnis `C:\qe-shops\GSSBPro2\data` in dem von Ihnen gewählten Installationspfad des GS ShopBuilder. Kommen weitere Artikeldaten, beispielsweise aus Datenbanken hinzu, vergrößert sich dieser Speicherbedarf entsprechend.

Neben der E-Shopsoftware zur Administration und Pflege der Artikelbestände wird zum Aufruf des fertigen E-Shops ein *Webbrowser* benötigt. Der Hersteller weist darauf hin, dass Browser von Netscape oder Microsoft mindestens die Versionsnummer 4.0 haben müssen.

www.gs-shopbuilder.de/pro_produktinfo.htm
Abruf: 21.02.2002

Im GS ShopBuilder Pro 2 ist ein Importmodul für Bilder integriert. Als *Bildformate* sind die Formate JPEG (JPG), GIF und BMP erlaubt, die Bilder können in drei verschiedenen Größen importiert werden. Durch die Bildgrößenanpassung beim Import der Bilder werden diese vom GS ShopBuilder Pro 2 automatisch als JPG-Format ausgegeben. GIF-Formate können auch direkt übernommen werden, in diesem Fall ist jedoch keine automatische Bildgrößenanpassung möglich, weshalb die GIF-Bilder bereits in dem gewünschten Bildgrößenformat vorliegen müssen.

Hardware/Software für den E-Shop

GLOSSAR S.505

Sie benötigen für den Onlinebetrieb ein öffentlich zugängliches Verzeichnis für Ihre E-Shopdateien. Dieses Verzeichnis muss über einen URI erreichbar sein. Das heißt, Sie benötigen WEBSPACE, den Sie entweder über einen Internet Service Provider (ISP) mieten oder durch einen eigenen Webserver selbst verwalten.

Die *Anforderungen an den Webserver* sind beim GS ShopBuilder Pro 2 sehr niedrig. Auch einfache Angebote eines Webhosters für Webspace sind ausreichend. Da beim GS ShopBuilder Pro 2 keine SERVERSEITIGEN Skripte ausgeführt werden, ist es auch hier unerheblich, welches Serverbetriebssystem und welcher Webserver auf dem physischen Server laufen.

Auf dem Webserver wird die identische Menge *Speicherplatz* wie auf Ihrem lokalen Rechner für das Verzeichnis `\onlineshop\` und seine Unterverzeichnisse `\images\` und `\files\` benötigt. Wenn Sie z.B. den Beispielshop des GS ShopBuilder Pro 2 auf einen Webserver hochladen, so liegt der benötigte Speicherplatz bei ca. 850 KB, also weniger als 1 MB. Wächst Ihr Artikelbestand, so steigen ebenfalls die Anforderungen an den benötigten Speicherplatz auf dem Webserver. Für die Beschreibung der Artikel können Sie ca. 1 KB Speicherplatz je Artikel veranschlagen. Meist ist es weniger, es kommt auf die Länge des beschreibenden Textes an. Eine Seite DIN A4 mit ca. 72 Zeichen pro Zeile und 60 Zeilen hat die Größe von etwa 4300 Byte. Als Durchschnittswert kann man demnach mit rund 3 KB pro DIN-A4-Seite rechnen, denn eine Seite ist selten vollständig in allen theoretisch zur Verfügung stehenden Zeilen beschrieben.

Die Bilder zu den Artikeln benötigen *zusätzlichen Speicherplatz*. Sehen Sie einen Speicherplatz von 5 – 10 KB oder mehr je Bild vor. Der erforderliche Speicherplatz ist stark abhängig von der Bildgröße und Bildqualität. Wenn Sie große Detailansichten Ihrer Produkte im E-Shop einbinden, kann der erforderliche Speicherplatz auf dem Webserver in Abhängigkeit von der Anzahl der Bilder deutlich ansteigen. Artikelbilder können in drei verschiedenen Größen gespeichert werden: `big` (je Bild ca. 7-9 KB), `medium` (je Bild ca. 3-4 KB) und `small` (je Bild ca. 2 KB). Die Größenangaben beziehen sich dabei auf die Standardeinstellungen des GS ShopBuilder Pro 2.

Für die *Übertragung der E-Shopdateien* von Ihrem lokalen Rechner zum Webserver müssen Sie kein zusätzliches FTP-Programm auf Ihrer Festplatte installieren, da im GS ShopBuilder Pro 2 ein FTP-Client integriert ist. Sie müssen lediglich in den FTP-Einstellungen des GS ShopBuilder Pro 2 Ihre Benutzerdaten für den Zugriff auf Ihren Webserver eintragen. Wenn Sie den Befehl „Veröffentlichen" wählen, wird der integrierte FTP-Client aufgerufen und die Übertragung des E-Shops beginnt. Allerdings kann nur bei einer registrierten Version des GS ShopBuilder Pro 2 die Übertragung ausgeführt werden. Je nachdem, wie Ihr Internetzugang konfiguriert ist, wird mit GS ShopBuilder Pro 2 die Verbindung zum Internet direkt hergestellt.

Wie beim E-Shopsystem von OPENSTORE benötigen Sie auch hier eine eigene *E-Mail-Adresse*, um die per E-Mail versendeten Bestellungen auch empfangen zu können.

Für die Anzahl der Artikeldateien liegen keine Beschränkungen vor. Sie sollten jedoch darauf achten, dass der Artikelbestand für eine einzelne Warengruppe nicht übermäßig ansteigt – auch aus Gründen der Übersichtlichkeit. Halten Sie die Beschreibungstexte kurz und achten Sie auf die Anzahl der eingebundenen Bilder. Große Artikelmengen in einzelnen Warengruppen führen zu längeren Ladezeiten der E-Shopseiten im Browser.

9.2 Installation der Demoversion

In diesem Abschnitt werden Sie den GS ShopBuilder Pro 2 mit dem Bei-spielshop des Herstellers installieren. Der Beispielshop ist die Grundlage für Ihre Übungen.

Die Demoversion des GS ShopBuilder Pro 2 können Sie sich aus dem Internet unter folgender Adresse herunter laden: http://www.gs-shop-builder.de/download.htm

www.gs-shopbuilder.de/ download.htm

Die Demoversion des GS ShopBuilder Pro 2 liegt als ZIP-Datei vor; die Dateigröße beträgt 7,85 MB.

Sie müssen nun ein Verzeichnis auf Ihrer Festplatte auswählen, in das die ZIP-DATEI des GS ShopBuilder Pro 2 „gssbpro200.zip" gespeichert werden soll.

GLOSSAR S.505

Nach erfolgreichem Download müssen Sie die Datei „gssbpro200.zip" ENTPACKEN. Zum Entpacken der Archivdateien benötigen Sie ein Pro-gramm, das diese Aufgabe übernimmt (z. B. die Programme FreeZIP oder WinZIP).

members.oze-mail.com.au/ ~nulifetv/freezip/ index.html (15.05.2002)

Quellen zum Download von Pack-Programmen:

- FreeZIP von DS Software

www.winzip.de (15.05.2002)

- WinZIP von WinZip Computing, Inc.

Wurde die Datei erfolgreich entpackt, so kann die Installation des GS ShopBuilder Pro 2 gestartet werden.

▶ Übung

Beginnen Sie nun mit der Installation.

Doppelklicken Sie dazu auf die Setup-Datei:

GS ShopBuilder Pro 2 wird jetzt auf Ihrer Festplatte installiert. Während des Installationsvorgangs werden Sie zunächst aufgefordert, den Software-Lizenzvertrag zu lesen. Lesen Sie diesen durch und akzeptieren Sie ihn mit „Ja". Anschließend erhalten Sie weitere Informationen:

- **Hinweise zur Installation**
- **Update von einer älteren Version**
- **Registrierung**
- **GS ShopBuilder Pro 2 im Internet**
- **Shopcity24 (der Hersteller betreibt einen kostenlosen Marktplatz/Shoppingmall unter** `http://www.shopcity24.de`**)**
- **Datensicherung**

Lesen Sie sich diese zusätzlichen Informationen ebenfalls sorgfältig durch.

Geben Sie dann die Benutzerinformationen ein, d.h. Ihren Namen und den Firmennamen. Wählen Sie anschließend den Zielpfad bzw. das Verzeichnis aus, in dem der GS ShopBuilder Pro 2 abgelegt werden soll. Klicken Sie hierzu entweder auf „Durchsuchen" oder akzeptieren Sie den vorgeschlagenen Installationspfad, der bei den Standardeinstellungen von Windows C:\Programme\GSSBPro2 lautet, indem Sie einfach auf „Weiter" klicken (vgl. Abb. 9.1).

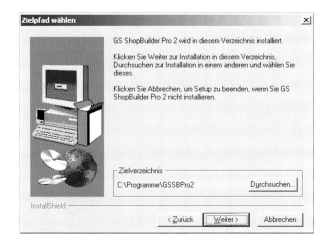

Anschließend müssen Sie noch den Programmordner für das Startmenü wählen. Akzeptieren Sie den vorgeschlagenen Order „GS ShopBuilder Pro 2" oder wählen Sie einen anderen Namen.

Zum Schluss werden Sie nochmals über Ihre Eingaben informiert. Wenn Sie auf „Weiter" klicken, wird die Demoversion des GS ShopBuilder Pro 2 auf Ihrer Festplatte installiert.

Nach Abschluss der Installation können Sie wählen, ob Sie den GS ShopBuilder Pro 2 direkt starten möchten.

Abbildung 9.3:
Hinweisfenster bei
abgeschlossener
Installation

Während der Installation hat GS ShopBuilder Pro 2 unter dem Verzeichnis `C:\Programme\GSSBPro2` folgende Verzeichnisstruktur auf Ihrer Festplatte angelegt, sofern die Voreinstellung bei der Installation nicht geändert wurden (vgl. auch Abb. 9.4):

```
C:\Programme\GSSBPro2
                      \attributes\
                      \data\
                      \javascript\
                      \onlineshop\
                      \templates\
```

Das *Verzeichnis \onlineshop* enthält den lauffähigen Demoshop, den der Hersteller als Grundgerüst bereitstellt. Wenn Sie mit einem Browser die Datei `index.html` öffnen, können Sie sich diesen mit Ihrem Browser ansehen. Das Verzeichnis enthält dabei neben den HMTL-Seiten alle Bilder, welche in den Stilvorlagen eingebunden wurden. Die Produktbilder selbst, befinden sich in den entsprechenden Unterverzeichnissen `\onlineshop\images\big` für die großen Bilder, `\onlineshop\images\medium` für die mittelgroßen Bilder und `\onlineshop\images\small` für die kleinen Bilder.

Im *Verzeichnis \data* werden die Dateien der Katalogdatenbank des Beispielshops abgelegt. Die Katalogdatenbank verwaltet die Artikelbestände bzw. die Datensätze. Die Textdateien beinhalten die Eingaben, die bei den allgemeinen Einstellungen des E-Shops eingetragen werden.

Das *Verzeichnis \javascript* beinhaltet die JavaScript-Dateien (Endung `*.js`), welche für die Funktionalität des E-Shops benötigt werden. Die JavaScript-Skripte beispielsweise für den Warenkorb oder auch für den Bestellvorgang sind in diesem Verzeichnis gespeichert.

Im *Verzeichnis \attributes* werden die Attribute bzw. Artikeleigenschaften als einfache Textdateien abgelegt. Hier finden sich Dateien mit den Namen „Farbe", „Größe" etc., die mit dem Software GS ShopBuilder Pro 2 verändert, erweitert und ergänzt werden können.

In dem *Verzeichnis \templates* werden die verschiedenen Templates bzw. Stilvorlagen zusammengefasst, welche das Layout Ihres E-Shops betreffen. So finden Sie hier eine Vielzahl an weiteren Unterordnern `\Blue\`,`\Blue and Red\` usw. Dabei entspricht jeder Ordner einer Stilvorlage. Die Ordner enthalten die für die Stilvorlagen erforderlichen HTML-Seiten und Bilder sowie einen beschreibenden Text `preview.txt` zur Stilvorlage. Die Datei `preview.jpg` gibt eine Vorschau auf das Layout.

Abbildung 9.4:
Verzeichnisstruktur
GSSBPro2

Während der Installation wurden auch die Programmsymbole des GS ShopBuilder Pro 2 im Programmordner des Startmenüs erstellt:

 bzw.

Abbildung 9.5:
Symbole im
Programmordner
des Startmenüs

Über Anklicken des Symbols *GS ShopBuilder Pro 2* wird das Programm gestartet. Über „Hilfe" erreichen Sie eine Windows-Hilfe-Datei, die zur Anleitung und zum Verständnis des Programms dient. Hier können Sie nach Inhalten oder bestimmten Suchbegriffen bezüglich der Bedienung des GS ShopBuilder Pro 2 suchen oder sich die Bedienungsanleitung des GS ShopBuilder Pro 2 als PDF-Dokument („Bedienungsanleitung") durchlesen.

Weiterhin finden Sie Informationen zum Lizenzvertrag (*Lizenzvertrag*), während die Datei Liesmich! nochmals die bereits während der Installation gegebenen Informationen bezüglich Installation, Registrierung etc. aufführt.

▶ **Hinweis zur Installation und zur Deinstallation**

Die Installation des E-Shopsystems GS ShopBuilder Pro 2 erzeugt den obigen Verzeichnisbaum. Zusätzlich werden Einträge in die Registry (zentrale Registrierungsdatenbank) des Windows-Betriebssystems vorgenommen.

Möchten Sie das E-Shopsystem wieder deinstallieren, so reicht es nicht aus, das Verzeichnis C:\ Programme\ GSSBPro2 *einfach wieder von Ihrer Festplatte zu löschen. Sie können jedoch GS ShopBuilder Pro 2 vollständig von Ihrem Rechner entfernen, indem Sie in der Windows-Systemsteuerung auf „Software" klicken, GS ShopBuilder Pro 2 anwählen und „Entfernen" wählen.*

Übung

Starten Sie jetzt den GS ShopBuilder Pro 2.

Klicken Sie hierzu entweder auf das Programmsymbol GS Shop-Builder auf Ihrem Desktop / Startmenü oder im Installationspfad des GS ShopBuilder Pro 2 `C:\Programme\GSSBPro2`:

 oder:

Nach dem empfohlenen Neustart Ihres PCs können Sie das Programm auch über die Windows-Startleiste aufrufen.

Da es sich um eine Demoversion des GS ShopBuilder Pro 2 handelt, erscheint nach dem Programmstart zunächst eine Maske, in der Sie entweder eine Registrierungsnummer eingeben oder auf die Schaltfläche „Demo" klicken müssen (vgl. Abb. 9.6).

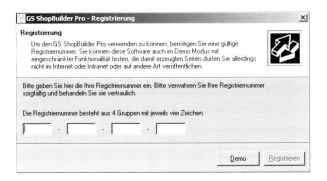

Abbildung 9.6: Registrierungsfenster

Der GS ShopBuilder Pro 2 mit den Artikelbeständen des Beispielshops wird jetzt geöffnet.

Wir untersuchen zunächst die Funktionen und Fenster des GS Shop-Builder Pro 2 und den mitgelieferten Demoshop. Später werden wir den Beispielshop „Papierflieger" des Herstellers löschen und unseren Übungsshop aufbauen.

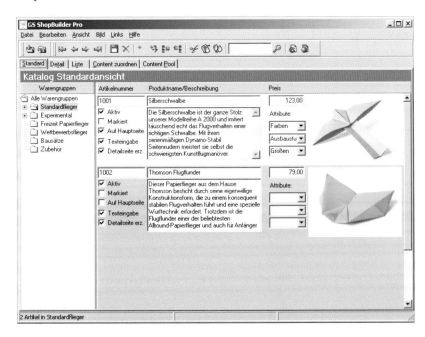

Abbildung 9.7: GS ShopBuilder Pro 2 nach dem Start (Demoshop)

Wenn Sie mit der Maus auf die Listeneinträge der Warengruppen klicken (im Fenster links), können Sie den gesamten Artikelbestand des Beispielshops einsehen und die voreingestellte Ordnung des Artikelbestandes erkennen.

▶ **Übung**

Generieren Sie jetzt den E-Shop, um ihn dann im Browser ansehen zu können, indem Sie aus dem Menü „Datei" den Befehl „Onlineshop erzeugen und anzeigen" wählen. Sie werden jetzt aufgefordert, eine Stilvorlage für Ihren E-Shop auszuwählen:

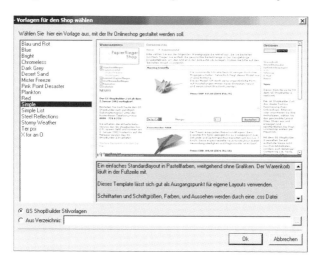

Abbildung 9.8: GS ShopBuilder Pro 2 Auswahl einer Stilvorlage

---

Nachdem Sie sich für eine Stilvorlage entschieden haben, wird der E-Shop lokal auf Ihrer Festplatte erzeugt. Dabei generiert das Programm einen Bericht, welche Dateien in welchem Verzeichnis erzeugt wurden (siehe Abb. 9.9).

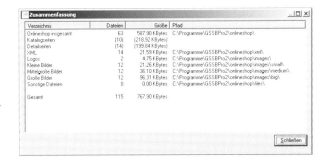

Abbildung 9.9: GS ShopBuilder Pro 2 zusammenfassender Bericht nach der Erzeugung des E-Shops auf der Festplatte

Anschließend wird der von Ihnen auf der Festplatte installierte Standardbrowser gestartet und die Startseite des E-Shops aufgerufen:

Abbildung 9.10: Ansicht des generierten Demoshops im Browser

Sie sehen jetzt einen funktionsfähigen E-Shop in Ihrem Browser.

Machen Sie sich bereits jetzt mit dem fertigen E-Shop vertraut. Klicken Sie sich durch die E-Shopseiten der Artikelbestände bzw. Warengruppen, bestellen Sie Artikel und sehen Sie sich den Warenkorb und die Bestellseite an. Lediglich das Absenden der Bestellung und die Produktsuche funktionieren nicht auf Ihrem lokalen Computer, da hierfür serverseitige Skripte verwendet werden, was ein Hochladen auf einen Webserver voraussetzt.

9.3 Grundeinstellungen

Im Demoshop existieren zahlreiche Voreinstellungen, deren Kenntnis wir Ihnen in diesem Abschnitt vermitteln möchten. Die Voreinstellungen sichern, dass der Demoshop lokal (und später auch auf dem Webserver) funktioniert und mit einem Browser geöffnet werden kann. Sie können den Beispielshop beliebig testen. Solange Sie die *Änderungen* (z. B. das Hinzufügen von neuen Warengruppen oder neuen Artikeln) nur direkt im GS ShopBuilder Pro 2 vornehmen ist die Funktionstüchtigkeit weiterhin gewährleistet.

Führen jedoch keine manuellen Änderungen an der E-Shopstruktur (das Grundgerüst aus dem Verzeichnisbaum und die in den Verzeichnissen liegenden Dateien) durch. Wird diese Struktur geändert, so kann der E-Shop u. U. nicht mehr funktionieren.

Ändern Sie ebenfalls nicht JavaScript-Skripte im Verzeichnis `\javascript\` zur Steuerung der Funktionalitäten. Diese Skripte sind an die Verzeichnisstruktur angepasst, so dass Änderungen eine Funktionsuntüchtigkeit zur Folge haben können.

Änderungen an HTML-Dateien zur E-Shopgestaltung im Verzeichnis `\templates\` sollten nur bei ausreichenden Kenntnissen erfolgen. Auch hier können unbedachte Änderungen zum Verlust der Funktionalität führen.

Die Bilder des E-Shops im GIF- bzw. JPG-Format, d.h. die Produktbilder, werden in dem Unterverzeichnis `\onlineshop\images\` (und dessen Unterverzeichnissen) abgelegt. Da die HTML-Seiten auf die Bilder referenzieren, dürfen sie nicht wieder aus diesem Verzeichnis gelöscht werden. Die Bilder können sonst nicht mehr angezeigt werden.

▶ **Übung**

Während des Studiums der folgenden Abschnitte sollten Sie den GS ShopBuilder Pro 2 stets geöffnet haben. Probieren Sie die erläuterten Änderungsmöglichkeiten an den Einstellungen aus. Überprüfen Sie anschließend die Auswirkungen auf die Darstellung des E-Shops im Browser.

Nach jeder Änderung in den Grundeinstellungen muss der E-Shop neu erzeugt werden (Menü „Datei" der Befehl „Onlineshop erzeugen und anzeigen"). Der E-Shop wird neu generiert und in einem neuen Browserfenster mit den vorgenommenen Veränderungen angezeigt.

Studienmaterial

▶ **Lesen Sie in der Bedienungsanleitung des GS ShopBuilder Pro 2 (Bedienungsanleitung.pdf) das Kapitel „Einstellungen des Onlineshops". Dort werden die im Folgenden vorgestellten Eingabefenster und deren Funktionalität ausführlich beschrieben. Das Dokument finden Sie im Verzeichnis, in dem sich auch die GS ShopBuilder Pro 2 Programmdatei befindet.**

Grundeinstellungen des E-Shops

Wählen Sie aus dem Menü „Datei" den Befehl „Einstellungen". Hier finden Sie alle Auswahlmöglichkeiten für die Grundeinstellungen des erzeugten E-Shops. Diese sind: *Allgemein, Logos, Währung/UST, Zahlungsarten, Versand, Bestellseite, FTP, Metatags, Optionen, HTML Optimierung, Rabatt/Mindestmenge* und *Bild Import*.

In den folgenden Abschnitten
- Allgemeine E-Shopvoreinstellungen, Logos
- Voreinstellung Währungen/UST, Zahlungsarten
- Voreinstellung zum Versand
- Voreinstellungen zur Bestellseite
- Voreinstellungen zum FTP
- Voreinstellung zu den Metatags
- Voreinstellungen zu weiteren Optionen
- Voreinstellung HTML-Optimierung
- Voreinstellung Rabatt/Mindestmenge
- Voreinstellung Bild Import

werden wir Ihnen die einzelnen Einstellmöglichkeiten erläutern.

Allgemeine E-Shopvoreinstellungen, Logos
EINSTELLUNGEN „ALLGEMEIN"

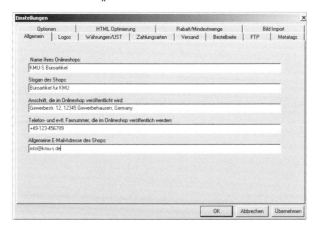

Abbildung 9.11:
Einstellungen
„Allgemein"

In diesem Fenster Allgemein werden eingestellt:

- Name des E-Shops
- Slogan des E-Shops
- Anschrift des Betreibers, die im E-Shop veröffentlicht wird
- Telefon- und Faxnummer
- E-Mail-Adresse des E-Shops

In der Abbildung 9.13 können Sie sehen, wo die gemachten Einträge im E-Shop angezeigt werden. Die Stellen sind zur Verdeutlichung mit Ellipsen betont. Diese Markierungen erscheinen in Ihrer tatsächlichen Browserausgabe selbstverständlich nicht.

▶ **Übung**

Ändern Sie unter „Allgemein" den Namen des E-Shops und den Slogan. Die Abb. 9.12 zeigt ein mögliches Beispiel. Erzeugen Sie den E-Shop neu (Menü „Datei" der Befehl „Onlineshop erzeugen und anzeigen").

Abbildung 9.12:
Einstellungen
„Allgemein" mit den
Beispieldaten

Die Änderungen sehen Sie jetzt direkt auf der Startseite Ihres E-Shops in Ihrem Browser.

Ihr Übungsergebnis sollte so aussehen:

*Abbildung 9.13:
Ansicht des E-Shops
im Browser mit den
in der Übung
geänderten allge-
meinen Angaben
zum E-Shop*

EINSTELLUNGEN „LOGOS"

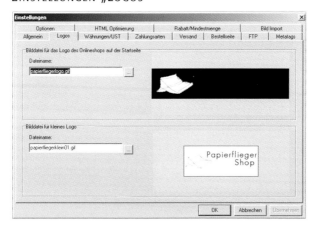

*Abbildung 9.14:
Einstellungen
„Logos"*

Hier wählen Sie zwei Bilddateien aus (GIF- bzw. JPG-Format), welche als Logos auf der Startseite bzw. im Inhaltsverzeichnis Ihres E-Shops einge-bunden werden. Zur Bildauswahl klicken Sie auf die entsprechende Schaltfläche ⊡.

Es öffnet sich ein neues Fenster, welches im linken oberen Rahmen den Verzeichnisbaum Ihrer Festplatte wiedergibt. Klicken Sie sich durch den Verzeichnisbaum bis zu dem Unterverzeichnis, in dem sich Ihre Bilddateien befinden (z. B. Artikelbilder).

Alle Bilddateien des Unterverzeichnisses werden jetzt im linken unteren Rahmen des Fensters aufgelistet. Klicken Sie nun auf eine gewünschte Bilddatei, die daraufhin im mittleren Rahmen des Fensters erscheint. Klicken Sie mit der rechten Maustaste auf den Rahmen, wo das Bild angezeigt wird. Sie erhalten ein Kontextmenü:

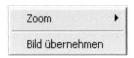

Wählen Sie den Eintrag „*Bild übernehmen*". Das gewählte Bild wird jetzt im rechten Rahmen angezeigt. Auch hier steht Ihnen ein Kontextmenü zur Verfügung:

Mit den Einträgen „Helligkeit", „Kontrast", „Schärfen" und „Weichzeichnen" können Sie das Bild bearbeiten. Die Originaldatei bleibt dabei unverändert. (Hinweis: Bei einigen Bildformaten – z. B. auch bei GIF-Bildern – sind nicht alle Einträge im Kontextmenü verfügbar.)

Mit „JPEG Vorschau" öffnet sich ein weiteres Fenster:

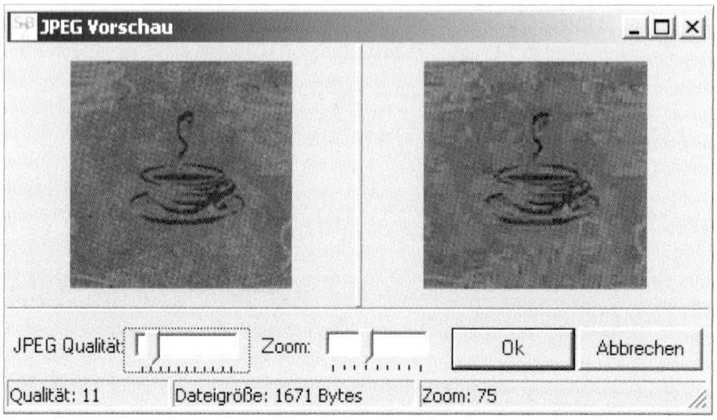

Abbildung 9.15:
Fenster „JPEG
Vorschau"

Links sehen Sie das Originalbild (Abb. 9.15). Rechts sehen Sie das Bild nach der Konvertierung ins JPEG-Bildformat.

Mit dem Schieberegler „Zoom" können Sie die Ansicht vergrößern bzw. verkleinern. Um einen größeren Bildausschnitt zu sehen, können Sie auch das gesamte Fenster vergrößern: Ziehen Sie dazu an der rechten unteren Fensterecke.

Mit dem Schieberegler „JPEG Qualität" stellen Sie die Bildqualität ein. Je größer die Qualität, desto mehr Speicherplatz beansprucht die Datei. Nach Veränderung der Qualität wird die Vorschau (rechts) aktualisiert. Die Qualität ist stufenlos regulierbar. Sie sollten eine Qualität wählen, die ohne sichtbare Qualitätseinbußen auskommt aber möglichst niedrig ist.

Nach dem Klick auf OK wird das Bild in der gewählten Qualität auch im Einstellungen-Fenster angezeigt.

▶ *Bitte beachten Sie: Der Schritt „Bild übernehmen" ist zwingend erfor-*
derlich. Ansonsten erfolgt keine Änderung.

Nach der Auswahl eines großen und eines kleinen Logos erscheinen diese im Einstellungen-Fenster:

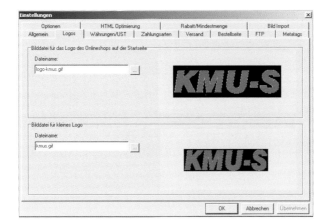

Abbildung 9.16:
Einstellungen
„Logos" mit „KMU-
S"-Logos

Durch den Import der Bilder mit dem Bildimportmodul des GS Shop-
Builder Pro 2 werden diese automatisch im JPG-Format gespeichert. Nur
wenn man im Bildimportmodul ausdrücklich „GIF-Dateien direkt übernehmen" wählt, erfolgt eine Speicherung im GIF-Format.

Voreinstellung Währungen/UST, Zahlungsarten
EINSTELLUNGEN „WÄHRUNGEN/UST"

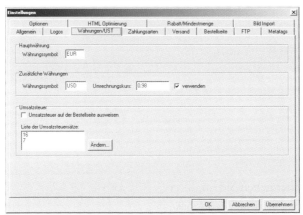

Abbildung 9.17:
Einstellungen
„Währung/UST"

Es lassen sich zwei *Währungen*, ihr *Umrechnungsfaktor* und mehrere *Umsatzsteuersätze* eintragen. Ändern sich die Kurse, müssen Sie hier aktualisieren.

Über das Häkchen „*verwenden*" (Abb. 9.17) können Sie entscheiden, ob die zweite Währung auf Ihren Shopseiten ausgewiesen werden soll. Im GS ShopBuilder Pro 2 ist als Mehrwertsteuersatz 16% voreingestellt. Diesen Wert können Sie jedoch beliebig ändern oder auch eine Liste mit verschiedenen Umsatzsteuersätzen definieren. Klicken sie hierzu auf den Knopf „Ändern" und erstellen Sie Ihre Liste. Möchten Sie keine Umsatzsteuer angeben, so tragen Sie den Wert 0 ein.

Die Zuordnung der Umsatzsteuersätze zu den einzelnen Artikeln erfolgt auf den Detailseiten der Artikel. Dort wird Ihnen eine Listbox angezeigt, aus der Sie einen der hier eingegebenen Umsatzsteuersätze wählen können.

EINSTELLUNGEN „ZAHLUNGSARTEN"

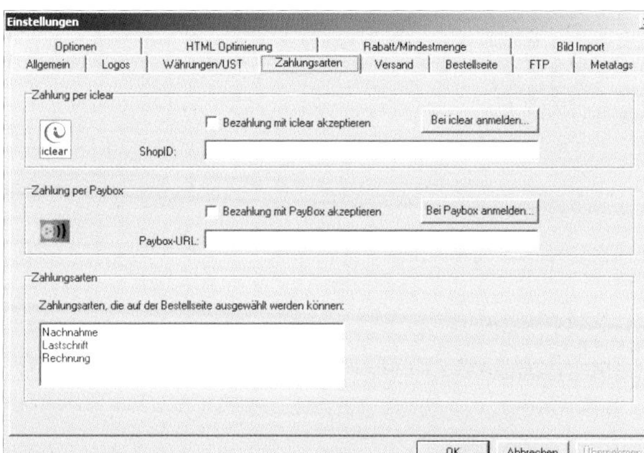

Abbildung 9.18: Einstellungen „Zahlungsarten"

Hier geben Sie im unteren Textfeld die üblichen *Zahlungsarten* (z. B. per Nachnahme, Vorkasse etc.) an, welche Sie akzeptieren möchten. Ihr Kunde kann dann im E-Shopsystem über eine Auswahl, welche der eigentlichen Bestellseite vorgeschaltet ist, eine der hier angegebenen Zahlungsarten auswählen.

Als *Onlinezahlungssysteme* sind im GS ShopBuilder Pro 2 Eurocoin *iclear* und *Paybox* vorgesehen.

Zahlung per iclear

www.iclear.de/

*Abbildung 9.19:
iclear*

Wenn Sie auf die Schaltfläche „Bei iclear anmelden" klicken, wird in Ihrem Browser die entsprechende Seite bezüglich der *Händleranmeldung* bei iclear aufgerufen und Sie können sich als Händler registrieren lassen. Kunden, die über iclear bezahlen möchten, müssen sich bei iclear anmelden. Die Daten des Kunden liegen bei iclear (Name, Anschrift, Bankdaten). Bieten Sie Ihrem Kunden als Zahlungssystem iclear an und ein bei iclear registrierter Kunde kauft bei Ihnen, so geht die Kaufanfrage direkt an iclear. In diesem Fall ist es für Ihren Kunden nicht erforderlich, ein entsprechendes Bestellformular auszufüllen. Vielmehr kauft er immer gegen offene Rechnung allein durch die Angabe seines iclear-Benutzernamens und -Passwortes. Sie selbst als E-Shopbetreiber stellen die Rechnung an iclear.

Zahlung per Paybox

www.paybox.de/

*Abbildung 9.20:
Paybox*

Klicken Sie auf „*Bei Paybox anmelden*", so werden Sie auf die Seite http://www.paybox.de geleitet. Für die Nutzung von Paybox benötigen Sie die registrierte Version von GS ShopBuilder Pro 2. Auch die Strato-Edition unterstützt dieses Verfahren.

Studienmaterial
▶ **Im Abschnitt „Zahlungsarten" (Seite 10) der Bedienungsanleitung des GS ShopBuilder Pro 2 finden Sie weitere Informationen zu den Zahlungsarten, auch zu iclear und Paybox.**
Bitte lesen Sie diesen Abschnitt.

Voreinstellung zum Versand

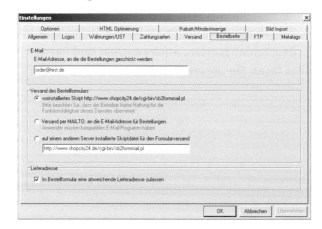

*Abbildung 9.21:
Einstellungen
„Versand"*

Hier können Sie sechs verschiedene Versandarten und die zugehörigen Versandkosten angeben. Geben Sie – wie in der Abbildung 9.21 – bei der Versandart auch an, wenn zusätzliche Kosten anfallen: Die Versandarten werden in einer Drop-Down-Liste auf der Bestellseite so angezeigt, wie Sie sie eingeben.

Zusätzlich können Sie festlegen, dass ab einem bestimmten Rechnungsbetrag die Versandkosten einen Wert nicht überschreiten sollen. Bei Einträgen wie in Abb. 9.21 sind z. B. alle Bestellungen ab Rechnungsbetrag 2000 versandkostenfrei.

Voreinstellungen zur Bestellseite

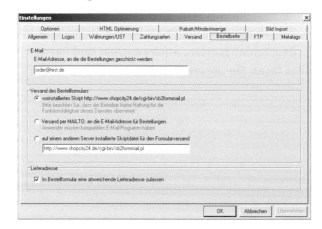

*Abbildung 9.22:
Einstellungen
„Bestellseite"*

Hier legen Sie die Einstellungen für den Versand der Bestellungen per E-Mail fest. Geben Sie bei „*E-Mail*" eine gültige E-Mail-Adresse ein, bei der sichergestellt ist, dass sie regelmäßig abgerufen wird.

Für den *Versand des Bestellformulars* stehen Ihnen drei Möglichkeiten zur Verfügung:

- *Vorinstalliertes Skript*: Der Hersteller von GS ShopBuilder stellt auf den Servern von shopcity24.de kostenlos ein Skript zur Verfügung, das Sie zum Versand nutzen können. Dieses Skript ist bei dem mit dem GS ShopBuilder ISP erstellten Shop http://www.shopcity24.de vorinstalliert. Möchten Sie diesen Dienst nicht nutzen, so müssen Sie eine der beiden anderen Alternativen wählen.

  www.shopcity24.de

- *Versand per mailto*: : Bei der Verwendung von `mailto` ist zu beachten, dass ältere Browser das Versenden von Formulardaten mit `mailto` unter Umständen nicht durchführen, weil diese Browser nicht mit einem E-Mail-Programm verknüpft sind. Außerdem sind hier die Möglichkeiten der Textformatierung begrenzt und nicht gegen mögliche Manipulationen durch den Kunden gesichert.

- *Auf einem anderen Server installierte Skriptdatei für den Formularversand*: Die meisten Provider bieten Ihren Kunden ein sogenanntes CGI-Verzeichnis an. Hier können Sie Ihr eigenes Skript für den Versand der Bestellungen installieren. Den entsprechenden Server-Pfad und den Dateinamen des Skriptes müssen Sie dann im entsprechenden Textfeld eingeben. Nähere Informationen dazu finden Sie auch in der Bedienungsanleitung (Seite 13 f.).

Mit dem Häkchen bei „*Lieferadresse*" können Sie einstellen, ob der Kunde im Bestellformular eine abweichende Lieferadresse angeben kann. Ist diese Option ausgewählt, so wird dem Bestellformular ein weiteres Textfeld hinzugefügt, in dem eine abweichende Lieferadresse eingetragen werden kann.

▶ **Übung**

Geben Sie unter „Versand" und „Rabatt/Mindestmenge" im GS ShopBuilder Pro 2 verschiedene Versandkosten und Mengenrabatte vor. Erzeugen Sie den E-Shop neu (Menü „Datei", Befehl „Onlineshop erzeugen und anzeigen").

Rufen Sie jetzt in Ihrem E-Shop eine Shopseite bzw. Warengruppe auf und bestellen Sie Artikel. Im Warenkorb ändern Sie die Bestellmenge und damit den Rechnungsbetrag. Schauen Sie sich an, wie auf der Bestellseite die Versandkosten angepasst werden und ab einem bestimmten Rechnungsbetrag der von Ihnen vorgegebene Rabatt aufgeführt wird.

Voreinstellungen zum FTP

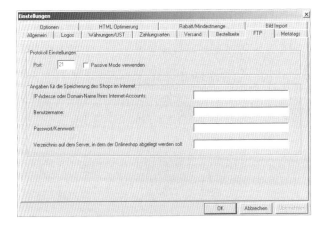

Abbildung 9.23:
Einstellungen „FTP"

GLOSSAR S. 505

Die Übertragung Ihres E-Shops ins Internet erfolgt, wie Sie bereits wissen, per FTP. Hierfür müssen Sie in diesem Fenster die Zugangsdaten für Ihren Webserver angeben, welche Ihnen Ihr PROVIDER bei der Anmietung von Speicherplatz bzw. einer DOMAIN mitteilt:

- IP-Adresse oder Domainname
- Benutzername
- Passwort / Kennwort
- Verzeichnis auf dem Server, in dem der E-Shop abgelegt werden soll (falls Ihr E-Shop nicht im Hauptverzeichnis Ihrer Domain gespeichert werden soll).

Der Standardport 21 für FTP-Dienste ist im GS ShopBuilder Pro 2 bereits festgelegt. Eine Veränderung dieser Einstellung ist normalerweise nicht notwendig. „Passive Mode" kann verwendet werden, wenn z. B. Ihr Rechner durch eine FIREWALL geschützt ist, welche „normal Mode FTP", nicht zulassen soll. Im „passive Mode" fordert der Client eine FTP-Verbindung an. Der FTP-Server antwortet mit der Angabe einer Portnummer (>1023), über den dann die Datenübertragung stattfindet.

▶ **Definition „Passive Mode":**

„Während beim FTP Active Mode der FTP-Client die Port-Nummer vorgibt und der Server die Verbindung initiiert, muss beim Passive Mode der Client die Port-Nummer vom Server erfragen ... und der Client initiiert die Verbindung. Dadurch werden Probleme mit Firewalls umgangen. Obwohl einige FTP-Server nur im Passive Mode benutzt werden können, wird er nicht von allen FTP-Clients unterstützt." Quelle: Horn, T., Glossar.

www.torsten-horn.de/glossar/GlossarF.htm (15.05.2002)

Voreinstellung zu den Metatags

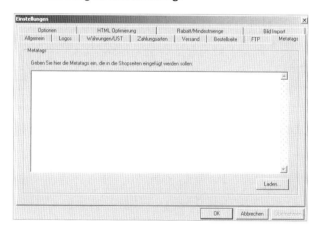

Abbildung 9.24: Einstellungen „Metatags"

In diesem Fenster können Sie festlegen, welche Stichwörter im Metatag `Keywords` enthalten sein sollen. Diese Informationen werden von Suchmaschinen ausgewertet. Verwenden Sie daher möglichst aussagekräftige Stichwörter, die auch Außenstehenden verständlich sind.

Beispielsweise führt die Eingabe von „Büroartikel, Papier, Ordnungsmittel, Bleistift, Tinte" im Fenster zur Erzeugung des folgenden Metatags auf den HTML-Seiten des E-Shops:

```
<meta name="keywords" content="B&uuml;roartikel,
Papier, Ordnungsmittel, Bleistift, Tinte">
```

Gerade bei Metatags sollen Sie darauf achten, Sonderzeichen wie Umlaute oder das „ß" durch die entsprechenden benannten Zeichen zu ersetzen (z. B. ü statt ü). Was bei Einträgen von Meta-Angaben generell zu beachten ist und welche Maßnahmen möglich sind, damit Ihr E-Shop von Suchmaschinen besser gefunden wird, wird ausführlich in *Lerneinheit 14* behandelt *(Abschnitt 14.4.1 – Optimierung für Suchmaschinen).*

 Seite 478

Weitere Informationen zu Metatags erhalten Sie im HTML-Tutorium SelfHTML von Stefan Münz.

http://selfhtml.
teamone.de/
html/kopfdaten/
meta.htm

▶ **Bitte beachten Sie**
Die in diesem Fenster gemachten Angaben werden in der Demo-Version ignoriert. Unabhängig von der gemachten Eingabe wird stets der Copyright-Hinweis im Keywords-Metatag stehen, da die Veröffentlichung eines mit der Demo-Version erzeugten E-Shops durch die Lizenzvereinbarung ohnehin ausgeschlossen ist.

▶ **Übung**
Stellen Sie eine Zusammenstellung mit aussagekräftigen Stichwörtern zu Ihrem E-Shop zusammen. Beachten Sie dabei folgende Gesichtspunkte:

- **welche Grundbegriffe sollten vorhanden sein, die darauf hinweisen, dass es sich um einen E-Shop handelt**
- **welche speziellen Begriffe sind von Interesse, im Hinblick auf das Sortiment, die Branche**
- **welche zusätzlichen Begriffe kommen in Frage (z.B. besondere Service-Leistungen)**

Lösen Sie diese Fragen, indem Sie die Kundensicht wählen: Überlegen Sie, welche Bedürfnisse ein suchender Kunde hat und welche Suchbegriffe er in eine Suchmaschine eingibt, wenn er einen E-Shop wie Ihren sucht.
Vor der Bearbeitung dieser Übung sollten Sie die Hinweise von Stefan Münz (s. o.) gelesen haben.

Voreinstellungen zu weiteren Optionen

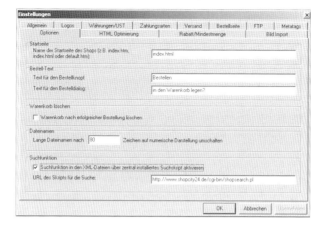

*Abbildung 9.25:
Einstellungen
„Optionen"*

In diesem Fenster stehen weitere Optionen zu Verwaltung und Funktionalität Ihres E-Shops zur Verfügung:

■ Name der Startseite des E-Shops. Sie sollten den Dateinamen verwenden, der bei Ihrem Webserver als Standard eingestellt ist. Bitte erfragen Sie diese Einstellung bei Ihrem ISP.

■ Text für den Bestellknopf

■ Text für den Bestelldialog, welcher den Kunden vor der Übernahme der Bestellung nochmals zu einer Bestätigung auffordert.

■ Für Webserver, die nur eine maximale Zeichenkettenlänge für Dateinamen (inklusive Pfad) verarbeiten können, kann man hier die gewünschte Anzahl der Zeichen begrenzen.

■ Aktivierung einer Suchfunktion bezüglich des Artikelbestandes. Der Suchdienst von ShopCity24 wird kostenlos angeboten. Für die Funktion übernimmt der Anbieter keine Garantie.

Studienmaterial

▶ **Im Abschnitt „Optionen" (Seite 16) der Bedienungsanleitung des GS ShopBuilder Pro 2 finden Sie weitere Informationen zu den Optionen, auch zur Suchfunktion.
Bitte lesen Sie diesen Abschnitt.**

Voreinstellung HTML-Optimierung

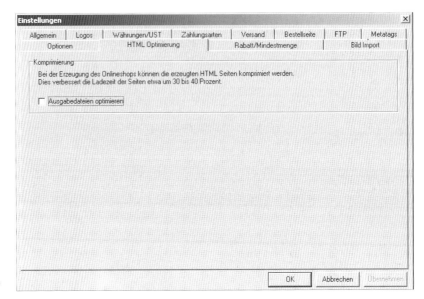

Abbildung 9.26:
Einstellungen
„HTML-Optimierung"

Bei der Komprimierung werden alle nicht benötigten Zeichen aus den HTML-Dateien entfernt. Das sind Zeilenumbrüche, Einrückungen und mehrfache Leerzeichen im HTML-Quelltext. Die Dateigröße wird dabei zuweilen um bis zu ein Drittel reduziert, ohne dass sich Funktionsumfang oder Darstellung in irgendeiner Weise ändern.

Voreinstellung Rabatt/Mindestmenge

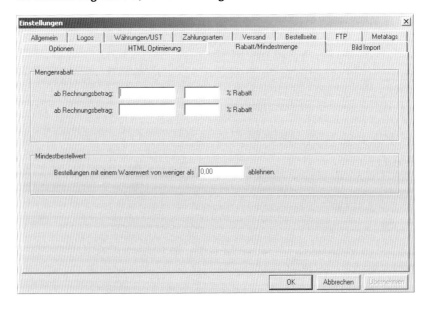

Abbildung 9.27:
Einstellungen
„Rabatt/Mindest-
menge"

In diesem Fenster haben Sie die Möglichkeit, zwei *Mengenrabatte* einzugeben. Tragen Sie den Schwellenwert ein, ab dem der Rabatt gewährt wird
und den Umfang des Rabatts.

Unter Mindestbestellwert können Sie ebenfalls einen Eintrag vornehmen. Alle Bestellungen, deren Wert unterhalb dieser Schwelle liegt, werden abgelehnt. Ein Mindestbestellwert von 0,00 bedeutet, dass es keinen
Mindestbestellwert gibt: Alle Bestellungen werden – unabhängig vom
Warenwert – akzeptiert.

Voreinstellung Bild Import

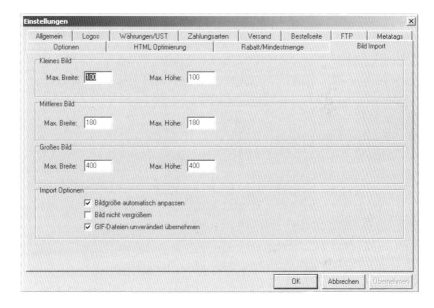

Abbildung 9.28:
Einstellungen „Bild
Import"

Der GS ShopBuilder Pro 2 legt Bilder in drei Größenformaten ab. Je nach
Bildgröße ergeben sich unterschiedliche Verwendungen:

- kleines Bild: Produktfotos auf der Detailseite
- mittleres Bild: Katalog- bzw. Shopseite
- großes Bild: Startseite

Die maximalen Größen können Sie in diesem Fenster anpassen. Ist das
Kontrollkästchen „Bildgröße automatisch anpassen" aktiviert, so wird das
Bild beim Import so skaliert, dass diese Werte nicht überschritten werden.

Wenn Sie das Kontrollkästchen „Bild nicht vergrößern" ausgewählt
haben, so wird eine Vergrößerung des Bildes über die Originalgröße hinaus verhindert, da dabei häufig unschöne Bildeffekte auftreten.

Mit dem Kontrollkästchen „GIF-Dateien unverändert übernehmen" können Sie einstellen, dass GIF-Dateien nicht in das JPEG-Format konvertiert werden. Das ist zum Beispiel interessant, wenn Sie die Transparenz erhalten möchten. Beachten Sie jedoch, dass bei aktiviertem Häkchen auch keine Größenanpassung erfolgt. Die Bilder müssen also bereits in der gewünschten Bildgröße vorliegen.

Die zu importierenden Bilder können in den Formaten BMP (Bitmap), JPEG / JPG und GIF vorliegen.

Entfernen eines E-Shops

Wahrscheinlich möchten Sie keine Papierflieger im Internet verkaufen und möchten stattdessen Ihre Artikel eintragen und den E-Shop mit diesen Artikeln erzeugen. Dazu muss der Papierfliegershop entfernt werden.

Zum vollständigen Entfernen eines Shops aus GS ShopBuilder Pro 2 müssen Sie so vorgehen:

Wählen Sie in der Menüleiste: Bearbeiten > Systemdienste > Shop vollständig leeren.

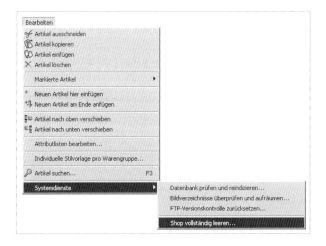

Abbildung 9.29: Zum vollständigen Entfernen eines E-Shops wählen Sie den Menü-Befehl Bearbeiten > Systemdienste > Shop vollständig leeren

Gelöscht werden alle Dateien im Verzeichnis \data\ und \online-shop\, d. h. es werden die Katalogdatenbank, alle HTML-Seiten und alle Bilddateien gelöscht. Sie werden zwei Mal aufgefordert, den Löschvorgang zu bestätigen. Nicht gelöscht werden die über den Menüeintrag „Datei – Einstellungen" vorgenommenen Einstellungen und alle Einträge, die sich im Content-Management befinden, denn diese Angaben sind nicht in der Katalogdatenbank gespeichert.

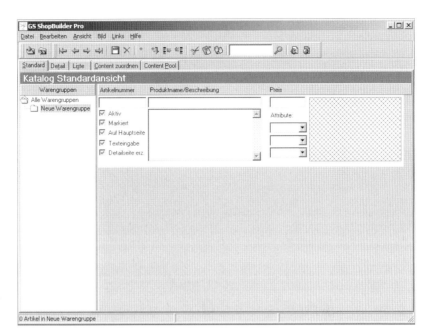

*Abbildung 9.30:
Ansicht des GS
ShopBuilder Pro 2
nach dem voll-
ständigen Entfernen:
Es sind keine Artikel
mehr vorhanden*

Wenn Sie mit einem geleerten E-Shop über Menü „Datei" > „Onlineshop erzeugen und anzeigen" einen E-Shop generieren, erhalten Sie folgendes Bild (Abb. 9.31). Sie sehen, dass die Angaben zum Shopnamen (1) und zur Adresse (2) nicht gelöscht wurden. Hingegen sind keine Bilder mehr vorhanden (3), (4): Die eingebundenen Bilder können nicht angezeigt werden. Auch sind keine Artikel mehr vorhanden: die einzige vorhande-ne Artikelgruppe ist leer (5).

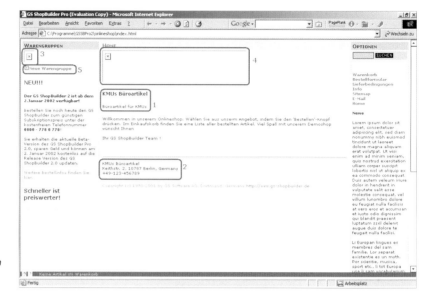

*Abbildung 9.31:
Darstellung eines
geleerten E-Shops:
Die Angaben zu
Shopname und
Adresse sind noch
vorhanden. Es fehlen
jedoch sämtliche
Artikel und Bilder.*

9.4 FTP-Upload des E-Shopsystems auf einem Webserver

▶ **Hinweis:**

Bei der Demoversion des GS ShopBuilder Pro 2 ist die Funktion zum Veröffentlichen des E-Shops im Internet deaktiviert. Die Demoversion muss daher zunächst in eine Vollversion umgewandelt werden, bevor der E-Shop ins Internet übertragen werden kann. Sie können auf Ihrem lokalen Rechner natürlich Ihren E-Shop vorher ausprobieren.

Wie man zu einer registrierten Vollversion kommt, wird in Abschnitt 9.5 beschrieben.

▶ *Die Veröffentlichung eines mit der Demoversion erzeugten E-Shops im Intranet oder im Internet ist nicht zulässig!*

Vorbereitende Schritte

Sobald Sie alle Artikel eingetragen, alle Texte geschrieben und alle Bilder eingesetzt haben, können Sie Ihren E-Shop im Web veröffentlichen.

Für die Übertragung des E-Shopsystems von Ihrem lokalen Rechner auf einen Webserver müssen Sie außerdem über folgende Daten bzw. Informationen verfügen:

- Die *FTP-Zugangsdaten* Hostname, Benutzername, Kennwort/Passwort sowie gegebenenfalls den Namen des Verzeichnisses, in dem Ihr E-Shop angelegt werden soll. Diese müssen in den Grundeinstellungen des GS ShopBuilder Pro 2 eingetragen werden. Bitte studieren Sie auch die Hinweise und Anleitungen Ihres Providers zum Hochladen von Dateien für eine Website.
- Den *Namen der Startseite Ihres E-Shops*, den Sie in den Grundeinstellungen des GS ShopBuilder Pro 2 eingegeben haben. Dieser entspricht dem Standarddokument Ihrer Domain. Fragen Sie gegebenenfalls Ihren Provider.
- Die *E-Mail-Adressen*, an die die Bestellungen gesendet werden sollen (z. B. Ihre Firmen-E-Mail-Adresse), die Sie im GS ShopBuilder Pro 2 eingetragen haben.
- Vorgaben zum *Versand des Bestellformulars* im GS ShopBuilder Pro 2. Für Testzwecke nutzen Sie einfach das vom Hersteller vorinstallierte Skript bei ShopCity24.

- Die *Registrierungsnummer*, die Sie im GS ShopBuilder Pro 2 eingetragen haben. Ansonsten kann der Shop nicht auf Ihren Webserver übertragen werden.
- Einen *Internetzugang*. Je nachdem, wie Ihr Internetzugang konfiguriert ist, wird dieser mit GS ShopBuilder Pro 2 auch direkt hergestellt.

Wenn diese Voraussetzungen erfüllt sind, können Sie Ihren E-Shop auf den Webserver Ihres ISP hochladen (UPLOAD).

Übertragen der Daten

Klicken Sie hierzu in der Werkzeugleiste des GS ShopBuilder Pro 2 einfach auf das Symbol 🔲 .

GS ShopBuilder Pro 2 erzeugt nun zunächst wieder den E-Shop lokal auf Ihrer Festplatte und ruft anschließend den FTP-Client zum Übertragen Ihrer Daten auf.

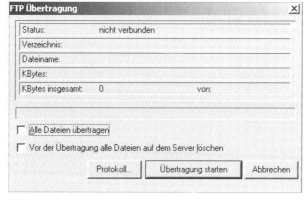

Abbildung 9.32: Der integrierte FTP-Client zum Hochladen des E-Shops wird nach der Erzeugung des lokalen E-Shops gestartet

Drücken Sie hierzu die Schaltfläche „*Übertragung starten*" im FTP-Client Fenster, in der Statuszeile können Sie die Übertragung Ihrer Daten verfolgen. Hier steht zunächst „*Nicht verbunden*", dann wird Ihr Host, d.h. Ihre IP-Adresse oder Domain erkannt ("*Host resolved*"). Steht die Verbindung, so erscheint „*Connected*" und anschließend „*Datei wird gesendet*".

Über „*Abbrechen*" können Sie die Übertragung Ihrer Daten jederzeit auch wieder vorzeitig beenden.

Sollte die Verbindung zu Ihrem Webserver fehlschlagen, so erhalten Sie die Meldung „*Login incorrect*". In diesem Fall können Sie gegebenenfalls den Fehler über „*Protokoll*" eingrenzen. Fehlerhafte FTP-Zugangsdaten werden durch entsprechende Mitteilungen in diesem Protokoll dokumentiert.

War die Übertragung Ihrer Daten erfolgreich, dann können Sie jetzt Ihren Browser aufrufen und die Seiten Ihres eigenen E-Shops im Internet abrufen.

Öffnen des E-Shops im Browser

Geben Sie als Adresse die Werte nach dem folgenden Schema ein:

```
http://hostname/verzeichnis/standarddokument
```

Für `hostname` setzen Sie Ihre IP-Adresse oder Ihren Domainamen ein, `verzeichnis` ist der Name des Verzeichnisses für Ihren E-Shop, welches Sie in den Grundeinstellungen des GS ShopBuilder Pro 2 eingetragen haben (Menü „Datei" der Befehl „Einstellungen/FTP"). Haben Sie kein Verzeichnis vorgegeben, so reicht der Hostname.

Die Angabe `standarddokument` kann auch weggelassen werden, denn der Webserver sucht bei fehlender Dateiangabe automatisch nach der Startseite.

Über diese Adresse erreicht jeder potenzielle Kunde nun Ihren E-Shop.

9.5 Wissenswertes über die Lizenzierung

Wie bereits erwähnt, sind bei der Demoversion des GS ShopBuilder Pro 2 die Funktionen zum Import von Katalogdaten und zum Veröffentlichen des E-Shops deaktiviert.

Wie wandelt man eine Demoversion in eine lizenzierte Version um?

Beim Kauf des GS ShopBuilder Pro 2 (Registrierung z. B. über die gebührenfreie Telefonnummer 0800-778 0 778) erhalten Sie eine Lizenznummer.

Wie oben gezeigt, erscheint bei jedem Start von GS ShopBuilder Pro 2 vor einer Registrierung zunächst eine Maske, in der Sie wählen können, ob Sie im Modus „Demo" arbeiten oder die „Registriernummer eingeben" möchten.

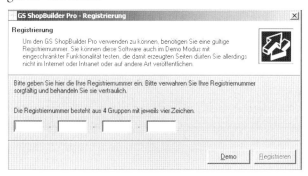

Abbildung 9.33: Das Registrierungsfenster

Geben Sie die erworbene Registriernummer ein. Sie werden nun aufgefordert, den Software-Lizenzvertrag von der GS Software AG zu lesen. Bestätigen Sie den Lizenzvertrag über „Vertrag annehmen". Danach erfolgt der Aufruf des Fensters zur Eingabe Ihrer Registriernummer. Sie sind jetzt im Besitz der Vollversion des GS ShopBuilder Pro 2.

Der Lizenzierungsvorgang benötigt keine Neuinstallation. Ihr E-Shopsystem bleibt so, wie Sie es bisher eingerichtet haben.

ZUSAMMENFASSUNG

In dieser Lerneinheit haben Sie die Installation des GS ShopBuilder Pro 2 kennengelernt. Außerdem wurden Ihnen die E-Shop-Einstellungen erläutert und grundlegende Funktionen zum Aufbau, zur Speicherung / Erzeugung, zur Veröffentlichung und zur Entfernung vorgestellt.

In der nachfolgenden Lerneinheit wird der Import von Artikeldaten aus Datenbanken und Tabellenkalkulationsprogrammen sowie das Einbinden von Bildern betrachtet, um diese Schritte für den Aufbau eines eigenen E-Shops zu üben. Es werden mit dem GS ShopBuilder Artikeldaten in die lokale Datenbank importiert.

[10] GS SHOP-BUILDER PRO 2 –
DATENBANK-ANBINDUNG

GLOSSAR S. 505

Seite 77

Im GS ShopBuilder Pro 2 ist für die Datenübernahme aus fremden Datenquellen ein *Importmodul* integriert. Dieses Importmodul stellt die Schnittstelle zwischen der E-Shopsoftware und der in Ihrem Unternehmen eingesetzten Software zur Verwaltung Ihrer Artikelbestände dar. Selbstverständlich konnten hierbei nicht alle möglicherweise existierenden Datenformate berücksichtigt werden, sondern es wurden nur die Formate MS Access, Paradox, dBase, CSV, TXT und ODBC zugrunde gelegt. Diese Standards wurden in *Lerneinheit 2, Abschnitt 2.4.4* bereits benannt. Wenn Sie in Ihrem Unternehmen eine Software für Ihre Datenverwaltung einsetzen, die die benannten Standards nicht unterstützt, ist der IMPORT Ihrer Daten in den GS ShopBuilder Pro 2 eventuell nicht möglich. Ein gangbarer Weg wäre hier unter Umständen zunächst ein Export in ein Zwischenformat, aus dem dann die Daten in den GS ShopBuilder Pro 2 importiert werden.

Die Importfunktion ist in der DEMOVERSION nicht nutzbar. Möchten Sie trotzdem eigene Artikeldaten in der Demoversion verwenden, so müssen Sie die Daten in diesem Fall per Hand eintragen. Um Ihnen diesen Vorgang der Dateneingabe vorzuführen, werden wir dies später für unseren Beispielshop nachvollziehen.

Mit dem Importmodul der registrierten Version werden Ihre Daten in die Artikeldatenbank des GS ShopBuilder Pro 2 übernommen. Dabei muss berücksichtigt werden, dass die richtigen Zuordnungen getroffen werden. So kann es sein, dass möglicherweise nicht alle in der Artikeldatenbank des GS ShopBuilder Pro 2 zur Verfügung stehenden Datenfelder zu Artikelnummer, Produktname, Preise etc. mit den Datenfeldern der von Ihnen genutzten

Datenquelle übereinstimmen. Und genauso werden Sie in der GS ShopBuilder Pro 2 Software weitere Optionen für Ihre Artikel finden, wie z. B. für das Einbinden von Produktbildern oder das Hinzufügen von Links, welche in der von Ihnen genutzten Software zur Datenverwaltung eventuell nicht vorhanden sind. Der umgekehrte Fall, dass in der von Ihnen genutzten Datenquelle Felder zur Verfügung stehen, die vom GS ShopBuilder Pro 2 nicht bereitgestellt werden, kann natürlich ebenso eintreten. Bei den Standardfeldern (Preis, Artikelname etc.) sollten jedoch keine Komplikationen auftauchen.

Nach erfolgreichem Datenimport können Sie im GS ShopBuilder Pro 2 Ihren Artikelbestand manuell ergänzen und pflegen, wenn das E-Shopsystem der einzige Speicherort für Artikeldaten ist. Andernfalls sollte die Datenpflege unbedingt zentral, das heißt an der Urquelle, erfolgen und mit der Importfunktion übernommen werden.

Erst aus dem Datenbestand in der Artikeldatenbank des GS ShopBuilder Pro 2 kann der E-Shop mit den bekannten Funktionalitäten erzeugt werden.

Hinweis: Die Artikeldatenbank des GS ShopBuilder Pro 2 wird nur lokal auf Ihrem PC zur Pflege Ihres Datenbestandes installiert. Auf Ihren Webserver werden lediglich die HTML-Seiten übertragen. Das bedeutet, dass auf dem Webserver die Artikeldatenbank nicht installiert wird.

In dieser Lerneinheit werden Ihnen zunächst anhand der Benutzeroberfläche des GS ShopBuilder Pro 2 die Datenfelder zur Eingabe Ihrer Produktdaten erläutert. Danach wird dargestellt, wie der Import von Produktdaten aus fremden Datenquellen funktioniert. Ein Export der Artikeldaten aus dem GS ShopBuilder Pro 2 ist standardmäßig nicht vorgesehen. Die Lerneinheit schließt mit Angaben zu weiteren Datenbanken im E-Shop und mit Informationen zur Anbindung an ein Warenwirtschaftssystem.

10.1 Der Artikelkatalog

GLOSSAR S.505

www.borland.de

Im E-Shopsystem des GS ShopBuilder Pro 2 wird eine eigene Artikeldatenbank, eine „Paradox"-DATENBANK vom Hersteller <u>Borland GmbH</u> verwendet. Die Dateien werden dabei im Verzeichnis \data im Installationspfad des GS ShopBuilder Pro 2 abgelegt. Es ist nicht vorgesehen, dass Sie selbst diese Dateien (z. B. `katalog.mb`) direkt öffnen und bearbeiten, vielmehr arbeiten Sie ausschließlich mit der Benutzeroberfläche des GS ShopBuilder Pro 2. Von einem manuellen Bearbeiten wird dringend abgeraten. Es besteht die Gefahr, dass die Dateien dadurch unbrauchbar werden. Die Bearbeitung der Daten erfolgt ausschließlich über den GS ShopBuilder Pro 2: Hier geben Sie Ihre Produktdaten ein oder importieren Artikeldaten, welche dann in der Artikeldatenbank im Verzeichnis \data gespeichert werden. Ein eigenständiges Bearbeiten der Artikeldatenbank wäre nur möglich, wenn auf Ihrem Rechner die Datenbankentwicklungssoftware „Paradox" vollständig installiert wäre.

In einem eigenen Verzeichnis \attributes im Installationspfad des GS ShopBuilder Pro 2 werden die frei vorzugebenden Attribute bzw. Artikeleigenschaften als einfache Textdateien abgelegt. Hier finden sich Dateien mit den Namen „Farben", „Größen" etc. Diese Dateien können Sie mit einem einfachen Texteditor bearbeiten. In den einzelnen Dateien stehen Listen von Eigenschaften, die bei bestimmten Artikeln ausgewählt werden können, womit beispielsweise Artikel in mehreren Farbversionen differenziert werden können.

Im Folgenden wird Ihnen dargestellt, wie die Artikeldatenbank aufgebaut ist. Dazu wird Ihnen die Benutzeroberfläche des GS ShopBuilder Pro 2 mit allen Möglichkeiten zur Eingabe Ihrer Produktinformationen erläutert.

Artikelkatalog-Dateien (Datenfelder)

Studienmaterial

▶ **Lesen Sie zu diesem Thema in der Bedienungsanleitung des GS ShopBuilder Pro 2 (Bedienungsanleitung.pdf) das Kapitel „Erstellen der Katalogseiten" (Seite 20 ff.). Dort werden die im Folgenden vorgestellten Eingabemöglichkeiten ausführlich beschrieben.**

Starten Sie den GS ShopBuilder Pro 2. Es öffnet sich jetzt die Benutzeroberfläche mit den Artikelbeständen des Demoshops mit den Papierfliegern oder gänzlich ohne Artikel, wenn Sie die GS ShopBuilder Pro 2 Datenbank entsprechend der Angaben in der vorangegangenen Lerneinheit geleert haben. Hier der leere KATALOG:

GLOSSAR S. 505

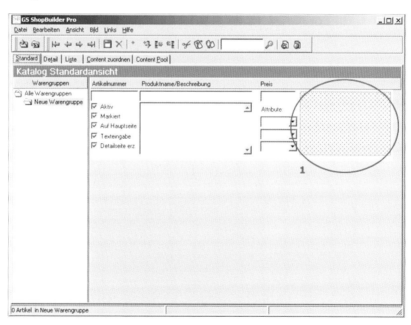

Abbildung 10.1:
Katalog Standard-
ansicht mit leerer
Katalogdatenbank
(keine Waren-
gruppen und keine
Artikel vorhanden)

Im rechten Fenster können bis zu drei Artikel (d. h. Datensätze) gleichzeitig angezeigt werden.

Jeder *Datensatz* besteht zunächst aus vier Textfeldern für die Eingabe der Artikelnummer, des Produktnamens, Beschreibung und Preis, drei Listboxen bzw. Drop-Down-Menüs für die Vorgabe der Attribute, dem Platzhalter für die Einbindung eines Produktbildes (schraffierte Fläche, Bildelement (1)) sowie fünf weiteren Kontrollkästchen (Aktiv, Markiert, Auf Hauptseite, Texteingabe, Detailseite erzeugen) (vgl. Abbildung 10.1).

Zusätzlich können für jeden Artikel Links für das *Produktbild* und/oder den Produktnamen definiert werden. Zur Linksetzung müssen Sie in der Menüleiste auf „*Links*" klicken. Die erfolgte Linksetzung wird über die im Internet bekannte Rahmensetzung des Produktbildes oder/und durch den Unterstrich beim Produktnamen angezeigt.

Bilder können über die Menüleiste „Bild" eingefügt oder entfernt werden. Diese Befehle sind auch über das Kontextmenü verfügbar, wenn Sie mit der rechten Maustaste auf die schraffierte Fläche (1) klicken:

Abbildung 10.2: Über das Kontextmenü sind Befehle zum Einbinden von Produktbildern und zum Setzen von Links verfügbar.

Mit diesem Fenster (Katalog Standardansicht) können Sie die üblichen E-Shop- bzw. Katalogseiten mit Daten füllen, wenn Sie keinen Datenimport vornehmen. Haben Sie „Detailseite erzeugen" markiert, steht eine Detailansicht zur Verfügung, die der Nutzer angezeigt bekommt, wenn er den entsprechenden Link auf der Seite „Katalog" anklickt. Die Detailseite kann weitere Informationen zum Artikel enthalten. Zum Editieren der Detailseite steht Ihnen das *Register „Detail"* zur Verfügung.

Im *Register „Liste"* werden Ihre Artikel als Liste dargestellt und Sie erhalten einen schnellen Überblick.

Die *Register „Content zuordnen"* und *„**Content Pool**"* dienen zum Platzieren von beliebigen Inhalten (Contents) in den HTML-Seiten. Als Content werden Texte (und Bilder) verstanden, die auf den Webseiten zur Erklärung, Ergänzung, Anleitung u. a. dargestellt werden. (Näheres zu den Contents im GS ShopBuilder Pro 2 erfahren Sie im *Abschnitt 11.1.1*).

 Seite 362

GLOSSAR S. 505

Keine der oben genannten Katalogangaben ist jedoch zwingend, das heißt, die Felder können ebenso freigelassen werden. Die eindeutige IDENTIFIZIERUNG der Artikel wird innerhalb der Datenbank mit einem eigenen SCHLÜSSEL realisiert, sie müssen also beispielsweise keine Artikelnummer eingeben. Das bedeutet auch, dass Artikelnummer und Artikelname nicht eindeutig sein müssen: Mehrere Artikel können denselben Namen oder dieselbe Artikelnummer haben. Für die Produktbestellung im Internet kann ebenso der Produktname ausreichend sein. Die Funktionalität Ihres E-Shops mit dem Warenkorb und dem Bestellformular wird hierdurch nicht beeinträchtigt.

Erfolgt jedoch keine Preisangabe, so wird bei der Erzeugung der E-Shopseiten diesem Artikel auch kein Bestellknopf hinzugefügt.

Abbildung 10.3: Die Auswahl der einzelnen Ansichten erfolgt über die Registerleiste

Das Datenfeld „Artikelnummer"

Als Eingabe in dieses Feld sind Zahlen und Buchstaben (Klein- und Großschreibung) sowie Leerzeichen möglich. Als Sonderzeichen sind nur Bindestrich (-) oder Unterstrich (_) erlaubt, andere Sonderzeichen wie Doppelpunkt (:) oder Semikolon (;) dürfen nicht benutzt werden.

Das Datenfeld „Artikelnummer" ist kein Pflichtfeld, d.h. eine Eingabe ist nicht unbedingt erforderlich. Eine Artikelnummer kann für mehrere Produkte eingegeben werden. Weder das Weglassen der Artikelnummer noch die mehrfache Verwendung beeinträchtigen die Funktionalität des Warenkorbs oder des Bestellformulars im E-Shop.

Datenfeld „Produktname"

Hier geben Sie den Produktnamen bzw. die Artikelbezeichnung ein. Dabei gelten dieselben Regeln bezüglich der Zeichen (Sonderzeichen), die bereits unter „Artikelnummer" benannt wurden. Mit Umlauten (ä, ö, ü, ß) kann das Programm umgehen. Es sind maximal 60 Zeichen vorgesehen.

Datenfeld „Beschreibung"

Hier können Sie einen beliebigen Text für Ihre Artikelbeschreibung einfügen. Für die Anzahl der erlaubten Zeichen sind keine Begrenzungen vorgesehen. Sie können im Gegensatz zu den anderen Eingabefeldern alle Sonderzeichen benutzen und Textumbrüche bzw. Absätze über die ENTER-Taste (Eingabetaste) setzen.

Des Weiteren werden in diesem Textfeld alle erforderlichen HTML-Elemente unterstützt. Somit besteht die Möglichkeit zur weiteren Textformatierung. Möchten Sie beispielsweise erreichen, dass hier ein Textabschnitt in Fettschrift wiedergegeben wird, so setzen Sie einfach die HTML-Elemente `<b>` und `</b>`. Umlaute müssen nicht in HTML konvertiert werden, sodass ein ä nicht in das benannte HTML-Zeichen `&auml;` umgesetzt werden muss.

Abbildung 10.4: Die Artikelbeschreibung erlaubt die Eingabe von HTML-Tags (Beachten Sie die Tags <b> und </b>). Umlaute müssen jedoch nicht durch benannte Zeichen ersetzt werden.

Abbildung 10.5: Ansicht im Browser der oben eingegebenen Artikelbeschreibung im erzeugten E-Shop.

Datenfeld „Preis"

Hier können Sie nur Zahlen, also numerische Werte vorgeben. Dezimalbrüche sind sowohl mit Komma als auch mit Punkt gestattet. Beispiel: Erlaubt sind die Angaben mit Punkt „10.50" oder Komma „10,50". Die maximale Stellenanzahl beträgt 15. Wenn Sie hier aus Versehen Buchstaben oder die hier unerlaubten Sonderzeichen (alle außer Punkt und Komma) eingeben, gibt der GS ShopBuilder Pro 2 eine entsprechende Fehlermeldung aus. Nicht erlaubt ist beispielsweise die Angabe „10,20 EUR". Das Währungssymbol oder eine Währungsangabe wird nicht im Textfeld „Preis", sondern in den Einstellungen des GS ShopBuilder Pro 2 unter Währung/UST vorgegeben.

Eine separate Angabe von Netto- und Bruttopreisen ist nicht vorgesehen. Die Mehrwertsteuer können Sie jedoch auf der Bestellseite ausweisen. Dies legen Sie in den Grundeinstellungen Ihres E-Shops fest mit Menü „Datei" → „Einstellungen im Register Währung/UST".

Staffelpreise

Preisstaffeln können nur in den Detailseiten, wie in Abb. 10.6 gezeigt (3), angegeben werden.

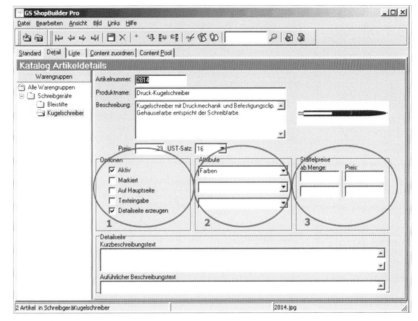

*Abbildung 10.6:
Ansicht Katalog Arti-
keldetails (Staffel-
preise markiert (3)).
Die Warengruppe
Schreibgeräte mit
den Untergruppen
Bleistifte und Kugel-
schreiber sind ange-
legt. Die Untergruppe
Kugelschreiber ist
geöffnet und der
Artikel mit der
Nummer 2814 wird
in der Detailansicht
gezeigt.*

Datenfelder für Attribute

Sie sehen in der Mitte der Abb. 10.6 (Bildelement (2)) drei Listboxen für die Vorgabe der Attribute. Hier können Sie für die einzelnen Artikel beispielsweise eine Farbauswahl oder verschiedene Größen vorgeben. Eine entsprechende Liste mit Attributen, beispielsweise Ausbaustufe, Farben, Größen ist im GS ShopBuilder Pro 2 vorinstalliert. Die Listen der Attribute sind im Verzeichnis /attributes als Textdateien (ohne Endung, z.B. Dateien farben, groessen, konfektionsgroessen) abgelegt und können von Ihnen ergänzt und auch neu angelegt werden.

Für die Attributliste, ebenso wie für die einzelnen Attributwerte, ist keine Zeichenbegrenzung vorgesehen. Hier können Sie wieder alle Buchstaben (Groß- und Kleinschreibung) und alle Zahlen eingeben, es werden hier auch Sonderzeichen unterstützt. So kann es beispielsweise sein, dass bei einer Größenangabe Zollangaben (") vorgegeben werden müssen. Die Pflege der Attributliste wird im nachfolgenden *Abschnitt 10.1.3 „Attributliste bearbeiten"* beschrieben.

Seite 339

Datenfeld Bild

 Seite 323

Sie können jedem Artikel ein Bild zuordnen. Klicken Sie hierfür mit der rechten Maustaste auf das schraffierte Platzfeld (siehe Abb. 10.1, Bildelement (1)). Es wird das Importmodul für die Einbindung von Bildern aufgerufen. Das Importmodul erzeugt aus den Originalbilddateien die für den E-Shop erforderlichen Bilddateiformate und die passenden Bildgrößen. Wie bereits in der Lerneinheit 9, vor allem im Abschnitt 9.2 aufgezeigt, lassen sich Bilder in drei verschiedenen Größen in Ihre E-Shopseiten einbinden. Entsprechend der im GS ShopBuilder Pro 2 voreingestellten Bildgrößen beim Import, sind diese Bilder in drei verschiedenen Größen für die Detailseite (größtes Format), die normalen Katalogseiten (mittleres Format) und für eine Übersicht auf der Startseite des E-Shops (kleinstes Format) vorgesehen. Letzteres bietet sich z.B. an, wenn Sie Sonderangebote oder Neuerscheinungen besonders hervorheben möchten.

Sie können eine beliebige Bilddatei aus einem beliebigen Verzeichnis von Ihrer Festplatte (oder Firmennetz) als Quelldatei auswählen. Diese Bilddatei wird dann automatisch beim Erzeugen des E-Shops in das entsprechende Verzeichnis gespeichert. Bezüglich der Dateinamen der Bilder bestehen keine Einschränkungen, Sie sollten jedoch grundsätzlich – gerade im Hinblick auf die Übertragung der Bilddateien auf einen Webserver – für Ihre Dateinamen weder Sonder- noch Leerzeichen verwenden, da es unter anderem sein kann, dass die Betriebssysteme der Webserver und die Browser der Clients diese nicht unterstützen.

Kontrollkästchen „Aktiv", „Markiert", „Auf Hauptseite", „Texteingabe", „Detailseite erzeugen"

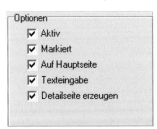

Abbildung 10.7: Die Kontrollkästchen „Aktiv", „Markiert", „Auf Hauptseite", „Texteingabe", „Detailseite erzeugen" auf der Detail-Seite

Bei diesen Kontrollkästchen handelt es sich um ganz unterschiedliche Optionen. Sie sind in der Abb. 10.6 als Bildelement (1) hervorgehoben und oben in Abb. 10.7 noch einmal separat dargestellt.

Klicken Sie das *Kontrollkästchen „Aktiv"* an, so legen Sie hiermit fest, dass dieser Artikel beim Erstellen Ihres E-Shops berücksichtigt wird. Diese Funktion ist beispielsweise sinnvoll, wenn eine Ware kurzfristig nicht lieferbar ist und Sie den Artikel auf „nicht aktiv" setzen, indem Sie das Häkchen entfernen. Die Voreinstellung für Artikel ist „aktiv".

Das *Kontrollkästchen „Markiert"* dient der Mehrfachauswahl von Datensätzen, bei denen Sie dieselben Schritte vollziehen möchten, also ausschneiden, kopieren etc.

Das *Kontrollkästchen „Auf Hauptseite"* bestimmt, ob der Artikel auf der Startseite platziert wird (dies ist gerade für Sonderangebote gedacht, vergleichbar mit den „Highlights" bei OPENSTORE).

Wenn Sie das **Kontrollkästchen „Texteingabe"** aktivieren, erscheint auf den E-Shopseiten bei diesen Artikeln ein zusätzliches Textfeld. Dieses Textfeld ist für Produkte vorgesehen bei denen weitere Angaben vom Kunden erforderlich sind. Beispielsweise, welcher individuelle Aufdruck auf einem bestellten T-Shirt erwünscht ist.

Über das *Kontrollkästchen „Detailseite erzeugen"* wird für dieses Produkt eine Detailseite angelegt, die weitere Informationen zum Produkt enthalten kann. Die Detailangaben können im unteren Teil der Detail-Seite eingegeben werden.

Linksetzung

Wie bereits oben erwähnt, findet sich für die Linksetzung kein eigenes Textfeld in der Benutzeroberfläche des GS ShopBuilder Pro 2. Die erfolgte Linksetzung wird lediglich durch den Unterstrich des Artikelnamens bzw. durch das Setzen eines grauen Rahmens für das Produktbild auf der Webseite angezeigt.

Über den Menüpunkt „Links" können Sie Links zum Artikelnamen und zum Bild bearbeiten. Klicken Sie mit der rechten Maustaste in den Bereich des Platzhalters für die Bilddateien, so erhalten Sie Zugang zum Eintragen von Links zum Bild. Sie können jetzt das Fenster für die Linkauswahl aufrufen. Da hier die genaue Vorgehensweise erst in der *Lerneinheit 11* dargestellt wird, sei an dieser Stelle lediglich erwähnt, dass interne Links (Links auf eine lokale Datei innerhalb Ihres E-Shops) und externe Links (andere Adressen im Internet) gesetzt werden können. Mit den internen Links können Sie innerhalb Ihrer E-Shopseiten auf eine weitere HTML-Seite verweisen, die Sie von Ihrer Festplatte auswählen.

Seite 356

In den Datenfeldern der Artikeldatenbank des GS ShopBuilder Pro 2 werden für die internen Links die Dateinamen eingetragen. Es kann sich dabei um eine HTML-Seite oder aber auch eine Bilddatei im GIF- oder JPG-Format handeln.

GLOSSAR S. 505

Bei den externen Links steht im entsprechenden Datenfeld die Webadresse bzw. der URL (Uniform Resource Locator) *(siehe Abschnitt 2.1)*.

Seite 50

Die Kategorisierung

Die klare Ordnung der Artikel in Artikelgruppen ist außerordentlich wichtig für die Orientierung des Kunden in Ihrem E-Shop. Wie eine Kategorisierung der Artikel innerhalb eines E-Shops möglichst gestaltet sein sollte, wurde bereits im Abschnitt 4.1.3 im Zusammenhang mit dem OPENSTORE-E-Shopsystem aufgezeigt. Diese grundlegenden Informationen gelten dabei für alle E-Shops und somit auch für solche, die mit dem GS ShopBuilder Pro 2 generiert wurden. Im Zweifelsfall sollten sie diesen Abschnitt noch einmal studieren.

Die in dem linken Fenster des GS ShopBuilder Pro 2 gezeigte *hierarchische Baumstruktur* „Warengruppen" gestattet in diesem Zusammenhang die Einrichtung einer beliebigen Zahl von Warengruppen, Untergruppen, Unter-Untergruppen usw.

Die *Kategorien* und *Warengruppen* stellen die Menüstruktur Ihres Artikelbestandes dar. Ihr Kunde klickt auf Warengruppen, um die entsprechenden Warengruppen aufzurufen. Jede Warengruppe stellt im fertigen E-Shop eine E-Shopseite mit Artikeln dar.

Sie können für die Namen der Warengruppen wieder alle Buchstaben (Groß- und Kleinschreibung) sowie Zahlen und Leerzeichen verwenden. Es sind auch Sonderzeichen wie das Pluszeichen (+) oder das kaufmännische UND (&) erlaubt. Auf andere Sonderzeichen wie Anführungszeichen (") sollte dagegen verzichtet werden, da hiermit die JavaScript-Skripte, die z. B. den Bestellvorgang kontrollieren, möglicherweise nicht mehr funktionieren.

Werkzeuge zur Dateneingabe und Datenpflege

Seite 322

Seite 330

Die Benutzeroberfläche des GS ShopBuilder Pro 2 stellt das Werkzeug zur Dateneingabe und Datenpflege Ihres Artikelbestandes dar. Im Abschnitt 10.1.1 wurde erläutert, welche Datenfelder für die Vorgabe der Produktinformationen berücksichtigt werden. Im *Abschnitt 10.1.2* haben Sie gelernt, wie die Sortierung des Artikelbestandes als hierarchische Struktur der Warengruppen erfolgt. Im nachfolgenden Abschnitt lernen Sie, wie Sie manuell neue Warengruppen festlegen, die Artikel eingeben, ändern oder löschen.

Die Eingabe der Daten im GS ShopBuilder Pro 2 ist dabei relativ einfach. Sie rufen das Programm auf und können direkt die bereits im Abschnitt 10.1.1 erläuterten Textfelder wie Artikelnummer, Produktname usw. füllen. Alle weiteren Eingabemöglichkeiten können Sie entweder direkt in der Menüleiste (im Handbuch wird die Bezeichnung Werkzeugleiste verwendet) oder aber über das Kontextmenü der rechten Maustaste aufrufen.

Festlegen der Warengruppen

Wenn Sie mit der Maus auf die Listeneinträge der Warengruppen klicken, erhalten Sie das Kontextmenü zum Erstellen, Bearbeiten, Löschen oder Umbenennung.

Abbildung 10.8:
Warengruppe
anlegen; Rechter
Mausklick auf eine
Warengruppe zeigt
dieses Kontextmenü.

Zum Festlegen weiterer Warengruppen gehen Sie folgendermaßen vor:

Markieren Sie die übergeordnete Warengruppe, unter der Sie die neue Warengruppe einordnen möchten. Gehen Sie dann über das Kontextmenü zu „Neue Warengruppe" und geben Sie der neuen Warengruppe einen Namen (z. B. „Schreibgeräte").

Abbildung 10.9:
Warengruppen –
Eine kleine Waren-
gruppenstruktur
wurde angelegt
(Kategorien).

Sie können eine hierarchische Struktur nach eigenen Vorstellungen aufbauen, bei der allerdings die Kundenperspektive maßgeblich sein sollte.

Die Hierarchie lässt sich durch Verschieben der Warengruppen nach oben oder unten verändern. Benutzen Sie dazu die beiden Symbole für Warengruppe „nach oben verschieben" (1) oder „nach unten verschieben" (2):

Abbildung 10.10:
Warengruppen
Reihenfolge: Die
markierten Schalt-
flächen dienen zum
Verändern der
Reihenfolge der
Warengruppen. Die
Warengruppe
„Kugelschreiber"
wurde so nach unten
verschoben.

Sie können aber auch die betreffende Warengruppe mit der linken Maustaste anfassen und an die Stelle verschieben an die Sie die Warengruppe platzieren möchten (Drag-and-Drop).

Im Inhaltsverzeichnis des E-Shops (im Browser) werden die vorgegebenen Warengruppen in der gleichen Hierarchie dargestellt:

Abbildung 10.11:
Darstellung der
Warengruppen im
Browser

Die Vorgehensweise zur Kategorisierung der Artikelbestände ist wie folgt: zunächst werden die Warengruppen festgelegt und erst dann erfolgt die Eingabe der Daten- bzw. Artikelsätze. Dies wird im nachfolgenden Abschnitt nochmals erläutert.

Abbildung 10.12:
Ablauf bei der
Kategorisierung der
Artikelbestände

▶ **Übung**

Richten Sie Warengruppen für Bleistifte, Kugelschreiber, Ordnungsmittel, Papier und Heftgeräte ein.

Rufen Sie die Fenster zum Anlegen der Warengruppen auf und ändern Sie die Reihenfolge der Einträge des Beispielshops. Verschieben Sie „Papier" an die erste und „Ordnungsmittel" an die zweite Stelle. Erzeugen Sie den E-Shop neu (Menü „Datei" der Befehl „Onlineshop erzeugen und anzeigen").

In einem zweiten Schritt ergänzen Sie den BEISPIELSHOP **des GS ShopBuilder Pro 2. Legen Sie dazu weitere Warengruppen entsprechend der oben genannten Vorgehensweise fest.**

KMU-shop-gs/
index.hml

Wir benötigen für unseren Beispielshop folgende Warengruppen:

Visitenkarten

Rollpen

Prospekthüllen

Ordner

Notizblock

Locher

Kugelschreiber

Kopierpapier

Heftstreifen

Heftgeräte

Entklammerer

Endlospapier

Druckbleistifte

Datumstempel

Büttenpapier

Bleistifte

Ablagekörbe

Orientieren Sie sich an dem Beispielshop KMU-S.

▶ **Übung**

Diese weitere Übung soll Sie vor allem mit den beiden ersten Schritten der Kategorisierung vertraut machen. Nachdem Sie in der vorherigen Übung die technische Umsetzung kennen gelernt haben, steht hier die Konzeption im Vordergrund.

Entwerfen Sie eine (aus Kundensicht) sinnvolle Kategorisierung für einen Baufachmarkt. Erstellen Sie dafür eine Hierarchie, die aus mehreren Ebenen besteht. Sollten mehrere Möglichkeiten zur Lösung vorhanden sein, so begründen Sie kurz Ihre Entscheidung. Die folgenden Warengruppen sollten dabei (auf unterster Ebene) vorkommen:

Außenleuchten, Bandmaße, Benzinrasenmäher, Bitumenanstriche, Dichtschäume, Dünger, Elektro-Rasenmäher, Elektrozangen, Fassadenfarbe, Fluter, Gartenscheren, Gewächshäuser, Handrasenmäher, Holzsägen, Holzschutzanstriche, Kabel, Kabelkanäle, Ketten, Kleber, Kneifzangen, Kunststoffsägen, Lacke, Leuchtmittel, Malerwerkzeug, Mediterrane Pflanzen, Metallsägen, Mörtelprodukte, Nägel, Orchideen, Pendelleuchten, Profile und Bleche, Rasentraktoren, Rhododendron, Rohrzangen, Schalter, Schalterdosen, Schrauben, Schraubwerkzeuge, Stauden, Technische Licht, Teich- und Wasserpflanzen, Tischleuchten, Übertöpfe, Wasserwaagen, Wohnraumfarben, Zollstöcke

Eine mögliche Lösung:

➢ Garten	➢ Werkzeug / Maschinen
• Pflanzen	• Sägen
o Mediterrane Pflanzen	o Holzsägen
o Teich- und Wasserpflanzen	o Kunststoffsägen
o Orchideen	o Metallsägen
o Stauden	• Zangen
o Rhododendron	o Kneifzangen
• Dünger	o Elektrozangen
• Übertöpfe	o Rohrzangen
• Geräte	• Schraubwerkzeuge
o Gartenscheren	• Messwerkzeuge
o Rasenmäher	o Wasserwaagen
- Benzinrasenmäher	o Bandmaße
- Handrasenmäher	o Zollstöcke
- Rasentraktoren	
- Elektro-Rasenmäher	
• Gewächshäuser	

➢ Eisenwaren
- Ketten
- Profile und Bleche
- Schrauben
- Nägel

➢ Elektro-Installation
- Kabel
- Schalterdosen
- Kabelkanäle
- Schalter

➢ Leuchten
- Außenleuchten
- Leuchtmittel
- Tischleuchten
- Pendelleuchten
- Fluter
- Technische Licht

➢ Baustoffe
- Mörtelprodukte
- Kleber
- Bitumenanstriche
- Dichtschäume

➢ Farben
- Lacke
- Holzschutzanstriche
- Malerwerkzeug
- Fassadenfarbe
- Wohnraumfarben

Welche weiteren Warengruppen sind denkbar?

_____

Eingabe der Datensätze

Unter dem Menü „Bearbeiten" finden sich die Befehle zum Ausschneiden, Kopieren, Einfügen oder Löschen der Artikel bzw. Datensätze. Diese Befehle stehen ebenso in der Symbolleiste zur Verfügung.

Abbildung 10.13: Eingabe eines neuen Datensatzes durch das Menü „Bearbeiten": Der neue Artikel wird in die ausgewählte Warengruppe eingefügt.

Abbildung 10.14: Symbolleiste zu Artikeln.

Markiert sind Schaltflächen zur Bearbeitung von Datensätzen (neuen Artikel am markierten Artikel einfügen (1), Artikel am Ende einfügen (2), Artikel nach oben in der Reihenfolge verschieben (3), nach unten verschieben (4), ausschneiden (5), kopieren (6), einfügen (7)).

Für die manuelle Eingabe der Datensätze wählen Sie in den entsprechenden Listen die gewünschte Warengruppe aus.

Um einen Datensatz zu füllen bzw. zu editieren, müssen Sie diesen zunächst durch einfachen Mausklick aktivieren. Die erfolgte Aktivierung wird dabei durch die Änderung der Hintergrundfarbe von Grau nach Weiß angezeigt (siehe Abbildung 10.15).

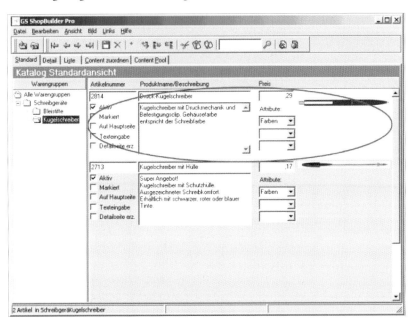

Abbildung 10.15:
Der markierte Artikel
wird weiß hinterlegt

Sie können den Datensatz jetzt füllen, indem Sie jeweils den Cursor in das entsprechende Textfeld setzen oder mit der Tabulatortaste zwischen den einzelnen Textfeldern springen.

Welche Symbole für welche Aufgaben neben den bereits in der Abbildung 10.14 beschriebenen Schaltflächen nutzbar sind, erkennen Sie in der folgenden Abbildung:

Abbildung 10.16:
Symbolleiste Artikel

Mit den Schaltflächen (1) bis (4) können die gewünschten Artikel ausgewählt werden, wobei mit der Schaltfläche (1) zum ersten, mit der (2) zum vorherigen, mit der (3) zum nächsten und mit der (4) zum letzten Artikel gesprungen werden kann. Die Schaltfläche (5) dient dazu, die Veränderungen zu speichern und die (6), um den ausgewählten Artikel zu löschen. Der mit der (7) markierte Bereich dient der Artikelsuche, mit der Schaltfläche (8) kann man den E-Shop erzeugen und mit der (9) veröffentlichen.

► **Übung**

Suchen Sie sich eine Warengruppe heraus und geben Sie neue Artikel ein. Geben Sie im Einzelnen vor: Artikelnummer, Produktname, Beschreibung, Preis und zwei Staffelpreise. Verwenden Sie die Beispieldaten KMU-S, die Sie schon in den Lerneinheiten 3 bis 8 kennen gelernt haben. Erzeugen Sie den E-Shop (im Menü „Datei" durch den Befehl „Onlineshop erzeugen") und suchen Sie Ihren Artikel heraus. Führen Sie den Bestellvorgang durch. Ändern Sie im Warenkorb die Bestellmenge.

Attributlisten bearbeiten

Es existieren drei Drop-Down-Listboxen für die Vorgabe der Artikelattribute. Hier können Sie für jeden Artikel beispielsweise eine Farbauswahl oder verschiedene Größen vorgeben. Eine entsprechende Liste mit Attributen beispielsweise Farben, Größen etc. ist im GS ShopBuilder Pro 2 vorinstalliert.

Die Attributlisten werden sowohl in der Katalog- als auch in der Detailansicht angezeigt:

Abbildung 10.17 (rechts): Attributlisten in der Katalogansicht

Abbildung 10.18 (links): Attributlisten in der Detailansicht

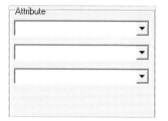

Wie bereits erwähnt, werden diese Attributlisten als einfache Textdateien im Verzeichnis \attributes im Installationspfad des GS ShopBuilder Pro 2 abgelegt. Diese Textdateien können Sie direkt mit einem einfachen Texteditor öffnen und bearbeiten.

Die Attributliste können Sie jedoch auch direkt im GS ShopBuilder Pro 2 verändern. Klicken Sie dazu mit der rechten Maustaste auf eine Drop-Down-Listbox für Attribute. Es erscheint folgende Meldung (Abbildung 10.19):

Abbildung 10.19: Meldung Attributlisten bearbeiten. Die Schaltfläche erhält man durch Klick mit der rechten Maustaste auf eine Attribut-Listbox (hier am Beispiel der Katalogansicht).

Wenn Sie die Schaltfläche „Attributliste bearbeiten" betätigen, öffnet sich ein Fenster, wie in folgender Abbildung 10.20 gezeigt. Das gleiche Fenster erhalten Sie über das Menü „Bearbeiten" > „Attributlisten bearbeiten".

Abbildung 10.20: Attributlisten bearbeiten, Fragezeichen für Auswahlzwang (siehe folgender Abschnitt). Die obere Listbox „Attributliste bearbeiten" beinhaltet alle Einträge der aktuellen Attribute (Farbe, Größe usw.). Wenn Sie ein bestimmtes Attribut auswählen, werden die entsprechenden Attributwerte im unteren Textfeld ausgegeben.

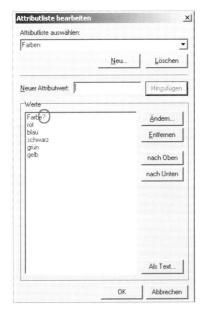

Im E-Shop werden die Attri-butwerte in der Reihenfolge angezeigt, wie sie in der Wertetabelle angeordnet sind. Die Reihenfolge, in der die Attributwerte in der Attributdatei stehen, spielt also eine Rolle. Wenn der Kunde keine Auswahl vornimmt, bekommt er den Artikel mit dem Attributwert geliefert, der an erster Stelle steht.

Wenn Sie den ersten Attributwert mit einem Fragezeichen unmittelbar nach der Wertangabe versehen (siehe Abbildung 10.20), wird der Kunde bei fehlender Attributwahl dazu aufgefordert, eine Wahl zu treffen. Bei dieser Aufforderung ist es sinnvoll, einen Begriff zu wählen, der auf die Attributart hinweist.

Eine Liste von Farbwerten könnte man so anlegen:

```
Farbe?
Rot
Grün
Blau
```

Dadurch erscheint im Listenfeld im E-Shop „Farbe?". Dies erinnert den Kunden an die Farbauswahl. Bei fehlender Farbwahl erfolgt über ein Skript eine Warnmeldung, wenn der Kunde den Artikel in den Warenkorb legen möchte, und der Artikel wird nicht in den Warenkorb gelegt. Eine Aufforderung, zum Beispiel zur Farbwahl, wird durch das Fragezeichen beim ersten Attributwert generiert.

▶ **Übung**

Geben Sie für einen Artikel im Beispielshop zwei neue Attribute vor. Ergänzen Sie hierzu die aktuelle Attributliste, indem Sie zwei neue Attributlisten (beispielsweise test1 und test2) nennen. Definieren Sie jetzt die Attributwerte einmal mit und ohne Fragezeichen für den ersten Attributwert.

Erzeugen Sie anschließend den E-Shop lokal auf Ihrer Festplatte (in Menü „Datei" durch den Befehl „Onlineshop erzeugen").

Klicken Sie bei dem entsprechenden Artikel auf den Bestellbutton und schauen Sie sich die Meldungen an. Rufen Sie dann den Warenkorb auf. Hier sehen Sie, wie die Attributwerte dem ausgewählten Artikel hinzugefügt werden.

Wenn Sie die Warengruppen und Artikel in den GS ShopBuilder Pro eingegeben haben, sieht Ihr E-Shop folgendermaßen aus:

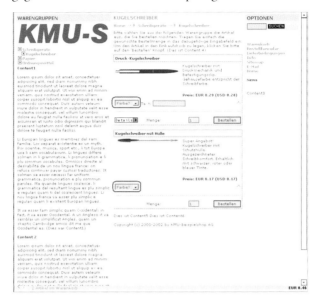

Abbildung 10.21: Beispielshop mit Attributauswahlmenü („Farbe?")

Die spezifischen Hersteller- und die Blindtexte werden in den nachfolgenden Lerneinheiten ausgetauscht.

Werkzeuge zum Suchen und Finden, Filtern und Sortieren

Suchfunktion innerhalb des lokalen Artikelkatalogs (offline)

Sie können im Artikelkatalog des GS ShopBuilder Pro 2 nach bestimmten Begriffen suchen. Über Menü „Bearbeiten" > „Artikel suchen" (oder über die Tastenkombination F3) öffnet sich ein neues Fenster zur Volltextsuche in Ihrem Artikelkatalog:

Abbildung 10.22: Suchen im GS ShopBuilder Pro 2

Abbildung 10.23: Schaltfläche für die Suche in der Symbolleiste. Geben Sie den Text in das Textfeld ein und klicken Sie anschließend auf die Lupe (alternativ können Sie auch die Eingabetaste zum Starten der Suche benutzen).

Sie können wählen, ob die Suche im gesamten Katalog oder nur innerhalb der aktuellen Warengruppe erfolgen soll.

Die gleiche Suchfunktion steht Ihnen auch in der Symbolleiste mittels der folgenden Schaltfläche zur Verfügung:

Suchfunktion im E-Shop (online)

Sie haben für Ihren E-Shop über das Festlegen der Warengruppen eine Sortierung vorgenommen. Im E-Shop wird diese Sortierung über die Menüstruktur im Inhaltsverzeichnis Ihrer E-Shopseiten wiedergegeben. Sie selbst haben somit die Reihenfolge der Anzeige Ihrer Artikel bestimmt.

Für den Kunden ist die Suche nach Artikeln eine Grundfunktion. GS ShopBuilder Pro 2 bietet daher die Option, eine Produktsuche im E-Shop einzubinden. Diese Option finden Sie in den Grundeinstellungen (Menü „Datei" > „Einstellungen" > Register „Optionen"). Hier können Sie die Suche über einen zentralen Suchdienst aktivieren. Dabei werden

GLOSSAR S.505

generierte XML-Dateien durch ein PERL-Skript, das bei ShopCity24 (http://www.shopcity24.de/cgi-bin/shopsearch.pl) betrieben wird, nach dem angegebenen Begriff durchsucht und eine Antwort generiert. Es lassen sich auch eigene Suchskripte verwenden (z. B. in Form von Perlskripten). Geben Sie dazu den URL Ihres Skriptes statt des URL von ShopCity24.de an.

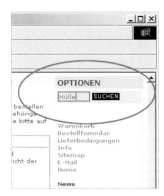

Abbildung 10.24:
Die Suchfunktion in
der Browseransicht
des E-Shops

In das Suchfeld kann der Kunde einen Begriff eingeben und die Suche starten. Die Treffer der Suche werden als Links auf E-Shopseiten ausgegeben. Durch einen Klick auf den entsprechenden Link gelangt der Kunde direkt zu den Katalogseiten des gewünschten Produkts und kann

GLOSSAR S. 505

hier seine Bestellung vornehmen. Lokal auf dem PC funktioniert die Suchfunktion nicht, da nur SERVERSEITIGE Skripte die Suche ermöglichen. Der E-Shop muss daher veröffentlicht sein, was allerdings eine registrierte Version voraussetzt.

Datenimport/-export

Im vorhergehenden Abschnitt haben Sie erfahren, wie Sie neue Artikel manuell im GS ShopBuilder Pro 2 eingeben können. Dies kann jedoch bei anwachsendem Artikelbestand in Ihrem Unternehmen sehr mühsam und zeitaufwendig sein. Nachteilig ist auch, wenn Artikeldaten an mehreren Stellen im Artikelkatalog gleichzeitig gepflegt werden müssen. Dies kann durch den Import des Artikelbestands aus fremden Datenquellen, im Idealfall aus der in Ihrem Unternehmen eingesetzten Datenbank zur Verwaltung der Artikeldaten, vermieden werden, da die Pflege der Artikeldaten immer an der Datenquelle erfolgen sollte. Diese Datenquelle kann entweder eine zentrale Artikeldatenbank oder eine Exceltabelle sein, was von Ihrer IT-Infrastruktur abhängig ist.

▶ **Hinweis:**

Bitte beachten Sie, dass mit der Demoversion des GS ShopBuilder Pro 2 kein Dantenimport möglich ist. Aus der Demoversion wird durch das einfache Eintragen der erworbenen Registriernummer eine Vollversion (siehe hierzu die Website des Herstellers unter http://www.gs-shopbuilder.de/download_gssbpro.htm*).*

http://www.gs-shopbuilder.de/download_gssbpro.htm)

Studienmaterial
▶ **Lesen Sie zu diesem Thema in der *Bedienungsanleitung* des GS ShopBuilder Pro 2 (Bedienungsanleitung.pdf) das Kapitel „ Import der Artikelbestände aus Datenquellen" (Seite 27 ff.). Dort wird die im Folgenden dargestellte Vorgehensweise ausführlich beschrieben.**

Es werden folgende Datenquellen vom GS ShopBuilder Pro 2 Pro unterstützt: Paradox, MS Access, ODBC, Text und CSV.

Bei den Datenquellen Paradox, dBase und MS Access handelt es sich um Datenbanken. ODBC (Open Database Connectivity) ist eine Schnittstelle für den Zugriff auf **SQL**-Datenbanken.

Im Gegensatz zu den einfachen Text- und CSV-Dateien können Datenbanken aus mehreren Tabellen bestehen. Wird hier ein Datenimport aus einer Datenbank mit dem GS ShopBuilder Pro 2 vorgenommen, so muss dieser selektiv für die einzelnen Tabellen erfolgen.

Abbildung 10.25: GS ShopBuilder Pro, Tabellenauswahlfenster beim Import aus einer Exceltabelle. Die Namen der Tabellen sind hier symbolisch als Tabelle1 und Tabelle2 angegeben. In einer Accessdatenbank werden Sie für Tabellen Namen wie beispielsweise Tab_Artikeldaten, Tab_Lieferanten, Tab_Mitarbeiter oder ähnliches finden.

Bei der Datenquelle TEXT handelt es sich um einfache *TXT-Dateien*. So können beispielsweise Microsoft Excel-Tabellen im TXT-Format gespeichert werden, die Felder der Spaltenbezeichnungen der ursprünglichen Excel-Tabelle werden dabei durch ein Tabulatorzeichen und jeder Artikel durch den Beginn einer neuen Zeile voneinander getrennt. Die meisten heute gängigen Datenbank- und Tabellenkalkulationsprogramme bieten die Möglichkeit, Text-Tab-Dateien zu exportieren.

Ebenso häufig wird auch der Export von *CSV-Dateien* unterstützt, was ebenfalls aus Microsoft Excel möglich ist. Die Reihenfolge der Datenfelder in einer CSV-Datei muss durch entsprechende Anordnungen der Spalten einer Tabelle im Tabellenkalkulationsprogramm vor dem Export oder durch Abfragenprogrammierung (meist SQL-Abfragen) in Datenbanken gesichert werden. Da in einem funktionierenden E-Shopsystem ständig und regelmäßig Artikeldaten geändert, hinzugefügt und gelöscht werden müssen, ist die Programmierung einer speziellen Abfrage für das E-Shopsystem, die auf Anforderung die erforderlichen Text-Tab- oder CSV-Dateien erzeugt, mehr als sinnvoll. Diese programmierten Datenbankabfragen lassen sich auch von Mitarbeitern starten und ausführen, die über keine umfangreichen Datenbankkenntnisse verfügen.

Erfolgt der Datenimport aus Text-Tab- oder CSV-Dateien, so wurde zum Trennen der Datenfelder ein Trennzeichen verwendet. Beim Erzeugen der Text-Tab-Dateien wird als Trennzeichen ein Tabulatorzeichen (ASCII-Wert=9) verwendet. Bei CSV-Dateien wird das Zeichen beim Erzeugen der Datei individuell festgelegt (Standardvorgabe ist Semikolon ;). Beim Import muss im GS ShopBuilder Pro 2 die Spaltenbegrenzung bzw. das Trennzeichen vorgegeben werden, also beispielsweise das Komma (,) oder das Semikolon (;) usw., je nachdem, welches Trennzeichen verwendet wurde. Da es sich bei dem Tabulator um ein nicht darstellbares Zeichen als Feldtrennzeichen handelt, ist in diesem Fall der entsprechende ASCII-Wert (die Zahl 9) einzutragen (siehe Abb. 10.26, Bildelement 1).

Wird die Begrenzung bzw. Trennung der Spalten der zu importierenden Tabelle richtig erkannt und in der ersten Zeile der Text-Tab-Datei die Feldnamen stehen, so werden die Spaltenbezeichnungen aus der ersten Zeile im Fenster „Spaltennamen" korrekt wiedergegeben.

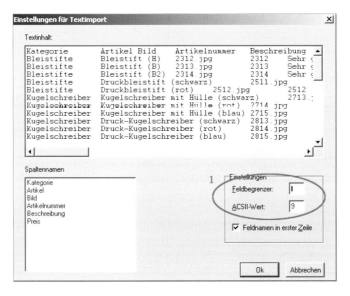

*Abbildung 10.26: Einstellungen für Textimport (aus Text-Tab-Datei). Das Fenster **Textinhalt** zeigt den Inhalt der Textdatei an. Im Fenster Spalten-namen werden die Namen der Spalten angezeigt, wenn Spaltennamen (Feld-namen) in der ersten Zeile existieren und das Optionsfeld **Feldnamen in erster Zeile** markiert ist.*

Für den Datenimport im GS ShopBuilder Pro 2 muss aus dem Menü „Datei" der Menüpunkt „Katalogdaten importieren" gewählt werden. Es öffnet sich ein Fenster zum Import der Artikelbestände aus Datenquellen. Jetzt muss die Datenquelle von der Festplatte des LOKALEN RECHNERS oder von einem Netzlaufwerk angegeben werden. In der unteren Abbildung wurde exemplarisch eine TXT-Datei des Beispielshops gewählt.

GLOSSAR S. 505

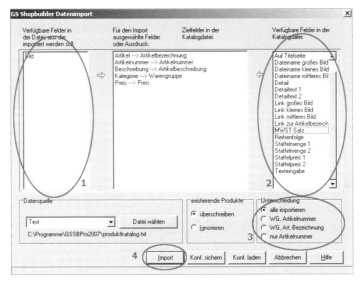

*Abbildung 10.27: GS ShopBuilder Pro 2. Fenster **Katalogdaten importieren** mit der Datenquelle produktkatalog.txt. Felder, die noch nicht in Beziehung gebracht wurden, stehen in den äußeren Fenstern. Felder der Importdatei und der Katalogdatei, die in Beziehung gebracht wurden, stehen im mittleren Fenster.*

Im *linken Fensterbereich* zum Import von Artikeldaten (1) erscheinen die Spaltenbezeichnungen der gewählten Datenquelle, d.h. die „Verfügbaren Felder in der Datei, aus der importiert werden soll". Ist ein verfügbares Feld für den Import ausgewählt (es erscheint dann im mittleren Feld), wird es im linken Feld nicht mehr angezeigt. Schon ausgewählte Felder stehen nicht als verfügbar bereit.

Im *rechten Fensterbereich* (2) werden dagegen die „Verfügbaren Felder in der Katalogdatei" der Datenbank des E-Shopsystems abgebildet. Diese sind Ihnen bereits bekannt und wurden im *Abschnitt 10.1.1* ausführlich beschrieben (u.a.: Warengruppe, Artikelnummer, Artikelbezeichnung, Artikelbeschreibung, Preis, Dateiname des Bildes, Link zur Artikelbezeichnung, Link zum Bild, Attribute 1–3 etc.)

Seite 323

Es müssen nun die Felder der ausgewählten Datenquelle den in der Katalogdatei zur Verfügung stehenden *Feldern richtig zugeordnet* werden. Hierzu wird ein Feldname aus der gewählten Datenquelle markiert und anschließend auf die entsprechenden Zuordnungspfeile geklickt. Der Feldname erscheint im mittleren Feld. Nun markieren Sie auf der rechten Seite den Feldnamen, den Sie dem Importfeldnamen zuordnen möchten. Drücken Sie den Pfeil nach rechts, wird der markierte Ausdruck in der Mitte zu dem noch freien Feldnamen der Quelle gesetzt. Somit hat ein Feld aus der Quelldatei eine Beziehung zu einem Feld in der Katalogdatei des E-Shopsystems. Die Beziehung wird mit „→" symbolisiert. Sie müssen nicht zu allen Feldern der Quelldatei Beziehungen in der Katalogdatei herstellen. Nicht verknüpfte Felder werden nicht importiert.

Sind alle erforderlichen Zuordnungen getroffen, so muss noch berücksichtigt werden, ob sich in der Katalogdatei bereits Datensätze bzw. Artikelbestände befinden. In diesem Fall muss über Optionsfelder entschieden werden, ob die vorhandenen Datensätze beim Import der Daten zu „überschreiben" oder zu „überspringen" sind (3). Dabei kann zwischen „Warengruppe (WG) und Artikelnummer" oder „Warengruppe (WG) und Artikelbezeichnung" oder nur „Artikelnummer" als Zuordnungskriterium unterschieden werden. Haben Sie z. B. nur „Artikelnummer" gewählt, wird geprüft, ob beim Import Daten zu einem Datensatz mit gleicher Artikelnummer schon vorhanden sind. Wenn nicht, wird der Datensatz angelegt. Wenn ja, dann wird der Datensatz überschrieben, wenn „überschreiben" gewählt ist. Andernfalls wird der Import dieses Datensatzes ignoriert und der nächste Datensatz importiert. Zum Importieren der Daten wird die Schaltfläche „Import" (4) geklickt. Der erfolgreiche Import wird beispielsweise durch folgende Meldung angezeigt:

Abbildung 10.28:
Meldung über
erfolgreichen Import

Klicken Sie auf „OK" zur Bestätigung. Im GS ShopBuilder Pro 2 sind die Datensätze jetzt mit den Daten der ausgewählten Datenquelle gefüllt.

Beim Datenimport wird nur der Dateiname von Bildern übernommen. Damit die Bilder dann auf den entsprechenden E-Shopseiten erscheinen, müssen die Bilddateien in die entsprechenden Verzeichnisse `\online-shop\images\big` etc. kopiert werden. Über Betätigung der Schaltfläche „Konf. sichern" kann die getroffene Zuordnung (Konf. = Konfiguration) für den Datenimport gespeichert werden. Die zuvor beschriebene Vorgehensweise der zu treffenden Zuordnungen der Spaltenbezeichnungen der gewählten Datenquelle und der Katalogdatei muss dann nur einmal erfolgen. Bei weiteren Importen aus dieser Datenquelle kann diese Konfiguration wieder aufgerufen werden („Konf. laden"). Die Zuordnung der Spaltenbezeichnungen erfolgt dann automatisch. Die abgespeicherten Konfigurationsdateien haben die Endung `sbi`.

Datenbank prüfen und re-indizieren, Bildverzeichnisse überprüfen und aufräumen

Diese Funktion soll eine gewisse Absicherung dafür schaffen, dass auch bei der Verwendung von Datenbanken Fehler auftreten können. Durch unterschiedliche Fehler, beispielsweise den Absturz des Rechners, können Inkonsistenten in der Datenbank auftreten. Sie können die Funktion über „Bearbeiten" → „Systemdienste" aufrufen, wobei bei diesem Vorgang die Datenbank auf Konsistenz geprüft wird. Es wird also festgestellt, ob alle Relationen in der Datenbank noch richtig sind. Falls erforderlich, werden die Datensätze neu indiziert.

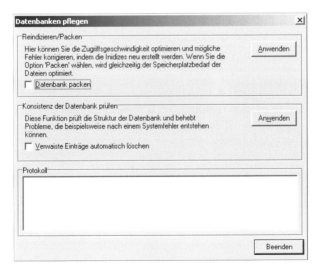

Abbildung 10.29: Fenster Datenbanken pflegen.

Die Funktion *Reindizieren/Packen* wird durch Betätigen der zugehörigen Schaltfläche *Anwenden* gestartet. Ein Ablaufprotokoll wird im Bereich Protokoll angezeigt. Die Funktion Konsistenz der Datenbank prüfen prüft und behebt Fehler in der Datenbank. Datensätze, die keine Zuordnungen mehr haben (kann z.B. entstehen, wenn beim Import ein Systemfehler auftritt) können durch markieren des Optionsfeldes automatisch gelöscht werden. Der Prozess wird mit der zugehörigen Schaltfläche Anwenden ausgelöst. Ein Ablaufprotokoll wird auch hier im Bereich Protokoll angezeigt.

Über den Weg „Bearbeiten" → „Systemdienste" können Sie auch die Bildverzeichnisse aufräumen. Darunter versteht man, dass Bilder, die keinen Artikeln in der Datenbank zugeordnet sind, gelöscht werden.

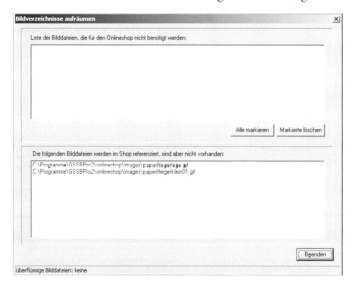

Abbildung 10.30: Fenster „Bildverzeichnisse aufräumen":

Im oberen Bereich werden die Dateinamen von Bildern aufgelistet, die sich zwar in den Bilder-Verzeichnissen befinden, jedoch keinem Artikel zugeordnet sind. Markierte Bilder können mit der Schaltfläche „Markiert löschen" gelöscht werden. Im unteren Bereich werden die Dateinamen von Bildern aufgelistet, die benötigt werden, die jedoch nicht vorhanden sind.

Datenimport aus älteren Versionen

In GS ShopBuilder Pro 2 ist nur die systemeigene Artikeldatenbank (Paradox) nutzbar, die für das E-Shopsystem strukturiert ist. Daten zu Artikeln können direkt aus Datenbanken (Warenwirtschaftssystem) oder Tabellenkalkulationsprogrammen (als Text-Tab-Dateien oder CSV-Dateien) importiert und damit in das GS ShopBuilder Pro 2 eigene Datenformat umgewandelt werden. Der erneute Export der Artikeldaten aus dem GS ShopBuilder Pro 2 ist nicht vorgesehen.

Verfügen Sie bereits über Katalogdaten der GS ShopBuilder Version 1, so können Sie diese importieren. Das Fenster erreichen Sie über die Schritte „Datei" → „Katalogdaten importieren ... „ → „Import aus GS ShopBuilder Pro 1.x". Der Import ist sowohl aus Katalogdaten von GS ShopBuilder Pro 1.x als auch von GS ShopBuilder Standard 1.x möglich.

Abbildung 10.31: Import von Katalog- dateien älterer Versionen.

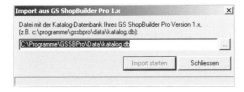

Im Formularfeld muss der Pfad zur Katalogdatei des E-Shopsystems der alten Version angegeben werden.

Übung

▶ **Diese Übung ist optional. Sie können sie nur durchführen, wenn Sie über MS Excel 2000 verfügen.**
In den Übungsmaterialien befindet sich eine Excel-2000-Datei (produktkatalog.xls) mit allen für den Übungsshop vorgesehenen Artikeln bereitgestellt. Speichern Sie die Excel-Tabelle als CSV-Datei und als TXT-Datei auf Ihrer Festplatte ab. Rufen Sie den GS ShopBuilder Pro 2 auf und importieren Sie beide Formate. Diese Übung ist nur mit einer registrierten Form des GS Shop- Builder Pro 2 möglich.

10.2 Weitere Datenbanken

Über die (lokale) Artikeldatenbank hinaus werden im GS ShopBuilder Pro 2 E-Shopsystem keine weiteren Datenbanken genutzt. Es werden weder Daten über den Bestellvorgang gespeichert, noch sind Kunden- bzw. Adressdatenbanken vorhanden. Dies ist auch nicht ohne weiteres möglich, da die Artikeldatenbank nur lokal auf Ihrem PC und nicht auf dem Webserver installiert ist. Es wird nochmals daran erinnert, dass nur die HTML-Seiten auf dem Webserver gespeichert werden.

Das Anlegen einer Kundendatenbank ist im GS ShopBuilder Pro 2 nicht vorgesehen.

Temporäre Tabellen im E-Shop

Beim Bestellvorgang im Internet wird, wie Sie wissen, der so genannte Warenkorb angelegt. Hierbei handelt es sich nicht um eine temporäre Datenbank, sondern um eine temporäre Tabelle, die alle für den Bestellvorgang nötigen Daten sammelt. In dieser Tabelle werden die Informationen gespeichert und über Skripte als HTML-Seiten im Browser dargestellt.

Bei der Abbildung 10.32 handelt es sich um den Warenkorb in der Browseransicht des Beispielshops:

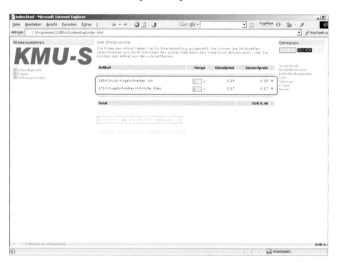

Abbildung 10.32:
Ansicht Warenkorb
im Browserfenster.
Die Abbildung zeigt,
dass zwei Artikel in
den Warenkorb
gelegt wurden.

Der Warenkorb kann vom Kunden jederzeit über den Link in der Fuß-leiste jeder Webseite im E-Shop aufgerufen werden. Die Warenkorb-tabelle wird temporär im Browser über JavaScript-Dateien (siehe auch `basket.js` im Verzeichnis `\javascript`) bearbeitet.

Seite 434

Bei einer Bestellung geht dem E-Shopbetreiber eine Nachricht zu, die aus den Daten dieser Tabelle generiert wird. Dies geschieht per E-Mail und üblicherweise über ein **CGI**-Skript auf dem Webserver, welches diese Bestelldaten verarbeitet (formatiert) und weiterleitet. Näheres zum Bestellvorgang erfahren Sie in *Lerneinheit 13*.

10.3 Verknüpfung mit Warenwirtschafts- systemen

▶ *Mit der Version Pro 2 des GS ShopBuilder ist die Anbindung an Warenwirtschaftssysteme nicht möglich.*

GLOSSAR S. 505

Hierfür bietet jedoch der Hersteller optional das Produkt *GS ShopBuilder Connect* an. So ist zusätzlich zur Pro-Version SQL als ABFRAGESPRACHE für die Datenquellen wählbar, und damit der Zugriff auf SQL-Datenbanken mit ODBC-Anbindung möglich. Der Import aus großen Datenbanken mit mehreren Tabellen kann selektiv erfolgen, d.h. man kann es ermöglichen, dass nur ausgewählte Datenfelder und Datensätze zum Import ausgewählt werden. Bei Änderungen am Datenbestand werden durch ein regelmäßiges Update automatisch die aktuellen Artikeldaten im Internet abrufbar.

Mit GS ShopBuilder Connect entfällt die manuelle Betreuung völlig, insbesondere die Pflege der Artikeldaten im E-Shopsystem selbst, da stets auf die Datenbestände des Warenwirtschaftssystem zurückgegriffen wird.

www.gs- shopbuilder.de.

An dieser Stelle können wir aber auf GS ShopBuilder Connect nicht näher eingehen, weil dieses Produkt nicht Gegenstand dieser Qualifikationseinheit ist. Näheres zu GS ShopBuilder Connect erfahren Sie auf der Website zur GS ShopBuilder Produktfamilie. Darüber hinaus werden wir im Überblick über die GS ShopBuilder-Produktfamilie im Abschnitt 13.5 – „GS ShopBuilder Pro 2 – Erweiterungen, Support und Produktfamilie" kurz auf den GS ShopBuilder Connect zurückkommen.

ZUSAMMENFASSUNG

In dieser Lerneinheit haben wir die Datenanbindung des GS Shop-Builder Pro 2 vorgestellt. Wir sind zunächst auf den Artikelkatalog allgemein eingegangen und haben die verschiedenen bereitgestellten Datenfelder und ihre Bedeutung kennen gelernt. Danach haben wir untersucht, wie diese Datenfelder mit Artikeldaten gefüllt werden können. Wir haben dabei sowohl die manuelle Dateneingabe durch die Bildschirmmasken wie auch den Datenimport aus anderen Datenbankenformaten oder Vorgänger-Versionen des GS Shop-Builder Pro 2 behandelt. Ein besonderes Augemerk haben wir dabei auf die Kategorisierung der Artikel in Warengruppen gerichtet.

Nachdem Sie nun wissen, wie Sie einen Artikelbestand aufbauen können, soll es in der nächsten Lerneinheit um die Anpassung und Administration des E-Shops gehen. Wir werden das nach außen sichtbare Erscheinungsbild des entwickelten E-Shops gestalten, und aufzeigen welche administrativen Aufgaben zu bewältigen sind und wie die eingebundenen Daten gepflegt und gesichert werden.

[11] GS SHOPBUILDER PRO 2 – ANPASSUNG UND ADMINISTRATION

GLOSSAR S.505

Wie E-Shops auf Basis von GS ShopBuilder Pro 2 nach der Vorstellung des Betreibers gestaltet werden können, soll Thema dieser Lerneinheit sein. Als Anschauungsobjekt dient der Beispielshop des Büroartikelshops KMU-Shop. Es werden alle TEMPLATES beziehungsweise STILVORLAGEN und SKRIPTE erläutert.

Damit der E-Shop im Internet funktioniert, müssen im GS ShopBuilder Pro 2 die Dateien auf den WEBSERVER hochgeladen werden. Wurden die hierfür nötigen FTP-Zugangsdaten in den Grundeinstellungen des GS ShopBuilder Pro 2 korrekt eingetragen, so erfolgt dies – sofern eine Internetverbindung besteht – mittels des integrierten FTP-CLIENT. Das Übertragen des E-Shops auf einen Webserver ist nur mit einem registrierten GS ShopBuilder Pro 2 möglich.

Der Grundgedanke der GS Software AG bei der Entwicklung des GS ShopBuilder Pro 2 war, dass der E-Shopbetreiber auch ohne Kenntnisse in HTML, JAVASCRIPT oder CGI selbstständig seinen eigenen, lauffähigen E-Shop ins Internet stellen kann. Die Software GS ShopBuilder Pro 2 ist daher ein Werkzeug, um einen E-Shop ohne dieses spezielle Wissen aufzubauen. Allerdings ist es sehr von Vorteil zu wissen, wie das Werkzeug, die MODULE und der E-Shop aufgebaut sind und miteinander funktionieren. In dieser Lerneinheit wird darauf eingegangen.

Der GS ShopBuilder Pro 2 verfügt über Eingabemasken, mit denen nicht nur die Texte (Name, Anschrift, AGBs etc. des E-Shopbetreibers), sondern auch die Logos des E-Shops (Bilder zur Gestaltung des E-Shops mit der CORPORATE IDENTITY TY des Unternehmens) sowie weitere Optionen für den Bestellvorgang (Auszeichnung der Mehrwertsteuer, Preisangabe mit zweiter Währung etc.) vorgegeben werden können. Mit diesen Eingabemasken legen Sie den grundsätzlichen Aufbau, den Inhalt sowie die Funktionalität Ihres E-Shops fest. In den Lerneinheiten 9 und 10 wurden diese bereits vorgestellt, im Folgenden wird hierauf teilweise zurückgegriffen.

Zur Gestaltung des E-Shops

Für eine differenzierte Layoutgestaltung und Vorlagenerstellung von Websites sind Kenntnisse in HTML unabdingbar. Der GS ShopBuilder Pro 2 erleichtert auch Nicht-Webdesignern die Gestaltung stilistisch ansprechender E-Shops.

Im Hinblick auf den Grundgedanken des GS ShopBuilder Pro 2, dass HTML-Kenntnisse beim E-Shopbetreiber nicht vorausgesetzt werden können, wird eine Vielzahl von Stilvorlagen beziehungsweise Templates mitgeliefert, aus denen das Erscheinungsbild des E-Shops ausgewählt werden kann. Diese Stilvorlagen sind im Verzeichnis `\templates\` im Installationspfad des GS ShopBuilder Pro 2 abgelegt. Hier finden Sie weitere Unterordner. Dabei entspricht jeder Ordner einer Stilvorlage. Die Ordner enthalten alle für eine Stilvorlage erforderlichen Dateien (HTML-Seiten, CSS-Dateien, Bilder u.a.) sowie einen beschreibenden Text „`preview.txt`", den Sie mit einem Editor öffnen können.

GLOSSAR S. 505

Mit der Version 2 wurden bei GS ShopBuilder **CSS** (Cascading Style Sheets) eingeführt. Alle Einstellungen zur Gestaltung – wie z.B. Schriftattribute und Farben – werden in der Datei gssb20.css verwaltet, die Sie in jedem Vorlagenverzeichnis finden. Wenn Sie CSS-Kenntnisse besitzen, können Sie diese Stilvorlagen mit einem Editor bearbeiten. Hier wird auf diese Möglichkeit aber nicht näher eingegangen.

Abbldung 11.1: Verzeichnisbaum GS ShopBuilder Pro 2

Im GS ShopBuilder Pro 2 wählen Sie diese Stilvorlagen im Menü „Datei" über „Stilvorlage auswählen" aus. Die GS Shop Builder Pro 2 Stilvorlagen, die Ihnen zur Auswahl stehen, entsprechen der abgebildeten Ordnerstruktur.

Einbindung der Gestaltungsvorgaben und Funktionalität

Beim Erzeugen des E-Shops werden Ihre Einträge in den Eingabemasken des GS ShopBuilder Pro 2 an die entsprechenden Positionen der einzelnen HTML-Seiten gesetzt. Dies geschieht über Schlüsselwörter, welche Sie im Quelltext der HTML-Vorlagendateien anhand der geschweiften Klammern {} erkennen können. Im Folgenden beispielhaft der Quelltext eines Templates. (Die fett markierten Stellen sollen die Schlüsselwörter, welche in der fertigen HTML-Seite ersetzt werden, hervorheben).

```
<table width-"100%" border="0" cellspacing="0"
        cellpadding="0"><!--{ForAllMainCategories}-->
<tr>
  <td nowrap>

<!--{IfSubCategories}--><img src="pfeilrechts10x10.gif"
        width="10" height="10">

<!--{ElseIfSubCategories}--><img src="pfeilleer.gif"
        width="10" height="10">

<!--{EndIfSubCategories}--><img src="blindgif.gif"
        width="2" height="10">

<a href="{CategoryPagelink}"><b>{CategoryName}</b></a>

  </td>

</tr>

<!--{EndForAllMainCategories}-->

</table>
```

Die Funktionalität des E-Shops, zum Beispiel des Warenkorbs oder des Bestellformulars, wird über JavaScript-Skripte gesteuert. Diese JavaScript-Skripte finden Sie im Verzeichnis \ javascript\ im Installationspfad des GS ShopBuilder Pro 2. Auch in diesen Skripten, die Sie mit einem einfachen Texteditor öffnen können, sind entsprechende Schlüsselwörter eingebunden, welche beim Erstellen Ihres E-Shops die Eintragungen aus den Grundeinstellungen des GS ShopBuilder Pro 2 übernehmen bzw. durch diese ersetzt werden.

GLOSSAR S.505

Zusammenfassend kann gesagt werden, dass das Erscheinungsbild (farbliche Gestaltung, Textauszeichnung) durch die Auswahl einer Stilvorlage erfolgt. Den gewünschten Inhalt, Aufbau und die Funktionalität Ihres E-Shops geben Sie in den Grundeinstellungen des GS ShopBuilder Pro 2 und im Content Management ("Inhalte"-Verwaltung) vor. Mit dem Content Management wird die Zuordnung von textlichen Inhalten zu den ausgewählten Schlüsselwörtern organisiert.

Allein durch diese Vorgaben erstellen Sie Ihren lauffähigen E-Shop. Sie benötigen keine weiteren, spezifischen Kenntnisse in HTML, JavaScript oder CGI. Wenn Sie jedoch über diese Kenntnisse verfügen, so können Sie auch selbst die HTML-Seiten der Stilvorlagen oder die JavaScript-Dateien editieren, um das Layout beziehungsweise die Funktionalität Ihres E-Shops Ihren eigenen Wünschen und Vorstellungen anzupassen.

Falls Sie selbst mit Editoren in HTML-Dateien oder Skripte eingreifen wollen, sollten Sie Ihr Vorgehen abschätzen und verantworten können. Bei der eigenständigen Bearbeitung der Stilvorlagen muss darauf geachtet werden, dass nicht aus Versehen Schlüsselwörter oder die im Quelltext der HTML-Seiten stehenden Elemente, welche die Einbindung der JavaScript-Skripte betreffen, gelöscht oder umformatiert werden, da dies zu einem Verlust der Funktionsfähigkeit des E-Shops führen kann. Es wird in jedem Fall empfohlen, vor jeder Bearbeitung Sicherheitskopien zu erstellen. Als HTML-Editor sollte ein einfacher Texteditor verwendet werden, da viele HTML-Editoren automatische Textformatierungen im Quelltext der Seiten vornehmen.

In dieser Lerneinheit werden Sie auch lernen, wie Sie selbstständig die Stilvorlagen und JavaScript-Skripte mit dem GS ShopBuilder Pro 2 ändern können.

GLOSSAR S. 505

Die Startseite Ihres E-Shops ist gemäß lokaler Voreinstellung die Datei `index.html` (den Dateinamen können Sie in den Grundeinstellungen des GS ShopBuilder Pro 2 frei wählen). Diese setzt das FRAMESET und teilt damit das Browserfenster ein.

Richten Sie Ihren Browser so ein, dass JavaScript durch den Browser interpretiert werden kann.

11.1 Gestalten des Erscheinungsbildes des E-Shopsystems

Die *mitgelieferten Stilvorlagen* des GS ShopBuilder Pro 2 stellen zwar eine Vielzahl an möglichen Erscheinungsbildern für Ihren E-Shop dar, auf aufwändige Gestaltungselemente wurde bei der Erstellung jedoch grundsätzlich verzichtet. Hauptsächlich unterscheiden sich die Stilvorlagen

durch die Farbvorgabe, grafisch gestaltete BUTTONS und die Gestaltung der Frameinhalte wie Artikelkatalog und Warenkorb. Möglicherweise entsprechen diese Stilvorlagen nicht ausreichend Ihren Vorstellungen und Sie möchten zum Beispiel die Farbvorgabe im Hinblick auf Ihr COR-

PORATE DESIGN anpassen, weitere Bilder und Grafiken einbinden beziehungsweise die in den Stilvorlagen vorhandenen Bilddateien durch eigene Grafiken ersetzen. In diesem Fall müssen Sie auf die HTML-Dateien, Skripte und Bilder direkt zugreifen und diese editieren. Am einfachsten ist es sicherlich, eine geeignete Stilvorlage auszuwählen und diese gezielt *nach eigenen Vorgaben zu verändern*.

In der *Lerneinheit 9* wurden die Grundeinstellungen des E-Shops anhand der Eingabemasken des GS ShopBuilder Pro 2 vorgestellt. In der

Lerneinheit 10 wurde bereits gezeigt, wie Sie die Zusatzeigenschaften der Artikel, das heißt die Attribute, vorgeben können. Hierauf wird im folgenden Abschnitt für die Gestaltung Ihres E-Shops nochmals zurückgegriffen. Des weiteren wird Ihnen im Detail erläutert, wie Sie über die Auswahl einer Stilvorlage das Layout Ihres E-Shops vorgeben und wie Sie Ihre Produktinformationen durch die Einbindung von Produktbildern und Links weiter ergänzen können.

▶ **Übung**

Um die im Folgenden beschriebenen Einstellungen nachvollziehen zu können, sollten Sie den GS ShopBuilder Pro 2 immer gestartet haben. Sie können dann je nach Bedarf die einzelnen Eingabemasken in den Bildschirmvordergrund holen. Starten Sie das Programm GS ShopBuilder Pro 2.

Im Einzelnen werden jetzt folgende Eingabe- beziehungsweise Auswahlmöglichkeiten des GS ShopBuilder Pro 2 zur Festlegung des Erscheinungsbildes Ihres E-Shops beschrieben:

- „Stilvorlage auswählen ..." (im Menü „Datei")
- „Individuelle Stilvorlage pro Warengruppe ..." (im Menü „Bearbeiten")
- Content Management (im Menü „Ansicht") mit „Content zuordnen" und „Content Pool"
- „Attributlisten bearbeiten ..." (im Menü „Bearbeiten")

Bevor jedoch auf diese Möglichkeiten eingegangen wird, wird vorab die Einteilung des fertigen E-Shops im Browserfenster erläutert. So können Sie besser verstehen, an welcher Stelle Ihres E-Shops die in dieser Lerneinheit durchzuführenden Änderungen des Erscheinungsbildes greifen.

Einstellungen zur grundlegenden Gestaltung

Die grundlegende Gestaltung eines mit dem GS ShopBuilder Pro 2 erstellten E-Shops lässt sich durch verschiedene Aspekte beeinflussen. Dazu zählen u.a. die Auswahl von bestimmten vorgegebenen Stilvorlagen sowie die Auswahl unterschiedlicher Voreinstellungen des Warenkorbs, der Auswahlmenüs und der Titelseite. Welche Möglichkeiten sich dem E-Shopbetreiber im Einzelnen bieten, soll Gegenstand der folgenden Abschnitte sein.

Einteilung des Browserfensters

Das E-Shopsystem GS ShopBuilder Pro 2 verwendet ein Frameset mit zwei Frames. Die Frames werden im Quelltext der Startseite (index.html) des E-Shops definiert.

Die folgende Abbildung zeigt den Quelltext der Datei index.html, hier am Beispiel der Stilvorlage „Simple":

```html
<HTML>
<HEAD>
<META http-equiv="Content-Type"
  content="text/html; charset=iso-8859-1">
<title>{ShopTitle}</title>
<!--{ IncludeFile=sb2frameinit.js} -->
</HEAD>
<!--{ IncludeFile=sb2glob.js} -->
<!--{ IncludeFile=sb2language.js} -->
<!--{ IncludeFile=sb2altererror.js} -->
<!--{ IncludeFile=sb2buyitem.js} -->
<frameset rows="*,15" cols="*" onbeforeunload="GS_exit()"
onLoad="GS_frameinit()" FRAMEBORDER="0" BORDER="0" FRAMESPACING="0"
leftmargin="10" topmargin="10" marginwidth="10"
          marginheight="10">
  <frame NAME="Hauptframe" marginwidth="0" marginheight="15"
          SRC="main.htm" SCROLLING="auto" NORESIZE>
  <frame src="permbasket.htm" NAME="basketframe"
          scrolling="NO" marginwidth="0"
          marginheight="0" noresize>
</frameset>
<NOFRAMES>
<P>Diese Seite verwendet Frames. Frames werden von
          Ihrem Browser aber nicht unterst&uuml;tzt.
</NOFRAMES>
<body leftmargin="0" topmargin="0" marginwidth="0" marginheight="0">
</BODY>
</HTML>
```

Abbildung 11.2: Quelltext der Datei index.html. Beachten Sie die farblich umrandeten Abschnitte. Wir werden im Folgenden näher darauf eingehen.

Wenn Sie im GS ShopBuilder Pro 2 den Befehl wählen „Onlineshop erzeugen und anzeigen" (Menü „Datei"), so wird der E-Shop zunächst lokal auf Ihrer Festplatte erzeugt und anschließend der von Ihnen auf Ihrer Festplatte installierte Browser aufgerufen.

Übung

▶ **Erzeugen Sie jetzt Ihren E-Shop neu oder rufen Sie die Startseite des E-Shops zum Beispiel `index.html` aus dem Verzeichnis `\onlineshop\` im Installationspfad des GS ShopBuilder Pro 2 mit Ihrem Browser auf.**

Wenn Sie zum Beispiel als Stilvorlage das Template „Simple" gewählt haben, wird Ihr Browser folgendes Erscheinungsbild für Ihren E-Shop wiedergeben (in Abb. 11.3 die Papierflieger-Vorlagenversion und in Abb. 11.4 die Version des Beispielshops mit dem KMU-S Daten):

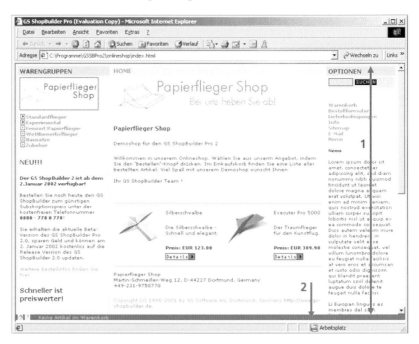

Abbildung 11.3:
Beispielshop mit der
Papierflieger-
Vorlagenversion

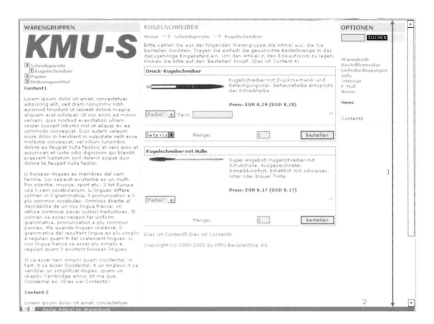

Abbildung 11.4:
*Übungsshop mit
Warengruppe
Kugelschreiber*

Sie erkennen, deutlich gemacht an der Abbildung 11.4, zwei FRAMES. Der obere Frame (1) füllt fast das gesamte Browserfenster aus. Er enthält alle Navigations-, Artikel- und Darstellungselemente des E-Shops. Der untere Frame (2) ist nur 15 PIXEL hoch und am unteren Rand sichtbar. Er enthält den Link zum Warenkorb, zur Startseite und, wenn Artikel im Warenkorb liegen, eine Gesamtsummenangabe der im Warenkorb befindlichen Artikel.

GLOSSAR S. 505

Nachfolgend die Aufteilung der Frames in einer Prinzipdarstellung. Die voreingestellte Größenangabe ist in Pixeln angegeben.

Framename: `Hauptframe`
Dateiname: `main.htm` und andere

Höhe: *, Breite 100%

(* bedeutet, dass die Höhe dieses Frames die Höhe des Fensters abzüglich
der Höhe des anderen Frames beträgt)

Abbildung 11.5:
*schematische
Darstellung der
Framestruktur*

Framename: `basketframe`
Dateiname: `permbasket.htm`
Höhe: 15 Pixel, Breite 100%

Betrachten Sie nun noch einmal Abbildung 11.2. Das Frameset wird im grün hervorgehobenen Bereich definiert. Das HTML-Tag `<frameset>`, das die Definition einleitet, weist unter anderem die Attribute `rows="*,15" cols="*"` auf (umrandet). Sie erkennen hier die in Abbildung 11.5 gemachten Angaben zu den Frame-Größen wieder: Der erste Frame hat die Höhe `*`, der zweite die Höhe `15`. Bei beiden Frames ist die Breite `*`.

Alle Stilvorlagen des GS ShopBuilder Pro 2 weisen diese einfache Framestruktur auf.

Die einzelnen HTML-Seiten finden Sie in jedem Unterordner im Verzeichnis `\templates\` wieder. Beim Erzeugen des E-Shops werden diese HTML-Seiten mit Ihren Einträgen im GS ShopBuilder Pro 2 ergänzt, die JavaScript-Skripte für die Funktionalität aus dem Verzeichnis `\javascript\` eingebunden und die Seiten dann im Verzeichnis `\onlineshop\` abgelegt.

Die Dateinamen der HTML-Seiten wurden zur Verdeutlichung in der obigen Prinzipiendarstellung mitaufgeführt. Welche Datei in welchem Frame angezeigt wird, hängt vom jeweiligen Status des Einkaufsvorgangs ab. Dies bedeutet, dass die Anzeige in Abhängigkeit davon wechselt ob der Kunde beispielsweise Warengruppenseiten aufruft oder den Warenkorb einsieht.

Der Titel ist der E-Shopname

Wenn Sie im Internet Websites aufrufen, so wird jeweils in der Titelleiste des Browserfensters der *Titel* der entsprechenden Seite ausgegeben. Dieser Titel entspricht für mit dem GS ShopBuilder Pro 2 erstellte E-Shops dem E-Shopnamen, den Sie in den Grundeinstellungen vorgeben und welcher in die Startseite (die das Frameset enthaltende HTML-Datei `index.htm`) Ihres E-Shops eingetragen wird. Ist der GS ShopBuilder noch nicht registriert, wird allerdings standardmäßig „GS ShopBuilder Pro (Evaluations Copy)" als Titel angezeigt. Dieser Eintrag kann von Ihnen per Hand in der Datei `index.html` im Verzeichnis `\onlineshop\` innerhalb des HTML-Elementes `<title>` geändert werden.

Die Angabe des Titels im HTML-Tag `<title>` ist in Abb. 11.2 violett hervorgehoben.

Startseite des E-Shops

GLOSSAR S. 505

Wie bereits erwähnt, wird die Startseite Ihres E-Shops üblicherweise mit `index.html` bezeichnet. Falls Ihr PROVIDER einen anderen vor eingestellten Dateinamen für Startseiten vorgibt, so müssen Sie diesen Dateinamen in Ihrem E-Shopsystem entsprechend ändern (z. B. `default.html`, `start.html` o. ä.). Der Dateiname für die Startseite im GS ShopBuilder Pro 2 kann frei gewählt werden (Menü „Datei" → „Einstellungen" → „Optionen").

Aufgrund des Framesets wird der Seitentitel der Startseite immer in der Titelleiste des Browserfensters angezeigt. Ferner dient die Angabe im Titel auch dem Benutzer und dem Setzen von Bookmarks. Achten Sie auf aussagekräftige Titel. Statt des Titels „Shop" sagt der Titel „KMU Büroartikel Shop" schon deutlich mehr über den Inhalt der Seite aus. Verwenden Sie jedoch keine unnötig langen Titel. Die Angabe des Titels erscheint auch im Verlauf (History) des Browsers.

Stilvorlage auswählen

Wie bereits mehrfach erwähnt, stellt die *Stilvorlage* die Grundlage für das E-Shop-Design dar. In diesem Abschnitt soll erläutert werden, wie Stilvorlagen für den gesamten E-Shop und auch für einzelne Warengruppen ausgewählt werden können.

Die individuelle Anpassung von Stilvorlagen wird in einem späteren Abschnitt behandelt.

Studienmaterial
▶ **Lesen Sie in der *Bedienungsanleitung* des GS ShopBuilder Pro 2 (Bedienungsanleitung.pdf) das Kapitel „Festlegen des Layouts". Diesen Abschnitt finden Sie auf den Seiten 37 ff.**

Zur Auswahl der Stilvorlage wählen Sie im Menü „Datei" den Befehl „Stilvorlage auswählen". Ein neues Fenster öffnet sich.

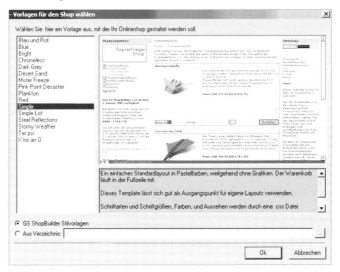

Im linken Fenster werden die einzelnen Stilvorlagen namentlich aufgeführt. Die Namen entsprechen dabei den schon mehrmals erwähnten Unterordnern im Verzeichnis \templates\ im Installationspfad des GS ShopBuilder Pro 2. Klicken Sie sich durch diese Liste. Es wird jeweils ein Screenshot der markierten Stilvorlage mit einer E-Shop- beziehungsweise Warengruppenseite abgebildet. Darunter finden Sie einen kurzen beschreibenden Text.

Die Auswahl einer Stilvorlage erfolgt durch Markierung in der Liste und Klicken auf die Schaltfläche „OK". Wenn Sie jetzt den E-Shop neu erzeugen, sehen Sie, dass sich das Erscheinungsbild Ihres E-Shops geändert hat. Gegebenenfalls müssen Sie in Ihrem Browser noch auf „Aktualisieren" (bzw. „Reload") klicken.

Nach der Auswahl einer Stilvorlage werden alle zugehörigen HTML-Seiten und alle miteingebundenen Grafiken der Vorlage aber erst beim Erstellen des E-Shops (Menü „Datei" „Onlineshop erzeugen und anzeigen …") im Verzeichnis \onlineshop\ im Installationspfad des GS ShopBuilder Pro 2 neu abgelegt.

Auswahlmöglichkeiten von Stilvorlagen

Mit der Auswahl einer Stilvorlage legen Sie das *Gesamtlayout* mit Farben, Schriften und Seitenaufteilung fest. GS ShopBuilder Pro 2 bietet jedoch zusätzlich die Möglichkeit auch für die einzelnen Warengruppenseiten Stilvorlagen vorzugeben. Ihnen steht jederzeit offen, mit HTML-Editoren die vorhandenen Vorlagendateien `shoppage.htm` zu ändern und unter einem anderen Namen zu speichern. Sie können jeder Warengruppe völlig eigenständige Stilvorlagendateien zuweisen.

Diese Stilvorlagendateien sind HTML-Seiten und müssen selbstverständlich über alle erforderlichen HTML-Elemente für die Funktionalität des E-Shops verfügen.

Sie können zum Beispiel die Hintergrundfarbe der Seite `shoppage.htm` aus einem beliebigen Unterordner (also einer Stilvorlage) im Verzeichnis `\templates\` ändern. Die Datei speichern Sie anschließend im gleichen Unterordner, jedoch mit einem anderen Dateinamen, ab (zum Beispiel `hintergrundfarbe1.htm`). Damit verhindern sie ein Überschreiben der ursprünglichen Datei, die Ihnen sonst nicht mehr zur Verfügung stehen würde.

Im Menü „Bearbeiten" finden Sie „*Individuelle Stilvorlagen pro Warengruppe...*". Sie können die Warengruppe wählen, die eine abweichende Stilvorlage bekommen soll. Über „Bearbeiten" können Sie eine bestimmte Vorlagendatei auswählen, entweder aus den vorhandenen Vorlagendateien im Verzeichnis `\templates\` (die von Ihnen mit einem anderen Namen abgelegte Datei) oder, falls vorhanden, aus dem von Ihnen eigens zu diesem Zwecke selbst erstellten Vorlagenverzeichnis, in dem Sie eigene Vorlagendateien abgelegt haben.

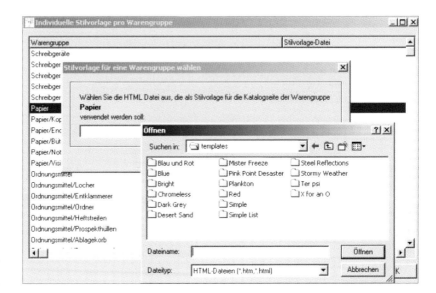

Abbildung 11.7:
Individuelle Stilvor-
lage für Waren-
gruppe auswählen

Weitere Einzelheiten dazu, wie Sie Ihre Stilvorlagen selbständig editieren können und worauf Sie dabei achten müssen, werden Ihnen im weiteren Verlauf dieser Lerneinheit erläutert.

Voreinstellungen des E-Shops

 Seite 275

Die Grundeinstellungen des E-Shops sowie die hierfür zur Verfügung stehenden Eingabemasken des GS ShopBuilder Pro 2 wurden in der *Lerneinheit 9* bereits vorgestellt. Nachfolgend soll Ihnen verdeutlicht werden, an welchen Stellen Ihres E-Shops die jeweiligen Eintragungen tatsächlich greifen, beziehungsweise an welcher Position diese in den jeweiligen HTML-Seiten der Stilvorlagen oder JavaScript-Skripte beim Erstellen des E-Shops eingefügt werden.

Texte und Angaben zum E-Shop

Wählen Sie jetzt aus dem Menü „Datei" → „Einstellungen"; klicken Sie hier auf Register „Allgemein".

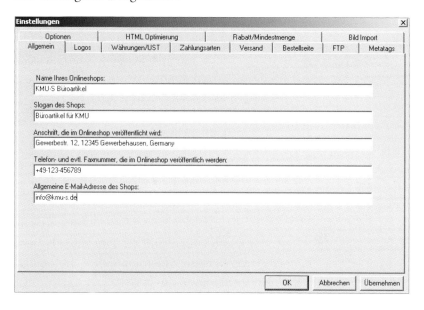

Abbildung 11.8: Einstellungen Allgemein

Unter „Allgemein" machen Sie Angaben für Ihren E-Shop, wie Name des E-Shops, Slogan des E-Shops, Anschrift oder Telefon- und Faxnummer.

Diese Angaben werden beim Erzeugen des E-Shops an bestimmte Positionen innerhalb des Quelltextes der HTML-Seiten der gewählten Stilvorlage gesetzt.

Öffnen Sie die Datei `main.htm` mit Ihrem Browser direkt aus dem Ordner `\templates\simple`. Sie sollten jetzt eine Ansicht ähnlich zu Abbildung 11.9 erhalten (Schlüsselwörter für die Ersetzung beispielsweise mit Artikeldaten erkennen Sie an den geschweiften Klammern):

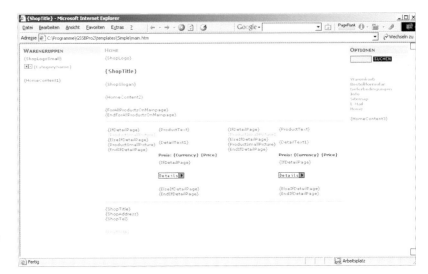

*Abbildung 11.9:
Darstellung einer
Vorlagendatei im
Browser. Die
Schlüsselwörter sind
in geschweifte
Klammern gesetzt.*

Hier finden Sie u.a. die Schlüsselwörter {ShopTitle}, {ShopSlogan}
oder {ShopAdress}, welche Platzhalter für die oben beschriebenen Textfelder der Eingabemaske „Allgemein" des GS ShopBuilder Pro 2 darstellen
und erst beim Erzeugen des E-Shops mit diesen Angaben gefüllt werden.
Die Seite main.htm entspricht im fertigen E-Shop der Startseite.

Weitere Schlüsselwörter in der obigen Abbildung sind u.a. {Foot
Note} und mehrere {content1}, {content2} usw. Die Inhalte dieser Platzhalter werden über den Content Pool gesteuert.

Im *Content Pool*, den Sie über das Menü „Ansicht" erreichen, werden
die Content Namen (Schlüsselwort wie {content1}) und die zugehörigen Inhalte dargestellt.

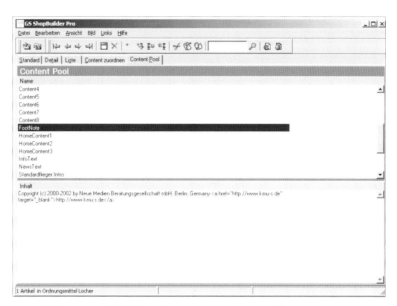

Durch das Doppelklicken des Content Namens für einen Content öffnet sich das Editierfenster. Erst jetzt kann Text verändert werden.

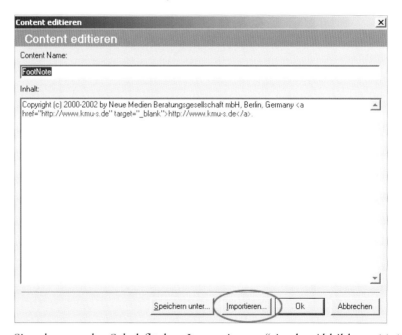

Sie sehen an der Schaltfläche „Importieren..." in der Abbildung 11.11, dass Sie auch Texte aus Textdateien importieren können. Dabei können TXT- und HTML-Dateien importiert werden. Sie können den Content mit HTML-Elementen versehen, das heißt, Sie können z.B. mit .... Textstellen fett ausgeben oder andere Auszeichnungen vornehmen.

▶ **Übung**

Gestalten Sie alle Content Elemente (content1 bis content8 usw.) entsprechend den Anforderungen für den Beispielshop KMU-S Büroartikel. Als Vorlage kann Ihnen beispielsweise die Datei index.html auf der CD dienen.

kmu-shop-
gs/index.html

Content zu Warengruppen zuordnen (Content zuordnen)

Mit dieser Ansicht legen Sie fest, welcher Content bei welchen Warengruppen angezeigt wird. Die Abbildung zeigt für die Warengruppe „Kopierpapier", dass die Inhalte von Content1 bis Content8 dargestellt werden. Die in den Vorlagendateien vorhandenen Schlüsselwörter (1) werden in Beziehung zu den vorhandenen Content-Pool-Elementen (2) gebracht. Diese Beziehungen können Sie beliebig ändern. Den Inhalt von Content Elementen ändern Sie im Content Pool (siehe oben).

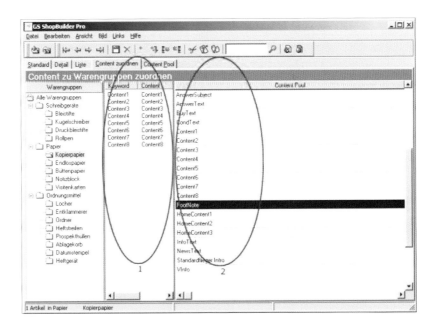

Abbildung 11.12:
Content zu Waren-
gruppen zuordnen

Um eine Zuordnung zwischen Keyword und Content zu entfernen, klicken Sie mit der rechten Maustaste auf die Beziehung und dann im Kontextmenü auf Entfernen/Löschen oder drücken Sie nach dem Markieren auf die Taste „Entf".

Die Liste der Keywords (in Abbildung 11.12 `Content1` bis `Content8`) ist von der Vorlagendatei der Warengruppe abhängig. Zu jeder einzelnen Warengruppe können dadurch verschiedene Texte bei der Anzeige der Warengruppe im Browserfenster angezeigt werden. Zuerst markieren Sie die Warengruppe, deren Zusatztexte Sie verändern oder aus dem Content Pool neu zuordnen möchten.

Auf der Webseite, die die Artikel einer Warengruppe anzeigt, sind Textbereiche mit Schlüsselwörtern in den Vorlagen markiert. Beim Erzeugen des E-Shops werden die Schlüsselwörter (Keyword) mit den zugeordneten Texten (Content) ersetzt.

Möchten Sie einem Keyword anderen Content zuordnen, entnehmen Sie aus dem Content Pool (mit der linken Maustaste anklicken – linke Maustaste gedrückt halten) den gewünschten Content und verschieben Sie den Mauszeiger mit dem Content zu dem gewünschten Keyword (Drag-and-Drop). Möchten Sie beispielsweise dem Keyword `Content8` den Content `FootNote` aus dem Content Pool zuordnen, klicken Sie mit der linken Maustaste den Content `FootNote` aus dem Content Pool an, halten die linke Maustaste gedrückt und verschieben den Content `FootNote` über das Keyword `Content8`. Wenn Sie die linke Maustaste loslassen, wird `FootNote` mit dem Keyword `Content8` verknüpft. Das hat dann die Folge, dass der Textinhalt von `FootNote` an der Stelle der Webseiten, die mit dem Keyword `Content8` notiert sind, bei der markierten Warengruppe erscheint.

Den Content Pool können Sie beliebig mit Ihren Texten erweitern. Klicken Sie dazu mit der rechten Maustaste in den Bereich des Content Pool und wählen Sie aus dem Kontextmenü Ihre Aktion (Neu..., Ändern..., Löschen..., Liste der Content Tags...) aus.

*Abbildung 11.13:
Das Kontextmenü
erlaubt das Löschen
und Ändern beste-
hender Contents und
das Einfügen neuer
Contents.*

- Mit „Neu..." können Sie einen neuen Content anlegen (Beispielsweise einen Text mit Verbraucherhinweis).
- Mit „Ändern..." können Sie den angeklickten Content ändern.
- Mit „Löschen..." löschen Sie den angeklickten Content.
- Mit „Liste der Content Tags..." können Sie für die markierte Warengruppe neue Keywords anlegen, bestehende löschen oder
umbenennen und in der Reihenfolge verschieben.

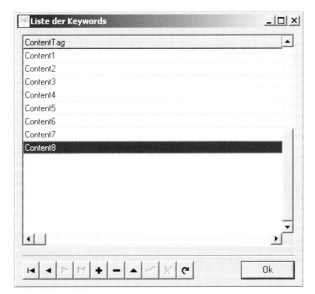

*Abbildung 11.14.
Liste der Keywords:
Hier können Sie Key-
words für die mar-
kierte Warengruppe
verändern. Neue
Keywords werden
mit „+" angelegt,
bestehende mit „–"
gelöscht.*

Damit können Sie alle Ihre Texte, die im Zusammenhang der Darstellung
von Artikeln in einer Warengruppe erscheinen, beliebig gestalten und
beliebig zuordnen. Die zu GS ShopBuilder Pro 2 beigelegten Vorlagen
enthalten beispielhafte Texte, die Sie durch Änderungen bzw. Neuerstel-
lung von Content und Zuordnung zu den Keywords Ihren Vorstellungen
nach anpassen können.

Am Beispiel der Vorlage „Simple" sehen Sie in der folgenden Abbildung 11.15 die Platzierung der Keywords innerhalb der Webseite der
Artikeldarstellung:

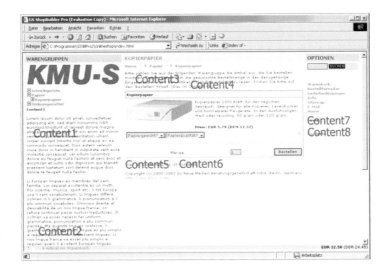

Abbildung 11.15:
Content Platzierung
auf der Webseite
Artikeldarstellung

Die linke Spalte der Seite enthält `Content1` und `Content2`. Über der Artikelliste stehen `Content3` und `Content4` hintereinander und darunter `Content5` und `Content6`. Rechts befinden sich `Content7` und `Content8`.

Nun können Sie alle Texte in unserem Beispielshop KMU-Shop Büroartikel ändern, anpassen und neue Texte erzeugen.

Vorgabe der Logos

Im Beispielshop sind die Logos des Herstellers voreingestellt. Diese sollten Sie jetzt durch eigene Grafiken oder Bilder ersetzen.

Wählen Sie aus den Einstellungen des GS ShopBuilder Pro 2 die Maske „Logos".

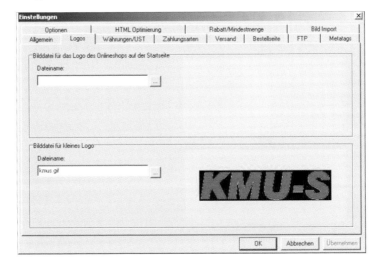

Abbildung 11.16:
Einstellung Logos

GLOSSAR S.505

Geben Sie jetzt zwei Bilddateien von Ihrer Festplatte an (**GIF**- beziehungsweise JPG-Format), welche als Logos in Ihrem E-Shop eingebunden werden. Zur Bildauswahl klicken Sie auf die Schaltfläche ⬚. Es öffnet sich das Bild-Importmodul des GS ShopBuilder Pro 2. Da hierbei die Vorgehensweise analog zu derjenigen beim Import von Artikelbildern ist,

 Seite 392

wird an dieser Stelle auf den *Abschnitt 11.1.4* verwiesen.

Die Schlüsselwörter in den Stilvorlagendateien zum Einbinden der Logos sind `{ShopLogo}` und `{ShopLogoSmall}`. Diese finden Sie an verschiedenen Positionen in den HTML-Seiten der Stilvorlagen in jedem Unterordner des Verzeichnisses `\templates\`.

Einstellung der Währung

In der Eingabemaske „Währungen/UST" geben Sie Ihr Währungssymbol ein. Für Euro tragen Sie besser nicht das Symbol € ein, da dieses Zeichen nicht auf allen Betriebssystemen zur Verfügung stehen wird, benutzen Sie daher 'EUR' oder 'EURO'.

Wird keine Zweitwährung eingetragen, wird diese auch nicht dargestellt.

Einstellung der E-Mail-Adresse

In Ihrem E-Shop findet sich entweder ein Button mit der Beschriftung „E-Mail" oder aber eine entsprechende Linksetzung. Ihr Kunde kann hier klicken, um Ihnen direkt eine E-Mail zu schreiben. Das vom Kunden auf seiner Festplatte installierte E-Mail-Programm wird dann gestartet.

Ihre E-Mail-Adresse müssen Sie hierfür in der Eingabemaske „Allgemein" eintragen, zum Beispiel info@shopdomain.de.

Aktivierung der Suchfunktion

Sie können für die Produktsuche im E-Shop eine Suchfunktion aktivieren. Hierzu muss in den Grundeinstellungen (Menü „Datei" –> „Einstellungen") des GS ShopBuilder Pro 2 die Maske „Optionen" gewählt

GLOSSAR S.505

werden. Das Kontrollkästchen „Suchfunktion in den **XML**-Dateien über zentral installiertes Suchskript aktivieren" muss zum Einrichten der

Suchfunktion markiert werden. Der Hersteller von GS ShopBuilder bietet für diese Funktion kostenlos das Skript

```
http://www.shop-city24.de/cgi-bin/shopsearch.pl
```

GLOSSAR S.505

an. Dieser **URL** für die Suchfunktion ist voreingestellt. Allerdings setzt das eine registrierte Version von GS ShopBuilder Pro 2 und einen veröffentlichten E-Shop voraus. Sie können aber auch eigene Skripte verwenden. Dazu müssen Sie den URL Ihres Skriptes in das Eingabefeld eingeben. Für die Installation des Skripts auf einem Server und dessen Funktionalität sind dann Sie selbst verantwortlich.

Abbildung 11.17: Ausschnitt aus dem Register „Optionen": Einstellung der Suchfunktion: Aktivierung und Angabe des Suchskriptes

Die Suchfunktion wird über **XML-DATEIEN** durchgeführt. Beim Erzeugen des E-Shops (Menü Datei – „Onlineshop erzeugen und anzeigen…") werden die Artikeldaten in XML-Dateien im Verzeichnis `onlineshop\xml` gespeichert. Für jede Warengruppe gibt es eine XML-Datei. Diese Dateien werden für die Volltextsuche mit dem Standardskript oder einem eigenen Skript benutzt.

Nach Aktivierung der Suchfunktion finden Sie in Ihrem E-Shop ein Eingabefeld und die Taste „Suchen". Eine Suche nach Eingabe eines Suchwortes liefert eine detaillierte Ergebnisliste. Die Suche nach „Bleistift" in unserem Beispielshop ergab dieses Ergebnis:

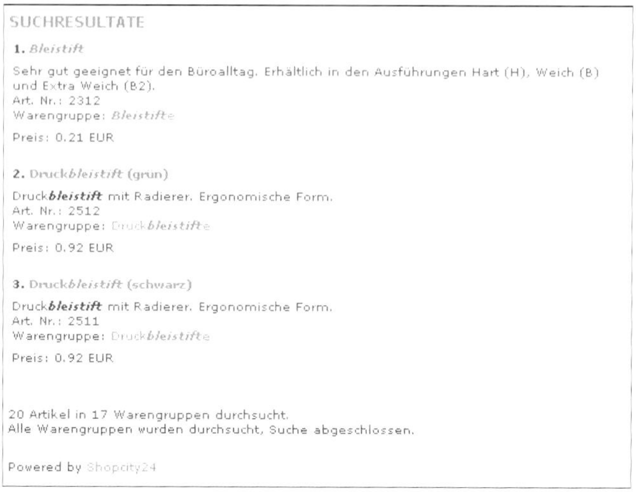

SUCHRESULTATE

1. *Bleistift*

Sehr gut geeignet für den Büroalltag. Erhältlich in den Ausführungen Hart (H), Weich (B) und Extra Weich (B2).
Art. Nr.: 2312
Warengruppe: *Bleistifte*

Preis: 0.21 EUR

2. *Druckbleistift* (grün)

Druck*bleistift* mit Radierer. Ergonomische Form.
Art. Nr.: 2512
Warengruppe: *Druckbleistifte*

Preis: 0.92 EUR

3. *Druckbleistift* (schwarz)

Druck*bleistift* mit Radierer. Ergonomische Form.
Art. Nr.: 2511
Warengruppe: *Druckbleistifte*

Preis: 0.92 EUR

20 Artikel in 17 Warengruppen durchsucht.
Alle Warengruppen wurden durchsucht, Suche abgeschlossen.

Powered by Shopcity24

Abbildung 11.18: Suchergebnis online im Browser

Voreinstellungen des Warenkorbs

Für den Warenkorb sind direkt im GS ShopBuilder Pro 2 keine Voreinstellungen zu treffen. Zwar werden im Warenkorb neben den Preisen, auch Rabatte, die enthaltene Mehrwertsteuer etc. mit aufgeführt, da diese Angaben jedoch eher dem eigentlichen Bestellvorgang zuzuschreiben sind, werden diese Optionen im Folgenden unter „Einstellungen zum Bestellvorgang und zu den Versandkosten" beschrieben.

Wenn eine Bestellung im E-Shop in die Wege geleitet wurde, wird der Warenkorb aufgerufen:

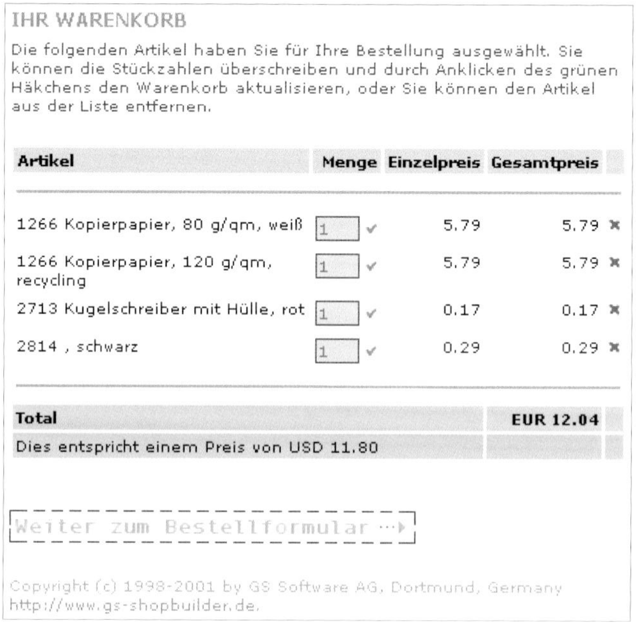

IHR WARENKORB

Die folgenden Artikel haben Sie für Ihre Bestellung ausgewählt. Sie können die Stückzahlen überschreiben und durch Anklicken des grünen Häkchens den Warenkorb aktualisieren, oder Sie können den Artikel aus der Liste entfernen.

Artikel	Menge	Einzelpreis	Gesamtpreis
1266 Kopierpapier, 80 g/qm, weiß	1 ✓	5.79	5.79 ✕
1266 Kopierpapier, 120 g/qm, recycling	1 ✓	5.79	5.79 ✕
2713 Kugelschreiber mit Hülle, rot	1 ✓	0.17	0.17 ✕
2814 , schwarz	1 ✓	0.29	0.29 ✕
Total			**EUR 12.04**
Dies entspricht einem Preis von USD 11.80			

Weiter zum Bestellformular ⋯▶

Copyright (c) 1998-2001 by GS Software AG, Dortmund, Germany
http://www.gs-shopbuilder.de

Abbildung 11.19: Darstellung des Warenkorbes im Browser

Im Warenkorb selbst besteht für den Kunden noch die Möglichkeit, die Bestellmengen zu ändern (Zahlenwert ändern und dann grünes Häkchen betätigen) und den Artikel zu löschen (rotes Kreuz). Diese Optionen werden über die eingebundenen JavaScript-Skripte verarbeitet.

Voreinstellungen des Auswahlmenüs

Seite 330

Wie bereits in der *Lerneinheit 10* unter „Kategorisierung" besprochen, wird der Artikelbestand in hierarchisch geordneten Warengruppen vorgenommen. Diese bilden im fertigen E-Shop die Menüstruktur mit den Links zum Aufrufen der einzelnen E-Shopseiten.

Abbildung 11.20: Darstellung der Warengruppen im Browser

GLOSSAR S. 505

Alternativ zur Warengruppenübersicht auf der linken Fensterseite kann der Kunde auch die Sitemap nutzen:

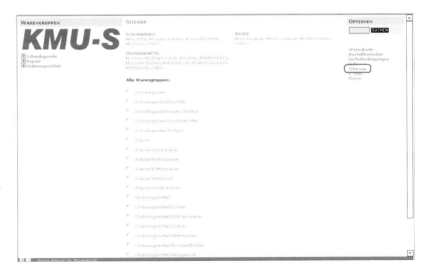

Abbildung 11.21: Die Sitemap (erreichbar über den Link auf der rechten Seite) listet alle vorhandenen Warengruppen auf.

Voreinstellungen der Artikelseite

Die Einstellungen zur Anzeige von Angaben über Artikel auf der Artikelseite im Browser werden im GS ShopBuilder Pro 2 in den Registern „Standard" bzw. „Detail" vorgenommen. Über das Ergänzen der einzelnen Textfelder im GS ShopBuilder Pro 2 wie Artikelnummer, Produktname, Preise, Staffelpreis etc. bestimmen Sie selbst, welche Produktinformationen auf den E-Shopseiten erscheinen. Es gibt im GS ShopBuilder Pro 2 keine Option, um hier getroffene Eintragungen anschließend zu deaktivieren, so dass diese im fertigen E-Shop nicht gelistet werden. Sie können lediglich auf die Anzeige des gesamten Datensatzes verzichten. In diesem Fall entfernen Sie das Häkchen im Kontrollkästchen „aktiv". Dies bietet sich zum Beispiel an, wenn ein Teil Ihrer Ware kurzfristig nicht lieferbar ist.

Erläuternde oder ergänzende Texte können über die Gestaltung der Contents erfolgen.

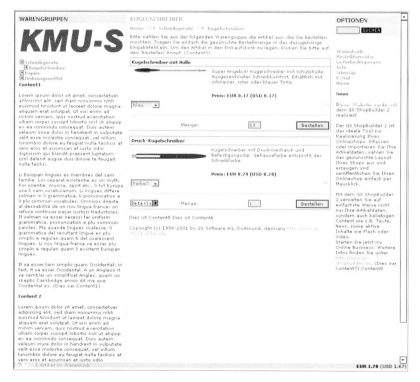

*Abbildung 11.22:
Darstellung des
Beispielshops im
Browser mit Angaben
zu Content1 bis
Content8*

Die in der Abbildung 11.22 noch mit Content gekennzeichneten Flächen oder Texte können Sie im Content Pool ändern und anpassen. Für Artikel, die über eine Detailseite verfügen (zum Beispiel Schaltfläche „Details" bei Druck-Kugelschreiber) steht die HTML-Vorlagendatei `detailpage.htm` in den Vorlagen bereit. Wenn Sie diese Datei mit einem Browser öffnen, können Sie alle Platzhalter erkennen:

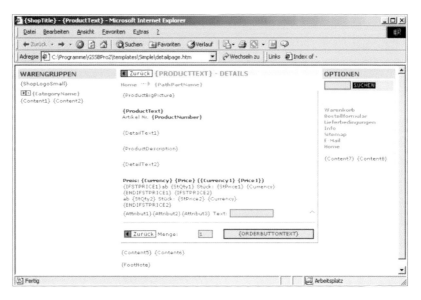

Abbildung 11.23: Darstellung der Detailseite im Browser: Die Platzhalter sind in geschweiften Klammern angegeben.

Änderungen und Anpassungen, die in der *Stilvorlage* vorgenommen werden, können sehr detailliert erfolgen, denn dadurch haben Sie Zugriff auf alle Elemente, die bei jedem Erzeugen des E-Shops immer berücksichtigt werden. Auf diese Art und Weise können Sie alle HTML-Vorlagendateien durcharbeiten und individuell anpassen. Es ist die einzige Möglichkeit, um differenziert die Anzeige von Artikeldaten zu beeinflussen.

Eine Ausnahme bildet die *HTML-Vorlage für den Warenkorb.*

Die HTML-Vorlage für den Warenkorb `basket.htm` wird keine Angaben enthalten, denn diese wird erst durch die Interaktivität des Kunden über JavaScript-Skripte gefüllt. Alle anderen Vorlagendateien können Sie bei Kenntnis von HTML und JavaScript problemlos Ihren Wünschen anpassen.

Einstellungen zum Bestellvorgang und zu den Versandkosten

Einzelheiten zum gesamten Vorgang „Bestellen und Bezahlen" finden Sie in der nachfolgenden *Lerneinheit 12*, da dieses Thema sehr umfangreich ist.

Attribute und Attributwerte

Im Beispielshop finden Sie Artikel, welche sich zum Beispiel hinsichtlich Ihrer Ausführung allein durch ihre Farbe unterscheiden; der Preis ist jeweils derselbe. Man spricht auch von Produktvarianten oder Produktvariationen. In diesem Fall empfiehlt sich für die Artikelpräsentation, gleiche Artikel jedoch in verschiedenen Ausführungen nur einmal auf der Artikelseite zu zeigen und dem Kunden Auswahlmöglichkeiten für differenzierte Eigenschaften anzubieten. Die Vergabe dieser Zusatzeigenschaften beziehungsweise Attribute wurde bereits in der *Lerneinheit 10*

 Seite 323 331 *(Abschnitt 10.1.1 und 10.1.3)* beschrieben. Dort haben Sie gelernt, wie Sie selbständig Ihre Attributliste anlegen und pflegen können. Im GS ShopBuilder Pro 2 finden Sie hierfür im Menü „Bearbeiten" den Befehl „Attributliste bearbeiten" oder Sie klicken in der Katalog Standardansicht mit der rechten Maustaste eine Listbox der Attribute an. Für die Liste und die einzelnen Werte der Attribute bestehen keine Beschränkungen hinsichtlich des Umfangs. Insgesamt können Sie jedoch für jeden Artikel maximal drei verschiedene Attribute vorgeben.

Wenn die Seite `shoppage.htm`, zum Beispiel, aus dem Unterordner „Simple" im Verzeichnis `\templates\` direkt mit dem Browser geöffnet wird, sieht man die Schlüsselwörter für die Einbindung der Attribute. Das sind `{Attribut1}{Attribut2}{Attribut3}`.

Im fertigen E-Shop erscheinen diese Attribute als Listboxen beziehungsweise Drop-Down-Menüs:

Abbildung 11.24: Darstellung der Drop-Down-Menüs für Attribute im Browser

Seite340

Wie in der *Lerneinheit 10* dargestellt wurde, wird durch die Eingabe des Fragezeichens bewirkt, dass der Kunde, bevor er seine Bestellung aufgeben kann, aufgefordert wird, das Attribut beziehungsweise eine bestimmte Ausführung zu wählen. Wenn Sie drei Attribute vorgegeben haben, so muss der Kunde auch zwingend drei Attribute auswählen. Es erscheint bei fehlender Auswahl nach Betätigung der Schaltfläche ‚Bestellen' dann folgende Meldung:

Abbildung 11.25: Meldung, wenn keine Attributauswahl vorgenommen wurde. (Das Aussehen der Meldung kann je nach verwendetem Browser abweichen.)

Die einzelnen Attribute werden bei der Bestellung jedem Produktnamen hinzugefügt. Für Artikel, die sich durch Attribute unterscheiden, wird nur eine Produktnummer verwendet. Falls Ihre Lagerwirtschaft für gleiche Artikel mit verschiedenen Attributen verschiedene Artikelnummern führt, müssen Sie die Differenzierung berücksichtigen.

Übung

▶ Legen Sie entsprechend der obigen Abbildung 11.24 Attribute für mehrere Artikel des Beispielshops an. Für die Attribute „Farbe" und „Größe" sind bereits einige Attributwerte im GS ShopBuilder Pro 2 voreingestellt. Diese können Sie also direkt aus der Attributlistbox auswählen. Sie müssen allerdings für die Heftung und verschiedene Farbpaletten einzelner Produkte jeweils neue Attributlisten anlegen.

Wählen Sie dazu aus dem Menü „Bearbeiten" den Befehl „Attributliste bearbeiten" beziehungsweise klicken Sie mit der rechten Maustaste auf eine Attribut-Listbox.

In der anschließend erscheinenden Maske betätigen Sie den Button „Neu". Hier geben Sie ein: Heftung. Anschließend schreiben Sie unter „Neuer Attributwert" Folgendes:

```
Heftung?
Innen
Außen
```

Nach jeder Eingabe müssen Sie auf „Hinzufügen" klicken. Ordnen Sie jetzt entsprechenden Artikeln die Attributlisten zu und erstellen Sie Ihren E-Shop neu (Menü „Datei" der Befehl „Onlineshop erzeugen").

Prüfen Sie Ihr Ergebnis im Browser.

Fortgeschrittene Gestaltung

Die Stilvorlagen des GS ShopBuilder Pro 2 unterscheiden sich haupt-sächlich durch die Farbvorgabe sowie die Verwendung einiger *Grafiken* beziehungsweise *Buttons*. Diese *Bilddateien* finden im Ordner `\templates\` der jeweiligen Stilvorlage. Zum Beispiel beinhaltet die Stilvorlage „Simple" nur die folgenden Grafiken:

Bild	Dateiname des Bildes
	basket1.gif
	basket2.gif
	blind.gif
	details.gif
	dots.gif
	iclearlogoklein.gif
	kl_fragezeichen.gif
	kl_home.gif
	loch.gif
	ok.gif
	payboxlogo.gif
	pfeilleer.gif
	pfeiloben10x10.gif
	pfeilrechts10x10.gif
	pfeilrechtssehrklein.gif
	preview.jpg
	punktepfeil.gif
	step1.gif
	step2.gif
	suchen.gif
	varianten.gif
	weiter.gif
	x.gif
	zurueck.gif

Tabelle 11.1:
Übersicht Bilder der
Stilvorlage „Simple"

GLOSSAR S. 505

Sie müssen beim Ersetzen von Bildern darauf achten, dass Sie identische Dateinamen verwenden und ihre neuen Bilder dasselbe Größenformat (Länge und Breite in PIXEL) wie die Originalbilder aufweisen. Wenn Sie andere Dateinamen oder Größenformate einsetzen, müssen Sie die Dateinamen der Bilder mit einem HTML-Editor im Quelltext der Stilvorlagendateien anpassen bzw. an die gewünschte Stelle einfügen. Dabei ist wieder darauf zu achten, dass Sie keinen HTML-Editor benutzen, der automatische Textformatierungen im Quelltext der Seiten durchführt. Werden andere Größen von Bildern verwendet, sollten Sie anschließend unbedingt das Layout überprüfen, weil Bildgrößen dieses merklich beeinflussen bzw. unschöne Verzerrungen entstehen, wenn `width` und `height` angegeben wurden und nicht angepasst werden.

GLOSSAR S. 505

Bei GS ShopBuilder Pro 2 werden alle Stilelemente, wie zum Beispiel die Schriftattribute, über **CSS** gesteuert. In der Datei `gssb20.css`, die sich in jedem Vorlagenverzeichnis befindet, werden die Stilelemente der jeweiligen Vorlage bestimmt.

Übung

▶ **Ändern Sie nach Ihren eigenen Vorstellungen eine Stilvorlage des GS ShopBuilder Pro 2.**
Hinweis zum Vorgehen: Machen Sie sich in jedem Fall vorher Sicherheitskopien. Achten Sie darauf, dass nicht aus Versehen Anweisungen bezüglich der Funktionalität des GS ShopBuilder Pro 2 verloren gehen. Diese sind oft nur im Quelltext der Seiten zu erkennen.
Kopieren Sie eine Stilvorlage in ein neues Verzeichnis, zum Beispiel „Simple" zu „kmu-s". Entscheidenden Einfluss hat die CSS-Datei auf die Farbgebungen, Schriftarten, Schriftgrößen usw. Wenn Sie die CSS-Syntax kennen, können Sie hier gezielt Änderungen vornehmen. Zur Information sei an dieser Stelle auf Münz, SelfHTML (`http://selfhtml.teamone.de/`) verwiesen. Für die Aufteilung der einzelnen Elemente auf der Webseite dienen Tabellen. Die Tabellenstruktur können Sie ändern. Planen Sie Ihr Vorgehen.

Schlüsselwörter

Editieren von Vorlagen erfordert Kenntnis der Schlüsselwörter und deren Wirkung in den Vorlagendateien. Eine Liste aller Schlüsselwörter des GS ShopBuilder Pro 2 mit Erläuterungen zu deren Bedeutung finden sie unter: http://www.gs-shopbuilder.de/keywordsb2.htm.

www.gs-shopbuilder.de/keywordsb2.htm

(Abruf 27.10.2002)

Wenn Sie mit GS ShopBuilder Pro 2 Ihren eigenen E-Shop aufbauen, dann ist vor dem Ändern der Dateien ein planvolles Herangehen angebracht. Nachdem Sie die Möglichkeiten für Änderungen erfasst und verstanden haben, entwerfen Sie Ihren E-Shop erst auf dem Papier und legen Sie dabei alle Änderungen schriftlich fest. Eine gute Dokumentation ist dabei wichtig. So können Sie nachvollziehen, was Sie vor einem halben Jahr an den Dateien verändert haben, und ein anderer Mitarbeiter findet sich auch zurecht. Deshalb sei hier noch einmal auf die Hinweise und Literaturangaben zum Thema im *Abschnitt 5.1.3 – Fortgeschrittene Gestaltung* verwiesen.

Seite 184

Verwendung von Skripten im GS ShopBuilder Pro 2

Die Funktionalitäten des E-Shops, wie die Darstellung des Warenkorbs oder der Bestellvorgang, werden beim GS ShopBuilder durch clientseitige Skripte auf der Basis der Skriptsprache JavaScript realisiert. Folgende Tabelle listet die wichtigsten Skripte mit ihren Funktionen auf. Alle Skripte finden Sie im Verzeichnis `\javasript\` im Installationspfad des GS ShopBuilder Pro 2.

Der Aufruf beziehungsweise das Einbinden der JavaScript-Skripte erfolgt dabei entweder direkt in den entsprechenden HTML-Seiten oder aber aus anderen JavaScript-Dateien heraus.

Skript	Verwendung
`sb2basket.js`	Funktionen des Warenkorbs (Stückzahl, Preissummen, Änderungen)
`sb2buy1.js`	Formulardaten (Kundendaten), Eingabeprüfung
`sb2buy2.js`	Bestellfunktionen
`sb2buyitem.js`	Kaufen und Warenkorb leeren
`sb2frameinit.js`	zurücksetzen und beenden, Initialisierung des E-Shop-Framesets
`sb2glob.js`	Warenkorbeintrag vornehmen
`sb2iclaer.js`	Zahlungsart iClaer umsetzen
`sb2language.js`	Sprachanpassung für Meldungen
`sb2ns6umlaut.js`	Anpassung von deutschen Umlauten
`sb2paybox.js`	Zahlungsart Paybox umsetzen
`sb2permbasket.js`	Warenkorbfunktionen im Frame Warenkorb
`sb2redir.js`	Laden des „Eltern"-Framesets (parent)
`sb2remember.js`	Speichern der Kundendaten als Cookie

Tabelle 11.2: Namen der Skripte und deren Hauptfunktion (einige werden nachfolgend erläutert)

Text- und Sprachanpassung

Die anhand der JavaScript-Skripte benutzten Texte, zum Beispiel die Spalten- und Zeilenbezeichnungen des Warenkorbs, sind in der Datei `sb2language.js` definiert. Beispielsweise kann der Ausdruck `Loc_Article` im JavaScript-Skript `basket.js` durch einen beliebigen Text ersetzt werden. `Loc_Article` ist dabei die Spaltenbezeichnung für die Artikel im Warenkorb.

Weitere Ausdrücke betreffen die aufgerufenen Dialogfenster, zum Beispiel erscheint der Text der Variablen `Loc_RemoveConfirm`, wenn der Kunde für den Warenkorb den Befehl „Alles löschen" wählt.

```
<!-- sb2language Language variables      -->
<!-- (c) Copyright 2001 GS Software      -->
<!--                                     -->
<SCRIPT LANGUAGE="JavaScript">

var Loc_Article = "Artikel";
var Loc_Quantity = "Menge";
var Loc_PriceEach = "Einzelpreis";
var Loc_ShortVat = "MwSt";
var Loc_PriceTotal = "Gesamtpreis";
var Loc_InEuro = "Dies entspricht einem Preis von";
var Loc_Total = "Total";
var Loc_VAT = "Enthaltene MwSt.";
var Loc_Integer = "Bitte eine ganzzahlige positive
            Anzahl eingeben!";
var Loc_Remove = "Entfernen";
var Loc_Refresh = "Aktualisieren";
var Loc_RemoveConfirm = "Möchten Sie wirklich alle
            Artikel aus dem Einkaufswagen entfernen?";
var Loc_Discount = "Mengenrabatt";
var Loc_Please = "Bitte ";
var Loc_Select = "auswählen!";
var Loc_Add = "Hinweis:\nDer Artikel befindet sich
            bereits im Korb.\nSoll die Anzahl addiert
            werden?\nClicken Sie OK zum Addieren,
            \nKlicken Sie Abbrechen zum Ersetzen\n";
var Loc_Update = "aktualisieren";
var Loc_Delete = "entfernen";
var Loc_InBasket = " Artikel im Warenkorb";
var Loc_BasketEmpty = "Keine Artikel im Warenkorb";
var Loc_SaveForm = "Möchten Sie, dass sich die
            Bestellseite Ihre Angaben merkt?";
var Loc_BeforeUnload = "Sie haben Artikel im Warenkorb.
            Wenn Sie diesen Shop verlassen, wird Ihr
            Warenkorb geleert.";
var Loc_Postage = "Versandkosten";


</SCRIPT>
```

Der Ausdruck \n steht für den Zeilenumbruch mit JavaScript.

Diese Texte in `sb2language.js` können Sie mit einem einfachen Text-editor bearbeiten und durch neue Texte ersetzen. Wenn Sie wissen möchten, an welcher Stelle die Texte in Ihrem E-Shop jeweils zum Einsatz kommen, vergleichen Sie die Datei mit dem E-Shop in Ihrem Browser. Sie können auch die englischen oder anderssprachigen Textentsprechungen einsetzen und erhalten dadurch einen englischsprachigen oder anderssprachigen E-Shop.

Artikeldaten mit Bild

Das E-Shopsystem GS ShopBuilder Pro 2 kann mit Bilddateien vom Format JPEG (Joint Photographic Experts Group) und GIF (Grafics Interchange Format) umgehen. Zu unseren Übungen befinden sich vorwiegend Bilder zu Artikeln im JPEG-Format. In *Lerneinheit 5 (Abschnitt 5.1.5 – Artikeldaten mit Bild)* haben Sie bereits Näheres zu Grafikformaten erfahren.

 Seite 187

Studienmaterial
▶ **Lesen Sie in der *Bedienungsanleitung* des GS ShopBuilder Pro 2 (`Bedienungsanleitung.pdf`) das Kapitel „Einbinden von Bildern" (Seite 31 ff.).**

Im GS ShopBuilder Pro 2 kann jedem Artikel eine Bilddatei hinzugefügt werden. In der Bearbeitungsleiste für Artikel im Register „Standard" im GS ShopBuilder Pro 2 finden sich bei jedem Datensatz Platzhalter für die einzubindenden Bilder. Hierzu wird der Artikel beziehungsweise Datensatz zunächst per Mausklick aktiviert. Aus dem Menü „Bild" wird dann der Befehl „Bild hinzufügen" gewählt. Dieser Befehl steht ebenso im Kontextmenü der rechten Maustaste zur Verfügung. Hierzu muss sich der Mauszeiger im gerasterten Bereich des Platzhalters des jeweiligen Datensatzes befinden.

Abbildung 11.26 (links): Einbinden eines Artikelbildes über das Kontextmenü

Abbildung 11.27 (rechts): Einbinden eines Artikelbildes über das Menü „Bild"

Es öffnet sich das Importmodul für die Bildauswahl.

Aus einem beliebigen Verzeichnis können Sie ein Bild wählen und durch Doppelklick in den E-Shop einfügen. Dabei werden je nach der Auswahl (links unten im Fenster) die Bilder im richtigen Format für *klein, mittel oder groß* generiert. Die Maße geben Sie in Menü „Datei" → „Einstellungen" → „Bild Import" vor. Entsprechend der abnehmenden Größe sind die einzelnen Bilder für die Detailseiten, die normalen Katalogseiten (Warengruppen) und für die Startseite des E-Shops vorgesehen.

Abbildung 11.28: Bildimport-Tool für Artikelbilder

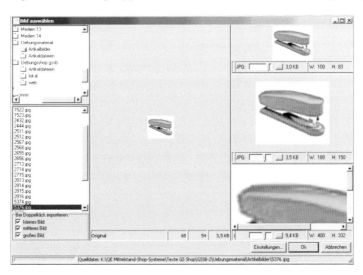

GLOSSAR S.505

Die Kompressionsdaten (Grad der Komprimierung der JPEG-Bilddatei, die Komprimierung geht zu Lasten der Bildqualität) können Sie bei jeder Bildgröße durch Schieberegler festlegen und so Ihre Bilder optimieren, ohne dass Sie spezielle Bildbearbeitungssoftware benötigen. Liegen die Originalbilder in einer ausreichenden Auflösung, Farbtiefe und Qualität vor, erhalten Sie stets zufriedenstellende Bilder. Diese Technik der Bildeinbindung hilft Ihnen, ohne zusätzliche Bildbearbeitungssoftware und ohne Kenntnisse über Bildbearbeitung von einer Bildquelle drei verschiedene Bildgrößen zu erzeugen, die zur Darstellung der Artikel im E-Shop geeignet sind. (Die Vorgehensweise ist hier analog zu der im Seite 296 *Abschnitt 9.3.1 – Allgemeine E-Shopvoreinstellungen, Logos* besprochenen Einbindung der Logos.)

GLOSSAR S.505

Als Bildformate der Bilddateien der Originalbilder sind die Formate JEPG (JPG), **GIF** und **BMP** erlaubt. Durch den Import der Bilder in den GS ShopBuilder Pro 2 werden diese automatisch als JPEG-Format ausgegeben. Es sei denn, es wurde alternativ das Kontrollkästchen „GIF-Datei direkt übernehmen" aktiviert.

In einigen Fällen wird es zur Erhaltung der Farbtransparenz von Bildern wünschenswert sein, diese im GIF-Format einzubinden. Aktivieren Sie hierzu per Mausklick das Kontrollkästchen „GIF-Dateien direkt übernehmen" unter „Einstellungen". Wählen Sie jetzt die GIF-Datei auf der Festplatte aus. Die Funktion „Bildgröße anpassen" wird daraufhin deaktiviert, deswegen müssen die GIF-Bilder bereits in dem gewünschten Größenformat vorliegen. Auch wegen der Farbtransparenz empfiehlt es sich, die GIF-Dateien zuvor mit einem professionellen Bildbearbeitungsprogramm zu editieren.

Wenn Sie „OK" klicken, wird das Importmodul geschlossen, das Bild belegt jetzt den entsprechenden Platzhalter in der Bearbeitungsleiste des GS ShopBuilder Pro 2.

Die einzubindenden Bilder werden beim Import in die Verzeichnisse `\onlineshop\images\big`, `\onlineshop\images\medium` und `\onlineshop\images\small` des GS ShopBuilder Pro 2 entsprechend der Bildgröße kopiert. Aus diesem Verzeichnis dürfen also nachträglich keine Bilddateien gelöscht werden.

Mit dem Importmodul des GS ShopBuilder Pro 2 können Sie aus jedem beliebigen Verzeichnis Ihrer Festplatte eine Bilddatei auswählen. Für *Dateinamen von Bildern* sind keine Konventionen einzuhalten. Sie sollten jedoch keine Leer- oder Sonderzeichen für Ihre Dateinamen verwenden. Möglicherweise werden solche Dateinamen vom Betriebssystem Ihres Webservers nicht unterstützt.

Auf die Groß- und Kleinschreibung müssen Sie dagegen nicht achten (auch hiernach unterscheiden die meisten Webserver streng), da GS ShopBuilder Pro 2 automatisch alle Bilddateien in Kleinschreibung im Verzeichnis `\onlineshop\images\` ablegt und auch entsprechend in die E-Shopseiten einbindet.

Uebungsmaterialien/Material_GS.zip

▶ **Übung**

Auf der CD werden Ihnen für diese Übung Artikelbilder zur Verfügung gestellt. Diese liegen im JPEG-Format vor und weisen als Dateinamen die Artikelnummern der bereitgestellten Artikeldaten für den Übungsshop auf.

Die für die Übung „KMU-Shop" verwendeten Bild-Artikeldateien sehen Sie unten. Speichern Sie alle Bilddateien zusammen in ein gesondertes Verzeichnis.

Löschen Sie anschließend im GS ShopBuilder Pro 2 (Menü „Bild" –> „Bild entfernen...") für eine Kategorie und Warengruppe die voreingestellten Bilddateien. Rufen Sie jetzt das Importmodul für die Bildauswahl auf (Menü „Bild") und fügen Sie das zu jedem Artikel gehörende Produktbild wieder ein.

Geben Sie dabei verschiedene Größenformate für die Darstellung der Artikel vor: klein, mittel und groß, je nach der gewünschten Darstellungsgröße.

Für Übung „KMU-Shop" verwendete Bild-Artikeldateien (Artikelbilder)

Bleistifte (Warengruppe)	`bleistifte.jpg`
Bleistifteimage (Warengruppe)	`bleistifteimage.jpg`
Kopierpapier (Warengruppe)	`kopierpapier.jpg`
Kopierpapierimage (Warengruppe)	`kopierpapierimage.jpg`
Rollpen (Warengruppe)	`rollpen.jpg`
Rollpenimage (Warengruppe)	`rollpenimagee.jpg`
Endlospapier	`1271.jpg`
Büttenpapier	`1301.jpg`
Notizklotz	`1433.jpg`
Visitenkarten (weiß)	`1521.jpg`
Visitenkarten (grau)	`1522.jpg`
Visitenkarten (beige)	`1523.jpg`
Prospekthüllen	`2332.jpg`
Ablagekorb	`2344.jpg`
Druckbleistift (schwarz)	`2511.jpg`
Druckbleistift (rot)	`2512.jpg`
Ordner A 4	`2567.jpg`
Ordnerrücken	`2568.jpg`
Heftstreifen	`2655.jpg`
Heftstreifen	`2656.jpg`
Kugelschreiber mit Hülle (schwarz)	`2713.jpg`
Kugelschreiber mit Hülle (rot)	`2714.jpg`
Kugelschreiber mit Hülle (blau)	`2715.jpg`
Druck-Kugelschreiber (schwarz)	`2813.jpg`
Druck-Kugelschreiber (rot)	`2814.jpg`
Druck-Kugelschreiber (blau)	`2815.jpg`
Druck-Kugelschreiber (grün)	`2816.jpg`
Locher	`5374.jpg`
Heftgerät (grün)	`5376.jpg`
Heftgerät (rot)	`5377.jpg`
Heftgerät (blau)	`5378.jpg`
Entklammerer	`5399.jpg`
Datumstempel	`9834.jpg`

Tabelle 11.3:
Verwendete Bild-
Artikeldateien

Artikeldaten mit Link

Studienmaterial
▶ **Lesen Sie in der *Bedienungsanleitung* des GS ShopBuilder Pro 2
(Bedienungsanleitung.pdf) das Kapitel „Einfügen von Links".
Diesen Abschnitt finden Sie auf den Seiten 34 ff.**

---

*Abbildung 11.29:
Über das Menü
„Links" können
sowohl der Artikel-
name als auch das
Artikelbild verlinkt
werden.*

Über das Menü „Links" können Sie den Bildern und/oder den Artikelnamen Links zuweisen.

Sie können wählen, ob der „Link auf eine lokale Datei" (also *intern*), oder
der „Link auf eine Adresse im Internet" (also *extern*) verweisen soll.
Intern heißt, auf eine HTML-Datei oder eine Bilddatei innerhalb des
E-Shops, denn andere Dateiformate sind im E-Shopsystem nicht für diesen Zweck vorhanden.

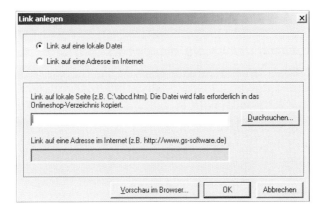

*Abbildung 11.30:
Link anlegen*

Wenn Sie auf eine lokale Datei verlinken möchten, so müssen Sie diese über „Durchsuchen…" von Ihrer Festplatte auswählen. Im Textfeld zur Linkauswahl erscheint nun der *absolute Pfad* zu dem Verzeichnis auf der Festplatte, in dem sich die HTML-Datei oder Bilddatei befindet. Über den Button „Vorschau im Browser" können Sie sich die HTML-Seite oder Bilddatei anschauen und nochmals prüfen. Die verlinkte HTML-Seite oder Bilddatei wird beim Import direkt in das Verzeichnis `\online-shop\files\` kopiert. Der GS ShopBuilder Pro 2 zeigt die erfolgte Verlinkung durch Unterstreichung des Produktnamens oder eine Rahmensetzung am entsprechenden Bild an. Wenn Sie anschließend erneut auf „Link bearbeiten" klicken, sehen Sie, dass die Pfadangabe zu `\files` gewechselt hat. Diese Angabe ist eine RELATIVE PFADANGABE.

GLOSSAR S. 505

Wenn Sie dagegen auf eine *externe Webadresse im Internet* verlinken möchten, so müssen Sie diese Adresse beziehungsweise den URL (Uniform Resource Locator) in das entsprechende Textfeld eintragen, zum Beispiel: `http://www.domain.de`. Beispielsweise wurde ein Artikel durch ein Warentestinstitut getestet und das positive Ergebnis ist im Internet veröffentlicht. Dann ist eine Verlinkung zu diesem Artikel sinnvoll.

Sie sollten sich jedoch bewusst sein, dass das Ziel Ihres Links, also die externe Website, in demselben Frame wie die entsprechende E-Shopseite abgebildet wird. Die Angabe eines Zielfensters ist im GS ShopBuilder Pro 2 nicht vorgesehen, d. h. es kann kein neues Browserfenster geöffnet werden. Sie können bei vorhandener Kenntnis JavaScript-Methoden einsetzen, die das Öffnen in einem neuen Fenster ermöglichen (Beispielsweise `javascript:window.open(,,)`). Bei Interesse an dieser Methode sei hier erneut das Studium von SELFHTML empfohlen.

http://selfhtml.
teamone.de/

11.2 Administrative Aufgaben zur Sicherung des Betriebs

Für den stabilen Betrieb eines E-Shopsystems müssen einige Bedingungen erfüllt sein, die nur am Rande mit der Gestaltung oder mit der Funktionalität zusammenhängen.

Diese Aspekte wurden in den Abschnitten zu OPENSTORE ausführlich behandelt und werden daher hier nicht noch einmal ausgeführt.

Auch für den GS ShopBuilder Pro 2 gilt ebenso, dass eine ausreichende BANDBREITE für den Zugriff auf den Webserver gewährleistet sein muss. Der Webserver, auf dem Ihr E-Shop gehostet ist, muss ohne Ausfälle arbeitstüchtig sein. Klären Sie dazu mit dem Internet-Service-Provider ab, wie hoch das zu übertragende Datenvolumen pro Kunde ist und wie viele Kunden Sie in Spitzenzeiten erwarten. Die Angaben zur Frequentierung Ihres Shops müssen dabei Sie als Shop-Betreiber bereitstellen.

GLOSSAR S. 505

Datenpflege und Backup

E-Shops müssen genauso wie konventionelle Geschäfte um die Aktualität der Preise, der Preisstaffeln und der Währungsumrechnung bemüht sein. Für die Aktualisierung werden beim GS ShopBuilder Pro 2 mit dem *integrierten FTP-Modul* jeweils nur die Änderungen vom lokalen System auf den Webserver übertragen. Damit wird die Übertragungsdauer deutlich verkürzt. Wollen Sie aus verschiedenen Gründen diese Form der Aktualisierung unterdrücken, muss die FTP-Logdatei auf Ihrem lokalen E-Shopsystem gelöscht werden. Das können Sie einfach über Menü „Bearbeiten" –> „Systemdienste" –> „FTP-Versionskontrolle zurücksetzen" erledigen.

Abbildung 11.31: Bestätigung zum Löschen der FTP-Logdatei

GLOSSAR S. 505

Seite 193

Wie bereits gesagt, empfiehlt sich für die Sicherung der Daten ein regelmäßiges Backup. In ein vorhandenes Backupsystem kann das lokale E-Shopsystem mit eingebunden werden. Das gesicherte System kann mit FTP in wenigen Augenblicken übertragen werden. Verfügen Sie über kein Backupsystem, müssen Sie wichtige Änderungen im E-Shopsystem mit anderen Mitteln sichern, zum Beispiel wie bereits in *Lerneinheit 5, Abschnitt 5.2* erörtert, durch ein transportables Speichermedium oder durch zusätzliche Hard- und Software. Der einfachste Backup ist das regelmäßige Abspeichern auf Disketten.

11.3 Mehrsprachigkeit

Zum Zeitpunkt des Erstellens dieser Qualifikationseinheit (Oktober 2002) lag noch keine Version des GS ShopBuilder Pro 2 in einer englischen Ausführung vor, mit welcher englischsprachige E-Shops erstellt werden können. Dies ist jedoch nach Auskunft des Herstellers für den Verlauf des Jahres 2002 geplant (siehe Forum zu GS Shopbuilder Pro 2 unter http://www.gs-shopbuilder.de). Allerdings können Sie ein E-Shopsystem nicht mit mehreren Sprachen gleichzeitig betreiben. Wenn Sie GS ShopBuilder Pro 2 nutzen, muss jede Sprachversion Ihres E-Shops über ein eigenes E-Shopsystem verfügen, was bedeutet, dass Sie den GS ShopBuilder Pro 2 nochmals auf Ihrer Festplatte installieren müssten.

www.gs-shopbuilder.de

Sie können auch selbst alle Texte in den HTML-Dateien und JavaScript-Skripte in eine andere Sprache übersetzen.

Weiterhin gilt das im *Abschnitt 11.1.3 – Verwendung von Skripten im GS ShopBuilder Pro 2* unter „Text- und Sprachanpassung" Gesagte.

Seite 390

ZUSAMMENFASSUNG

Nachdem in der Lerneinheit 10 die Realisierung einer Datenbank-anbindung beschrieben wurde, beschäftigte sich die vorliegende Lerneinheit mit den notwendigen Aspekten, die zum Anpassen und zur Administration des mit dem GS ShopBuilder Pro 2 erzeugten E-Shops notwendig sind. Besonderes Augenmerk ist in diesem Zusammenhang auf die Gestaltung des äußeren Erscheinungsbilds des E-Shops (die sog. „Storefront") gelegt worden, da dies ein zentrales Element der gesamten Gestaltung des E-Shops ist und von den Kunden als erster Eindruck wahrgenommen wird. Ein angenehmes Erscheinungsbild kann entscheidend für den Erfolg eines E-Shops im WWW sein und sollte daher mit großem Engagement seitens des Betreibers realisiert werden.

In der nächsten Lerneinheit soll es nun um die Funktionalitäten und Prozesse gehen, die am Schluss eines jeden erfolgreichen Einkaufs stehen, nämlich die Funktionalitäten zum Bestellen und Bezahlen, welche ebenfalls eine zentrale Rolle in einem E-Shop einnehmen. Im Unterschied zu dem in dieser Lerneinheit behandelten Erscheinungsbild des E-Shops sind dies allerdings Aspekte, die im Hintergrund ablaufen und somit nicht auf den ersten Blick als zentrales Element erkennbar sind.

[12] GS SHOPBUILDER PRO 2 – FUNKTIONEN „BESTELLEN" UND „BEZAHLEN"

„Bestellen" und „Bezahlen" sind zentrale Themen in einem E-Shop. Sie bedürfen einer ausführlichen Betrachtung.

Seite 404
Diese Lerneinheit gliedert sich grob in drei Einheiten. Zunächst werden in *Abschnitt 12.1* die Funktionen „*Artikelauswahl*" und „*Warenkorb*" erläutert, die Voraussetzungen und erste Stufe eines reibungslos ablaufenden Bestellvorgangs sind.

Seite 414, 428
Danach geht es um den Bestellprozess – das „*Bestellen*" selbst (*Abschnitt 12.2*). Im *Abschnitt 12.3*, der sich der Chronologie des Ablaufs entsprechend mit dem „*Bezahlen*" befasst, werden Bezahlsysteme erläutert. Fragen wie „Was versteht man überhaupt unter Bezahlsystemen", „Welche Bezahlsysteme sind im GS ShopBuilder Pro 2 standardmäßig integriert" und „Um welche Bezahlsysteme kann das E-Shopsystem ergänzt werden" sind Gegenstand dieses Abschnitts.

Der letzte Teil dieser Lerneinheit erwähnt kurz den Umgang des GS ShopBuilder Pro 2 E-Shopsystems mit Nachfolgeprozessen des Bezahlens.

12.1 Funktionen „Artikelauswahl" und „Warenkorb"

Will ein E-Shop wirtschaftlich erfolgreich arbeiten, kann er sich „virtuelle Wühltische" nicht leisten, sondern muss dem Kunden eine sauber strukturierte Warenauswahl offerieren. Andererseits kann es sich positiv auswirken, wenn das Angebot für den Kunden so interessant erscheint, dass er zu seinem beabsichtigten Kaufwunsch durch ein Stöbern zu weiteren Käufen veranlasst wird.

Deswegen geht es in diesem Abschnitt um das Optimieren der Artikelauswahl mit dem GS ShopBuilder Pro 2 in technischer Hinsicht. Außerdem auch darum, wie Sie die Funktion „Warenkorb" für den Kunden so komfortabel wie möglich einsetzen können.

Auswählen, Filtern, Sortieren und Kategorisieren

Auswählen, Filtern, Sortieren

Im lokalen E-Shopsystem strukturieren Sie mit dem GS ShopBuilder Pro 2 das Warenangebot hierarchisch als über- und untergeordnete Warengruppen. Die *Strukturierung* muss mit Hilfe der Software des GS ShopBuilder Pro 2 erfolgen, denn aus der DATENBANK wird dann der E-Shop mit genau dieser Struktur erzeugt.

GLOSSAR S. 505

Der GS ShopBuilder Pro 2 bietet Ihnen als E-Shopbetreiber standardmäßig keine Funktionen zum *Auswählen, Filtern* oder *Sortieren* der eingegebenen Artikel im lokalen E-Shopsystem an. Sie können zwar Datensätze als nicht „aktiv" deklarieren, diese werden dann beim Erzeugen des E-Shops nicht berücksichtigt und damit auch nicht angezeigt. Sie können jedoch nicht Artikel nach bestimmten Eigenschaften oder Vorgaben auswählen oder filtern. Die Reihenfolge der Artikel in der Ansicht „Standard" beziehungsweise „Liste" entspricht der Reihenfolge der Anzeige im E-Shop.

 Seite 275 In der *Lerneinheit 9* wurde Ihnen verdeutlicht, dass das direkte Öffnen und Editieren der Artikeldatenbank (`katalog.mdb` im Verzeichnis `\data`) mit GS ShopBuilder Pro 2 nicht vorgesehen ist. Hierzu wäre die vollständige Installation des Paradox-Datenbankentwicklersystems auf Ihrer Festplatte erforderlich.

Eine *Sortierfunktionen* ist ebenfalls nicht als gesondertes Tool erhältlich. Nur die Suche nach Artikeln oder Begriffen in der Datenbank können Sie mit dem über Menü „Bearbeiten" „Artikel suchen" (oder einfach F3) erreichbaren Tool durchführen. Diese Funktion ist dann sinnvoll, wenn Sie gezielt an nur einem Artikel Änderungen vornehmen wollen und nicht wissen, in welcher Warengruppe sich dieser befindet. Dies sollte jedoch bei einer guten Kategorisierung eher nicht vorkommen.

Kategorisierung mit GS ShopBuilder Pro 2

Eine *Kategorisierung* kann in einer beliebigen hierarchischen Struktur erfolgen. Die Kategorien (entspricht der Einteilung der Artikel in Warengruppen) dienen ausschließlich der besseren Übersicht des Artikelbestandes, die Warengruppen enthalten dann die entsprechenden Datensätze mit den Produktinformationen.

Die Warengruppen bilden zusammen im fertigen E-Shop die anklickbare Menüstruktur Ihres Artikelbestandes. Der Kunde kann über das Menü „Warengruppen" also direkt auf die Artikel und Beschreibungen zugreifen. In welcher Reihenfolge die Warengruppen erscheinen, bestimmen Sie dabei selbst. Diese Reihenfolge lässt sich jederzeit manuell wieder verändern. Hierfür stehen Ihnen in den Fenstern zum Anlegen der Warengruppen entsprechende Buttons zur Verfügung. Ebenso können die Warengruppen einfach per Drag and Drop verschoben werden, was bereits in Seite 294 der *Lerneinheit 9* zu den Grundeinstellungen ausgeführt wurde.

Sie sollten daran denken, dass Sie Sonderangebote beziehungsweise Neuerscheinungen möglichst weit oben in Ihrer Artikelliste platzieren. Der Kunde sollte ohne Scrollen des Fensters die wichtigsten Artikel sehen und auswählen können. Platzieren Sie diese also auf die Weise, wie es zum Beispiel in einem Warenhaus geschieht. Zumeist stehen dort die Sonderangebote im Eingangsbereich. Auch eine Platzierung auf der E-Shop-Startseite kann sinnvoll sein.

Die Suchfunktion im E-Shop

Um Ihrem Kunden die Produktsuche zu erleichtern, können Sie eine Suchfunktion in Ihren E-Shop integrieren (Menü „Datei" → „Einstellungen" → Register „Optionen"). In diesem Fall findet Ihr Kunde dann ein Texteingabefeld und einen Suchbutton in Ihrem E-Shop. Nachfolgend sehen Sie die Suchfunktion, welche in der rechten oberen Ecke des Browserfensters abgebildet wird, im Erscheinungsbild der Vorlage „Simple".

Abbildung 12.1: Die Suchfunktion im Browser

Im Eingabefeld kann der Kunde einen gewünschten Suchbegriff oder auch ein Wortfragment eingeben. Über den Button „Suchen" wird die Suchfunktion gestartet. Die Suchfunktion wird dabei über externe Skripte umgesetzt (siehe auch vorherige Lerneinheit, *Abschnitt 11.1.1 – Aktivierung der Suchfunktion*).

Seite 378

Wie ist die Suche technisch umgesetzt?

GLOSSAR S. 505

Für jede Warengruppe mit Artikeln wird eine **XML**-Datei im Verzeichnis `\onlineshop\xml` angelegt. Diese XML-Datei je Warengruppe enthält alle Daten zu allen Artikeln dieser Warengruppe. Zum Beispiel:

```
<?xml version="1.0" encoding="iso-8859-1" ?>
<!-- gs shopbuilder pro xml  -->
<productgroup>
<groupname>Heftgerät</groupname>
   <products>
      <product>
         <productnumber>5376</productnumber>
         <productname>Heftgerät</productname>
         <productdescription>
            Mit drehbarer Platte für offene oder
                        geschlossene Heftung.
            Erhältlich in den Farben Grün, Rot und Blau.
         </productdescription>
         <price>11.48</price>
         <productvatrate>16</productvatrate>
         <itemcount>itemno1</itemcount>
      </product>
   </products>
</productgroup>
```

Wenn Sie das vom Hersteller vorinstallierte Suchskript über den GS ShopBuilder Pro 2 eingebunden haben, wird innerhalb der HTML-Seite, die die Suchmaske enthält, das Eingabefeld und der „Suchen"-Button folgendermaßen integriert:

GLOSSAR S.505

```
<form method="post" name="searchform"
                action="http://www.shopcity24.de/
                cgi-bin/shopsearch.pl">
    <table width="100%" border="0" cellspacing="0"
                cellpadding="0" class="tablecolor4">
        <tr>
            <td>
                <input name=search size="8"
                    class="inputbox">
                <input type=image src="suchen.gif"
                    width="46" height="12" border="0"
                    align="middle" name="image">
            </td>
        </tr>
    </table>
</form>
```

Abbildung 12.2:
Umsetzung der Such-
funktion. Beachten
Sie die Tags <form>
und <input>
(Ausschnitt aus der
HTML-Datei)

Die XML-Dateien stehen dem Skript `http://www.shopcity24.de/ cgi-bin/shopsearch.pl` zum Durchsuchen zur Verfügung. Das Skript gibt eine HTML-Seite mit der Ergebnisliste aus. Diese Liste enthält die Kurzbeschreibung und die Warengruppe des Artikels, für den im Text eine Übereinstimmung mit dem Suchbegriff gefunden wurde. In der DEMOVERSION funktioniert diese Suche nicht, da hierfür der E-Shop veröffentlicht sein muss, was die Registrierung des GS ShopBuilder Pro 2 voraussetzt.

GLOSSAR S.505

SUCHRESULTATE

1. *Bleistift*

Sehr gut geeignet für den Büroalltag. Erhältlich in den Ausführungen Hart (H), Weich (B) und Extra Weich (B2).
Art. Nr.: 2312
Warengruppe: *Bleistifte*

Preis: 0.21 EUR

2. Druck*bleistift* (grün)

Druck***bleistift*** mit Radierer. Ergonomische Form.
Art. Nr.: 2512
Warengruppe: Druck*bleistifte*

Preis: 0.92 EUR

3. Druck*bleistift* (schwarz)

Druck***bleistift*** mit Radierer. Ergonomische Form.
Art. Nr.: 2511
Warengruppe: Druck*bleistifte*

Preis: 0.92 EUR

20 Artikel in 17 Warengruppen durchsucht.
Alle Warengruppen wurden durchsucht, Suche abgeschlossen.

Powered by Shopcity24

Abbildung 12.3:
Online Suchergebnis bei Suche nach „Bleistift"

Die Treffer werden als Links ausgegeben (die Warengruppen-Links werden immer mit aufgeführt). Nach einem Klick auf den Artikelnamen wird die entsprechende Artikelseite aufgerufen, so dass der Kunde direkt bestellen kann.

In die Suchmaske kann jeweils nur ein einzelner Suchbegriff ohne Leerzeichen eingegeben werden. Die Suchfunktion beinhaltet keine Filter- oder Sortiermöglichkeit. Die Reihenfolge der Trefferliste entspricht derjenigen der Warengruppenstruktur beziehungsweise des Artikelbestandes.

Bestellfunktion der E-Shopseiten

In den einzelnen E-Shop- beziehungsweise Warengruppenseiten wird der Bestellvorgang eines Artikels über Anklicken des Bestellbuttons ausgelöst. Des Weiteren finden Sie bei den Artikeln ein Textfeld für die Bestellmenge, wobei die Zahl „1" voreingestellt ist (siehe Abbildung 12.4, Bildelement (2)). Haben Sie Zusatzeigenschaften, das heißt Attribute, für Ihre Artikel definiert, so werden die entsprechenden Listboxen beziehungsweise Drop-Down-Menüs dem jeweiligen Artikel hinzugefügt (Bildelement (1)).

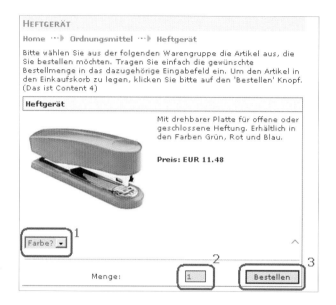

Abbildung 12.4:
Artikeldarstellung im
Browser mit Bestell-
button (3)

Wie bereits in der vorhergehenden *Lerneinheit 1* beschrieben wurde, wird im obigen Beispiel bei Anklicken von „Bestellen" Ihr Kunde zunächst folgende Meldung erhalten:

Abbildung 12.5:
Meldung, wenn
Attribut nicht
gewählt wurde

Anschließend wird er aufgefordert, weitere Attribute auszuwählen, sofern diese definiert wurden. Maximal können jedem Artikel drei verschiedene Attribute zugeordnet werden. Erst danach erscheint bei Anklicken auf „Bestellen" folgende Meldung:

Abbildung 12.6:
Meldung, wenn
Button „Bestellen"
geklickt wurde

Bei Bestätigung über „OK" wird der Artikel im Warenkorb abgelegt. Selbstverständlich kann der Kunde auch zuvor im entsprechenden Textfeld die vorgegebene Stückzahl von „1" ändern. Beim Versuch, negative Zahlen oder Brüche/Dezimalwerte einzugeben, wird der Nutzer darauf hingewiesen, dass nur ganze positive Zahlenwerte erlaubt sind.

Befindet sich dagegen der Artikel bereits im Warenkorb, erscheint nach Anklicken des Bestellbuttons folgende Meldung:

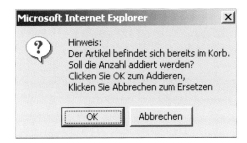

Abbildung 12.7:
Meldung, wenn
gleicher Artikel
schon einmal im
Warenkorb existiert

GLOSSAR S.505

Der Warenkorbinhalt wird über JAVASCRIPT-Skripte kontrolliert. Beim Auslösen der Bestellfunktion werden dabei die Parameter des Artikels an den Warenkorb übergeben. So finden Sie im Quelltext der Shopseiten zu jedem Artikel zum Beispiel folgenden Quelltext zur Bestelltaste:

```
<input type="button" name="order" value="Bestellen"
onClick="JavaScript:parent.buyItem(meinevariableno1,
                '11.48',
document.itemsform.box1.value,'0.00','0.00','0','0','',
document.itemsform.ATTR1X1[ document.itemsform.ATTR1X1.
          selectedIndex] .value,'','', '16')"
          class="buttons">
```

Abbildung 12.8:
HTML-Tag zur
Darstellung des
Buttons „Bestellen".
Beachten Sie das
Attribut onclick.

GLOSSAR S.505

Abbildung 12.9:
Darstellung des
Warenkorb-Frames
am unteren Rand
des Browserfensters

Die Übergabe der Artikelparameter erfolgt dabei über die JavaScript-Methode „buyItem()". Sie erkennen hier z. B. die Übergabe des Preises (‚11.48‘) und des MEHRWERTSTEUERSATZES (‚16‘). Der Preis wird verrechnet und in dem unteren Frame rechts wird die Summe der Preise aller Artikel des Warenkorbs angezeigt. Dort wird auch die Anzahl der im Warenkorb befindlichen Artikel angegeben (linke Seite dieses Frames).

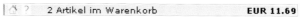

Artikel im Warenkorb auflisten

Der Warenkorb wird in Tabellenform dargestellt. Um den Warenkorb einzusehen, muss der Kunde den entsprechenden Button beziehungsweise Link im Inhaltsverzeichnis des E-Shops aufrufen:

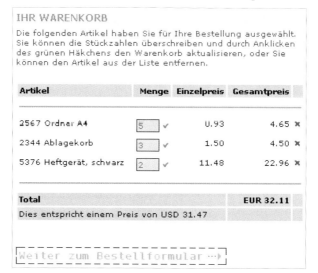

Abbildung 12.10:
Warenkorb,
dargestellt im
Browser

In der vorhergehenden *Lerneinheit 11* wurde gezeigt, wie der Inhalt und die Wiedergabe des Warenkorbs ausschließlich über JavaScript-Skripte kontrolliert werden. Im Quelltext der HTML-Seite basket.htm stehen im `<head>` die Skripte für den Warenkorb, und im `<body>` finden Sie den Skriptaufruf zum Anzeigen des Warenkorbinhaltes:

```
<html>
<head>
<SCRIPT LANGUAGE="JavaScript">
function showItems()
{
}
</SCRIPT>
</head>
<body>
<SCRIPT LANGUAGE="JavaScript">
<!--
showItems();
//-->
</SCRIPT>
</body>
</html>
```

Abbildung 12.11: schematischer Aufbau des Quelltextes der Datei basket.htm *(gekürzt): Im* `<head>` *werden die JavaScript-Funktionen zur Artikelauflistung definiert (grün), im* `<body>` *werden sie aufgerufen (violett).*

Im Warenkorb (Abbildung 12.10) hat der Kunde die Möglichkeit, die Bestellmenge zu ändern, indem er die Zahl im Textfeld einfach ändert und anschließend auf „Aktualisieren" (grüne Häkchen) klickt. Auf die gleiche Weise kann er einzelne Artikel wieder aus dem Warenkorb entfernen (rotes Kreuz anklicken).

Wenn der Kunde keine weiteren Bestellungen mehr vornehmen möchte, so kann er zum Bestellformular weitergehen („Weiter zum Bestellformular").

12.2 Funktion „Bestellen"

Um eine Bestellung erfolgreich abschließen zu können, müssen folgende Informationen erhoben werden:

- Kundenanschrift (Rechnungsanschrift)
- Zahlungsweise und Bezahlung
- Versandart (Lieferservice, Bote, Transportwege etc.)

Seite 81, 258

Eine verschlüsselte Übertragung kundenbezogener Daten ist im E-Shopsystem durch GS ShopBuilder Pro 2 nicht vorgesehen. Die praktikabelste Lösung ist die optionale Einrichtung einer **SSL**-Verschlüsselung (SSL – Secure Socket Layer) oder eines ähnlichen Verfahrens auf dem WEBSERVER. Informationen zur Einrichtung einer SSL-Verschlüsselung erhalten sie bei Ihrem INTERNET SERVICE PROVIDCER (ISP) (Siehe auch *Abschnitte 2.5.1 und 8.2*).

Schritte zwischen gefülltem Warenkorb und Bezahlung beziehungsweise Angebot

Wenn der Kunde seine Auswahl abgeschlossen hat, muss er abschließend das Bestellformular aufrufen, um Ihnen als E-Shopbetreiber seine Bestellung per E-Mail zu schicken.

Im E-Shop von GS ShopBuilder Pro 2 geht das *in zwei Schritten:*
1. Schritt: Versandart und Zahlungsart festlegen.
2. Schritt: Bestelldaten (Rechnungs- und Lieferanschriften) erfassen und auf AGB hinweisen.

Versandart und Zahlungsart: Festlegung durch den E-Shop-Betreiber und Auswahl durch den Kunden

Als E-Shopbetreiber haben Sie im Menü „Datei" → „Einstellungen" → Register „Versand- und Zahlungsarten" festgelegt und erforderliche Kosten bestimmten Versandarten zugeordnet. Diese können vom Kunden in den Auswahllisten gewählt werden.

Abbildung 12.12: Schritt 1 beim Bestellvorgang: Wahl von Versand- und Zahlungsart

Der unten stehende Text zu Versand- und Zahlungsarten ist der Content „BuyText" (erreichbar über Register „Content Pool"). Bitte beachten sie auch den *Abschnitt „Hinweis zurRechtssituation"*.

Seite 416

Mit „Weiter zum Bestellformular" (siehe Abbildung 12.12) kommt der Kunde zum 2. Schritt, dem Bestellformular.

Bestelldaten (Rechnungs- und Lieferanschriften) und AGB

Auf der Seite des Bestellformulars wird zunächst der Warenkorb selbst mit seinem gesamten Inhalt und mit allen Summen und der Mehrwertsteuer (sowie Rabatten, wenn diese vom Betreiber vorgegeben wurden) tabellarisch angezeigt. Unterhalb des Warenkorbs wird das Formular für die Kundendaten dargestellt, das vom Kunden auszufüllen ist. Die mit Sternchen * markierten Felder sind Pflichtfelder. Das korrekte Ausfüllen dieser Felder wird mit einem Skript geprüft. Fehlt ein Pflichteintrag, erscheint eine Fehlermeldung, dass Felder nicht ausgefüllt wurden. Das Kontrollfeld

GLOSSAR S.505

„Eingegebene Formulardaten speichern" gibt dem Kunden die Möglichkeit, die angegebenen Daten auf seinem Computer als COOKIE zu speichern. Das setzt die Aktivierung zur Zulassung von Cookies im Browser voraus. Es werden keine Daten an den SERVER gesendet. Mit dieser Möglichkeit vereinfacht sich der Eingabeprozess bei wiederholten Einkäufen. Der Kunde kann die Bestellseite drucken und die AGB lesen, bevor er die Bestellung abschickt. Die AGB befinden sich im Content „CondText" (erreichbar über das Register „Content Pool").

▶ **Hinweis zur Rechtssituation:**

Mit der Reform des Schuldrechts zum 1. Januar 2002 wurde das Fernabsatzgesetz als eigenständiges Gesetz abgeschafft. Die entsprechenden Normen finden sich nun im Bürgerlichen Gesetzbuch (BGB) wieder: §§ 312b - 312d BGB. Achten Sie deshalb bei der Formulierung Ihrer Geschäftsbedingungen auf die neue Rechtslage. Der standardmäßige Text im Content "BuyText" muss entsprechend angepasst werden. Die aktuell gültige Version des BGB wird vom Bundesjustizministerium unter http://bundesrecht.juris.de/bundesrecht/bgb/ bereitgestellt.

http://bundes
recht.juris.de/
bundesrecht/bgb/

*Abbildung 12.13:
Schritt 2 beim
Bestellvorgang:
das Bestellformular*

Bestellung abschicken

Nach dem Betätigen des Buttons „Bestellung abschicken" werden je nach Ihrer Einstellung unter Menü „Datei" → „Einstellungen" → Register „Bestellseite / Versand des Bestellformulars" verschiedene Vorgänge ausgelöst:

Bei der *Verwendung des vorinstallierten Skripts von ShopCity24* (ein kostenloser Dienst) wird bei vorhandener Registrierung des GS ShopBuilder Pro 2 eine formatierte E-Mail an den E-Shopbetreiber geschickt. Bei der Demoversion enthält diese E-Mail einen Anmerkung, dass es sich um eine nicht registrierte GS ShopBuilder Pro 2 Version handelt. Erst nach der durchgeführten Registrierung entfällt dieser Hinweis.

```
         Below is the result of your shop order form.  It was
                          submitted by

         bestellung@mein-shop.de on Friday, March 1, 2002 at
                          11:53:56
         _____

         Artikel1         : 2312 Bleistift, Hart (H)
         Menge1           : 1
         Einzelpreis1     : 0.21
         MwSt1            : 0.30 (16%)
         Gesamtpreis1     : 0.21
         Warenwert        : 0.21
         Versandart       : UPS Schnellpaket (zzgl. Euro 12,-)
         Versandkosten    : 12.00
         Zahlungsart      : Nachnahme
         Enthaltene MwSt.: 1.96
         Rechnungsbetrag : 12.21
         Nachname         : Müller
         Strasse          : Berliner Str. 5
         PLZ              : 12345
         Ort              : Berlin
         Land             : Deutschland
         E-Mail           : h.mueller@gvb.de
         Telefon          : 123456
         _____
```

Bei *Versand per mailto* erhält der E-Shopbetreiber eine E-Mail, die unformatiert so aussehen kann:

```
subject=Bestellung
title=Bestellformular
required=Nachname,Strasse,PLZ,Ort,E-Mail,Telefon
recipient=bestellung@mein-shop.de
header=
footer=
redirect=thankyou.htm
missing_fields_redirect=error.htm
answer_text=Herzlichen Danke für Ihre Bestellung beim
        KMU-S Büroartikel
Shop und vielen Dank für Ihr Interesse an unseren
        Produkten. Ihre
Büroartikelbestellung wurde versendet, Sie erhalten eine
Auftragsbestätigung, sobald uns Ihre Bestellung
        vorliegt.


Wenn Sie Fragen zu Ihrer Bestellung oder zum Sub-
        skriptionsangebot haben, rufen Sie uns bitte
        unter unserer gebührenfreien Bestellhotline
an: 0800 - 123456789.


Ihr KMU-S Team


Ihre Bestelldaten sind:
_____


answer_subject=Ihre Bestellung bei der KMU-S Büroarti-
        kel GmbH
Artikel1=5376 Heftgerät, Grün
Menge1=2
Einzelpreis1=11.48
MwSt1=3.17 (16%)
Gesamtpreis1=22.96
Artikel2=2344 Ablagekorb
```

```
Menge2-3
Einzelpreis2=1.50
MwSt2=0.62 (16%)
Gesamtpreis2=4.50
Artikel3=2567 Ordner A4
Menge3=5
Einzelpreis3=0.93
MwSt3=0.64 (16%)
Gesamtpreis3=4.65
pid=1220029Unregistered
Demo1628788
Warenwert=32.11
Versandart=Post Express (zzgl. Euro 10,-)
Versandkosten=10.00
Zahlungsart=Rechnung
Enthaltene MwSt.=5.81
Rechnungsbetrag=42.11
Firma=Großverbraucher
Vorname=Heinz
Nachname=Müller
Strasse=Berliner Str. 5
PLZ=10787
Ort=Berlin
Land=Deutschland
E-Mail=h.mueller@gvb.de
Telefon=12334567
Fax=
Lieferadresse=
rememberme=checkbox
```

Die dritte Variante ist, dass ein *Skript auf einem Server Ihrer Wahl* die Auswertung, Formatierung und Weiterleitung der E-Mail übernimmt.

Wird das von Shopcity24 bereitgestellte Mail-Skript genutzt, so erhält auch der Kunde eine Benachrichtigung seiner Bestellung per E-Mail, welche ebenfalls alle Bestelldaten aufführt.

Den Benachrichtigungstext und den Betreff der E-Mail für Ihren Kunden können Sie frei vorgeben. Hierfür stehen Ihnen im Content Pool die Contents `AnswerText` und `AnswerSubject` zur Verfügung.

Versand von E-Mails durch das E-Shopsystem

In den Einstellungen geben Sie unter „Bestellseite" vor, auf welche Art und Weise Ihnen als E-Shopbetreiber die Bestellungen per E-Mail zugeschickt werden sollen:

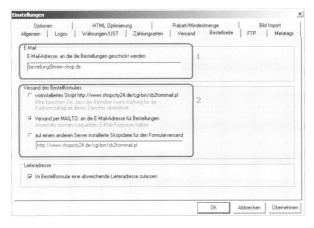

Abbildung 12.14: Einstellungen für den E-Mail-Versand der Bestellung: (1) Eintrag der E-Mail-Adresse, an den die Bestellung geschickt werden soll. (2) legt die Art und Weise des Versands fest: über Skript bei Shopcity24, über MAILTO, eigenes Skript

Tragen Sie zunächst die *E-Mail-Adresse* ein, an die die Bestellungen (das kann der E-Shopbetreiber, aber beispielsweise auch die Konfektionier- und Versandfirma sein) geschickt werden sollen, zum Beispiel `bestellung@mein-shop.de`.

Unter *„Versand des Bestellformulars"* geben Sie an, wie die Bestellung weitergeleitet werden soll. Für die Weiterleitung der Onlinebestellungen per E-Mail kann entweder der einfache `mailto`-Befehl oder ein entsprechendes CGI-Mail-Skript, welches auf einem Webserver installiert werden muss, genutzt werden.

GLOSSAR S. 505

Sie können selbst ein entsprechendes Mail-Skript auf Ihrem Webserver installieren (fragen Sie gegebenenfalls Ihren Provider, wie dieses einzurichten ist). Dann geben Sie im entsprechenden Textfeld den vollständigen Pfad zum Skript ein oder Sie nutzen das vom Hersteller vorinstallierte CGI-Skript `http://www.shopcity24.de/cgi-bin/sb2formmail.pl` auf seinem Server. Dieser Dienst wird vom Hersteller kostenlos zur Verfügung gestellt. Haben Sie GS ShopBuilder Pro 2 noch nicht registriert, befindet sich ein Hinweis auf die Demoversion im Text der Mail.

GLOSSAR S. 505

Beim *mailto-Befehl* ist zu beachten, dass ältere Browser, die nicht mit einem E-Mail-CLIENT verknüpft sind, das Versenden von Formularen mit diesem Befehl nicht unterstützen. Außerdem sind hier die Möglichkeiten der Textformatierung begrenzt.

Um sich den Ablauf des Mailversandes vorstellen zu können, öffnen Sie die Datei `buy2.htm` z. B. aus der Stilvorlage „Simple" des Verzeichnisses `\templates\` mit einem einfachen Texteditor. Im Quelltext dieser Seite finden Sie die HTML-Elemente für ein Formular:

`<form name="orderform" method="POST" action="{MailScriptUrl}" onSubmit="return CleanUp();">` und `</form>`.

Alles, was innerhalb dieser Angaben steht, gehört zum Formular. Über `action=""` und dem Schlüsselwort `{MailScriptUrl}` wird angegeben, was mit den ausgefüllten Formulardaten geschehen soll. Entsprechend den oben genannten Optionen des GS ShopBuilder Pro 2 kann das Formular entweder direkt an eine E-Mail-Adresse gesandt oder von einem CGI-Skript auf dem Webserver weiterverarbeitet werden. Im fertigen E-Shop wird das Schlüsselwort `{MailScriptUrl}` dann zum Beispiel durch folgende Ausdrücke ersetzt:

```
<form name="orderform" method="POST"
    action="http://
    www.shopcity24.de/cgi-bin/sb2formmail.pl"
    onSubmit="return CleanUp();">
```

oder

```
<form name="orderform" method="POST"
    action="mailto:
    bestellung@mein-shop.de" enctype="text/plain"
    onSubmit="return CleanUp();">
```

(Das Attribut `enctype` teilt dem E-Mail-Client mit, dass es sich dabei um ASCII (plain) Text handelt)

oder

```
<form name="orderform" method="POST"
    action="http://
    www.mein-shop.de/cgi-bin/mein-formmail.pl"
    onSubmit="return CleanUp();">
```

In HTML besitzen die Formularobjekte, so beispielsweise die Textfelder der Seite `buy2.htm`, jeweils einen eindeutigen Bezeichnernamen, der mit dem Attribut `name=""` festgelegt wird. Schauen Sie nochmals in den Quelltext der Seite `buy2.htm`. Für das Textfeld zum Eintrag des Nachnamens finden Sie zum Beispiel folgende Angaben:

```
<input type="text" name="Nachname" size="26"
  class= "inputbox">
```

Mit `<input type="text"..>` wird in HTML ein Textfeld definiert. Dieses hat im vorliegenden Fall den Bezeichnernamen „Nachname".

Beim Versenden des Formulars werden nur die ausgefüllten Formulareingaben verschickt. In der eingehenden E-Mail werden dann die Bezeichnernamen „Nachname" der ausgefüllten Formulareingaben mit aufgeführt, danach wird der tatsächliche Wert gesetzt, d. h. was der Kunde im entsprechenden Textfeld eingetragen hat. Vergleichen Sie die Namen der Textfelder in der Datei `buy2.htm` mit den Angaben des obigen Beispiels in einem Bestelleingang per E-Mail (`mailto:`). Sie werden identische Angaben finden.

Für die Abwicklung des Bestellvorgangs wird im GS ShopBuilder Pro 2 das Attribut `hidden` im Element `<input>` benutzt, welche auf die Verwendung des Mail-Skriptes `sb2formmail.pl` zugeschnitten sind. Sie werden im Quelltext der Bestellseite `buy2.htm` zum Beispiel folgende Angaben finden:

```
<form name="orderform" method="POST" action="{MailScriptUrl}"
     onSubmit="return CleanUp();">
<input type="hidden" name="subject" value="Bestellung">
<input type="hidden" name="title" value="Bestellformular">
<input type="hidden" name="required"
     value="Nachname,Strasse,PLZ,Ort,E-Mail,Telefon">
<input type="hidden" name="recipient" value="{OrderE-Mail}">
<input type="hidden" name="header" value="{AddText1}">
<input type="hidden" name="footer" value="{AddText2}">
<input type="hidden" name="redirect" value="thankyou.htm">
<input type="hidden" name="missing_fields_redirect"
     value="error.htm">
<input type="hidden" name="answer_text" Value="{AnswerText}">
<input type="hidden" name="answer_subject"
     Value="{AnswerSubject}">
......
<!-- weitere eingabefelder -->
......
<input type="submit" value="Bestellung abschicken"
     class="buttons">
</form>
```

Der Aufruf `<form method="POST" action="{MailScriptUrl}"
...>` wurde bereits erklärt; das Schlüsselwort `{MailScriptUrl}` wird
dabei durch den in den Grundeinstellungen des GS ShopBuilder Pro 2
unter „Bestellseite" angegebenen vollständigen Pfad des CGI-Skriptes auf
dem Server beziehungsweise den `mailto`-Befehl beim Erzeugen des
E-Shops ersetzt. Alle Elemente `<input>` mit dem Attribut `hidden` weisen ebenfalls einen bestimmten Namen `"name="` auf. Diese Bezeichner
stellen feste Werte dar und beziehen sich auf die Definitionen, welche in
dem CGI-Skript `sb2formmail.pl` vorgegeben sind.

GLOSSAR S.505
✍

Neben den auf der Bestellseite (Seite `buy2.htm`) der Stilvorlagen des GS ShopBuilder Pro 2 genutzten Bezeichnern sind im `sb2formmail.pl` selbstverständlich weitere "name=" definiert, die ebenso bei Bedarf eingesetzt werden können. Die im PERL-Skript definierten Bezeichner müssen exakt mit den Namen der Elemente `<input>` mit dem Attribut `hidden` des Bestellformulars übereinstimmen.

Über "`recipient`" wird der Empfänger der E-Mails, also Sie als E-Shopbetreiber, definiert. Demzufolge wird als "`value`" Ihre E-Mail-Adresse eingetragen.

Mit "`subject`" wird der Betreff der E-Mail der eingehenden Bestellungen vorgegeben, dabei wurde in der Seite `buy2.htm` als Betreff „Bestellung" voreingestellt. Dieser Wert kann, wie auch die anderen, verändert werden, z. B. in „Bestellung im KMU-Shop".

Wenn Sie also als E-Shopbetreiber E-Mails erhalten, welche als Betreff „Bestellung" aufweisen, wissen Sie sofort, dass hier Waren in Ihrem E-Shop geordert wurden.

Bestellung absenden und Bestätigungsseite

Hat ein Kunde alle erforderlichen Eingaben getätigt und das Formular über „Bestellung absenden" abgeschickt, erhält er eine Warnmeldung (siehe folgende Abbildung). Diese Warnmeldung ist von den Sicherheitseinstellungen im Browser des Kunden abhängig. Bei schwacher Sicherheitseinstellung wird diese Meldung nicht erscheinen. Setzt der Kunde den Vorgang über „OK" fort, wird eine neue Seite aufgerufen, die Seite "`thankyou.htm`", die eine Empfangsbestätigung beinhaltet, und die Sie ebenfalls in jeder Stilvorlage des GS ShopBuilder Pro 2 wiederfinden. Der Vorgang aus Kundensicht wird im nächsten Abschnitt dargestellt.

Abbildung 12.15: Meldung über den Versand der Bestellung bei normaler oder hoher Sicherheitseinstellung im Browser

Wenn der Kunde bei den Formulareingaben ebenso seine E-Mail-Adresse eingegeben hat, so wird er in seinem E-Mail-Programm weiterhin eine Benachrichtigung über seine Bestellung finden.

Im Hinblick auf eine Anpassung des Bestellformulars an die eigenen Wünsche gibt es im GS ShopBuilder Pro 2 leider keine Option. Wenn Sie hier Textfelder löschen oder andere ergänzen möchten, so müssen Sie die HTML-Seite buy2.htm direkt editieren. Dies gilt auch, falls Sie zum Beispiel eine andere Überprüfung der Formulareingaben wünschen.

Im GS ShopBuilder Pro 2 selbst geben Sie nur die Voreinstellungen zum Bestellvorgang, wie die Vorgabe von Rabatten, Versandkosten und Zahlungsarten, anhand der Eingabemasken in den Grundeinstellungen vor.

Benachrichtigung des Kunden

Wurden bei einer Bestellung nicht alle Pflichtfelder vom Kunden ausgefüllt, erscheint diese Meldung:

Abbildung 12.16: Meldung bei unzureichenden Pflichtangaben

Wie bereits erwähnt, wird nach Betätigung des Absendebuttons „Bestellung abschicken" – und sofern der Kunde alle Pflichtfelder ausgefüllt hat – im Browser eine neue Seite mit der Bestätigung der Bestellung aufgerufen:

Abbildung 12.17: Meldung über den erfolgreichen Versand der Bestellung im Browser. Beachten Sie, dass der Warenkorb, wie im unteren Frame angezeigt, nach dem Absenden einer Bestellung leer ist.

Abbildung 12.18: Einstellen, ob nach dem Versand der Bestellung der Warenkorb geleert wird.

Nach dem Versand der Bestellung wird der Warenkorb geleert. Dies geschieht jedoch nur, wenn es unter „Datei" → „Einstellungen" → Register „Optionen" eingestellt wurde:

Hat der Kunde im Bestellformular ebenso seine E-Mail-Adresse eingetragen, so erhält er eine Benachrichtigung seiner Bestellung per E-Mail mit den Daten des Warenkorbs und seinen eingegebenen Kundendaten.

Benachrichtigung der Logistik

GLOSSAR S.505

Im GS ShopBuilder Pro 2 existiert keine Option, welche direkt eine Benachrichtigung an die LOGISTIK berücksichtigt. Darum müssen Sie sich als E-Shopbetreiber selbst kümmern. Sie müssen entscheiden, wer die eingehenden Bestellungen per E-Mail empfängt und bearbeitet, beziehungsweise an eine Logistikabteilung weiterleitet und ferner, auf welche Weise die Auslieferung der Ware und der Bezahlvorgang erfolgen. Da diese Lerneinheit aber nicht die Organisation der Lieferung zum Inhalt hat, soll an dieser Stelle nur auf die Problematik verwiesen werden, dass Sie als E-Shopbetreiber den Empfang der Bestell-E-Mail organisieren müssen.

Mögliche Fehlerquellen und Probleme

Eine *Fehlerquelle* stellt das Mail-Skript zur Weiterleitung der Bestell-E-Mails dar. Wenn Sie selbst ein Mail-Skript auf Ihrem Webserver einrichten möchten, so müssen Sie daran denken, mit welchem Betriebssystem der Webserver läuft. Sie müssen für das Skript die „Zugriffsrechte" so setzen, dass auch ein E-Mail-Versand erfolgt.

Es kann ebenfalls vorkommen, dass aufgrund Ihrer Änderungen in frei erhältlichen oder erworbenen Skripten der Bestellvorgang nicht mehr funktioniert. In den Fällen, in denen der Fehler nicht auf mangelhaften Skriptveränderungen beruht, wird Ihnen nur sachkundiges Personal weiterhelfen können.

Wenn Sie anstelle eines Mail-Skriptes den `mailto`-Befehl zur Weiterleitung der Bestell-E-Mails nutzen, muss Ihr Kunde auf seiner Festplatte ein kompatibles E-Mail-Programm installiert haben.

Ihr Kunde sollte zwar eine Benachrichtigung seiner Bestellung per E-Mail erhalten, ob die Bestellung jedoch tatsächlich bei Ihnen als E-Shopbetreiber angekommen ist und diese auch tatsächlich bearbeitet wird, weiß Ihr Kunde nicht. Es kann zu ganz allgemeinen Störungen im Internet kommen, zum Beispiel ein Mailserver fällt zeitweise aus. Es empfiehlt sich daher, dass Sie es selbst in die Hand nehmen, mit Ihren Kunden zu kommunizieren.

Es können natürlich auch Fehler auftreten, wenn Sie die Seite `buy2.htm` aus der von Ihnen gewählten Stilvorlage selbst editiert haben. Bei der Arbeit am Quelltext müssen Sie unbedingt darauf achten, dass die Formularangaben korrekt sind und Sie nicht aus Versehen die HTML-Elemente zur Wiedergabe eines Formulars oder die Elemente `<input>` mit dem Attribut `hidden` löschen.

▶ **Übung**

Tragen Sie Ihre E-Mail-Adresse in den Einstellungen des GS Shop-Builder Pro 2 unter „Allgemein" als Bestell-E-Mail-Adresse ein und nutzen Sie das vorinstallierte Mail-Skript des Herstellers für die Weiterleitung der Bestell-E-Mails. Führen Sie mit dem Beispiel-shop Testeinkäufe durch.

Das funktioniert nur, wenn Sie online sind und eine registrierte Version von GS ShopBuilder Pro 2 haben.

12.3 Funktion „Bezahlen"

An dieser Stelle kommen wir zur letzten und für den Betreiber eines E-Shops auch wichtigsten Station eines Bestellvorgangs: Die Funktionen zum Bezahlen und die zugehörigen Prozesse.

Voreingestellte Bezahlsysteme

Im Hinblick auf die Versandkosten, Versand- und Zahlungsart haben Sie bereits in den Grundeinstellungen des GS ShopBuilder Pro 2 Ihre Vorgaben eingetragen. Die Versandkosten können Sie in der Maske „Versand" vorgeben und Versandkostenrabatte bei bestimmten Rechnungsbeträgen festlegen. Die Versandkosten und Rabatte werden beim Bestellvorgang in Ihrem E-Shop automatisch berücksichtigt. Ihr Kunde wird hierüber bei der Preisauszeichnung im Bestellformular informiert.

Mengenrabatte können nur in der Detailansicht von Artikeln artikelbezogen vorgegeben werden.

Die Zahlungsarten werden im fertigen E-Shop in ein Drop-Down-Menü im Bestellformular zu „Erstens" (1.) eingetragen.

Abbildung 12.19:
Auswahl der Zahlungsart im Ablauf der Bestellungsabwicklung (1. Schritt)

Im Quelltext der Seite buy.htm der einzelnen Stilvorlagen finden Sie an der entsprechenden Stelle Platzhalter für Skripte und Variablen, die das jeweilige Schlüsselwort einbetten:

```
<select name="paymentselect" size="1">
                { Payment}
                { IfPaybox}
        <option value="Paybox">Paybox</option>
                { EndIfPaybox}
</select>
```

Ihr Kunde muss im Bestellformular eine Versand- und Zahlungsart wählen. Je nach Versandart wird sich bezüglich Nachnahme oder Porto der tatsächliche Rechnungsbetrag für den Kunden ändern.

Denken Sie daran, dass Sie für eine Vorauszahlung Ihre Bankverbindung möglichst bereits im Bestellformular genau angeben. Hierzu müssen Sie in den „Content Pool" geeigneten Content (zum Beispiel in BuyText und VInfo) einfügen. Der Content VInfo enthält folgenden vorgegebenen Text:

```
<b>Shipment und Payment Info</b>
```

Tragen Sie hier allgemeine Informationen zu den von Ihnen angebotenen Liefer- und Zahlungsarten ein. Die können zum Beispiel Versandkosten und Lieferzeiten sowie Informationen zu Paybox, iclear, Kreditkartenzahlung, Lastschrift oder sonstigen Zahlungsarten sein.

Dieser Text wird in einem separaten Fenster dargestellt, wenn der Kunde auf „Weitere Informationen zu Versand- und Zahlungsarten" klickt. Sie werden den Text natürlich entsprechend Ihren Angaben ändern.

Integration optionaler Bezahlsysteme

GLOSSAR S. 505

Im GS ShopBuilder Pro 2 sind als *weitere Zahlungssysteme* ICLEAR und PAYBOX möglich. Damit Sie diese Zahlungssysteme Ihren Kunden anbieten können, müssen Sie sich als E-Shopbetreiber bei Eurocoin *iclear* oder *Paybox* anmelden.

In den Einstellungen des GS ShopBuilder Pro 2 finden Sie unter „Zahlungsarten" die Buttons zum Anmelden bei den jeweiligen Bezahldiensten. Hiermit werden Sie direkt zur Händleranmeldung bei iclear

GLOSSAR S.505

oder Paybox geleitet. Von iclear werden Sie dann eine ShopID und von Paybox einen URL bekommen, welchen Sie in den entsprechenden Textfeldern eintragen müssen. Über Anklicken des Kontrollkästchens „Bezahlung mit ... akzeptieren" aktivieren Sie das jeweilige Zahlungssystem für Ihren E-Shop. Erst dann wird diese Zahlungsart im Browserfenster Schritt 1 der Bestellung sichtbar. Diese Zahlungsarten stehen Ihnen nur dann voll funktionstüchtig zur Verfügung, wenn Sie bei den Diensten angemeldet sind und eine registrierte Version von GS Shop-Builder Pro 2 haben.

Bezahlsystem iclear

Bieten Sie Ihrem Kunden als Zahlungssystem *iclear* an, so geht die Kaufanfrage direkt an iclear und die Bezahlung wird durch iclear geregelt. In diesem Fall ist es für Ihren Kunden nicht erforderlich, das Bestellformular Ihres E-Shops auszufüllen, denn der Kunde gibt nur seine Kundendaten bei iclear (Benutzername und Passwort) an und bleibt dem E-Shopbetreiber gegenüber anonym. Die Kundendaten hat iclear. Und iclear wird Ihnen die Bestellung bezahlen, denn Sie haben mit iclear einen Vertrag. Der Kunde kauft immer gegen offene Rechnung allein durch die Angabe seines iclear-Benutzernamens und -Passwortes. Sie selbst als E Shopbetreiber stellen die Rechnung an iclear.

Auf der Seite des Bestellformulars findet der Kunde folgenden Hinweis:

Abbildung 12.20: Hinweis im Bestellformular für iclear-Kunden

Sicher und bequem bezahlen mit iclear:
Falls Sie per iclear bezahlen möchten, ist das Ausfüllen des Bestellformulars nicht erforderlich. Bitte klicken Sie dann hier:
Bezahlen mit iclear

Klickt er auf „Bezahlen mit iclear", so wird die entsprechende Seite von iclear aufgerufen:

www.iclear.de

Näheres zu iclear finden Sie im Internet unter https://www.iclear.de. Als Verkäufer müssen Sie sich zwingend bei iclear anmelden. Erst dann funktioniert auch ein Klick auf „Bezahlen mit iclear" für Ihren Kunden.

Abbildung 12.21: iclear Login

Bezahlsystem Paybox

Bieten Sie Ihren Kunden die Bezahlung über *Paybox* an, dann können diese mit Handy bezahlen. Der Kunde kauft online, aber die Bezahlung wird außerhalb des Internets abgewickelt.

www.gs-shop builder.de/ paybox.htm

Die Anmeldung läuft über http://www.gs-shopbuilder.de/paybox.htm. Paybox können Sie nur in GS ShopBuilder Pro einbinden, wenn Sie mit der GS Software AG einen Vertrag abschließen. Die Standard- und die STRATO-EDITION-Versionen können eine Bezahlung mit Paybox nicht realisieren. Dies gilt auch für die registrierte Strato-Edition. Nur die registrierte Produktversion GS ShopBuilder Pro 2 kann Paybox einbinden.

Paybox ermöglicht das Bezahlen mit dem Handy. Kunden, die mit Paybox bezahlen wollen, müssen sich bei Paybox anmelden (Handynummer, Personalien, Kontobeziehungen usw.). Als Betreiber haben Sie einen Vertrag mit Paybox. Der Hersteller von GS ShopBuilder Pro 2 stellt Ihnen entsprechende zusätzliche Skripte bereit. Sie müssen mit der Firma GS Software AG (dem Hersteller des GS ShopBuilder Pro 2) einen Vertrag abschließen und dessen Vermittlung in Anspruch nehmen.

SSL-Anpassung des GS ShopBuilder Pro 2

Seite 209

Wenn Sie Ihrem Kunden die Kreditkartenzahlung anbieten möchten, so würden übers Internet hochsensible Daten verschickt. Diese sollten aus Gründen des Datenschutzes verschlüsselt übertragen werden. In *Lerneinheit 6 (Abschnitt 6.2)* haben wir hierzu bereits das SSL-System kurz vorgestellt. Die Einrichtung dieses oder eines anderen Verschlüsselungsverfahrens muss aber mit Ihrem Internet Service Provider (ISP) geklärt werden.

Zum Zeitpunkt der Erstellung dieser Qualifikationseinheit (3. Quartal 2002) stehen noch keine Anpassungen für SSL zum GS ShopBuilder Pro 2 vom Hersteller zur Verfügung.

Liegen alle E-Shopseiten auf einem SSL-Server, so funktioniert der E-Shop wie gewohnt und es sind keine weiteren Einstellungen vorzunehmen. Sie müssen dann nur klären, wie Sie auf das gesicherte System zugreifen können, z. B. für Aktualisierungen am E-Shopsystem (Übertragung von Dateien) oder den Versand von Bestell-E-Mails.

Die Verschlüsselungsverfahren erfordern jedoch Zeit und Rechenaufwand, so dass hierdurch der E-Shop je nach Server und Kundenanbindung unter Umständen mehr Ladezeit benötigt. Es ist daher unter Geschwindigkeitsgesichtspunkten besser, lediglich die HTML-Seiten, welche den Bestellvorgang betreffen, auf einem SSL-Server auszulagern.

Währungsumrechnungen, -einstellungen

Seite 361 In der *Lerneinheit 11* wurde unter *Abschnitt 11.1 „Gestalten des Erscheinungsbildes des Shopsystems"* auch die Vorgabe der Währung behandelt. Im GS ShopBuilder Pro 2 ist standardmäßig vorgesehen, dass neben der Hauptwährung eine zweite Währung eingegeben werden kann.

Sie können jede beliebige Währung als Hauptwährung beziehungsweise zweite Währung einsetzen. Sie sollten die üblichen Währungssymbole verwenden (Sie können $ oder USD benutzen). Statt des Euro-Symbols (€) sollte – wie bei OPENSTORE – stets „EUR" geschrieben werden, weil noch nicht alle Browser das Symbol erkennen. Mehr als zwei Währungen sind nicht vorgesehen.

12.4 Funktionen „Nachfolgeprozesse"

GLOSSAR S. 505

Für die Begleitung der nachfolgenden Prozesse wie **CRM** (Costumer Relation Management) und Marketing steht Ihnen GS ShopBuilder Pro 2 nicht zur Verfügung. Diese Funktionen werden Sie meist nur in komplexeren E-Shopsystemen finden bzw. sie werden in gesonderter Software umgesetzt.

Seite 226

Das im *Abschnitt 6.4 – Funktionen nachfolgender Prozesse zu Kundenpflege und Marketing* in Verbindung zu OPENSTORE Gesagte (insbesondere auch die Literaturangaben) gilt ebenso für GS ShopBuilder Pro. Studieren Sie diesen (kurzen) Abschnitt im Zweifelsfall erneut.

> **ZUSAMMENFASSUNG**
>
> In der vorliegenden Lerneinheit wurden Ihnen die zentralen Funktionalitäten eines E-Shops zum Bestellen und Bezahlen in der Implementierung innerhalb des GS ShopBuilder Pro 2 vorgestellt. Da es sich hier um Funktionalitäten handelt, die in erster Linie im Hintergrund ablaufen, ist an dieser Stelle ein Blick auf die internen Prozesse im E-Shopsystem unter besonderer Berücksichtigung der technischen Realisierung notwendig. Auch wenn Sie als Betreiber eines E-Shops nicht unbedingt alle Details der Programmierung verstehen müssen, wurde Ihnen beispielsweise aufgezeigt, dass das vorliegende E-Shopsystem die Daten im XML-Format abspeichert und verarbeitet sowie (clientseitige) JavaScript- und (serverseitige) CGI-Skripte zum Versenden von E-Mails einsetzt.
>
> Ebenfalls ein sehr wichtiger Aspekt ist in diesem Zusammenhang, dass der GS ShopBuilder Pro 2 sowohl von Hause aus voreingestellte Bezahlsysteme mitbringt, als auch die Möglichkeit bietet, optionale Bezahlsysteme zu integrieren.
>
> Nachdem nun alle Grundfunktionalitäten des GS ShopBuilder Pro 2 untersucht wurden, werden Ihnen in der folgenden Lerneinheit Hinweise zum Betrieb des fertigen E-Shops sowie einige Tipps und Tricks aufgezeigt.

[13] GS SHOPBUILDER PRO 2 –
DER SHOPBETRIEB, TIPPS, TRICKS
UND ERWEITERUNGEN

In den vorangegangenen Lerneinheiten haben Sie erfahren, wie Sie mit GS ShopBuilder Pro 2 einen E-Shop einrichten, anpassen und verwalten können. Auch ein fertiger E-Shop erfordert jedoch weiterhin Wartung und Anpassungen, die den sicheren und reibungslosen Betrieb gewährleisten. Darauf möchten wir in dieser Lerneinheit eingehen. Darüber hinaus werden wir Ihnen noch einige weitere nützliche Hinweise geben.

In den Übungen werden Sie den KMU-Shop fertig gestalten, auf den Server HOCHLADEN und testen.

GLOSSAR S.505

13.1 Veröffentlichung des E-Shops

GLOSSAR S. 505

Wie Sie wissen, wird durch die Installation des Demoshops von GS ShopBuilder Pro 2 auf Ihrem LOKALEN RECHNER ein komplettes E-Shopsystem eingerichtet.

Es handelt sich bei dem GS ShopBuilder Pro 2 um eine *lokal datenbankbasierte E-Shoplösung*. Die Artikeldatenbank verwendet die Borland Database Engine von Inprise. Die dazu erforderlichen Bibliotheksdateien werden automatisch auf Ihrem Rechner installiert.

Aus den Daten der Artikeldatenbank werden beim Erzeugen des E-Shops die HTML- beziehungsweise E-Shopseiten generiert. Dabei werden in den STILVORLAGEN die Platzhalter (Schlüsselwörter, Keywords) durch die eigentlichen Daten ersetzt, die Bilder und die JAVASCRIPT-Skripte zur Steuerung der Funktionalität eingebunden. Der fertige E-Shop greift nicht mehr auf die Datenbank zu, die zur Erstellung der Seiten benutzt wurde. Alle erforderlichen Daten finden sich in den HTML-Seiten und den dort eingebundenen Skripten.

Der GS ShopBuilder Pro 2 zur ADMINISTRATION und Pflege der Artikelbestände beziehungsweise Katalogdaten wird nur auf Ihrem lokalen Computer installiert. Ebenso erfolgt das Erzeugen des E-Shops zunächst lokal auf dem PC. Bis auf den Versand der Bestellungen per E-Mails und die Suchfunktion (die SERVERSEITIGE Skripte benötigen) ist der E-Shop zu diesem Zeitpunkt bereits voll funktionsfähig. Das heißt, Sie können Artikel auswählen und im WARENKORB ablegen. Alle Vorgänge werden durch CLIENTSEITIGE JavaScript-Skripte, die durch Ihren Browser ausgeführt werden, realisiert.

Auf den SERVER werden lediglich die E-Shopseiten (alle Dateien im Verzeichnis `\onlineshop\`), das heißt, die erzeugten HTML-Seiten sowie die Bilder und Grafiken übertragen. Es wird kein zusätzliches Programm auf dem WEBSERVER benötigt; ebenso wird die Artikeldatenbank des GS ShopBuilder Pro 2 nicht auf dem Webserver installiert. Sind die FTP-Einstellungen zum Übertragen der Daten auf den Webserver im integrierten FTP (File Transfer Protocol)-CLIENT des GS ShopBuilder Pro 2 richtig eingetragen und besteht die Verbindung zum Internet, so werden die fertigen E-Shopseiten über das Menü „Datei" → „Veröffentlichen" zum Server übertragen.

GLOSSAR S.505

Um Ihren E-Shop ins Internet zu stellen, müssen Sie bei einem PROVIDER Speicherplatz angemietet haben. Zudem müssen Sie über eine eigene Domain verfügen, damit Ihr E-Shop auch erreichbar ist. Da Sie möglicherweise nicht nur Ihren E-Shop ins Internet stellen wollen, sondern auch eine separate Firmenpräsentation, bietet es sich an, für den E-Shop ein UNTERVERZEICHNIS auf dem Webserver, auf dem bereits Ihre Firmenwebsite liegt, anzulegen.

FTP-Upload der E-Shop-Dateien inklusive aller Dateien auf den Webserver

Die Datenübertragung ins Internet erfolgt mit dem Protokoll **FTP** (File Transfer Protokoll). Der im GS ShopBuilder Pro 2 integrierte FTP-Client überträgt standardmäßig nicht den kompletten E-Shop ins Internet. Optional können entweder alle oder nur die seit der letzten Bearbeitung geänderten Daten übertragen werden. Die *differentielle Übertragung* kann mit zunehmendem Artikelbestand sehr zeitsparend und auch kostengünstig sein. In der Tat verändern sich viele Dateien nur selten. Dazu zählen insbesondere auch die Artikelbilder.

Seite 228

Wenn Sie an dieser Stelle die Funktionsweise des File Transfer Protocols (FTP) wiederholen möchten, lesen Sie den *Abschnitt 7.1 der Lerneinheit 7* nochmals.

Um Daten ins Internet übertragen zu können, muss zunächst die Internetverbindung stehen. Danach muss die FTP-Verbindung zum Webserver hergestellt werden.

FTP-Client im GS ShopBuilder Pro 2

Im GS ShopBuilder Pro 2 Pro kann für die Übertragung der Daten ins Internet der *integrierte FTP-Client* genutzt werden; damit wird die FTP-Übertragung automatisiert. Grundsätzlich ist also für die Übertragung des E-Shops ins Internet die Installation einer speziellen FTP-Software nicht erforderlich. Die Veröffentlichung des E-Shops im Internet mit dem integrierten FTP-Client ist in der DEMOVERSION nicht möglich. Sie müssen die E-Shopsoftware des GS ShopBuilder Pro 2 erst registrieren.

Webspace für die Veröffentlichung eines E-Shops

GLOSSAR S. 505

Voraussetzung für eine Veröffentlichung des E-Shops ist zudem das Vorhandensein von WEBSPACE. *Webspace* ist die für einen bestimmten Benutzer verfügbare Speicherkapazität auf einem Webserver. Gespeicherte Dateien müssen über einen URI (Uniform Resource Identifier) aufrufbar sein. Webspace erhalten Sie bei einem Internet Service Provider (ISP) oder, was allerdings eher selten der Fall sein wird, Sie mieten bzw. stellen selbst einen eigenen Webserver mit einer stabilen Standleitung ins Internet. Der Webserver benötigt eine eindeutige Internet-Adresse. Den Domain-Namen lässt Ihr ISP bei der DENIC eintragen. Über diese Domain ist dann der E-Shop erreichbar.

Falls Sie bereits über Webspace und den erforderlichen Zugang (Adresse, Kennwort/Passwort) verfügen, steht dem Übertragen des E-Shopsystems auf den Server nichts mehr im Wege.

Für die Übertragung des E-Shopsystems muss auf dem Webserver ein Verzeichnis eingerichtet werden, das am besten einen zum E-Shop passenden Namen hat (in unserem Beispiel /kmu-shop/). Vom lokalen Rechner werden per FTP die Struktur und alle Dateien des E-Shopsystems zu diesem Webserver übertragen. Möglich ist es auch, die integrierte Funktion zum Veröffentlichen des E-Shops im Menü „Datei" → „Veröffentlichen" zu nutzen. Bei der erstmaligen Übertragung werden alle E-Shopdateien übertragen. Bei wiederholten Übertragungen werden je nach Einstellung alle Dateien erneut oder nur die veränderten Dateien übertragen. Hierfür müssen im Fenster des FTP-Client die Kontrollkästchen entsprechend markiert sein.

Der integrierte FTP-Client des GS ShopBuilder Pro 2 kann vollständig oder differentiell den Datenbestand Ihres E-Shops ins Internet übertragen. Diese Option können Sie zurücksetzen, indem Sie im Menü „Bearbeiten" → „Systemdienste" → „FTP Versionskontrolle zurücksetzen" die Abfrage mit „Ja" bestätigen.

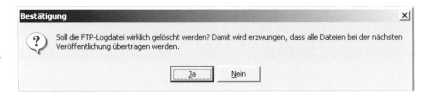

Abbildung 13.1:
GSShopBuilder Pro 2,
Bestätigungsfenster
zum Löschen der
FTP-Logdatei

Mit der Bestätigung wird die FTP-LOGDATEI geleert und ab diesem Moment wieder mit jeder Übertragung neu gefüllt. Nach dem Leeren der Logdatei wird der E-Shop komplett neu übertragen.

Nach dem Upload ins Internet sind die Änderungen sofort im E-Shop wirksam. D. h. beim Aufrufen von Webseiten des E-Shops werden die aktualisierten Seiten im Browser angezeigt. Allerdings sei darauf hingewiesen, dass es durch einen oder mehrere PROXY-SERVER, die zwischen dem Kunden und dem E-Shop stehen und die aktivierte Proxy-Nutzung im Browser des Kunden vorkommen kann, dass Webseiten aus dem Proxy und nicht die aktuellen aus dem E-Shop angezeigt werden.

FTP Einstellungen im GS ShopBuilder Pro 2

Für die Übertragung der Daten auf den Webserver ist es jedoch zunächst erforderlich, dass in den „Einstellungen" des GS ShopBuilder Pro 2 unter „Optionen" und „FTP" die entsprechenden Eintragungen vorgenommen wurden.

Unter „Optionen" muss der „Name der Startseite des Shops", das für das E-Shopverzeichnis im Webserver festgelegte Standard-Dokument (zum Beispiel `index.htm`, `index.html`, `default.htm` oder `default.html`) angegeben werden. Der vom Provider vorgegebene Dateiname muss in der Maske „Optionen" im entsprechenden Textfeld eingetragen werden. Dabei ist auf Groß- und Kleinschreibung zu achten, da von vielen Webservern zwischen dieser Groß- und Kleinschreibung unterschieden wird. Den Dateinamen erfahren Sie auf den Hilfeseiten Ihres Providers.

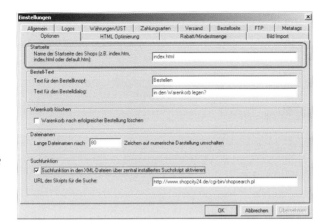

Abbildung 13.2:
GS ShopBuilder Pro 2
Einstellungen
Optionen, Eintrag
des Namens der
Startseite für das
E-Shopverzeichnis

Unter „FTP" werden alle Eintragungen vorgenommen, die für den Datentransfer auf den Webserver benötigt werden. Bei der Anmietung von Speicherplatz werden diese Angaben Ihnen als Domaininhaber vom Provider mitgeteilt:

GLOSSAR S. 505

- IP-Adresse oder Domainname (zum Beispiel: ihre-firma.de) des Internetzugangs
- Port für FTP-Dienste (eine Veränderung der Standard-Einstellung ist normalerweise nicht nötig). Der Standardport 21 für FTP-Dienste ist in GS ShopBuilder Pro 2 voreingestellt. Sollte der Provider einen anderen Port für FTP-Dienste nutzen, so muss diese Angabe geändert werden.
- Benutzername für den Zugriff auf den Webserver
- Passwort / Kennwort für den Zugriff auf den Webserver
- Verzeichnis auf dem Server, in dem der E-Shop abgelegt werden soll. Wenn der E-Shop nicht im Haupt- beziehungsweise Rootverzeichnis gespeichert werden soll, so muss hier der Name des gewünschten Verzeichnisses angegeben werden. Das gesamte Verzeichnis wird vom GS ShopBuilder Pro 2 bei der Datenübertragung automatisch auf der Domain erstellt; alle E-Shopseiten und Bilder werden in dieses Verzeichnis übertragen. Sie sollten vorher das übergeordnete Verzeichnis erstellen, das einen zum E-Shop passenden Namen hat (in unserem Beispiel KMU-S). Aber es genügt auch, wenn Sie für den E-Shop eine eigene Domain mit passendem Namen haben, den E-Shop in das Stammverzeichnis dieses Servers zu übertragen.

GLOSSAR S. 505

Das Verwenden eines „Passiven Modus" sollten Sie aktivieren, wenn in Ihrem Netzwerk FIREWALLS installiert sind, welche den SERVERSEITIGEN Start der FTP-Übertragung aus dem Internet nicht zulassen.

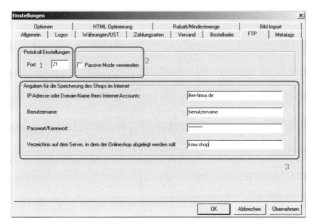

Abbildung 13.3:
GS ShopBuilder Pro 2
Einstellungen FTP

Einstellung des Ports (1) nur in Ausnahmen verändern, wenn der Webserver nicht über den Standardport erreichbar ist. Passive Mode (2) verwenden, wenn FTP-Server zur Datenübertragung selbst den Port festlegt. Die Felder „Angaben für die Speicherung des E-Shops im Internet" (3) werden entsprechend die bekannten FTP-Zugangsangaben ausgefüllt.

Ausführen der Übertragung

Wenn die Grundeinstellungen unter „Optionen" und „FTP" vorgenommen sind, kann die Übertragung des E-Shops auf den Webserver mit GS ShopBuilder Pro 2 gestartet werden.

Wählen Sie im GS ShopBuilder Pro 2 aus dem Menü „Datei" → „Veröffentlichen". Es öffnet sich der im GS ShopBuilder Pro 2 integrierte FTP-Client. Hier kann der Button „Übertragung starten" geklickt werden. Wenn Ihr Rechner entsprechend konfiguriert ist, wählt sich GS ShopBuilder Pro 2 auch selbständig ins Internet ein. Ansonsten müssen Sie die Verbindung zum Internet manuell herstellen.

In der Statuszeile des FTP-Clients kann die Übertragung der Daten verfolgt werden. Hier wird zunächst „Nicht verbunden" angezeigt, anschließend (nach Klicken „Übertragung starten") wird der Host, das heißt die IP-Adresse oder der Servername sichtbar ("Host resolved"). Steht die Verbindung, so erscheint in der Statuszeile zunächst die Angabe „Connected" und anschließend „Datei wird gesendet".

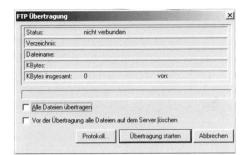

Abbildung 13.4:
Ansicht des GS
ShopBuilder Pro 2
FTP Client

Anschließend werden alle HTML-Seiten und alle Bilddateien, die sich im Verzeichnis \onlineshop\ im Installationspfad des GS ShopBuilder Pro 2 befinden, in das von Ihnen vorgegebene Verzeichnis auf dem Server (beispielsweise \kmu-shop\) übertragen.

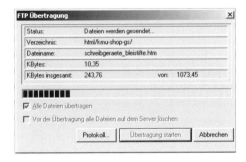

Abbildung 13.5:
Ansicht der
laufenden FTP-
Übertragung

Sie müssen warten, bis alle Daten übertragen sind. Dies kann je nach Größe Ihres E-Shops einige Zeit in Anspruch nehmen. Die Dauer hängt von der Übertragungsgeschwindigkeit (Modem, ISDN, DSL o. ä.) und von der Größe und Menge der Dateien ab. Wenn sich im Verzeichnis \onlineshop\ Bilddateien oder andere Dateien befinden, die für Ihren aktuellen E-Shop nicht mehr benötigt werden und nicht übertragen werden sollen, so löschen Sie diese am besten aus dem Verzeichnis. Das können Sie sehr einfach realisieren im Menü „Bearbeiten" → „Systemdienste" → „Bildverzeichnisse überprüfen und aufräumen" (siehe Seite 349 *„Datenbank prüfen und re-indizieren, Bildverzeichnisse überprüfen und aufräumen" im Abschnitt 10.1.5*). Sie sparen damit Zeit und Geld.

War die Übertragung der Daten erfolgreich, so können Sie anschließend mit Ihrem Browser die Seiten Ihres eigenen E-Shops im Internet aufrufen.

Während der Übertragung können Sie sich das Protokoll der laufenden Datenübertragung anzeigen lassen. Das Protokoll können Sie auch als Textdatei speichern. Angezeigt werden alle Steuermeldungen, die beim Datenaustausch zwischen dem FTP-Server und dem FTP-Client ausgetauscht werden. Dies dient der Fehlersuche bei Problemen.

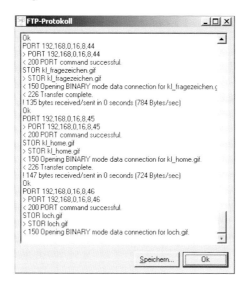

Abbildung 13.6: Ansicht einer laufenden Übertragung im GS ShopBuilder Pro 2: FTP-Protokoll

Die oben genannten Schritte zum Erzeugen und Veröffentlichen des E-Shops können auch in einem Schritt vollzogen werden. Hierzu klicken Sie in der Werkzeugleiste des GS ShopBuilder Pro 2 einfach auf das Symbol 🔲.

GS ShopBuilder Pro 2 erstellt jetzt alle für den E-Shop benötigten Dateien inklusive sämtlicher Bilddateien zunächst wieder im Verzeichnis `\onlineshop\` auf Ihrer Festplatte und beginnt anschließend direkt mit der Übertragung der Daten auf den Webserver.

Testen Sie den Erfolg Ihrer Übertragung anschließend mit einem Browser, indem Sie das Shopverzeichnis auf Ihrem Webserver im Internet mit Ihrem Browser öffnen. Das festgelegte Standarddokument wird dann aufgerufen und der E-Shop angezeigt.

Was Sie bedenken sollten

Wie bereits erwähnt, überträgt der im GS ShopBuilder Pro 2 integrierte FTP-Client den gesamten E-Shop, wenn Sie erstmalig den E-Shop in Ihren Webspace kopieren. Jede weitere Übertragung schließt nur veränderte Dateien ein. GS ShopBuilder Pro 2 führt Buch über Veränderungen seit der letzten Übertragung mit dem internen FTP-Client. Es ist deshalb wenig empfehlenswert zur Datenübertragung den FTP-Client zu wechseln oder mehrere lokale Installationen des GS-ShopBuilder Pro 2 zu betreiben. In diesem Fall würde die Buchführung über geänderte und übertragene Dateien merklich durcheinander geraten.

Aktualisierungen, die auf den Webserver übertragen wurden, wirken im E-Shopsystem sofort. Haben Sie Daten neu auf Ihren Webserver übertragen und können Sie dennoch keine Veränderungen in Ihrem Browser feststellen, so müssen Sie gegebenenfalls in Ihrem Browser auf „Aktualisieren" klicken, da Ihr Browser die „alten" Seiten aus seinem Cache geladen hat.

Grundsätzlich sollten Sie zunächst lokal auf Ihrem PC Ihren E-Shop gestalten, anpassen und ändern. Sie können ihn mit einem Browser testen und wenn dieser Test erfolgreich war, mit einer FTP-Übertragung aktualisieren. Doch selbst wenn der E-Shop lokal auf Ihrer Festplatte reibungslos funktioniert, können Fehler in Ihrem E-Shop im Internet auftreten. Hier sei allein nochmals daran erinnert, dass sehr viele Webserver beispielsweise streng nach Groß- und Kleinschreibung der Dateinamen unterscheiden, Ihr Windows-Rechner jedoch nicht. Ebenso werden Leer- und Sonderzeichen oft nicht unterstützt. Wenn Sie Ihre E-Shopseiten im Internet aufrufen und plötzlich zum Beispiel die von Ihnen eingebundenen Bilder in Ihrem Browser nicht angezeigt werden, so wird höchst wahrscheinlich hier die Fehlerquelle liegen. Das Problem wird dadurch entschärft, dass der GS ShopBuilder Pro 2 beim Import alle Dateinamen von Bildern in Kleinschreibung umwandelt.

Tests

Wie bereits im vorherigen Abschnitt angedeutet, sollten vor einer Veröffentlichung des E-Shops umfangreiche Tests stehen. Erst wenn diese erfolgreich durchgeführt worden sind bzw. eventuell aufgetretene Fehler behoben sind, kommt eine Veröffentlichung in Frage.

Testobjekte in Ihrem E-Shop können beispielsweise folgende sein:

GLOSSAR S. 505

- Umsetzung der CORPORATE IDENTITY bei Farben, Gestaltung, Bilder, Logo, Namen
- Umsetzung des Datenexports aus DATENBANKEN und Konvertierung in den E-Shop
- Umsetzung der Kategorisierung und Artikelplatzierung
- Umsetzung von Aktionen (Angeboten) in den Highlights auf der E-Shop-Startseite
- Funktionen „Artikel betrachten" und „Suchen", Darstellung von Artikelnamen, Beschreibung, Abbildung und Preis
- Funktionen „Artikel in den Warenkorb legen" und „Warenkorb ansehen"
- Funktionen „Angebot" und „Bestellung"
- Ablauf bezüglich LOGISTIK und Buchhaltung
- Navigation im E-Shop

Neben diesen technischen Überprüfungen sollten Sie stets auch Ihr Fachkonzept kritisch überprüfen und gegebenenfalls anpassen. Dazu gehört auch das Prüfen der Umsetzung der Marketingstrategie als Bestandteil des gesamten Geschäftskonzepts.

Werben für den E-Shop

Seite 464

Marketingstrategien sind eigentlich kein spezielles Problem des GS ShopBuilder Pro 2 sondern jedes Unternehmens. In *Lerneinheit 14* wird dieses Thema deswegen generell in Bezug auf E-Shops behandelt.

Der GS ShopBuilder Pro 2 bietet Ihnen eine Eingabemaske, um eine Liste von Keywords beziehungsweise Suchbegriffen in Hinblick auf Suchmaschinen direkt anzulegen. Hierzu wählen Sie in den „Einstellungen" das Register „METATAGS".

GLOSSAR S. 505

Unter „Metatags" können jetzt die gewünschten Suchbegriffe eingegeben werden. Diese werden im Quelltext aller Seiten Ihres E-Shops als Meta-Angabe für „Keywords" (Schlüsselwörter) eingetragen. Schreiben Sie die Schlüsselwörter durch Komma getrennt in das Editierfenster. Bereits im Abschnitt 9.3 hatten wir auf die Vorgehensweise beim Einsatz der Metatags verwiesen. Beachten Sie nochmals den Hinweis auf die folgende Quelle, in der Sie ausführliche Informationen zu diesem Thema erhalten: Stefan Münz: SelftHTML, Meta-Angaben zum Inhalt.

http://selfhtml.
teamone.de/html/
kopfdaten/
meta.htm

Selbstverständlich müssen Sie sich auch selbst darum kümmern, dass Ihre Website bei den verschiedenen Suchmaschinen angemeldet wird, damit Ihr Angebot auch im Internet gefunden werden kann. Bei Meta-Suchmaschinen müssen Sie für Ihre Anmeldung meist nur Ihre Webadresse nennen. Weiterführende Literatur finden Sie beispielsweise bei http://www.suchfibel.de und bei http://www.searchenginewatch.com.

www.suchfibel.de

www.searchen-
ginewatch.com

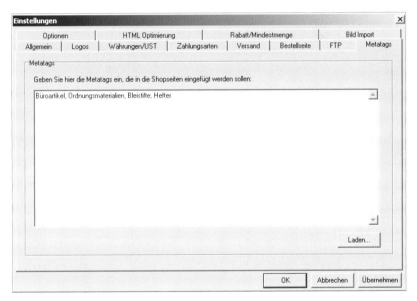

*Abbildung 13.7:
Einstellungen
Metatags*

GLOSSAR S.505

Der GS ShopBuilder Pro 2 Pro platziert neben den „Keywords" weitere META-ANGABEN im Quelltext der E-Shopseiten. Teilweise werden in diesen auch Hinweise des Herstellers notiert. Um diese Metatags einzusehen, öffnen Sie die Startseite `index.html` mit einem einfachen Texteditor.

Einstellungen und Änderungen sollten Sie mittels dem GS ShopBuilder Pro 2 in den „Einstellungen Metatags" vornehmen. Beachten Sie bitte, dass in Metatags unbedingt internationale Zeichen, die nicht zum Schriftsatz „Latin1" gehören – so zum Beispiel das „ü" – umschrieben werden sollten. Für das „ü" würde das beispielsweise bedeuten, dass stattdessen „ü" geschrieben werden müsste. Weitere Informationen zur HTML-Zeichenreferenz erhalten Sie beispielsweise bei Stefan Münz: SelftHTML, HTML-Zeichenreferenz.

http://elfhtml.
teamone.de/
html/referenz/
zeichen.htm

Erst durch die Registrierung des GS ShopBuilder Pro 2 wird der E-Shopname, welchen Sie in den Grundeinstellungen des GS ShopBuilder Pro 2 unter „Allgemein" eingetragen haben, als Titel der Seite gesetzt. Die Metatags, die Sie eingegeben haben, erscheinen dann unter den Keywords. Sie können in der Eingabemaske „Metatags" des GS Shop-Builder Pro 2 einen Text von beliebiger Länge oder auch durch Komma getrennte Einzelbegriffe eintragen. Zusätzlich wird der Name des E-Shops und der Slogan unter `<meta NAME="KEYWORDS" ...>` eingetragen.

Während diese Eintragungen auf allen Seiten Ihres E-Shops vorgenommen werden, enthalten die eigentlichen E-Shop- beziehungsweise Warengruppenseiten zusätzlich noch den Warengruppennamen als Schlüsselwort und als Titel.

Wenn Sie weitere individuelle Bemerkungen in den Meta-Angaben setzen möchten, so bietet es sich an, dem E-Shop eine HTML-Seite vorzuschalten und hier alle Meta-Angaben zu treffen. So kann der E-Shop zum Beispiel in einem eigenen Ordner auf dem Webserver abgelegt werden. Die Startseite Ihrer Domain im Haupt- beziehungsweise Rootverzeichnis Ihres Webservers beinhaltet dann alle individuellen Meta-Angaben. Von dieser Startseite kommt der Kunde über einen Link zum E-Shop. Hierdurch wird außerdem der Nachteil, dass FRAMESETS (und die Startseite des E-Shops ist ein Frameset) von Suchmaschinen zum Teil immer noch schlecht indiziert werden können, ausgeglichen.

GLOSSAR S.505

▶ **Übung E-Shop generieren, Upload und Testen**
Sie haben Ihren E-Shop mit Hilfe der Übungen in den vorange-
gangenen Lerneinheiten lokal eingerichtet.
Steht Ihnen Webspace zur Verfügung, übertragen Sie den fertigen
lokalen E-Shop auf einen Webserver. Testen Sie Ihre Ergebnisse
durch Aufrufen des E-Shops in Ihrem Browser. Führen Sie diese
Schritte wenigstens einmal durch.
Diese Übung können Sie nicht mit der Demoversion des
GS ShopBulder Pro 2 durchführen. Die Benutzung eines anderen
FTP-Client bei fehlender Registrierung des GS ShopBuilder Pro 2
ermöglicht zwar den Upload, aber Sie verletzen dabei die
Nutzungsbedingungen der Demoversion.

13.2 Die Datenpflege

 Seite 228

Die Datenpflege ist eine Daueraufgabe für jeden Shopbetreiber. In *Lerneinheit 7, Abschnitt 7.1* wurden Sie bereits damit konfrontiert, so dass an dieser Stelle teilweise darauf verwiesen werden kann.

Nochmals zur Wiederholung: Sie haben bereits gelernt, dass Sie den GS ShopBuilder Pro 2 entweder direkt für die Datenpflege nutzen, indem Sie manuell Ihre Artikel eingeben beziehungsweise aktualisieren. Oder aber Sie führen einen DATENIMPORT aus einer fremden Datenquelle durch (nur bei einer registrierten Version des GS ShopBuilder Pro 2 möglich), weil Sie für die Administration Ihres Artikelbestandes in Ihrem Unternehmen eine andere Software einsetzen. Das kann je nach Umfang Ihres Artikelbestandes eine TABELLENKALKULATION oder eine Artikeldatenbank unter Umständen aber natürlich auch ein Warenwirtschaftssystem sein. In allen Fällen sollten Sie die Daten nur zentral an einem Ort pflegen. Änderungen an mehreren Orten vorzunehmen ist ineffizient und kann leicht zu Dateninkonsistenzen führen.

Preisänderungen

Ändern Sie die Preise entweder manuell oder in der Tabellenkalkulation bzw. Datenbank, also immer nur an einem zentralen Ort.

Damit die aktuellen Preise im E-Shop veröffentlicht werden, führen Sie folgende Schritte aus:

1. Export der Artikeldaten zum Beispiel als Text-Tab- oder CSV-Dateien aus Ihrer zentralen Artikelverwaltung nach dem Ändern der Preise.
2. Datenimport der Artikeldateien in den GS ShopBuilder Pro 2.
3. Erneutes Erzeugen des E-Shops.
4. Hochladen der Artikeldateien auf den Webserver.

(Wenn Sie die Preise im GS ShopBuilder Pro 2 ändern, entfallen die Schritte 1 und 2.)

Wenn Sie bei der Preisauszeichnung Ihrer Artikel eine *zweite Währung* angeben, so müssen Sie gegebenenfalls den Umrechnungsfaktor Ihrer Hauptwährung aktualisieren. Dies geschieht in den Einstellungen des GS ShopBuilder Pro 2 unter „Allgemein".

Denken Sie immer daran, dass Sie nach der Aktualisierung der Artikeldaten im GS ShopBuilder Pro 2 den E-Shop neu erzeugen müssen (Menü „Datei" → „E-Shop erzeugen und anzeigen") und anschließend diesen erneut im Internet publizieren müssen (Menü „Datei" → „Veröffentlichen").

Neue Artikel und Artikelgruppen

Für neue Artikel und Artikelgruppen gelten dieselben Vorgehensweisen wie für Preisänderungen. Für neue Sortimente und größere Änderungen (Hinzufügen oder Löschen) ist der Weg über Datenexport aus einer Datenbank, Datenimport und Übertragung (Upload) der effektivste Weg. Wenn Sie zum Beispiel in Ihrer Tabellenkalkulation neue Warengruppen anlegen möchten, so müssen Sie hierbei beachten, dass der gewählte Name auch in jeder Zeile für jeden einzelnen Artikel wiederholt wird. Nur so kann der Datenimport in den GS ShopBuilder Pro 2 funktionieren.

Studienmaterial
▶ **Studieren Sie zu diesem Thema bitte in der Bedienungsanleitung, die sich im GS-ShopBuilder-Verzeichnis befindet, den Abschnitt „Import der Artikelbestände aus Datenquellen" (S. 27 ff.).**

Oft besteht das Problem, dass nicht das geeignete *Format* und *Trennzeichen* im GS ShopBuilder Pro 2 Importfenster eingestellt sind. Die Text-Tab-Datei, die für die Abbildung 13.8 zum Import bereitgestellt wurde, ist mit „Speichern unter" bei Excel im Format Text mit Tabulator als Trennzeichen erzeugt wurden. Das Tabulator-Zeichen hat den ASCII-Wert 9, der, wie in Abbildung 13.9 ersichtlich, auch im Fenster „Einstellungen für den Textimport" eingestellt wurde. Bei richtiger Einstellung des Trennzeichens in ASCII-Wert ist auch im Teilfenster „Textinhalt" eine strukturierte Darstellung sichtbar. Das Tabulator-Zeichen kann man nicht sehen, aber in Abbildung 13.9 sind die Spalten durch die Tabulatoren ausgerichtet sichtbar.

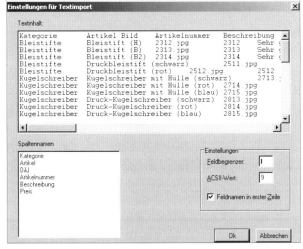

Abbildung 13.8: Einstellungen für Textimport (hier mit Tabulator (ASCII-Wert 9) als Trennzeichen), durch die Tabulatorzeichen sind die Spalten ausgerichtet.

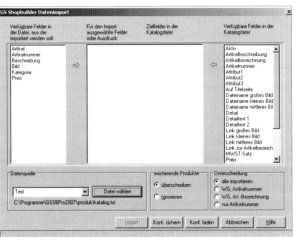

Abbildung 13.9: GS ShopBuilder Pro 2 Datenimport

Zum *Import von Produktbildern* sei nochmals erwähnt, dass dieser mit dem GS ShopBuilder Pro 2 nicht direkt vorgenommen werden kann. Es können nur die Dateinamen der Bilder (gif beziehungsweise jpg / jpeg) beim Datenimport übernommen werden. Die Bilddateien selbst müssen Sie manuell in die entsprechenden Verzeichnisse `\onlineshop\ images\big` etc. im Installationspfad des GS ShopBuilder Pro 2 ablegen. Denken Sie daran, dass die Bilder im passenden Größenformat für die Einbindung in Ihre E-Shopseiten vorliegen müssen, bevor Sie diese in das entsprechende Verzeichnis kopieren.

Seite 330

Bei *geringfügigen Änderungen* oder aber, wenn der GS ShopBuilder Pro 2 selbst den zentralen Ort für Ihre Datenpflege darstellt, geben Sie dagegen die neuen Warengruppen und Artikel direkt im GS ShopBuilder Pro 2 vor. Auch diese Vorgehensweise wurde Ihnen bereits in der *Lerneinheit 10* unter *„Kategorisierung"* verdeutlicht. Es sei nochmals erwähnt, dass Sie zunächst die Warengruppe vorgeben und diese anschließend mit Ihren Datensätzen füllen müssen.

Automatisierter Datenimport

Seite 344

GLOSSAR S. 505

Die Vorgehensweise beim *Datenimport* wurde Ihnen bereits ausführlich in der *Lerneinheit 10, Abschnitt 10.1.5* beschrieben. Wichtig ist hierbei vor allem, dass Sie die richtigen *Zuordnungen* zu den vorhandenen DATENFELDERN in Ihrer Datenquelle und in der Artikeldatenbank des GS ShopBuilder Pro 2 getroffen haben. Wenn sich in der Artikeldatenbank des GS ShopBuilder Pro 2 bereits Datensätze befinden, müssen Sie auch die Unterscheidungskriterien im Hinblick darauf vorgeben, welche Artikel beim Datenimport zu überschreiben beziehungsweise anzuhängen sind. Wie ebenfalls in der Lerneinheit 10 verdeutlicht, können Sie die von Ihnen gewählten Konfigurationsschritte für den Datenimport als Datei abspeichern und beim erneuten Datenimport diese Datei laden. Damit wird der Prozess des Datenimports zum größten Teil automatisiert. Sie sollten aber auf jeden Fall zunächst Testläufe des Datenimports vornehmen. Legen Sie sich hierzu eine Sicherungskopie des Verzeichnisses `\data\`, welches die Artikeldatenbank des GS ShopBuilder Pro 2 enthält, an. Kontrollieren Sie beim ersten erneuten Datenimport, ob die Änderungen in der Artikeldatenbank des GS ShopBuilder Pro 2 korrekt übernommen wurden. Passen Sie gegebenenfalls Ihre Konfigurationsschritte beim Datenimport entsprechend an. Sollten beim Datenimport dann Fehler auftreten, können Sie immer noch Ihren alten Artikelbestand des GS ShopBuilder Pro 2 laden, indem Sie einfach wieder die Sicherung des Verzeichnisses `\data\` im Installationspfad des GS ShopBuilder Pro 2 ablegen.

Diese Schritte des *automatisierten Datenimports* in den GS ShopBuilder Pro 2 sind sinnvoll, wenn sich zum Beispiel täglich umfangreiche Preis- und Artikeländerungen in Ihrem Artikelbestand ergeben.

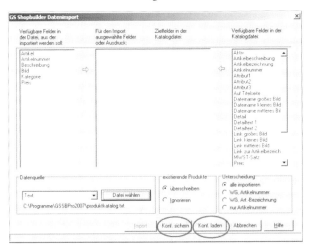

Abbildung 13.10: Datenimport mit Konfigurations- vorlagen. Die Schaltfläche „Konf. sichern" benutzt man zum Sichern von Import- einstellungen, die Schaltfläche „Kopf laden" wird zum Laden gespeicherter Einstellungen für sich wiederholende Imports benutzt

Durch das *Sichern der Konfiguration* muss das Festlegen der Datenfel- derzuordnungen der fremden Datenquelle (Ihre Software bezüglich der Administration Ihres Artikelbestandes) und der Artikeldatenbank des GS ShopBuilder Pro 2 prinzipiell nur einmal erfolgen. Die Konfigurations- dateien erhalten bei der Speicherung die Dateiendung `.sbi`. Die Dateien finden Sie im Verzeichnis `\data\` im Installationspfad des GS Shop- Builder Pro 2. Durch das Sichern erreichen Sie eine Automatisierung des Datenimports.

Trotz dieser Automatisierungsmöglichkeit müssen Sie Ihren Daten- import manuell starten und ebenfalls das anschließende Hochladen des auf Ihrer Festplatte aktualisierten E-Shops auf Ihren Webserver veranlas- sen. Das heißt, Sie müssen die FTP-Übertragung manuell starten.

Sollen auch diese Schritte noch weiter automatisiert werden, bietet es sich an, auf eine weitere Version des GS ShopBuilder Pro 2, den GS Shop- Builder Connect, umzusteigen. Alternativ kann man auch durch eigens erstellte Skripte (zum Beispiel durch Nutzung des Windows Scripting Host, WSH, mit VBScript- oder Jscript-Skripten) diese Funktionalitäten selbst bereitstellen.

13.3 Die täglichen, administrativen Aufgaben

Analog zum Vorgehen beim E-Shopsystem OPENSTORE, sollen nun auch für den GS ShopBuilder Pro 2 die anfallenden administrativen Aufgaben beschrieben werden. Auch hier sollen Ihnen die Vorgänge beim

GLOSSAR S. 505

Sichern der E-Shop-Dateien (BACKUP) und bei der Analyse der Zugriffe auf den E-Shop vermittelt werden.

Datensicherung, Backup

Gegen *Datenverlust* ist der Betreiber eines E-Shops, der mit Hilfe des GS ShopBuilder Pro 2 erstellt wurde, bereits dadurch etwas abgesichert, dass zwei Versionen existieren: eine lokal auf dem heimischen Rechner und die Onlineversion auf dem Server. Das betrifft nicht nur Ihre E-Shopseiten, sondern auch die eingebundenen Produktbilder. Gehen aus irgendwelchen Gründen bei einem System die Daten verloren, können sie aus dem anderen durch Übertragen kopiert werden. Allerdings führt der vollständige Verlust der Daten des lokalen E-Shopsystems auch zum Verlust der Artikeldatenbank des GS ShopBuilder Pro 2 und gerade hieraus wird ja Ihr E-Shop generiert. Somit bedeutet ein Verlust der Artikeldatenbank, dass Sie diese wieder neu aufbauen müssen. Ihren bereits bestehenden E-Shop können Sie unter diesen Umständen nicht mehr aktualisieren oder weiter ergänzen. Eine Rückkonvertierung der in den E-Shopseiten eingebundenen Datensätze in die Artikeldatenbank des GS ShopBuilder Pro 2 ist nicht (oder nur mit erheblichem Aufwand) möglich.

Seite 240

Die beste Absicherung stellt ein Backup dar. Lesen Sie bitte zu diesem Thema *Abschnitt 7.3.1 in Lerneinheit 7.*

Mit Blick auf die Artikeldatenbank des GS ShopBuilder Pro 2 ist es wichtig, dass Sie das Verzeichnis \data\ im Installationspfad des GS ShopBuilder Pro 2 sichern. Wenn Sie für Ihre Artikel Zusatzeigenschaften, das heißt, Attribute, angelegt haben, müssen Sie weiterhin den Ordner `\attributes\` und – sofern Sie Änderungen an den verwendeten JavaScript-Skripten oder den Stilvorlagen vorgenommen haben – die Verzeichnisse `\javascript\` beziehungsweise `\templates\` sichern. Es versteht sich von selbst, dass ebenso Sicherungskopien zum Beispiel Ihrer Tabellenkalkulation bzw. Datenbank anzulegen sind, wenn Sie diese für den Datenimport in den GS ShopBuilder Pro 2 nutzen.

Analysen

Natürlich sind Kundenprofile für einen E-Shopbetreiber wichtig. Zur Erstellung von Kundenprofilen benötigt er Daten. Im GS ShopBuilder Pro 2-Shopsystem ist die Erfassung von Kundendaten, Kundenverhalten usw. nicht vorgesehen. Somit gilt auch hier das bereits im *Abschnitt 7.3.2 in Lerneinheit 7* Gesagte. Bitte lesen Sie dort die Informationen über die Möglichkeiten zur Erfassung von Daten (und die damit verbundenen Probleme) nochmals nach.

 Seite 243

13.4 Tipps und Tricks

Gegenstand dieses Abschnitts sollen die praktischen Erfahrungen beim Betrieb eines mit dem GS ShopBuilder Pro 2 erstellten E-Shops und die Vermittlung von wichtigen Informationsquellen für die Handhabung der Software sein.

Praktische Erfahrungen

Bei der Entwicklung dieser Qualifikationseinheit wurde selbstverständlich auch das E-Shopsystem GS ShopBuilder Pro 2 ausgiebig untersucht, wobei sich einige praktische Erfahrungen ergeben haben, die an dieser Stelle aufgezeigt werden sollen.

GLOSSAR S. 505

Für den Übungsshop wurde in einer *Tabellenkalkulation* (Microsoft Excel 2000), ohne vorherige Kenntnis der Struktur der Text-Tab- beziehungsweise CSV-Dateien, ein KATALOG von Büroartikeln zusammengestellt. Diese Situation dürfte der entsprechen, in der sich viele zukünftige E-Shop-Betreiber befinden: Eine Artikeldatenbank ist bereits vorhanden.

Für die Übergabe der Artikeldaten ist jedoch eine Gruppierung (Kategorisierung) und eine Strukturierung erforderlich. Beim GS ShopBuilder Pro 2 erfolgt diese in Warengruppen mit einer beliebigen Hierarchie.

Für alle Warengruppen zusammen wurde in Excel ein gemeinsames Tabellenblatt angelegt und die Daten der Reihe nach in die Tabelle geschrieben, bis die Zielstruktur für den Datenimport erfüllt war. Zu jedem Artikel wird von GS ShopBuilder Pro 2 eine Angabe zur Warengruppe erwartet. Die Namen der Spalten sind für Sie frei wählbar, denn Sie wissen, dass im Importmodul des GS ShopBuilder Pro 2 die Zuordnung „Datenfelder Importdatei" zu „Datenfelder Shopsystem" individuell vorgenommen werden kann.

Danach folgt der Vorgang „Speichern unter" mit der Auswahl des Dateityps „Text (Tabs getrennt)" (Format txt beziehungsweise csv).

Mögliche Probleme

Sind die Zuordnungen richtig getroffen, so wird der Datenimport im GS ShopBuilder Pro 2 reibungslos funktionieren. Ein Problem könnte nur auftreten, wenn in den Datenfeldern aus der zu exportierenden Tabelle Sonderzeichen vorkommen, die der GS ShopBuilder Pro 2 nicht interpretieren kann, oder aus Versehen dieselben Zeichen gesetzt wurden, welche als Spaltenbegrenzung der Text-Tab- beziehungsweise CSV-Dateien verwendet werden. Das ist ein allgemeines Problem beim Datenaustausch über diese Datenformate. Dies kann im GS ShopBuilder Pro 2 zu einem chaotischen Zustand der angelegten Warengruppen führen. Auch dürfen die Preisangaben in Ihrem Tabellenblatt nur numerische Werte enthalten. Hier darf kein Text gesetzt sein, ansonsten bleiben die Preisfelder im GS ShopBuilder Pro 2 leer. Preise können mit Komma oder Punkt als Dezimalpunkt eingegeben sein. Andere Zeichen, wie beispielsweise Hochkommata (z. B. 1'000,00) oder 1000er Punkte (z. B. 1.000) sind nicht erlaubt. Darauf muss bereits vor der Speicherung geachtet werden, indem die Zellen in Excel entsprechend formatiert werden.

produktkatalog.xls

Nachfolgende Tabelle entspricht dem Inhalt der zu Übungszwecken bereitgestellten Exceldatei mit Artikeldaten. Sie soll Ihnen helfen, Probleme, die beim Import der Exceltabelle in das E-Shopsystem auftreten, zu analysieren und Einstellungen beim Datenimport so vorzunehmen, dass es richtig funktioniert.

Kategorie	Artikelname	Art.-Nr.
Bleistifte	Bleistift (H)	2312
Bleistifte	Bleistift (B)	2313
Bleistifte	Bleistift (B2)	2314
Bleistifte	Druckbleistift (schwarz)	2511
Bleistifte	Druckbleistift (rot)	2512
Kugelschreiber	Kugelschreiber mit Hülle (schwarz)	2713
Kugelschreiber	Kugelschreiber mit Hülle (rot)	2714
Kugelschreiber	Kugelschreiber mit Hülle (blau)	2715
Kugelschreiber	Druck-Kugelschreiber (schwarz)	2813
Kugelschreiber	Druck-Kugelschreiber (rot)	2814
Kugelschreiber	Druck-Kugelschreiber (blau)	2815
Kugelschreiber	Druck-Kugelschreiber (grün)	2816
Rollpen	Rollpen (schwarz)	3111
Rollpen	Rollpen (blau)	3112
Rollpen	Rollpen (rot)	3113
Papier	Kopierpapier (weiß/80 g)	1266
Papier	Kopierpapier (Recycling/80 g)	1267
Papier	Kopierpapier (weiß/120g)	1268
Papier	Kopierpapier (Recycling/120 g)	1269
Papier	Endlospapier	1271
Papier	Büttenpapier	1301
Papier	Notizklotz	1433
Papier	Visitenkarten (weiß)	1521
Papier	Visitenkarten (grau)	1522
Papier	Visitenkarten (beige)	1523
Organisationsmittel	Locher	5374
Organisationsmittel	Heftgerät (grün)	5376
Organisationsmittel	Heftgerät (rot)	5377
Organisationsmittel	Heftgerät (blau)	5378
Organisationsmittel	Entklammerer	5399
Organisationsmittel	Ordner A 4	2567
Organisationsmittel	Ordnerrücken	2568
Organisationsmittel	Heftstreifen	2655
Organisationsmittel	Heftstreifen	2656
Organisationsmittel	Prospekthüllen	2332
Organisationsmittel	Ablagekorb	2344
Organisationsmittel	Datumstempel	9834

Tabelle 13.1: Inhalt der zu Übungszwecken bereitgestellten Exceldatei mit Artikeldaten

Bilder zu Artikeln

Zu den Artikelbildern wurde bereits erwähnt, dass beim Datenimport in den GS ShopBuilder Pro 2 nur die Dateinamen der Bilder übernommen werden. Beim GS ShopBuilder Pro 2 ist es zwar grundsätzlich egal, welche Dateinamen Sie für Ihre Bilder wählen, das heißt, Sie müssen keine Konventionen des Dateinamens beachten, beim Erzeugen des E-Shops werden jedoch diese Dateinamen grundsätzlich in Kleinschreibung in Ihre E-Shopseiten eingebunden.

Führen Sie den Bildimport direkt mit dem GS ShopBuilder Pro 2 durch, so werden die Bilder, welche dann im Verzeichnis `\online-shop\images\big` etc. abgelegt werden, entsprechend umbenannt. Wenn Sie jedoch beim Datenimport nur die Dateinamen der Bilder übernehmen und anschließend die entsprechenden Bilder manuell im Verzeichnis \onlineshop\images\ ablegen, so müssen Sie natürlich beachten, dass Sie auch hier nur die Kleinschreibung für Dateinamen verwenden. Auch sollten Sie keine Sonder- beziehungsweise Leerzeichen benutzen.

Zudem ist darauf zu achten, dass Sie nicht zu viele und zu große Produktbilder (Dateigröße) einbauen. Je größer das Bild und je besser die Bildqualität, desto länger wird auch die Ladezeit für dieses Bild sein.

Anzahl der Artikel in einer Warengruppe

Sie sollten außerdem darauf achten, dass die einzelnen E-Shopseiten beziehungsweise HTML-Seiten nicht übermäßig in ihrer Dateigröße anwachsen. Begrenzen Sie daher die Anzahl der Artikel im Hinblick auf die von Ihnen definierten Warengruppen. Jede Warengruppe entspricht im fertigen E-Shop einer HTML-Seite. Die HTML-Dateien für die Artikelkataloganzeige werden kleiner, das Laden geht schneller und der Kunde muss nicht durch lange Webseiten scrollen.

Falls in Ihrem Warenangebot Artikel existieren, die sich in Ihrer Ausführung nur durch ein Attribut, zum Beispiel die Farbe oder Größe etc. unterscheiden, jedoch den gleichen Preis haben, so benutzen Sie jeweils die Attributlisten. Die E-Shopseiten werden damit für Ihre Kunden übersichtlicher.

Änderungen an HTML- oder JavaScript-Dateien

Bei Änderungen an HTML- oder JavaScript-Dateien sollten Sie gute HTML- und JavaScript-Kenntnisse besitzen. Beim Erstellen von HTML-Seiten beziehungsweise bei der Layoutvorgabe von Websites ist das Hauptproblem, dass Sie auf verschiedenen Betriebssystemen und mit verschiedenen Browsern nicht unbedingt ein identisches Erscheinungsbild Ihres E-Shops wiederfinden werden.

Bei der Entwicklung der Stilvorlagen des GS ShopBuilder Pro 2 wurden diese Gesichtspunkte berücksichtigt. Wenn Sie selbst Änderungen an den Stilvorlagen beziehungsweise JavaScript-Skripten vornehmen, so empfiehlt es sich, Ihren E-Shop mit verschiedenen Browsern (mindestens MS Internet Explorer und Netscape Navigator in verschiedenen Versionsnummern) und – soweit möglich – auf verschiedenen Betriebssystemen zu testen.

Zusätzliche Informationsquellen

Wenn Sie weiteren Support zum GS ShopBuilder Pro 2 benötigen, stehen Ihnen drei Möglichkeiten zur Verfügung:

Als erstes empfiehlt es sich, in den *Frequently Asked Question* (FAQ) nachzulesen. Dort finden Sie eine Reihe von Fragen und den dazugehörigen Antworten(im Internet unter: http://www.gs-shopbuilder.de/faq.htm).

www.gs-shop builder.de/faq.htm

Als zweite Möglichkeit bietet sich das *GS ShopBuilder Support Forum* an. Im Support Forum können sich User des GS ShopBuilder direkt miteinander austauschen. Das Forum wird außerdem durch qualifiziertes Personal der GS Software AG betreut, so dass eine ausreichende Qualität der Antworten im Forum sichergestellt ist.

Erst wenn Sie weder in den FAQ noch im Forum eine Antwort finden, sollten Sie sich an die gebührenpflichtige GS *ShopBuilder Support Hotline* wenden: 0190 – 880090 (1,86 EUR pro Minute).

Supportanfragen per Mail werden vom Hersteller nicht beantwortet.

www.gs-shop builder.de/ support.htm

Das Forum und die FAQ erreichen Sie über die Support-Seite: http://www.gs-shopbuilder.de/support.htm

13.5 GS ShopBuilder Pro 2 – Erweiterungen, Support und Produktfamilie

Der Hersteller des E-Shopsystems, die GS Software AG, stellt für den GS ShopBuilder Pro 2 keine weiteren MODULE oder Dienste bereit.

GS ShopBuilder Pro 2 ist Teil einer großen *Produktfamilie.* Die vollständige Liste der Produkte der GS ShopBuilder Reihe finden Sie auf der Webseite http://www.gs-shopbuilder.de/produkte.htm. So werden entsprechend der verschiedenen Ansprüche der E-Shopbetreiber maßgeschneiderte E-Shoplösungen angeboten. Die Produkte der GS ShopBuilder Produktfamilie sind für die Lösung jeweils spezifischer Aufgaben und für verschiedene Zielgruppen entwickelt worden.

www.gs-shop
builder.de/
produkte.htm

Sie haben in den vorhergehenden Lerneinheiten den Umgang mit dem GS ShopBuilder Pro 2 erlernt. Es gibt jedoch auch noch eine einfachere Standardversion des GS ShopBuilder Pro 2, den *GS ShopBuilder Standard 2*, welcher einige Features der Pro-Version (z. B. beliebige Hierarchie der Warengruppen, Anlegen von Attributen, Staffelpreise, Rabatte, Bildbearbeitung und viele weitere) nicht beinhaltet. Des Weiteren existieren weitere Varianten für gehobenere Ansprüche der E-Shopbetreiber.

Die Version *GS ShopBuilder Connect* wurde bereits erwähnt. Mit diesem Produkt wird die Anbindung des E-Shops an Warenwirtschaftssysteme (auch ERP-SYSTEME) ermöglicht, zusätzlich ist der Zugriff auf SQL-Datenbanken mit ODBC-Anbindung möglich. Der Import aus großen Datenbanken mit mehreren Tabellen kann damit selektiv erfolgen; Bedingungen und Abhängigkeiten zwischen den einzelnen Tabellen können definiert, die einzelnen Konfigurationsschritte zum Datenimport gespeichert und automatisiert werden. Aber nicht nur der Prozess des Datenimports kann automatisiert werden, sondern auch das Erzeugen des E-Shops und das anschließende Veröffentlichen im Internet. Hierfür können die Zeitintervalle, in denen dieses geschehen soll, beliebig vorgegeben werden. Der E-Shopbetreiber agiert damit völlig unabhängig vom GS ShopBuilder Connect, da die Datenpflege ausschließlich in seinem Warenwirtschaftssystem erfolgt. Die Konfigurationsschritte zum Datenimport im GS ShopBuilder Connect und die Zeitintervalle müssen grundsätzlich nur einmal festgelegt werden.

GLOSSAR S.505

Da die Formulierung von SQL-Abfragen komplex ist und die Kenntnis der SQL-Syntax sowie eine gewisse Erfahrung im Umgang mit der entsprechenden Datenbank erfordert, bietet die Connect-Version weitere Hilfestellung, indem das Importmodul z. B. über einen visuellen Query-Builder (Tool mit dem Datenbankabfragen über eine komfortable Oberfläche durchgeführt werden können) verfügt, welcher die Formulierung der SQL-Abfragen weitestgehend vorgibt.

GS ShopBuilder Business erweitert die GS ShopBuilder Produktfamilie um ein System mit unmittelbarer Anbindung der Weblösung an das Warenwirtschaftssystem.

Während noch bei der Connect-Version der E-Shop zunächst lokal auf der Festplatte erzeugt wird und anschließend die fertigen E-Shop- bzw. HTML-Seiten ins Internet übertragen werden, liegt bei der Business-Version die Datenbank mit den Artikelbeständen auf dem Webserver. Die Eingabe der Artikel und die Pflege kann einerseits direkt über die Datenbank (gegebenenfalls muss diese dann jeweils auf den Webserver hochgeladen werden) oder über ein Admin-Tool erfolgen. Das Admin-Tool wird im Browser passwortgeschützt aufgerufen. Dieses verfügt über entsprechende Eingabemasken – analog zu den Onlineformularen im Internet –, die den direkten Zugriff auf die Datenbank ermöglichen. Die getätigten Einträge oder Änderungen sind damit sofort im Internet abrufbar. Dadurch reflektiert die Internetpräsenz unmittelbar die Artikeldaten, Bestände und Preise. Bestellungen werden automatisch in das Warenwirtschaftssystem übernommen.

Bei der Business-Version liegt keine zu installierende Software mehr vor, stattdessen werden auf Basis der GS ShopBuilder-Technologie die erforderlichen Skripte zur Abfrage der Datenbank und zum Erzeugen des E-Shops individuell bezüglich der Ansprüche und Wünsche des Kunden programmiert.

Mit dem *GS ShopBuilder ISP* kann eine beliebige Anzahl von E-Shops als Standalone-Lösung und/oder in einer Shopping Mall verwaltet werden. Der GS ShopBuilder ISP ist für Internet Service Provider (ISP) und Werbe- oder Internetagenturen gedacht, die ihren Kunden (anderen E-Shopbetreibern) maßgeschneiderte E-COMMERCE-Lösungen anbieten wollen.

GLOSSAR S.505

Die E-Shops können direkt im GS ShopBuilder ISP verwaltet werden, alternativ können den Kunden GS ShopBuilder Pro 2 Clients (z.B. GS ShopBuilder Pro 2) zur Verfügung gestellt werden. Mit dieser Client-Software verwaltet der Kunde (der E-Shopbetreiber) seinen E-Shop selbst und schickt seinen in der Mall zu publizierenden Datenbestand seinem Internet Service Provider bzw. seiner Werbe- oder Internetagentur mittels FTP oder Datenträger zu.

Für den Mallbetreiber selbst erfolgt das Erstellen und Publizieren der Shopping Mall, inklusive aller hier eingebundenen E-Shops seiner Kunden mit einfachen Mitteln. Auch hier wird die Artikeldatenbank der Mall nur lokal auf dem PC installiert; ins Internet werden wieder ausschließlich die HTML-, Mallseiten oder die E-Shops der Kunden gestellt.

Im GS ShopBuilder ISP können beliebig verschachtelte Rubriken oder Kategorien vorgegeben werden. Neben der Shopadministration bietet der GS ShopBuilder ISP die Möglichkeit, einen „Link Pool" im Stil der großen Suchmaschinen einzurichten. Des Weiteren können im „Content Management" beliebige Textinhalte definiert und gepflegt werden.

Der GS PortalBuilder weist abgesehen von der Shopadministration dieselbe Funktionalität wie der GS ShopBuilder ISP auf. Hiermit werden Internetportale erstellt, um z. B. Kunden, Partnern oder Mitarbeitern umfangreiche, strukturierte Informationen zur Verfügung zu stellen (Link Pool, Content Management).

Der GS CatalogBuilder unterstützt Betreiber mit Cross-Media-Publishing Technik bei der Veröffentlichung ihrer Produktinformationen. Als Publikationsformen sind ein Katalog im Internet (mit Bestellmöglichkeit), eine CD-ROM (PDF- oder Postscript-Format) oder ein Dokument möglich. Der GS CatalogBuilder benutzt dabei den gleichen Datenbestand wie der GS ShopBuilder Connect, dessen Installation Voraussetzung ist.

ZUSAMMENFASSUNG

In den Lerneinheiten 9 bis 13 haben Sie das E-Shopsystem GS ShopBuilder Pro 2 kennen gelernt und zur Übung einen E-Shop für Büroartikel eingerichtet. In der vorliegenden Lerneinheit ging es speziell um den eigentlichen E-Shopbetrieb, der sich an die Erstellung des E-Shops anschließt. Besonderes Augenmerk sollte nach der Entwicklung auf das Testen des E-Shops gelegt werden, da nur so ein reibungsloser Betrieb gewährleistet ist. Sorgen Sie auch für ein regelmäßiges Backup der Artikeldaten, um eventuellen Datenverlusten vorzubeugen.

In der abschließenden Lerneinheit 14 werden die beiden in dieser Qualifikationseinheit besprochenen E-Shopsysteme, OPENSTORE und GS ShopBuilder Pro 2, verglichen und einige abschließende Bemerkungen zum Betrieb eines E-Shopsystems gemacht.

[14] VERGLEICH DER E-SHOPSYSTEME UND ALLGEMEINE ANMERKUNGEN ZUM BETRIEB EINES E-SHOPS

Nachdem Ihnen jeweils die genaue Funktionsweise der Mittelstands-Shopsoftware OPENSTORE P4.2.0.6 und GS ShopBuilder Pro 2 erläutert wurde, findet nun ein Vergleich der beiden Systeme statt. Anhand einer Tabelle werden Anforderungen und Leistungen Punkt für Punkt zur Verdeutlichung der Gemeinsamkeiten und Unterschiede gegenübergestellt (*Abschnitt 14.1*).

Seite 465

Diese tabellarische Aufstellung stellt die Entscheidungsgrundlage dar, welche Software je nach Profil des zu erstellenden E-Shops zu favorisieren ist.

Einen zweiten Themenschwerpunkt bilden allgemeine Erwägungen zum laufenden Betrieb und zu den dabei entstehenden Kosten eines E-Shops (*Abschnitt 14.2*).

Seite 469
Seite 472

In *Abschnitt 14.3* geht es um den sogenannten Kundensupport. Hierbei beschäftigen uns die Grundlagen und die Umsetzung in der Praxis.

Seite 476

In dieser Qualifikationseinheit wurde das Thema Marketing immer wieder erwähnt. Im *Abschnitt 14.4* sollen Ihnen Hinweise zu Aspekten des Marketings insbesondere Promotion gegeben werden, die Sie hoffentlich in die Lage versetzen, Ihren E-Shop besser als andere am Markt zu positionieren zu können.

14.1 Vergleich OPENSTORE und GS ShopBuilder Pro

Sie haben durch eigene Anschauung und durch Übungen die Funktionen und Fähigkeiten beider E-Shopsysteme kennen gelernt. Die nachfolgende Tabelle fasst wesentliche Kriterien zusammen.

Kriterium	OPENSTORE P4	GS ShopBuilder Pro 2
Technische Voraussetzungen für den Betrieb der Software	Lauffähiges Betriebssystem Windows 98/NT/2000/XP Macintosh OS ab Version 8.6 und OS X	Lauffähiges Betriebssystem Windows 95/98/NT/2000/XP
Technische Voraussetzungen für den Betrieb des E-Shops	WEBSPACE mit FTP-Zugang und E-Mail-Adresse	Webspace mit FTP-Zugang und E-Mail-Adresse
Anforderungen an CLIENT (Browser)	Netscape Navigator ab 4.x MS Internet Explorer ab 4.x (JavaScript- und framefähig)	Netscape Navigator ab 4.x MS Internet Explorer ab 4.x (JavaScript- und framefähig
Einsatz von DATENBANKEN lokal	Keine Datenbank	Artikeldatenbank (Paradox) Borland BDE muss installiert sein.
Einsatz von Datenbanken online	Keine Datenbank	Keine Datenbank
Kategorisierung	Max. 3 Ebenen	Beliebige Hierarchie
Artikeldatenimport	Konvertierung aus TXT oder CSV	Import aus TXT, CSV, Access, u.a.
UPLOAD	Erstmaliger Upload mit externem FTP-Client. Uploads zur Aktualisierung mit den FTP Clients der Engine (Einstellungen) und des Konverters (Artikeldaten).	Upload mit integriertem FTP-Client (registrierte Version). Bei Aktualisierung werden nur veränderte Dateien übertragen.
Laufzeitverhalten	Alle Artikeldaten und SKRIPTE werden beim Öffnen der Shopstartseite übertragen. Bis 100 Artikel ist die Übertragungszeit unmerklich. Die PERFORMANCE bei Artikelauswahl und WARENKORB werden durch den Kundenrechner bestimmt. Die Suchefunktion sollte bei über 300 Artikeln in einer Warengruppe gesperrt werden.	HTML-Dateien und Skripte werden einzeln auf Clientanforderung übertragen. 100 Artikel je Artikelgruppe sind unproblematisch in Bezug auf die Übertragungszeit. Die Suche nach Begriffen in den Artikeldaten erfolgt mit einem serverseitigen PERL-Skript in separat abgeabgelegten XML-Artikeldatendateien.

Bilderimport	Die Bilder müssen die Artikelnummer als Namen haben. Bilder müssen im richtigen Format **GIF** oder JPG und in richtiger Größe bereitgestellt werden.	Bildimportmodul passt Bilder in drei einstellbaren Größen an. GIF oder JPG. JPG-Komprimierung einstellbar. Bilder können zu jedem Artikel eingefügt werden. Ein Bildbearbeitungstool passt die Bilder in Größe und Datei format den Anforderungen des E-Shops an.
GLOSSAR S. 505 Gestaltungsvorlagen	Ein Demoshop dient als Gestaltungsvorlage. Mit OPENSTORE Engine kann die Gestaltung verändert werden. Veränderung der HTML-Dateien möglich.	Es existieren mehrere STILVORLAGEN. Stilvorlagen können gewechselt werden. Es werden **CSS** verwendet. Eigene Stilvorlagen können aufgebaut und verarbeitet werden.
FRAMESET	Ja, 3 - 5 Frames	Ja, 2 Frames
Währungen	zwei beliebige Währungen	zwei beliebige Währungen
Umsatzsteuer	zwei Umsatzsteuerwerte	beliebig viele Umsatzsteuer werte
Rabatte	drei Mengenrabatte und zwei Rabatte auf Gesamtpreis	zwei Mengenrabatte und Mindestbestellwert
Hervorhebung bestimmter Artikel	Highlights auf der Startseite	Positionierung jedes Artikels auch auf der Startseite möglich
Zusatzeigenschaften	zwei Auswahlmenüs mit je neun Zusatzmenüs für Größen und mit je 99 Popup-Menüs für Zusatzeigenschaften	Maximal drei Auswahlmenüs mit beliebigen Zuweisungen für Attributlisten
Sichtbarkeit Warenkorb	Stets sichtbar mit Artikeln, Stückzahl und Preis	Stets sichtbar mit der Anzahl der Artikel und der Preis summe, ein detaillierter Warenkorb muss aufgerufen werden
Skriptsprache auf Clientrechner	JavaScript	JavaScript
Suche	Suche mit CLIENTSEITIGEN JavaScript-Skripten oder mit Zusatzmodul Extended Search serverseitig	Suche mit serverseitigem Skript und XML
Bestellvorgang	einstufig Formular mit allen Bestelldaten	zweistufig Auswahl Zahlungsart und Versandart und danach Formular für Bestelldaten
Benachrichtigung Bestellung	Händler Benachrichtigung per `mailto`, Skript Openmail oder eigenes Skript	Händler Benachrichtigung per `mailto`, CGI-Skript bei shopcity24, eigenes Skript
Benachrichtigung Kunde	Kunde erhält E-Mail-Bestätigung	Kunde erhält Bestätigung im Browser und E-Mail-Bestätigung (CGI-Skript bei shopcity24)

Zahlungsarten	Nachnahme, Vorkasse, Rechnung usw., keine elektronischen vorgesehen, aber erweiterbar	Übliche nichtelektronische Zahlungsarten plus iclear und Paybox
Versandarten	wählbar, nur eine mit Zuschlag	wählbar, verschiedene Zuschläge möglich
Kundenerkennung	keine in der Standardausführung	keine in der Standardausführung
Einschränkungen der DEMOVERSION	Keine Einschränkung bis 30 Tage nach der Installation.	Kein Import aus Datenbanken. Kein Upload auf Webserver. Keine Zeitbeschränkung.
Lizenzierung der Demoversion zur Vollversion	Eintragen der erworbenen Registrierungsnummer. Für jeden E-Shop eine Lizenz.	Eintragen der erworbenen Registrierungsnummer. Für jeden E-Shop eine Lizenz.
Preise (April 2002)	450 EUR http://www.openstore.de/de/price.html	469 EUR http://www.shopbuilder.de/sb2/preise.htm

Tabelle 14.1: Vergleich OPEN-STORE P4.2.0.6 mit GS ShopBuilder Pro 2

Bei einer Interpretation der Tabelle, erhält man wesentliche Kriterien zur Entscheidungsfindung, welches System für die eigene Shoplösung das geeignetere ist.

Wesentliche Kriterien zur Entscheidungsfindung

Das wichtigste Merkmal ist die *Größe des geplanten E-Shops*. Maßgeblich ist, wie viele Artikel angeboten werden sollen. Wenn ein umfangreiches und komplexes Warenangebot mit einer tiefen Warengruppenhierarchie erforderlich ist, geht die Empfehlung eher zum E-Shopsystem des GS ShopBuilder Pro 2. Bei einer kleineren Produktpalette bis ungefähr 100 Artikel ist das OPENSTORE E-Shopsystem genauso leistungsstark.

Als künftiger Betreiber eines E-Shops muss man bereits in der Planungsphase wissen, wie häufig die Artikeldaten einer *Aktualisierung* bedürfen. Wird eine häufige Pflege der Artikeldaten notwendig sein, sollte man sich für das E-Shopsystem des GS ShopBuilder Pro 2 entscheiden, der dafür die zweckmäßigere Funktionalität bereithält (differentielles Upload). Sind Änderungen selten, bietet sich auch das E-Shopsystem von OPENSTORE an.

Gleiches gilt für den *Import von Daten aus Artikeldatenbanken*. Je regelmäßiger und umfangreicher dieser ist, desto eher wird die Wahl auf den GS ShopBuilder Pro 2 fallen. Entscheidungskriterium wird dabei der Bedienungs- und Handhabungskomfort sein.

GLOSSAR S.505

Auch DESIGN und Umsetzbarkeit der CORPORATE IDENTITY sind wichtige Entscheidungsargumente. Die *Gestaltungsmöglichkeiten* sind im GS ShopBuilder Pro 2 vielfältiger und differenzierter als in der Shopsoftware von OPENSTORE. Insbesondere sind keine tiefen Kenntnisse in HTML, JavaScript und Websitegestaltung erforderlich.

Der visuelle Eindruck von den angebotenen Artikeln ist die einzige sinnliche Wahrnehmung, die beim Kauf möglich ist. Deswegen gehört ein komfortabler *Bildimport* zu den positiven Ausstattungsmerkmalen eines Mittelstands-E-Shopsystems. Das E-Shopsystem des GS ShopBuilder Pro 2 stellt in dieser Hinsicht kaum Anforderungen an den Betreiber. Sollte ein Shopbetreiber nur über geringe Kenntnisse, was Bildbearbeitung betrifft, verfügen, ist er mit diesem System gut beraten.

Viele Unternehmen, die einen E-Shop planen, sind daran interessiert, welche *Zahlungsarten* von einem E-Shopsystem angeboten werden. Im Unterschied zum OPENSTORE E-Shopsystem bietet der GS ShopBuilder Pro 2 auch zwei elektronische Zahlungsverfahren an, iclear und paybox.

Eines der wichtigsten Entscheidungsmerkmale ist rein subjektiv und liegt in der Beurteilung desjenigen, der die Shopsoftware schließlich benutzen will: die Bedienungsfreundlichkeit. Nach 13 Lerneinheiten werden Sie sich darüber Ihre eigene Meinung gebildet haben.

14.2 Der laufende Betrieb

Einen E-Shop auf Dauer mit Erfolg führen zu können, stellt gewisse Anforderungen an die vorhandenen Kenntnisse und geht natürlich auch mit Betriebskosten und Arbeitsaufwand einher. Die folgenden drei Abschnitte sollen dies genauer untersuchen.

Erforderliche Kenntnisse

Spätestens mit dem Studium dieser Qualifikationseinheit haben Sie sich Sachverstand angeeignet, ohne den der Betrieb eines E-Shops unmöglich ist. Zusammenfassend kann man Folgendes feststellen:

Der Betreiber eines E-Shops benötigt ein Grundverständnis für die *Artikelverwaltung* in einem WWS (Warenwirtschaftssystem) und in Datenbanken.

Grundkenntnisse bei der *Bearbeitung von HTML-Dateien* sind zwingend, sonst kann unter Umständen großer Schaden angerichtet werden. Grundlegende Kenntnisse zu *JavaScript* sind zu empfehlen.

Ebenso sind ein Grundverständnis für die *technische Infrastruktur* (Webserver, Browser, Client-Server-Prinzip) und Kenntnisse über deren Benutzung (z. B. durch die Protokolle FTP) unumgänglich.

Bei Verwendung von serverbasierenden Skripten wie EXTENDED Mail bei OPENSTORE sind Kenntnisse über die Funktion und Arbeitsweise von *CGI* nötig oder zumindest hilfreich.

Bei weitergehenden Anpassungen sollten Kenntnisse in SQL und Perl vorhanden sein.

Betriebskosten

www.strato.de

Die *Lizenzkosten* des jeweiligen E-Shopsystems entstehen bei jeder Installation (siehe obige Tabelle 14.1). Hinzu kommen die einmaligen Einrichtungsgebühren (siehe bei Strato AG bzw. anderen ISP) und monatlichen Kosten für ein entsprechendes *Webspacepaket* (Domainname, Serverplatz, E-Mail-Accounts) eines geeigneten ISP (ab ca. 20 Euro pro Monat, siehe auch Preisliste bei Strato AG). Dass Sie über die erforderliche lokale Hardware überhaupt verfügen, sei hier vorausgesetzt. Die laufenden Betriebskosten für Hard- und Software sowie die Internetzugangsgebühren stellen einen weiteren Faktor dar.

Außerdem fallen Personalkosten an, da die Pflege der Artikeldaten, die Gestaltung der Shopseiten und die Schulung der Mitarbeiter einmalig oder regelmäßig Zeitaufwand erzeugen.

Arbeitsaufwand

Die Einführung eines E-Shops in einem mittelständischen Unternehmen erfordert die *Anpassung der Prozesse* im Unternehmen.

Es müssen *Ressourcen* (Personal, Hardware, Software) für die Artikeldatenpflege und für die Entgegennahme und Eingliederung der elektronischen Bestellungen in den üblichen Ablauf vorgesehen werden (wodurch zunächst zusätzliche Kosten entstehen). Der dafür zu betreibende Aufwand ist abhängig von der Zahl der angebotenen Artikel, der Änderungshäufigkeit, dem Artikelbestand und vom Umfang des Absatzes.

Insgesamt lassen sich überschaubare E-Shops komfortabel warten. Kurzfristige Änderungen, wie der Austausch eines 'ausverkauften Artikels' oder die Einpflege eines neuen Produkts sind schnell und problemlos zu realisieren, auch wenn die Aktualisierung des Sortiments stets mit Mühe und Sorgfalt verbunden ist. Kleine und mittelständische Firmen verfügen selten über Warenwirtschaftssysteme, die den gesamten *Informationsfluss* steuern und alle Daten zu Artikeln zentral verwalten. Häufig sind historisch gewachsene Lösungen anzutreffen, um insbesondere die Daten zu Artikeln, die Bilder, die Produktion und Lagerhaltung, die Bestellung und Auslieferung, die Bezahlung und den Support zu organisieren.

Die Datenschnittstellen zu den hier vermittelten E-Shopsystemen finden sich unmittelbar in der Übernahme von Artikeldaten. Informationen über Lagerhaltung, Auslieferung, Bestellungen und Abwicklung der Bezahlung gibt es in den betrachteten E-Shopsystemen nicht. Diese Leistungen müssen gesondert organisiert werden.

Die Übernahme von Artikeldaten in die E-Shopsysteme (Konvertierung bei OPENSTORE bzw. Import bei GS ShopBuilder Pro 2) ist über einfache Datenformate geregelt. Erfahrungsgemäß funktioniert das bei vorhandenem Verständnis für die Organisation von Datenbanken nach einer Anfangsphase, in der alle Beteiligten den Prozess lernen müssen, sehr einfach.

Mit der integrierten FTP-Funktionalität, die in beiden E-Shopsystemen vorhanden ist, sind aktualisierte Artikeldaten einfach auf den Webserver zu übertragen (Upload). Die Übertragung auf nur veränderte Dateien bei GS ShopBuilder Pro 2 zu beschränken, ist eine komfortable Lösung, um Übertragungszeit deutlich zu verringern.

Fazit: Insgesamt ist der Arbeitsaufwand überschaubar, sollte aber nicht unterschätzt werden. Mit Hilfe der vorgestellten Software ist ein E-Shop mit einfachen Mitteln aufzubauen.

14.3 Kundensupport des Shopbetreibers

Die Einführung eines E-Shopsystems in einer Firma kann zu merklichen *Veränderungen von Informations- und Prozessabläufen* führen. Fast alle Bereiche einer Firma müssen sich, wenn der E-Shop erfolgreich sein soll, den veränderten Abläufen stellen. Ein großer Unterschied zum realen Handel stellt der *Kundensupport* dar, der im E-Commerce notwendig ist, um die anonymisierte Verkaufssituation zu kompensieren. „Support" bedeutet Unterstützung. Was Kundensupport bedeutet, lässt sich am besten verdeutlichen, wenn man sich die Bedürfnisse von Kunden beispielhaft in den einzelnen *Transaktionsphasen eines Kaufs* betrachtet. Die Service-Abteilungen müssen mit diesen Bedürfnissen korrespondieren.

Ein Kauf wird in vier Transaktionsphasen untergliedert: Information/ Entscheidung, Kauf, Abwicklung, After-Sales. Folgende Fragen werden typischerweise an den Kundenservice eines Onlinehändlers während dieser vier Phasen gerichtet:

Information/ Entscheidung	Kauf	Abwicklung	After-Sales
• Produktfragen	• Problem beim Login	• Artikel kommt nicht	• Retouren
• Verfügbarkeit	• Passwort vergessen	• Bestellablauf unklar	• Umtausch
• Preise	• Eingabe mehrerer Adressen	• Adressänderung oder Adressfehler	• Reklamationen
• Lieferbedingungen	• Probleme beim Bestellvorgang	• Bestellung stornieren	• Gutschriften
• Zahlungsmöglichkeiten	• Probleme mit Kreditkarte		• Persönliche Daten ändern
• Sicherheit	• Verfügbarkeit		
• Anmeldung	• Versandkosten		
• Datenschutz	• Bestellung stornieren		
• Technische Probleme	• Technische Probleme		

Tabelle 14.2: Fragen von Kunden an den Kundenservice eines E-Shops im Verlauf der Transaktionsphasen eines Kaufs, Quelle: Merz, M., E-Commerce und E-Business, 2. Auflage, Heidelberg 2002, Seite 453)

GLOSSAR S. 505

Ein Begriff, der in diesem Zusammenhang oft fällt, ist das so genannte *Customer Relationship Management* (**CRM**) (das Management der Kundenbeziehung). Unter dem Begriff Kundenbeziehungsmanagement soll die institutionalisierte Analyse, Steuerung, Gestaltung und das Controlling von Geschäftsbeziehungen zu den Kunden mit dem Ziel, einen unternehmerischen Erfolgsbeitrag zu leisten, verstanden werden (nach Wirtz, B., Electronic Business, 2. Auflage, Wiesbaden 2001, Seite 496). Daraus hat sich ein Konzept entwickelt, das, unterstützt von spezieller Software, in vielen Firmen Einzug gehalten hat. Die in dieser Qualifikationseinheit beschriebene Software unterstützt keine CRM-Ansätze. Dieses Thema soll hier auch nicht näher untersucht werden. Genannt wird es an dieser Stelle, weil dieses Sachgebiet Erkenntnisse geliefert hat, die allgemein als Maximen für den Kundensupport Geltung haben.

Demnach ist es finanziell besser, in *langfristige Kundenbeziehungen* zu investieren. Wenige gute Kunden generieren mehr Umsatz als viele schlechte (siehe Wirtz, a.a.O., Seite 498ff).

Ein guter Kundensupport stellt somit eine Investition dar, die sich langfristig auszahlen sollte.

Ein E-Shop behauptet sich langfristig nicht nur durch ein ansprechend gestaltetes Produktangebot. Wir möchten hier nicht alle Pflichten und Rechte von Verkäufer und Käufer abhandeln, aber einige Aspekte erwähnen, die der Kundenzufriedenheit dienlich sind und deswegen zu einer anhaltenden Kundenbindung führen. Dies bewirkt eine Senkung von Kundenbetreuungs- und Marketingkosten und damit Vorteile für das Unternehmen (Wirtz, a.a.O., Seite 500). Die Gewinnung von Neukunden ist kostenintensiver als Kundenbindung. Zudem ist der Warenwert der Bestellungen von Wiederholungskunden häufig höher als der von Neu- oder Gelegenheitskunden.

Transparenz

Transparenz in der Kaufabwicklung ist heute in guten E-Shops Standard. Unter Transparenz soll hier die Nachvollziehbarkeit der ablaufenden Transaktionsphasen aus Kundensicht verstanden werden. Dies beinhaltet Antworten auf Fragen nach „Wer", „Wie" und „Wann". Sowohl auf den Webseiten als auch auf der Bestellbestätigung müssen unter anderem alle

Angaben zum Unternehmen, zur Bankverbindung, zu verantwortlichen Ansprechpartnern, zum Support und die Hotline für technische Fragen zu finden sein. Der Kunde soll dadurch sofort den Eindruck erlangen, dass er bei jedem möglicherweise auftretenden Problem einen vertrauensvollen Ansprechpartner hat und ein qualifizierter Service zum E-Shop zur Verfügung steht. Der Kunde muss jederzeit erkennen können, in welcher Phase des Bestellvorgangs er sich befindet und wann er bei abgeschlossener Bestellung mit dem Eingang der Ware zu rechnen hat.

▶ **Bitte beachten Sie:**

Das Teledienstegesetz (TDG) regelt u. a. die Vorschriften über die Anbieterkennzeichnung. Darunter fallen auch Sie als Betreiber eines E-Shops. In Ihrem E-Shop müssen an einer zentralen Stelle mindestens Informationen zu Name, Anschrift, Ansprechpartner, Telefonnummer, E-Mail-Adresse und auch die Steuernummer verfügbar sein. Gegebenenfalls sind weitere Angaben zu machen. Da bei Verstößen Geldbußen bis zu € 50.000,-- drohen, sollten Sie der Kennzeichnungspflicht in jedem Fall nachkommen.

www.dfn.de/
service/ra/
checkliste/
Anbieterkenn-
zeichnung.html

Als kurze Einführung und Übersicht über die zu machenden Angaben sei hier eine Veröffentlichung des Rechtsausschusses des DFN-Vereins empfohlen: http://www.dfn.de/service/ra/checkliste/Anbieterkennzeichnung.html.

Zuverlässigkeit

Der Kunde sollte im Umgang mit dem E-Shop keine schlechten Erfahrungen machen. Das heißt, dass wenigstens zu den üblichen Bürozeiten die genannten Telefonnummern besetzt sein sollten, der E-Mail-Briefkasten für die Bestellungen mehrmals täglich geleert wird und die sonstigen Anfragen auch per E-Mail sofort beantwortet werden. Die Einhaltung dieser Aspekte gibt den Kunden ein Gefühl des Vertrauens und der Seriosität des Angebots.

Behandlung von Reklamationen im Onlinegeschäft

Auch der Umgang mit Reklamationen stellt einen Aspekt des Kundenservices dar.

Zwar können Sie in Ihren Allgemeinen Geschäftsbedingungen gesetzliche Gewährleistungsansprüche teilweise ausschließen. In Hinblick auf das Ziel, gute Kunden zu binden, statt neue stark zu umwerben, ist das „Abschmettern" von Reklamationsansprüchen aber nicht zu empfehlen. Vielmehr sollten Sie auch über Ihre gesetzliche Pflicht hinaus (Widerrufs- und Rückgaberecht, siehe http://www.fernabsatz-gesetz.de) bei Unzufriedenheit des Kunden kulant reagieren. Vermitteln Sie ihm, dass seine Erwartungen im Zentrum Ihrer Aufmerksamkeit stehen und gehen Sie auf seine Wünsche – wenn möglich – ein.

www.fernabsatz-gesetz.de

Innerbetriebliche Konsequenzen zur Sicherung des Kundensupports

Durch die Einführung eines E-Shops ergeben sich aber unter Umständen betriebliche Konsequenzen, denn Sie benötigen als Shopbetreiber für diese Aufgaben *qualifiziertes Personal:* Mitarbeiter der Supportabteilung müssen über Sachkenntnis und Erfahrung im Kundendialog verfügen, von Mitarbeitern müssen E-Mail-Anfragen kontinuierlich beantwortet werden können. Support-E-Mails müssen an die Fachabteilungen weitergeleitet werden, Bestell-E-Mails müssen bearbeitet werden. In jedem Fall müssen die Ansprechpartner über Sachkompetenz verfügen.

Sie erkennen, dass der E-Shop in die betrieblichen Abläufe vollständig eingebunden werden muss.

Die innerbetrieblichen Abläufe und die Prozesse um den E-Shop sollten möglichst nahtlos ineinander greifen.

14.4 Marketingaspekte: Promotion

Nachdem Sie Ihr E-Shopsystem veröffentlicht haben und alles so funktioniert, wie Sie sich vorstellen, müssen Sie dafür sorgen, dass die Kunden auf Ihren E-Shop aufmerksam werden.

Im realen Geschäftsleben wird ein neuer Gemüsehändler an der nächsten Ecke durch die Passanten und Anwohner der Umgebung normalerweise recht schnell wahrgenommen. Aber wie ist das mit Ihrem E-Shop?

Diese Frage ist entscheidend für Erfolg oder Misserfolg des E-Shops. Wir können nur einige Aspekte einer Marketingstrategie nennen. Für eine intensivere Beschäftigung mit diesem Thema wird auf andere Qualifikationseinheiten der TEIA verwiesen, z.B die QE „Marketing für mittelständische Unternehmen, SPC TEIA Lehrbuch Verlag, ISBN 3-935539-53-3".

Der erste Schritt bei der Bekanntmachung des neuen E-Shops ist die Ausnutzung aller möglichen *nichtelektronischen Medien*, so wie es auch jedes neue Geschäft in der realen Geschäftswelt tun sollte. Platzieren Sie in allen Drucksachen, die von Ihnen verwendet werden (Briefkopfbogen, Visitenkarte, Rechnung, Autoaufkleber und alle weiteren Werbematerialien), den Hinweis auf den E-Shop mit der Angabe der Adresse. Nutzen Sie freie Flächen auf Papier oder anderen Werbeträgern, um die Webadresse des Shops bekannt zu machen und werben Sie dabei für den Shop selbst so wie für wichtige Produkte. Behalten Sie dabei Ihren Werbestil bei, genauso auffallend oder dezent, wie Sie es immer tun.

Der zweite Schritt ist die Nutzung der elektronischen Werbemöglichkeiten. Welche Möglichkeiten gibt es dabei?

- Bekannt machen in *Suchmaschinen* durch das Notieren geeigneter Markierungen mit ausgewählten Schlüsselwörtern in Ihren Webseiten, die von so genannten Suchmaschinenrobotern gelesen und für eine Indexierung des WWW genutzt werden. Das geschieht mit dem HTML-Element `<meta name="keywords" content="Stichwort1, Stichwort2, ...">`.

- Nutzung von sogenannten *Sponsored Links* (auch AdWords genannt) in Suchmaschinen. Diese Links sind Verweise zu Ihrem E-Shop, die auf der Ergebnisseite von Suchmaschinen angezeigt werden, wenn der Benutzer bestimmte, vorher von Ihnen festgelegte Suchbegriffe eingegeben hatte. Sponsored Links haben den Vorteil, dass Streuverluste minimiert werden: Der Benutzer bekommt die Links nur dann angezeigt, wenn er nach genau diesem Thema gesucht hatte. Beispiel: Gibt ein Benutzer von einer Suchmaschine das Suchwort „Blumenerde" ein, so erhält er Sponsored Links von Gartenfachgeschäften, nicht jedoch von Autohäusern oder Computermärkten. Sponsored Links werden von vielen großen Suchmaschinen (z. B. Google, Fireballl, Altavista, ...) angeboten.
- Gezieltes Eintragen Ihres E-Shops in katalogisierten Suchmaschinen *(Webkataloge)* mit ausgewählten Suchbegriffen.

- Beteiligung an *Bannerdiensten*, PORTALEN sowie regionalen und branchenbezogenen Übersichtsseiten im Web.
- Betreiben eines *Newsletters.*
- Sachkundiger Service zu den Produkten über Newsgroups durch qualifizierte Mitarbeiter.

Optimierung für Suchmaschinen

www.suchfibel.de

Hier sollte die „Suchfibel" als interessante Quelle genannt werden. Auf dieser Website lernen Sie, wie Suchmaschinen arbeiten und wie Internetnutzer im Web suchen. Wenn Sie darüber Bescheid wissen, können Sie Ihren E-Shop gezielt dafür einrichten. Hier sei noch auf weitere thematische Quellen im Internet verwiesen (alle letzter Abruf: 09.09.2002):

www.klug-suchen.de

www.ideenreich.com/such-maschinen/index.shtml

www.searchen-ginewatch.com

selfhtml.teamone.de

- Klug-Suchen, http://www.klug-suchen.de
- Ideenreich, http://www.ideenreich.com/suchmaschinen/index.shtml
- Search Engine Watch, http://www.searchenginewatch.com
- SelfHTML, http://selfhtml.teamone.de

Suchmaschinenrobots sind Programme, die das Internet nach Inhalten durchsuchen und nach verschiedenen Kriterien Verknüpfungen, Indizes und Datenbanken erstellen. Unter anderem werden aus jeder HTML-Datei die Angaben in den HTML-Elementen `<meta>` und `<title>` ausgelesen.

Das HTML-Element `<meta>` wird im Kopfteil einer HTML-Datei verwendet. Es ist ein eigenständiges Element und verfügt nur über die Attribute `name` oder `http-equiv` und `content`. Das Attribut `name` bezeichnet eine Eigenschaft, die mit dem Attribut `content` mit einem Wert (oft Text) gefüllt wird. Es wird für Clientprogramme, wie z. B. auch Suchmaschinen, zum Auslesen benutzt. Die Attributkombination `http-equiv` und `content` dagegen soll für den Webserver zum Steuern von bestimmten Prozessen bereitstehen, z. B. für automatische Weiterleitungen auf eine andere Webseite.

Für uns ist hier besonders das Attribut `name` mit den Werten `description` und `keywords` interessant.

www.fireball.de
www.google.de

Von Suchmaschinenrobots (beispielsweise werden bei Fireball und Google Robots verwendet) werden die Inhalte des Attributs `content` ausgelesen und ausgewertet. Demnach sollten Sie bei `name="keywords"` den Bereich `content` mit Schlüsselwörtern füllen, die Ihre potenziellen Kunden als mögliche Suchwörter benutzen könnten. Der Erfolg ist umso höher, je besser Sie sich in die vom Kunden verwendete Begriffswelt versetzen. Schlüsselwörter, die nur in Ihrer Firma benutzt werden, haben keinen Erfolg. Bei `name="description"` sollten Sie beschreiben, was in diesem HTML-Dokument gezeigt wird. Das kann beispielsweise so aussehen:

```
<html>
  <head>
     <meta name="description" content="KMU-Shop, der
              E-Shop für B&uuml;roartikel">
     <meta name="keywords" content="Shop,
              B&uuml;roartikel, Bleistifte,
              Kugelschreiber, Locher">
     <title>KMU-Shop</title>
  ...
  </head><
  <body>
  ...
  </body>
</html>
```

Element `<meta>`	Auswirkung bzw. Bedeutung
`<meta http-equiv="Content-Type" content="text/html; charset=iso-8859-1">`	*Content Type* definiert den MIME-Typ und den verwendeten Zeichensatz. Hier wird eine HTML-Datei mit europäischem Zeichensatz verwendet. Dieses Element bezieht sich auf das gesamte Dokument und sollte deshalb an erster Stelle vor allen anderen Elementen `<meta>` stehen.
`<meta http-equiv="Language" content="de">`	*Sprache* gibt die verwendete Sprache für den Inhalt an. Browser mit Sprachausgabe verwenden diese Angabe.
`<meta name="description" content="KMU-Shop, der E-Shop für B&uumlroartikel">`	*Beschreibung* des Inhalts des Dokuments. Dieser in content enthaltene Text wird oft als Beschreibung bei Suchmaschinen ausgegeben.
`<meta name="keywords" ontent="Shop, B&uuml;roartikel, Bleistifte, Kugelschreiber, Locher">`	*Schlüsselwörter* bezeichnen den Inhalt von Texten. Diese Schlüsselwörter müssen nicht im Text vorhanden sein, sie kennzeichnen ihn und ordnen ihn bestimmten Sachverhalten zu. Sie sollten thematisch zentrale Begriffe verwenden. Einzelne Wörter trennen Sie mit einem Komma. Zwischen zwei Kommas können Phrasen (mehrere Worte mit Leerstelle getrennt) stehen.
`<meta name="robots" content="noindex">` `<meta name="robots" content="nofollow">`	Diese Angaben sind Hinweise für die Robots, wie das Dokument behandelt werden soll. `noindex` verhindert, dass dieses Dokument indexiert wird (also in die Datenbank der Suchmaschine aufgenommen wird). `index` schließt das Dokument in die Indexierung ein. `nofollow` verhindert, dass im Dokument angegebene Links verfolgt werden. `follow` veranlasst den Suchmaschinenrobot, die Links im Dokument besonders zu untersuchen. Die Werte zu `index` und `follow` können auch zusammen, durch Komma getrennt, geschrieben werden, um beide Effekte zu kombinieren.
`<meta http-equiv="Pragma" content="no-cache">`	Der Wert `no-cache` verhindert das Zwischenspeichern von Webseiten auf einem Proxyserver. So gewährleisten Sie, dass der Kunde stets die aktuellsten Seiten bekommt, sofern der Proxy diese Angabe interpretiert.
`<meta name="author" content="apliQ GmbH">`	Mit der Angabe `author` wird der `Autor` der `Seiten` genannt.
`<meta name="copyright" content="TEIA AG">`	*Copyright* nennt den rechtlichen Urheber der Seite

`<meta name="publisher" content="Teles AG">`	Der *Herausgeber* wird mit diesem Element angegeben. Angaben zu Autor, Copyright und Herausgeber werden von den Suchmaschinen nicht immer ausgewertet.
`<meta name="page-topic" content="eshop, eCommerce">`	*Kategorie*, in die der Inhalt der Seite eingeordnet werden kann. Versuchen Sie dabei Begriffe zu verwenden, die bei Suchmaschinen Kategorien entsprechen.
`<meta name="page-type" content="Bestellseite">`	*Seitentyp* kennzeichnet, um welchen Dokumententyp es sich handelt. Der Typ kann eine Bestellseite, Lerneinheit, Verzeichnis oder etwas anderes sein.
`<meta name="audience" content="k&auml;fer, Kunden, B&uuml;rochefs">`	Dieses Element benennt die *Zielgruppe*, für die diese Seite gemacht wurde.

Tabelle 14.3:
Übersicht Meta-
Informationen

(Quelle: Münz,
SelfHTML,
http://selfhtml.
teamone.de/html/
kopfdaten/
meta.htm,
(09.09.2002)

Nicht alle Elemente `<meta>` werden von den Suchmaschinenrobots ausgewertet. Allerdings haben Sie immer bessere Bedingungen für eine richtige Indexierung, wenn Ihre Angaben gut überlegt sind. Für die korrekte Erstellung der Einträge mit Elementen `<meta>` können Sie Meta-Tag-Generatoren benutzen. Die richtige Wahl der Schlüsselwörter muss selbst gefunden werden. Einen geeigneten Meta-Tag-Generator finden Sie bei der nebenstehenden Suchmaschine <u>Fireball</u>.

http://rubriken.
fireball.de/
Suchengefunden
werden/Infos/
metataggenerator.
html
(Abruf: 09.09.2002)

Zur Steuerung von Suchmaschinenrobots wird auch die Technik mit der Datei `robots.txt` im Root-Verzeichnis des Webservers genutzt. Diese Datei enthält Angaben für Robots. Suchmaschinenrobots suchen vor dem Lesen der Seiten die Datei `robots.txt` im Rootverzeichnis von Webservern. In diese Datei tragen Sie ein, welche Dateiverzeichnisse nach HTML-Dateien zum Indexieren durchsucht werden dürfen und welche nicht. So können Sie ausschließen, dass Ordner mit Skripten oder nur Bildern durchsucht werden.

Die Datei `robots.txt` besteht aus zwei Teilen. Nach dem Nennen des Roboters, für den die Angaben bestimmt sind, folgt die Liste der Verzeichnisse, die nicht durchsucht werden sollen.

```
User-agent: webcrawler
Disallow: /shopsystem /images/
Disallow: /shopsystem /scripts/

User-agent: *
Disallow: /cgi-bin/
Disallow: /logs/
Disallow: /testshop/
```

Ein Stern (*) bedeutet „für alle Robots", sonst muss der jeweilige Name des Robots genannt werden. Wenn Sie Robots ausschließen wollen, notieren Sie dies so:

```
# Spione werden ausgeschlossen

User-agent: robotspion
Disallow: /
```

Damit darf der Robot `robotspion` das Rootverzeichnis und alle darunter liegenden Verzeichnisse nicht durchsuchen.

Kommentare mit # sind in der Datei `robots.txt` möglich

Weitere Informationen finden Sie auch unter (alle letzter Abruf: 09.09.2002):

- Suchfibel, „Draussen bleiben! robots.txt"
  http://www.suchfibel.de/6gefunden/robotstxt.htm
- SelfHTML, „robots.txt - Robots kontrollieren"
  http://selfhtml.teamone.de/diverses/robots.htm
- Ideenreich, „Was ist ein robots.txt?"
  http://www.ideenreich.com/suchmaschinen/robots.shtml
- Klug-Suchen, „Eine Einführung: robots.txt"
  http://www.klug-suchen.de/texte/roboter.html
- Webmaster-Resource, „Webmaster Resource: Tipps & Tricks: Promotion: robots.txt"
  http://www.webmaster-resource.de/tricks/promotion/robots.php4

www.suchfibel.de
gefunden/
robotstxt.htm

selfhtml.tea-
mone.de/
diverses/
robots.htm

www.ideen-
reich.com/
suchmaschinen/
robots.shtml

www.klug-
suchen.de/texte/
roboter.html

www.webmaster-
resource.de/tricks/
promotion/
robots.php4

Bei einem großen Teil von Suchmaschinen unterstützen Sie die Tätigkeit der Robots, indem Sie diese durch eine Anmeldung auf Ihre Webseiten aufmerksam machen. Die Anmeldung bei vielen Suchmaschinen wäre sehr mühsam. Deshalb gibt es Submit-Dienste. Diese Dienste melden den URL bei mehreren Suchmaschinen an und die Robots untersuchen dann diese Webseiten gezielt für eine Indexierung. Solche Anmeldedienste finden Sie bei (Abruf 09.09.2002):

www.klug-
suchen.de/
mteilen.html

www.multisubmit.at/

www.animex.de/

www.addme.com/

- Klug-Suchen: http://www.klug-suchen.de/mteilen.html
- redDot.at WebHosting GmbH: http://www.multisubmit.at/
- ANIMEX creative computing: http://www.animex.de/
- Add Me, Inc: http://www.addme.com/

Suchmaschinen können selbst keine inhaltlichen Bewertungen vornehmen und keine Bilder betrachten. Sie lesen nur den HTML-Code und können darin eingebettete Texte und die HTML-Elemente erkennen. Die Suchmaschinen arbeiten nicht nach dem gleichen Prinzip, deshalb muss man auf viele verschiedene Techniken Rücksicht nehmen und allgemeingültige Methoden anwenden.

- Potenzielle *Suchwörter* (Wörter, die Sucher in eine Suchmaschinenmaske zum Suchen eingeben) sollten im Text der Seite möglichst im ersten Absatz vorkommen.
- Setzen Sie das HTML-Element `<meta>` ein.
- Verwenden Sie aussagekräftige *Seitentitel* (Element `<title>`), die potenzielle Suchwörter enthalten.

GLOSSAR S.505

- Einige Suchmaschinen werten *Überschriften*, die mit den HTML-Elementen `<h1>` bis `<h6>` ausgezeichnet sind, aus. Mit `<h1>` ausgezeichnete Texte haben die höchste Priorität für eine Indexierung. Damit die Überschriften das Design der Seiten nicht zerstören, sollten Sie mittels **CSS** (Cascading Style Sheets) die Schriftgrößen, -arten und -auszeichnungen definieren.

GLOSSAR S.505

- Die *Textauszeichnungen* mit den Elementen `<b>` und `<strong>` erhalten für manche Suchmaschinen eine besondere Wertung.

- Verwenden Sie, wenn möglich, potenzielle Suchwörter in weiterführenden *Links*.
- In Grafiken und *Bildern* sollten Sie das Attribut `alt` aktiv verwenden und potenzielle Suchwörter eintragen.
- Der Auswahl von Wörtern, die von Suchern als Suchbegriffe verwendet werden können, sollten Sie besondere Aufmerksamkeit schenken. Nicht die firmeninterne Begriffswelt wird durch Ihre Kunden benutzt, sondern Kunden verwenden ihre Sprache und ihre Begrifflichkeiten, um etwas zu suchen. Versetzen Sie sich in die Lage eines Kunden und überlegen Sie, welche Schlüsselwörter sinnvoll sein werden. Die Schlüsselwörter müssen sowohl in den Elementen `<meta>` als auch im Text auftauchen.

GLOSSAR S.505

- Einige Suchmaschinen, wie z.B. Fireball http://www.fireball.de, erwarten Suchbegriffe im URL, d.h. der Name der HTML-Seite oder Verzeichnisnamen im Pfad haben höhere Priorität für die Indexierung. Insbesondere bei Fireball sucht der Robot die eingegebenen Suchbegriffe erst im URL und erst dann in den Inhalten.
- Einige Suchmaschinen bemessen die Wichtigkeit einer Website nach der Anzahl der auf diese führenden Hyperlinks. Sie können durch geschickte Verlinkung – unter Umständen durch Linktausch – bei diesen ihre Ergebnisposition auf der zu einem Suchbegriff erzeugten Trefferliste deutlich erhöhen.

Webkataloge

www.web.de

Es gibt neben den oben beschriebenen Suchmaschinen, die das WWW mit Robots durchsuchen, auch noch solche, die einen KATALOG verwenden. Ein herausragendes Beispiel solcher Kataloge ist web.de, bei der Sie das Eintragen der Suchbegriffe und der Website selbst vornehmen müssen.

Webkataloge ordnen die Einträge von Webseiten in Kategorien. Die Zuordnung nimmt man innerhalb der Vorgaben des Anbieters beim Eintragen vor.

▶ **Übung**

Besuchen Sie dafür die Website eines Webkataloges (beispielsweise <u>DINO</u>, <u>WEB.DE</u> oder <u>dmoz.org</u>, überlegen Sie sich, in welche Kategorie Sie sich eintragen möchten, und stellen Sie fest, welche Angaben erforderlich sind. Für die Schlüsselwörter gilt das Gleiche wie schon oben angeführt wurde.

Um einen Eintrag vorzunehmen, benutzen Sie einen Link, der in etwa „Jetzt eintragen", „URL eintragen" oder „add URL" heißt. Folgenden Sie den erläuternden Hinweisen des Betreibers.

www.dino-online.de

www.web.de

http://dmoz.org/

Andere Marketingmittel

Banner sind interaktive Werbeflächen auf einer Webseite, die gelegentlich auch in einem eigenen Popup-Fenster erscheinen. Ein Klick auf ein von Ihnen platziertes Banner sollte direkt zu Ihrem E-Shop führen. Während des kurzen Booms des WWW als Marketinginstrument erfreuten sich so genannte Bannertauschdienste großer Beliebtheit. Die Zeit der Bannertauschdienste ist allerdings bereits nahezu wieder vorbei. Man darf keine allzu großen Erwartungen haben, denn kostenlose Bannertauschdienste haben ihre Grenzen. Die durchschnittliche Klickrate (ein Maß für das Klicken auf ein gezeigtes Banner im Verhältnis zum Aufruf der Seite mit dem Banner) liegt nach Zahlen vom Juni 2002 für Standard-Banner bei 0,75 % (Quelle: AdRelevance; Interactive Advertising Bureau; Jupiter Media Metrix). Problematisch ist insbesondere bei den reinen Tauschangeboten, dass auf der eigenen Website Werbung für andere, häufig auch thematisch verwandte Internetangebote akzeptiert werden muss, die unter Umständen die Kunden wieder weglockt. Natürlich ist es ebenfalls möglich regulär Banner – gegen entsprechendes Entgelt – zu buchen. Einige Anbieter bieten Banner auch auf Erfolgsbasis an (nur der Kunde der die Seite besucht wird berechnet bzw. im Extremfall: nur der Kunde der auch etwas bestellt wird berechnet). (siehe auch: <u>http://www.business2.com/articles/mag/print/0,1643,40552,FF.html</u>, wo Sie eine übersichtliche Auflistung möglicher Werbeformen mit Angaben zur Effektivität und den Kosten erhalten).

www.business2.com/ articles/mag/print/ 0,1643,40552,FF.html

Erfolgversprechender ist es, sich an *branchenbezogenen oder regionalen Portalen* (Marktplätzen, Malls) zu beteiligen. Dort finden sich unter regionalen oder branchenbezogenen Gesichtspunkten zahlreiche E-Shops zusammen, die werbewirksame Domainnamen verwenden können. Ein Beispiel ist http://www.bueroartikel.de/. Ein Grund für den Erfolg derartiger Zusammenschlüsse ist, dass Kunden oft versuchen, über Domainnamen einen passenden Shop im Internet zu finden. Bei http://www.handy.de finden Sie, wie der Name verrät, alles zum Thema „Handy".

Ein selbst betriebener *Newsletter* ist ein in vielerlei Hinsicht sinnvolles, den Shop begleitendes, preiswertes Marketinginstrument. Mit geringem Aufwand beim Versand erreichen Sie eine große Gruppe von Kunden. Ankündigungen von Aktionen und neuen Artikeln sowie interessante Informationen und News lassen sich einfach verteilen. Der Aufwand für die Redaktion der Mitteilungen sollte man allerdings nicht unterschätzen.

Die Basis eines Newsletters ist ein unidirektionaler E-Mail-Verteildienst. Interessenten können sich mit Ihrer E-Mail-Adresse in die Abonnentenliste (Verteilerliste) eintragen und erhalten vom Betreiber des Newsletters Informationen zu Ihren Aktionen, Produkten, Service und weitere Informationen. Der Betreiber muss den Newslettertext lediglich einmal schreiben und diesen an den E-Mail-Verteildienst (Newsletter-Server) senden. Dieser verschickt dann die E-Mail an alle Abonnenten, die in der Verteilerliste stehen. Die Anmeldemöglichkeit zur Teilnahme (Abo) des Newsletters sollten Sie auf der Homepage der Firma und auf der Startseite des E-Shops unterbringen. Ebenso sollten Sie den Newsletter beispielsweise in die Newsletter- und Mailing-Listen-Suchmaschine http://www.kbx.de eintragen (mit Schlüsselwörtern und Kategorien). Dort kann man auch Newsletter bequem einrichten und betreiben sowie kostenlose Newsletter beziehen.

www.kbx.de

Bei der Betreibung eines Newsletters sollten Sie folgendes stets bedenken: Nicht umsonst heißt es Newsletter und nicht Werbeletter: Der Kunde wünscht sich vor allem Informationen und möchte nicht reine Werbeemails zugesandt bekommen. Kündigen Sie ein regelmäßiges Erscheinen des Newsletters an, so sollten Sie es auch einhalten. Spammen Sie die Leser nicht wahllos mit E-Mails zu – statt einer positiver Kundeneinstellung werden Sie den gegenteiligen Effekt erzielen. Zur sogenannten „Netiquette" zählt auch, nicht ungefragt HTML-Mails zu versenden Kundenfreundlich ist es, beide Formate (Nur-Text und HTML) zur freien Auswahl bereitzustellen. Sehen Sie auch von übergroßen E-Mails: E-Mails mit einer Größe über 20–30 KB sollten die Ausnahme sein. Eine Abmeldemöglichkeit vom Newsletter sollte ebenfalls vorhanden sein.

Cookies

Der Einsatz von Cookies unterstützt das Marketing. Mittels Cookies können Sie als E-Shopbetreiber feststellen, ob und wann ein Kunde (richtiger eigentlich: ob sein Computer) auf den Webseiten Ihres E-Shops war und ob er eine Bestellung ausgelöst hat. Cookies werden je nach Benutzer mit spezifischen Informationen, die genau die gewollten Daten (schon etwas bestellt, wann das letzte Mal E-Shop besucht usw.) enthalten, auf dem Nutzercomputer abgelegt und beim wiederholten Kontaktieren des E-Shops ausgelesen.

Cookies sind kleine Dateien, die in der Datei `cookie.txt` auf dem Rechner eines Kunden gespeichert werden. Bei einem wiederholten Besuch Ihrer E-Shop-Seiten kann eine Information, die Sie selbst in diese Datei geschrieben haben, wieder gelesen und ausgewertet werden.

Der Vorgang des Schreibens und Lesens von Cookies wird mit Skripten realisiert. Beim einfachen Besuch des Artikelkatalogs wird die Information „Artikelkatalog besucht am Datum, Uhrzeit" in codierter Form geschrieben. Wird eine Bestellung ausgeführt, lässt man die alte Information durch z. B. „Bestellung am Datum, Uhrzeit" in codierter Form ersetzen.

Beim nächsten Besuch lesen Sie diese Informationen aus und können auf die gewonnenen Informationen reagieren. Das OPENSTORE E-Shopsystem sieht das Setzen von Cookies technisch nicht vor. Im GS ShopBuilder Pro 2 E-Shopsystem können die im Bestellformular eingetragenen Kundendaten und die Angaben zur letzten Zahlungs- und Versandart in einer Cookiedatei gespeichert werden, wenn der Kunde den Befehl „Kundendaten speichern" markiert hat. Die Daten werden allerdings nicht an den Webserver des E-Shops übertragen, sondern nur vom Kundenbrowser ausgelesen.

E-Shopsysteme, die zu Marketingzwecken systematisch mit Cookies arbeiten, gehören zu einer anderen Kategorie von E-Shopsystemsoftware als die beiden behandelten Systeme, denn sowohl OPENSTORE P4.2.0.6 als auch GS ShopBuilder Pro 2 arbeiten nicht mit Cookies.

ZUSAMMENFASSUNG

Marketingstrategien zur Steigerung der Bekanntheit von Websites

Schreiben Sie die WWW-Adresse Ihres E-Shops in den Absender-teil (Signatur) Ihrer E-Mails. Ebenso sollte der Verweis auf einen E-Shop auf allen Firmenpapieren nicht fehlen.

- Die sachkundige Teilnahme an thematischen Mailing-Listen und Newsgroups, die auch von Ihrer Zielgruppe frequentiert werden, kann Sie (respektive Ihren E-Shop) bekannt machen.
- Überprüfen Sie regelmäßig Ihre Eintragungen in Suchmaschinen und Webkatalogen und verbessern Sie durch Anpassungen Ihre Platzierung.
- Beteiligen Sie sich an Marktplätzen oder so genannten Malls. Werbebanner können auf sehr stark frequentierten Websites (z.B. auch Websites von Suchmaschinen) gekauft werden.
- Erfahrungsgemäß aufwändig aber langfristig erfolgreich ist das Bereitstellen von zusätzlichen Inhalten (Content, zum Beispiel neutrale Informationen zu Artikeln und Testberichte) im Web. Soweit Sie die Inhalte nicht selbst erstellen, beachten Sie dabei aber das Copyright der Autoren und fragen Sie bei Unklarheiten zunächst den Urheber bezüglich einer Verwendungserlaubnis.
- Bei der Verwendung von Frames untersuchen Suchmaschinen den Titel der Seite, die Elemente `<meta>` und den Bereich `<noframes>`. Hier sollten Sie die Framesetdatei mit umfangreichen und ausführlichen Elementen `<meta>` füllen und den `<noframes>`-Bereich mit einer umfassenden Beschreibung mit möglichst vielen potenziellen Suchwörtern und Links ausstatten. Auch das Vorschalten einer Empfangsseite (Splash Screen) vor dem eigentlichen E-Shop mit einer Beschreibung und Meta-Angaben erleichtert es dem E-Shop, gefunden zu werden.

Weitere Maßnahmen

Wie populär ist Ihr E-Shop?

Die Zahl der Links auf anderen Websites auf Ihren E-Shop drückt deutlich die Popularität Ihres E-Shops aus. Die Attraktivität Ihres E-Shops führt oft dazu, dass andere Website-Anbieter einen Link zu Ihrem Shop setzen. Wie ermitteln Sie solche Links? So genannte Link Checker finden Sie bei großen Suchmaschinen und unter anderem auch bei http://www.linkpopularity.com/. Bei Suchmaschinen kann im Eingabefeld mit link:www-adresse ermittelt werden, welche Websites einen Link zu `www-adresse` haben.

www.linkpopularity.com

Empfehlungsskript

Platzieren Sie ein kleines Empfehlungsskript an geeigneter Stelle auf allen Seiten des E-Shops. Der Text „Empfehlen Sie diese Seite weiter" hat die Wirkung von Mundpropaganda. Das dazu geeignete kostenlose Skript `birdcast.cgi` finden Sie bei BigNose.com unter http://bignosebird.com/carchive/birdcast.shtml.

http://bignosebird.com/carchive/birdcast.shtml

ZUSAMMENFASSUNG

In dieser abschließenden Lerneinheit wurden die behandelten E-Shopsysteme verglichen. Erst in der Praxis zeigt sich definitiv, welche E-Shoplösung am zweckmäßigsten ist – doch leider muss man sich vorher entscheiden. Um Fehlentscheidungen zu vermeiden sollten Ihnen mit der vorliegenden Qualifikationseinheit Hilfsmittel an die Hand gegeben werden: zum einen durch Präsentation und Analyse zweier konkreter E-Shopsysteme und zum anderen durch die Herangehensweise, die Ihnen einen bewährten Kriterienkatalog für Ihre Systemauswahl zur Verfügung stellt.

Für die Einrichtung und den Betrieb Ihres E-Shops wünschen wir Ihnen in jedem Fall viel Erfolg!

[15] ANHANG

15.1 Literaturliste

Links zu Lerneinheit 1

- e-Procurement: Der Kosten-minimierer, H&T Verlagsgesellschaft mbH & Co. KG
  http://www.e-business.de/texte/5280.asp
- eBusiness 2002 : Potenzial ohne Spektakel, Kurt Monse und Monika Gatzke, ECIN, 2002
  http://www.ecin.de/state-of-the-art/outlook2002/print.html
- Enterprise Portals: New Strategies For Information Delivery, An Ovum Report, David Wells, Christopher Harris-Jones, Madan Sheina, 2000, Ovum
  http://www.ovum.com/go/product/flyer/EIP.htm
- Covisint – Beschleunigung des Geschäftserfolgs, Covisint
  http://www.covisint.com/ger/
- Chancen und Risiken inverser Auktionen im Internet für Aufträge der öffentlichen Hand
  http://www.bmwi.de/Homepage/download/doku/doku496.pdf
- Neues Jahr, neues Schuldrecht, Marein Elena Müller
  http://www.net-im-web.de/pdf/2002_01_s61.pdf
- Power-Shopping
  http://www.adv.at/internetundrecht/PowerShopping.pdf
- TOBIBIKO Eins01: Das ATTENTION- Konzept, TOBIBIKO 2002
  http://www.tobibiko.de/archive/2001_08_26_archive.html
- Medien-Marketing – Marketing: Grundbegriffe, Dr. Michael Höding
  http://www.fh-brandenburg.de/~hoeding/lehre/mmMarketing.pdf
- Online Monitor Welle 7, G+J Electronic Media Services Adsales
  http://www.ems.guj.de/download/download.php?file=ems_gfk7te_erhebungswelle.pdf

- Amazon.com, Inc.
  http://www.amazon.de
- Orientierungshilfe Tele- und Mediendienste
  - http://fhh.hamburg.de/coremedia/generator/Aktuell/
    weitere-einrichtungen/datenschutzbeauftragter/
    veroeffentlichungen/informationsmaterialien/internet/
    orientierungshilfe-tele-und-mediendienste.html
  - http://fhh.hamburg.de/coremedia/generator/Aktuell/
    weitere-einrichtungen/datenschutzbeauftragter/
    veroeffentlichungen/informationsmaterialien/internet/
    orientierungshilfe-tele-und-mediendienste-
    pdf,property=source.pdf
- Forrester Research, Inc.
  http://www.forrester.com/
- Gesetz über Rahmenbedingungen für elektronische Signaturen,
  Bundesministerium der Justiz
  http://jurcom5.juris.de/bundesrecht/sigg_2001/
- LEITBILD Media - Home of OPENSTORE,
  LEITBILD Media GmbH
  http://www.openstore.de/de/index.html
- GS ShopBuilder – Download, GS Software AG
  http://www.gs-shopbuilder.de/download_gssbpro.htm
- Adobe Systems Incorporated
  http://www.adobe.de
- Jasc Software, Inc.
  http://www.jasc.de

Links zu Lerneinheit 2

- The Internet Corporation for Assigned Names and Numbers
  http://www.icann.org
- RIPE (Réseaux IP Européens)
  http://www.ripe.net
- DENIC Domain Verwaltungs- und Betriebsgesellschaft eG
  http://www.denic.de
- Index of /rfc/, The Internet Engineering Task Force
  http://www.ietf.org/rfc/
- RFC Online-Zugriff,
  http://bambam.informatik.uni-oldenburg.de/RFC/main.html
- Scheller, M.; Boden, K.; u. a. : „Internet: Werkzeuge und Dienste",
  Springer Verlag, 1994
  http://www.uni-trier.de/infos/inet/all.html
  http://www.computec.ch/dokumente/tcp-
  ip/internet_werkzeuge_und_dienste/inetbuch/all.html
- Stahlknecht, P.; Hasenkamp, U., Einführung in die Wirtschaftsin-
  formatik
  10. vollst. überarb. u. aktualisierte Aufl. 2002, Springer-Verlag
- Scheer, Ausgust-Wilhelm: Wirtschaftsinformatik – Referenzmodelle
  für industrielle Geschäftsprozesse.
  6. Auflage – Springer-Verlag, 1995
- Ramez E. Elmasri, Shamkant B. Navathe:
  Fundamentals of Database Systems (3rd Edition)
  Addison-Wesley, 1999
- Alfons Kemper, Andre Eickler:
  Datenbanksysteme. Eine Einführung.
  Oldenbourg, München, 2001
- Sicherheit im Internet, Bundesministerium für Wirtschaft und
  Technologie (BMWI), Bundesministerium des Innern (BMI),
  Bundesamt für Sicherheit in der Informationstechnik (BSI),
  Regulierungsbehörde für Telekommunikation und Post (RegTP)
  http://www.sicherheit-im-internet.de

- Sicherheit im Internet, Themen / e- und m-Commerce, Bundes-
  ministerium für Wirtschaft und Technologie (BMWI), Bundes-
  ministerium des Innern (BMI), Bundesamt für Sicherheit in der
  Informationstechnik (BSI), Regulierungsbehörde für Telekommuni-
  kation und Post (RegTP)
  http://www.sicherheit-im-internet.de/themes/themes.phtml?ttid=6
- Sicherheit im Internet, Themen / e- und m-Commerce / Sicheres
  Einkaufen im Internet, Bundesministerium für Wirtschaft und
  Technologie (BMWI), Bundesministerium des Innern (BMI),
  Bundesamt für Sicherheit in der Informationstechnik (BSI),
  Regulierungsbehörde für Telekommunikation und Post (RegTP)
  http://www.sicherheit-im-
  internet.de/themes/themes.phtml?ttid=6&tdid=708&page=0
- The SSL Protocol, Version 3.0, Transport Layer Security Working
  Group
  http://home.netscape.com/eng/ssl3/draft302.txt
- Security Server – Übersicht, Instituts für Nachrichtenübermittlung,
  Universität Siegen
  http://www.infoserversecurity.org/index.php
- Mersch Online Research: Secure Electronic Transaction (SET),
  Mersch Online, Frankfurt/Main
  http://www.mersch.com/research/xchange/set.htm
- Proseminar „Web Performance", Universität Marburg, 2000/2001
  http://ivs.cs.uni-magdeburg.de/sw-
  eng/agruppe/lehre/prosem1.shtml
- Sicherheitsaspekte bei Electronic Commerce
  Band 10 der BSI-Schriftenreihe zur IT-Sicherheit,
  ISBN 3-88784-935-3, 38,00 DM

Links zu Lerneinheit 3

- LEITBILD Media – Home of OPENSTORE
  http://www.openstore.de/
- "The cgiemail home page"
  http://web.mit.edu/wwwdev/cgiemail/index.html
- Adobe Systems Incorporated
  http://www.adobe.de
- Jasc Software, Inc.
  http://www.jasc.de
- LEITBILD Media – OPENSTORE >> Buy Online >>
  http://www.openstore.de/de/order/

Links zu Lerneinheit 4

- ARCHmatic-Glossar und -Lexikon: EDV-Glossar, Internet, Grafik, Graphik, EDV, IT, Bildverarbeitung, Video, CAD, CAAD, Architektur, WEB, Multimedia, Glossar, Glossare, Lexikon, FAQ, FAQs, Nachschlagewerk, Nachschlagewerke, Lexika, Lexikas, Know-How, Wissen, suchen, nachschlagen
  http://www.glossar.de
- Born, G.: Referenzhandbuch Dateiformate
  Addison Wesley Verlag, Bonn, Seiten 1399, 1997, ISBN 3-8273-1241-8
- Rick F. van der Lans: Introduction to SQL
  Addison-Wesley, 1993
- Peter Kleinschmidt, Christian Rank: Relationale Datenbanksysteme. Eine praktische Einführung
  Springer-Verlag Berlin Heidelberg, 2001, 2. überarb. u. erw. Aufl. 2002, ISBN: 354042413X

Links zu Lerneinheit 5

- Burghardt, M., Projektmanagement: Leitfaden für die Planung, Überwachung und Steuerung von Entwicklungsprojekten. 4. Aufl., Erlangen, 1997.

- Balzert, H., Lehrbuch der Software-Technik: Software-Entwicklung. Heidelberg, 1996.

- Heinrich, L. J., Informationsmanagement: Planung, Überwachung und Steuerung der Informationsinfrastruktur. 5. Aufl., München, 1996.

- Herbst, A.: Anwendungsorientiertes DB-Archivieren: Neue Konzepte zur Archivierung in Datenbanksystemen. Berlin, Heidelberg: Springer 1997

- Schaarschmidt, R., Bühnert, K., Herbst, A., Küspert, K., Schindler, R.: Konzepte und Implementierungsaspekte anwendungsorientierten Archivierens in Datenbanksystemen. Informatik Forschung und Entwicklung, 13(2): 79-89 (1998)

- Schaarschmidt, R., Röder, W.: Datenbankbasiertes Archivieren im SAP System R/3. Wirtschaftsinformatik, 39(5): 469-477 (1997)

- Störl, U.: Backup und Recovery in Datenbanksystemen. Verfahren, Klassifikation, Implementierung und Bewertung. Teubner Verlag: 2001.

- Pohl, Hartmut; Weck, Gerhard: Einführung in die Informationssicherheit. Oldenbourg, München, 1993

- Kersten, Heinrich: Sicherheit in der Informationstechnik. Einführung in Probleme, Konzepte und Lösungen. Oldenbourg, München, 1995

Links zu Lerneinheit 6

- Allgemeine Nutzungsbedingungen für den Dienst OPEN Mail der LEITBILD Media GmbH
  http://www.openstore.de/rom.htm
- LEITBILD Media – Home of OPENSTORE, EXTENDED Mail, LEITBILD Media GmbH
  http://www.openstore.de/de/products/about_mail.html
- LEITBILD Media – Home of OPENSTORE, OPEN Mail Informationen, LEITBILD Media GmbH
  http://www.openstore.de/de/products/open_mail.html
- LEITBILD Media - Home of OPENSTORE, OPENSTORE – häufig gestellte Fragen/Antworten, LEITBILD Media GmbH
  http://www.openstore.de/de/documents/faq.html
- Wirtz, B.W., Electronic Business
  2. Aufl., Gabler Verlag, 2001,
- Merz, M., Electronic Commerce
  2. Aufl. dpunkt-Verlag, 2002

Links zu Lerneinheit 7

- Interarchy.com: Interarchy 5.0 with FTP Disk, Stairways Software Pty Ltd, Peter N Lewis, Andrew Tomazos
  http://www.interarchie.com/
- Cute FTP 4.2
  http://www.softer.de/Detail/426.shtml
- Deutsch: WS_FTP Pro, Ipswitch, Inc.
  http://www.ipswitch.com/international/german/wsftppro.html
- Sichern von Dateien und Ordnern
  http://www.microsoft.com/windows2000/de/professional/help/backup_overview.htm
  http://www.microsoft.com/windows2000/de/professional/help/default.asp?url=/windows2000/de/professional/help/backup_overview.htm
- thema Nr.5 – Backup & Restore, Konzepte & Lösungen zur Datensicherung und Datenwiederherstellung
  http://www.google.com/search?q=cache:dlivyWHmT5UC:www.eurodis.ch/thema5.shtml
  http://www.eurodis.ch/thema5.shtml
- Gesetz über den Datenschutz bei Telediensten, Bundesministerium der Justiz
  http://bundesrecht.juris.de/bundesrecht/tddsg/
- Analog, Stephen Turner
  http://www.analog.cx/
- Hits des Tages, Sinn und Unsinn von Web-Statistiken, Oliver Schade, iX 11/1996, S. 96
  http://www.heise.de/ix/artikel/1996/11/096/
- Sevenval AG – E-Business Marketing Technologies, Sevenval AG
  http://www.sevenval.de
- Wilkommen auf der Exody – Homepage, Exody E-Business Intelligence GmbH
  http://www.exody.net/ger/index.cfm
- Site Tracker – Web site tracking and statistics
  http://www.sitetracker.com/
- eShops – ECIN – Electronic Commerce Info Net, ECIN – Electronic Commerce Info Net
  http://www.ecin.de/shops/

- LEITBILD Media – Home of OPENSTORE, LEITBILD Media - Support & Service, LEITBILD Media GmbH
  http://www.openstore.de/de/support/index.html
- LEITBILD Media – Home of OPENSTORE
  http://www.openstore.de/

Links zu Lerneinheit 8

- Allgemeine Nutzungsbedingungen für den Dienst OPEN Mail der LEITBILD Media GmbH
  http://www.openstore.de/rom.htm
- LEITBILD Media – Home of OPENSTORE, EXTENDED Mail, LEITBILD Media GmbH
  http://www.openstore.de/de/products/about_mail.html
- LEITBILD Media – Home of OPENSTORE, OPEN Mail Informationen, LEITBILD Media GmbH
  http://www.openstore.de/de/products/open_mail.html
- Netcraft Web Server Survey, Netcraft
  http://www.netcraft.com/survey/
- Secure Products and Services for Retail, Professional, Industry, Enterprise Businesses: VeriSign Inc., VeriSign, Inc.
  http·//www.verisign.com/products/
- LEITBILD Media – Home of OPENSTORE, OPENSTORE – Alle Produkt Dokumentationen, LEITBILD Media GmbH
  http://www.openstore.de/de/documents/
- open.store – onlineshop, LEITBILD Media GmbH
  http://www.openstore.de/demos/demoP4exmail/openstore.htm
- LEITBILD Media – Home of OPENSTORE, Buy Online, LEITBILD Media GmbH
  http://www.openstore.de/de/order/

Links zu Lerneinheit 9

- GS Software AG - Beratungs- und Systemhaus, GS SOFTWARE AG
  http://www.gs-software.de/
- GS ShopBuilder – Produkte, GS SOFTWARE AG
  http://www.gs-shopbuilder.de/pro_produktinfo.htm
- GS ShopBuilder – Download, GS SOFTWARE AG
  http://www.gs-shopbuilder.de/download.htm
- FreeZip - zip and unzip for free, Dariusz Stanislawek
  http://members.ozemail.com.au/~nulifetv/freezip/index.html
- WinZip® German Home Page, WinZip Computing, Inc.
  http://www.winzip.de
- Shopcity24, GS SOFTWARE AG
  http://www.shopcity24.de
- iclear, EuroCoin iclear GmbH
  https://www.iclear.de/
- paybox - Zahlungsdienst per Handy, paybox deutschland AG
  http://www.paybox.de/
- Internet-Glossar: F, Ingenieurbüro Dipl.-Ing. Torsten Horn
  http://www.torsten-horn.de/glossar/GlossarF.htm
- SelftHTML, Meta-Angaben zum Inhalt, Stefan Münz
  http://selfhtml.teamone.de/html/kopfdaten/meta.htm

Links zu Lerneinheit 10

- Borland GmbH
  http://www.borland.de
- GS ShopBuilder, GS Software AG
  http://www.gs-shopbuilder.de

Links zu Lerneinheit 11

- SelfHTML, Stefan Münz
  http://selfhtml.teamone.de/
- „Keywords in GS ShopBuilder Pro 2 beta", GS ShopBuilder Support
  Forum
  http://www.gs-shopbuilder.de/ubb/Forum7/HTML/000011.html
- Zuckerlexikon, Südzucker (verwendet in HA 2)
  http://www.suedzucker.de/downloads/05_produkte/
  zuckerlexikon.pdf

Links zu Lerneinheit 12

- iclear
  https://www.iclear.de
- Paybox-Anmeldung, GS Software AG
  http://www.gs-shopbuilder.de/paybox.htm
- eCommerce und Zahlungssysteme – Optimierung von
  Geschäftsabläufen, LEITWERK Gesellschaft für angewandte
  Informatik mbH
  http://www.leitwerk.de/service/workshops/eommerce_zahlungssy-
  steme.pdf
- Trusted Site, TÜViT GmbH
  http://www.trusted-site.de/

Links zu Lerneinheit 13

- SelftHTML, Meta-Angaben zum Inhalt, Stefan Münz
  http://selfhtml.teamone.de/html/kopfdaten/meta.htm
- Die Suchfibel. Alles über Suchmaschinen., Stefan Karzauninkat
  http://www.suchfibel.de
- SelftHTML, HTML-Zeichenreferenz, Stefan Münz
  http://selfhtml.teamone.de/html/referenz/zeichen.htm
- GS ShopBuilder Support, GS Software AG
  http://www.gs-shopbuilder.de/support.htm
- GS ShopBuilder Produkt-Familie, GS Software AG
  http://www.gs-shopbuilder.de/produkte.htm

Links zu Lerneinheit 14

- Strato AG
  http://www.strato.de
- Electronic Business, Wirtz, B., 2. Auflage, Wiesbaden 2001
- E-Commerce und E-Business, MERZ, M., 2. Auflage, Heidelberg
  2002
- Informationspflicht beim Betrieb von Tele- und Mediendiensten,
  Rechtsausschuss des DFN-Vereins, 2002
  http://www.dfn.de/service/ra/checkliste/
  Anbieterkennzeichnung.html
- Fernabsatz-Gesetz.de, Rolf Becker
  http://www.fernabsatz-gesetz.de
- Die Suchfibel. Alles über Suchmaschinen., Stefan Karzauninkat
  http://www.suchfibel.de
- SelftHTML, Stefan Münz
  http://selfhtml.teamone.de/
- Klug Suchen! – Ihr Weg zur richtigen Information, Katja Ebert
  Medien und Kommunikation
  http://www.klug-suchen.de/
- Suchmaschinen – Die Themen, drweb.de AG iGr.
  http://www.ideenreich.com/suchmaschinen/index.shtml
- SelftHTML, Meta-Angaben zum Inhalt, Stefan Münz
  http://selfhtml.teamone.de/html/kopfdaten/meta.htm
- Metatag-Generator, Fireball Netsearch GmbH
  http://rubriken.fireball.de/Suchengefundenwerden/Infos/
  metataggenerator.html

- Die Suchfibel. Alles über Suchmaschinen., Draussen bleiben! robots.txt, Stefan Karzauninkat
  http://www.suchfibel.de/6gefunden/robotstxt.htm
- SelftHTML, Meta-Angaben zum Inhalt, Stefan Münz
  http://selfhtml.teamone.de/html/kopfdaten/meta.htm
- Was ist ein robots.txt?, drweb.de AG iGr.
  http://www.ideenreich.com/suchmaschinen/robots.shtml
- Eine Einführung: robots.txt, Katja Ebert Medien und Kommunikation
  http://www.klug-suchen.de/texte/roboter.html
- Webmaster Resource: Tipps & Tricks: Promotion: robots.txt, Webmaster Resource
  http://www.webmaster-resource.de/tricks/promotion/robots.php4
- Klug Mitteilen!, Katja Ebert Medien und Kommunikation
  http://www.klug-suchen.de/mteilen.html
- Suchmaschinen Anmeldung, redDot.at WebHosting GmbH
  http://www.multisubmit.at/
- ANIMEX creative computing
  http://www.animex.de/
- Add Me, Inc
  http://www.addme.com/
- WEB.DE, WEB.DE AG
  http://web.de/
- DINO-Online, freenet.de AG
  http://www.dino-online.de/
- ODP, Open Directory Project
  http://dmoz.org/
- KBX8 GmbH
  http://www.kbx.de
- Way Beyond the Banner, Business 2.0 Media Inc
  http://www.business2.com/articles/mag/print/0,1643,40552,FF.html
- LinkPopularity.com, The PC Edge, Inc.
  http://www.linkpopularity.com/
- BigNoseBird.Com, Inc.
  http://bignosebird.com/carchive/birdcast.shtml

15.2 Glossar

Abfragesprache Eine formale Sprache, die innerhalb einer Datenbank oder bei Internet-Suchmaschinen benutzt wird. Diese Suchsprachen bestehen meistens aus wenigen einfachen Schlüsselwörtern. Die bekannteste Abfragesprache ist die nicht prozedurale Sprache SQL, „nicht prozedural" bedeutet dabei, dass die auszuführenden Aktionen textlich beschrieben werden. In nicht prozeduralen Sprachen wird formuliert, was zu tun ist, im Gegensatz zu prozeduralen Sprachen jedoch nicht wie es zu tun ist.

absolute Pfadangabe Angabe eines URI inklusive aller Bestandteile (Protokoll, Server, Domain etc.). (Siehe auch RELATIVE PFADANGABE)

Administration hier: Systemverwaltung in einem Netzwerk

Adressierung Angabe eines eindeutigen Namens für einen Rechner in einem Netzwerk bzw. im WWW. Unterschieden wird zwischen IP-Adressen (z.B. 192.168.0.3) und Domainnamen (z. B. http://www.teia.de)

Add-On Ein Add-On ist zusätzliche Hard- oder Software, um die ursprüngliche Funktionalität bzw. Leistungsfähigkeit zu erweitern

AGB Allgemeine Geschäftsbedingungen

API „Application Programming Interface"; Software-Schnittstelle zum Nutzen bestimmter Funktionen eines anderen Programms.

Arbeits-geschwindigkeit Die Arbeitsgeschwindigkeit eines Rechners hängt von sehr vielen Faktoren ab: Taktrate und Typ des Prozessors, Menge und Art des ARBEITS-SPEICHERS, Größe der Festplatte, Grafikkarte, verwendetes Bussystem, eingesetzte Software. Um die Arbeitsgeschwindigkeit eines Rechners zu erhöhen müssen ein oder mehrere Komponenten erweitert (beispielsweise Arbeitsspeicher) oder ausgetauscht (beispielsweise Prozessor oder Grafikkarte) werden.

Arbeitsspeicher	Der Arbeitsspeicher eines Computers wird auch RAM (Random Access Memory) genannt, weil jedes Byte im Arbeitsspeicher einzeln adressiert ist. Der Arbeitsspeicher ist in der Regel ein flüchtiger Speicher, denn er verliert seine Inhalte, wenn kein Strom mehr fließt. Wird mit Daten oder Programmen gearbeitet, müssen diese zunächst von der Festplatte in den Arbeitsspeicher geladen werden
ASCII	American Standard Code of Information Interchange Code zur Zeichendarstellung. Wurde bereits 1963 als 7-Bit-Code entwickelt (das erste Bit jedes Bytes war eine Null). Heute verwenden Rechner dagegen einen 8-Bit-Code. Die erweiterten Zeichen sind aber in unterschiedlichen Code-Tabellen verschieden belegt. Dadurch können länderspezifische Buchstaben und Sonderzeichen dargestellt werde. Der ASCII-Code wird immer mehr durch den ISO-genormten Unicode verdrängt, der mit 2 Bytes je Zeichen einen deutlich größeren Zeichenvorrat hat als der ASCII-Code (über 65'000 Zeichen bei Unicode, lediglich 256 bei ASCII).
asymmetrischen Verfahren	Verschlüsselungsverfahren, bei dem für die Ver- und Entschlüsselung unterschiedliche SCHLÜSSEL verwendet werden. Das Schlüsselpaar wird aus einem geheimen und einem öffentlichen Schlüssel gebildet. Der ÖFFENTLICHE SCHLÜSSEL ist frei verfügbar – er dient zum Verschlüsseln der Nachricht. Der private Schlüssel ist geheim. Es ist lediglich demjenigen bekannt, dem die Nachricht zugesandt wird. Der private Schlüssel dient dem Entschlüsseln der Nachricht.
Auktion	Eine der ältesten Preisfindungsmechanismen beim Handeln mit Gütern, bei der der Besitzer einer Ware direkt an den Endnutzer verkauft. Nach Wirtz (Wirtz, B. W.: Electronic Business, 2. Auflage, Wiesbaden 2001, S. 454f) werden Auktionen zunehmend als zentrales dynamisches Preisfindungsinstrument für das E-Business gesehen. Auktionen sind demnach in der Lage, Preise flexibel beim Aufeinandertreffen von Angebot und Nachfrage in Abhängigkeit der Markt- und Wettbewerbsbedingungen zu bilden. Abhängig vom Preisfindungsmechanismus wird zwischen den folgenden drei Auktionsformen unterschieden: Englische Auktion (der Preis steigt, bis nur noch ein Bieter übrig ist), Holländische Auktion (Anfangspreis sinkt, bis der erste Bieter diesen annimmt) und Höchstpreisauktion (Gebotsabgabe binnen fester Frist und Verkauf an höchstes Gebot).Im Internet erlebte diese Handelsvariante einen neuen Höhepunkt durch Anbieter wie eBay, Ricardo.de und andere Unternehmen.

Authentizität	Die Authentizität hilft sicherzustellen, dass eine Information tatsächlich von der sich als Absender ausgebenden Person oder Institution stammt.
B2B	Abkürzung für: Business to Business Geschäftsbeziehungen zwischen mehreren Unternehmen (business).
B2C	Abkürzung für: Business to Consumer Geschäftsbeziehungen zwischen Unternehmen (business) und Endkunden/Kunden/Verbraucher (consumer).
Backup	Sicherheitskopie eines Datenstandes, die bei Datenverlust oder Datenzerstörung eine Möglichkeit bietet, die ursprünglichen Datenbestände wiederherzustellen.
Bandbreite	Übertragungskapazität einer Datenleitung; wird in Bit/s bzw. in MBit/s angegeben. Sollte die anfallende Datenmenge die Leistungsgrenzen überschreiten, wird die Kommunikation entweder sehr langsam oder bricht gänzlich ab. Die nominelle Bandbreite steht für den Endanwender nie zu Verfügung, da immer auch ein bestimmter Wert für die Adressierung der einzelnen Datenpakete benötigt wird.
BDE	BDE (Borland Database Engine). DATENBANKprodukt der Firma Borland, das als Freeware erhältlich ist.
Benutzer-kennung	Identifikation eines Benutzers beispielsweise in einem Netzwerk oder bei einem Onlinedienst. Die Benutzerkennung wird häufig auch als Login-Name bezeichnet. Konkret handelt es sich dabei entweder um einen echten Namen, ein Pseudonym oder auch um eine Zahlenfolge.
BMP	Bitmap: Einfachstes Grafikformat, bei dem die Bildpunkte innerhalb eines zweidimensionalen Koordinatensystems mit einem x, y-Wert (Lage des Bildpunktes) und einem Farbwert beschrieben werden. Die Höhe der Auflösung ergibt sich aus der Anzahl der Einzelpunkte innerhalb einer festgelegten Fläche. Großer Nachteil des BMP-Formats ist der sehr hohe Speicherplatzbedarf.
Buttons	Engl. für „Schaltfläche"

CGI	Eine der ältesten Methoden dynamische Webseiten zu erstellen, ist das Common Gateway Interface (CGI). CGI ist eine Schnittstelle zwischen dem Webserver und einem externen Programm. Über CGI kann der WEBSERVER ein Programm aufrufen und dabei benutzerspezifische Daten (etwa vom Benutzer in ein Formular eingegebene Daten) übergeben. Das Programm verarbeitet dann die Daten und der Server liefert die Ausgabe des Programms an den Webbrowser zurück. Der einfache und standardisierte Aufbau von CGI hat es ermöglicht, dass fast alle Webserver CGI unterstützen. CGI ist unabhängig von der verwendeten Programmiersprache und der Plattform, auf der es ausgeführt wird.
Clearingstelle	Unter dem so genannten Clearing wird ein Verfahren zur Übermittlung, Abstimmung und teilweise zur Rückbestätigung von Zahlungsanweisungen und sonstigen Zahlungstransfers zwischen Finanzinstituten vor der Abwicklung der Zahlungen verstanden. Die Clearingstelle ist die zentrale Einrichtung, durch die viele Finanzinstitute per Übereinkunft ihre Zahlungsanweisungen oder anderen Zahlungsverpflichtungen verrechnen. Der Austausch der Zahlungsinformationen, ihre eventuelle gegenseitige Aufrechnung und die anschließende Abwicklung geschehen zu bestimmten Zeiten und nach den festen Regeln der Clearingstelle.
Client	in einem lokalen Netzwerk oder dem Internet ein Computer, der auf freigegebene Netzwerkressourcen zugreift, die von einem anderen Computer, dem so genannten Server, zur Verfügung gestellt werden. Bezeichnet auch eine Anwendung oder einen Prozess, die bzw. der einen Dienst von einem Prozess oder einer Komponente anfordert. Ein Client erleichtert die Verbindung mit Servercomputern und verwaltet und präsentiert Informationen aus diesen Quellen. In einer CLIENT-/ SERVERUMGEBUNG fungiert die Arbeitsstation normalerweise als Clientcomputer. In Bezug auf COM-Objekte ein Programm, das auf einen Dienst, der von einer anderen Komponente zur Verfügung gestellt wird, zugreift oder verwendet.
clientseitig	Auf der Seite des CLIENT ablaufend.

Client-Server-Prinzip	Ein Computingmodell, bei dem Clientanwendungen, die auf einem Desktopcomputer oder einem PC ausgeführt werden, auf Informationen zugreifen, die sich auf RemoteSERVERN oder Hostcomputern befinden. Der Clientteil der Anwendung ist normalerweise für die Interaktion mit dem Benutzer optimiert, während der Serverteil zentrale Funktionen für mehrere Benutzer zur Verfügung stellt.
Clientsoftware	Software, die auf dem Client installiert ist.
Cliparts	Zeichnungen, Bilder und andere Grafiken, die als digitale Vorlagen zur Verfügung stehen
Colocation	dt.: „zusammen in einem Raum"; Eine Methode, Web- und Datenbankserver in Rechenzentren umfassend ans Internet anzubinden, indem sie zusammen genutzt bzw. geteilt werden.
Comma Separated Values	siehe **CSV**
Cookie	Ein Mittel, durch das im HTTP-Protokoll ein Server oder ein Skript Zustands- oder Statusinformationen auf dem Clientcomputer verwalten können. Es handelt sich also bei einem Cookie um Informationsstücke über den Besuch einer Person auf einer Webseite. Ein Cookie kann Informationen über die benutzerspezifische Anpassung der Webseite, über den Verlauf des Besuchs auf einer Webseite oder die Anzahl erfolgter Besuche enthalten. Eine Website kann auf die Informationen eines Cookies immer dann zugreifen, wenn der Benutzer eine Verbindung zum Server herstellt.
Corporate Design	Gesamtheit der grafischen Merkmale, die die Corporate Identity zur Präsentation nach außen vorsieht. Dazu zählen z. B. das Logo und bestimmte Schriftarten.
Corporate Identity	dt.: „Unternehmensidentität"; Selbstdarstellung, Präsentation eines Unternehmens in der Öffentlichkeit; zur Corporate Identity (CI) zählt auch das CORPORATE DESIGN.

Co-Shopping	auch „Powershopping" genannt. Dabei handelt es sich um eine Variante des Einkaufs im Internet, bei der sich Käufer zu Gruppen zusammenschließen, um Mengenrabatten zu erzielen. Je mehr Käufer ein bestimmtes Produkt gemeinsam erstehen, desto billiger wird es.
CRM	siehe CUSTOMER RELATIONSHIP MANAGEMENT
Cross Selling	Unter Cross-Selling versteht man den zusätzlichen Verkauf anderer Produkte aus dem gleichen Sortiment oder der gleichen Produktpalette.
CSS	Cascading Style Sheets CSS werden zum Steuern des Layouts in HTML-Seiten eingesetzt. Mit CSS sind u. a. das festlegen von Schriftarten, -farben, -größen, Absatzformatierung oder dem Seitenlayout möglich.
CSV	CSV= "Comma Separated Values" einfaches Datenbank-Format: in einer ASCII-Text-Datei sind die einzelnen Datensätze durch Zeilenumbrüche und die einzelnen Datenfelder durch Komma voneinander getrennt.
Customer Relationship Management	Englisch für "Kundenbeziehungsmanagement", kurz auch CRM genannt. Laut der Definition von Wirtz soll unter dem Begriff die institutionelle Analyse, Steuerung, Gestaltung und das Controlling von Geschäftsbeziehungen zu den Kunden mit dem Ziel, einen unternehmerischen Erfolgsbeitrag zu leisten, verstanden werden (Wirtz, B. W.: Electronic Business, 2.Auflage, Wiesbaden 2001, Seite 496).
Datenbank	Unter einer Datenbank versteht man die strukturierte Speicherung und Verwaltung von nicht redundanten Daten; die Datenbank ist praktisch der Container, in dem die Informationen gespeichert werden. Es gibt mehrere Modelle, nach denen Datenbanken realisiert werden: ■ hierarchische Datenbanken, ■ relationale Datenbanken und ■ objektorientierte Datenbanken. Heute sind mehr als 90% aller eingesetzten Datenbanken relationale Datenbanken. Objektorientierte Datenbanken gelten als zukunftsträchtige Alternative, haben aber noch einen unbedeutenden Marktanteil. Hierarchische Datenbanken gelten allgemein als überkommen und werden heute nur noch wenig eingesetzt.

Datenbank-format	Format, in dem eine DATENBANK vorliegt
Datenfeld	Die kleinste Informationseinheit einer Datenbank. Wenn man als Grundlage einer Datenbank eine Tabelle nimmt, so ist ein Datenfeld eine einzelne Zelle der Tabelle und eine Reihe von Datenfeldern ist gleich einen Datensatz, was in einer Tabelle einer Zeile entsprechen würde.
Daten-inkonsistenz	Daten liegen in unterschiedlicher (z. T. sogar widersprüchlicher) Form vor. Beispiel: Die Angaben zu einem Kunden sind in der Zentral-Kundendatenbank und in einer lokalen Kopie nicht identisch.
Daten-konvertierung	Texte, Grafiken u.a. werden in bestimmten Datenformaten gespeichert. Um mit „fremden" Daten umgehen zu können, müssen diese dem eigenen Format angepasst, also quasi übersetzt werden, was als Konvertierung bezeichnet wird.
Dedicated Hosting	Beim Dedicated Hosting wird dem Kunden bei seinem ISP ein eigener Rechner zur Verfügung gestellt, der ausschließlich für die Domain dieses einen Kunden zur Verfügung steht.
Demoversion	Eine meist kostenlose Version eines Programms, die zum Testen zur Verfügung gestellt wird. Diese Versionen sind in Ihrem Gebrauch entweder zeitlich beschränkt nutzbar (beispielsweise 30 Tage) oder in wichtigen Funktionen eingeschränkt (beispielsweise kein Veröffentlichen oder Abspeichern erstellter Arbeitsergebnisse möglich). Es gibt auch Demoversionen, die beide Einschränkungen verbinden.
DENIC	„Deutsches Network Information Center"; Bundesweit zentrale Registrierungsstelle, die Hostnamen innerhalb der Top-Level-Domain für Deutschland vergibt. (http://www.denic.de)
digitale Produkte, digitale Güter	Immaterielle Realgüter, die vollständig in digitaler Form vorliegen, wenn sie an Kunden über Kommunikationsnetze ausgeliefert werden (Maleri)

DNS, Domain Name System	DNS ist ein dezentraler Dienst, der Rechnernamen bzw. Internetadressen im Klartext (z. B. www.teles.de) und IP-Adressen (z. B. 192.166.197.5) einander zuordnet. Sobald eine Seite im Internet angewählt wird, fragt der Browser zuerst einen Domain Name Server. Dieser meldet die entsprechende numerische Adresse zurück, worauf der Browser eine direkte Verbindung zur IP-ADRESSE aufbauen kann.
Domain	dt.: „Gebiet, Domäne"; Gruppe zusammengehöriger Computer in einem Computernetz, die über eine spezielle Adresse zu erreichen sind. Am Beispiel www.teia.de: „teia" stellt die Second-Level-Domain und ".de" die Top-Level-Domain dar. Die Domain ist Bestandteil des URL. .de-Adressen werden von der DENIC vergeben.
download	In der Datenübertragung der Vorgang des Übertragens einer Datei von einem Remotecomputer auf den anfordernden Computer mithilfe eines Modems oder Netzwerkes.
Dropdown-Listen	Ein (z. B. in einem HTML-Formular) realisiertes Auswahlmenü, das dem Benutzer eine Auswahl von mehreren Elementen Platz sparend anbieten kann. Es klappt nach einem Klick auf das oberste Element nach unten bzw., wenn nicht genügend Platz auf dem Bildschirm ist, nach oben aus.
E-Business	Unter dem Begriff E-Business wird die Anbahnung sowie die teilweise respektive vollständige Unterstützung, Abwicklung und Aufrechterhaltung von Leistungsaustauschprozessen mittels elektronischer Netze verstanden (Wirtz, B. W.: Electronic Business, 2.Auflage, Wiesbaden 2001, Seite 34).
E-Commerce	Elektronischer Handel. Der Vorgang des Kaufens und Verkaufens über das Web. E-Commerce ist Teil des E-BUSINESS

Einkaufssitzung	auch: Session bzw. User Session. Hierbei wird dem Benutzer einer bestimmten Website automatisch eine ID (Session ID), das heißt eine kryptische Zeichenfolge als eindeutige Kennung zugewiesen. Die Session-ID wird bereits beim ersten Request des Clients erzeugt. Sie ist Teil einer ganzen Sammlung von Session-Variablen, in denen beispielsweise auch Angaben über den verwendeten Browser oder die akzeptierten Datentypen stehen. Damit solche IDs nicht zu einem anderen Zeitpunkt von Unbefugten genutzt werden können, haben sie meist nur eine begrenzte Gültigkeitsdauer (Zeitdauer ab der letzten Anfrage, nach der die Sitzung automatisch verfällt).
englisches Verfahren	Variante einer Auktion, bei der ein Gegenstand oder eine Dienstleistung dem Meistbietenden zugeschlagen wird.
entpacken	Dekomprimieren einer gepackten Datei, die mit einem Packprogramm (beispielsweise WinZIP) erzeugt wurde.
ERP, ERP-Systeme, Enterprice Ressource Planning (ERP)	ERP-Systeme sind Softwarelösungen, die der unternehmensweiten Steuerung und Auswertung von Prozessen in den Bereichen Produktion, Vertrieb, Logistik, Finanzen, Personal, etc. dienen.
Extranet	Eine Erweiterung eines Firmenintranets mithilfe der WWW-Technologie, um die Kommunikation mit den Lieferanten und Kunden der Firma zu ermöglichen. Ein Extranet bietet Kunden und Lieferanten einen beschränkten Zugriff auf das Intranet der Firma, um die Schnelligkeit der Kommunikation und die Effizienz der Geschäftsbeziehungen zu verbessern.
FAQ	Normalerweise handelt es sich dabei um ein Dokument, das Fragen und Antworten zu grundlegenden Fragestellungen eines speziellen Themenfeldes enthält. Besucher können auf vielen Websites FAQs finden. FAQs führen Besucher zum Thema oder Inhalt der Website und bieten allgemeine Richtlinien über die beste Verwendung der Website.

Firewall	Ein Sicherheitssystem, das das Netzwerk einer Organisation vor externen Bedrohungen (beispielsweise durch unbefugte Personen) aus einem anderen Netzwerk, wie z. B dem Internet, schützen soll. Ein Firewall verhindert eine direkte Kommunikation der Computers im Netzwerk der Organisation mit Computern außerhalb des Netzwerkes und umgekehrt. Stattdessen wird jegliche Kommunikation über einen PROXYSERVER außerhalb des Netzwerkes der Organisation geleitet, wobei der Proxyserver entscheidet, ob die Übertragung einer bestimmten Nachricht oder Datei sicher ist.
Frame	Ein Frame der Teil eines FRAMESETS, in dem eine HTML-Datei dargestellt wird.
Frameset	HTML-Element zur Aufteilung des Browserfensters in mehrere FRAMES, um mehrere HTML-Seiten gleichzeitig anzeigen zu können.
FTP	FTP, das „File Transfer Protocol", ist ein Protokoll für den einfachen und schnellen Datenaustausch über das Internet. FTP basiert auf dem CLIENT-SERVER-PRINZIP: Das FTP-Server-Programm auf dem Zielrechner ist für den korrekten Zugang der Anwender zu den Daten zuständig. Der Anwender greift mit einem FTP-Client-Programm auf die Dienste des FTP-Servers zu.Das FTP-Protokoll ist im RFC 959 (http://www.ietf.org/rfc/rfc959.txt) standardisiert.
FTP-Logdatei	Datei, in der die FTP-Aktivitäten eines Computers protokolliert werden.
FTP-Programm	Anwendungsprogramm zum Hoch- bzw. Herunterladen von Dateien mittels des Protokolls FTP ("File Tranfer Protocol"). Beispiel: WS_FTP
gepackten Datei	Eine Datei, die mithilfe eines Packprogramms (beispielsweise WinZIP) komprimiert wurde, um Speicherplatz zu sparen. Vor dem Wiederbenutzen ist ein Entpacken notwendig.
GIF	„Graphics Interchange Format"; Format zur Darstellung von Bildern im WWW. Es ermöglicht die Darstellung von Transparenz und Animationen, beinhaltet aber nur 256 Farben.
History-Verwaltung	Funktionalität eines Programms, in der Vergangenheit vollzogene Aktionen zu speichern, und diese entweder reproduzieren oder umgehen zu können.

Hochladen	In der Datenübertragung der Vorgang des Hochladens der Kopie einer Datei von einem lokalen Computer auf einen Remotecomputer mithilfe eines Modems oder Netzwerkes. Bei einer modembasierten Kommunikation fällt normalerweise auch die Anweisung an den Remotecomputer, sich auf den Empfang der Datei auf der Festplatte vorzubereiten und auf den Beginn der Übertragung zu warten, unter diesen Vorgang.
HTML	HTML (Hypertext Markup Language) ist eine plattformunabhängige Dokumentenbeschreibungssprache. Mit HTML ist es möglich Webseiten zu gestalten und unterschiedliche Objekte durch Hyperlinks miteinander zu verknüpfen. Diese HTML-Dokumente werden vom Webbrowser interpretiert und dargestellt. Seit der Spezifizierung im Jahr 1990 wurde HTML mehrfach überarbeitet und erweitert. Derzeit ist die Version 4.01 (http://www.w3.org/TR/html4/) aktuell.
HTTP	HTTP (Hypertext Transfer Protocol) regelt den Datenaustausch zwischen Server und Client. Es beschreibt definierte Nachrichten und Antworten, mit denen ein Webbrowser und ein Webserver kommunizieren. Die derzeit (2001) aktuelle HTTP-Version ist 1.1. Diese ist in RFC 2616 (http://www.ietf.org/rfc/rfc2616.txt) spezifiziert.
IANA	Die IANA (Internet Assigned Numbers Authority) ist für die eindeutige Vergabe der IP-Adressen, Domain-Namen und Protokollparameter im Internet verantwortlich. Zu letzteren gehören u.a. die TCP- und UDP-Port-Nummern sowie die MIME-Types.
iclear	Kommerzieller Anbieter einer Clearing-Dienstleistung (siehe CLEARING-STELLE).
Identifizierung	Eindeutiges Erkennen einer Person oder beispielsweise eines Artikels in einer Datenbank. Eine Identifizierung kann somit entweder zum Zugang zu einem geschützten Bereich einer Website oder zum zweifelsfreien Heraussuchen eines bestimmten Datensatzes notwendig sein.
Importieren, Import	Einfügen von Daten in ein Dokument, die mit einem anderen Programm erstellt wurden. Bei diesem Vorgang muss das importierte Dateiformat an das der Zielanwendung angepasst (konvertiert) werden.

Internet	Abkürzung für Internetwork. Eine Reihe unterschiedlicher Computernetzwerke, die mithilfe von Gateways verbunden sind, die die Datenübertragung und Nachrichtenkonvertierung vom sendenden Netzwerk an die von den empfangenden Netzwerken verwendeten Protokolle übernehmen. Diese Netzwerke und Gateways verwenden die TCP/IP-Protokollsuite (Transmission Control Protocol/Internet Protocol). Das Internet war ursprünglich Teil der Defense Advanced Research Projects Agency (DARPA) des US-Verteidigungsministeriums.
Internet Engineering Task Force (IETF)	Eine Organisation für den Entwurf und die Entwicklung von Protokollen, deren Schwerpunkt auf dem Internet liegt. Bei der IETF handelt es sich um eine große, offene internationale Gemeinschaft, bestehend aus Netzwerkdesignern, -betreibern, -anbietern und -experten, die sich mit der Entwicklung der Internetarchitektur und dem reibungslosen Ablauf der Vorgänge im Internet beschäftigt. IETF unterliegt jetzt der Führung der Internet Society, einer nicht staatlichen, internationalen Organisation, deren Interesse die globale Kooperation und Koordination im Internet sowie der zugehörigen Netzwerktechnologien und -anwendungen ist. Weitere Informationen finden Sie unter http://www.isoc.org/.
Intranet	Ein Netzwerk für die Informationsverarbeitung in einer Firma oder einer Organisation. Es schließt solche Dienste wie Dokumentenverteilung, Softwareverteilung, Datenbankzugriff und Schulung ein. Ein Intranet wird deshalb so bezeichnet, da es normalerweise Anwendungen für das Internet einsetzt, wie z.B. Webseiten, Webbrowser, FTP-Sites, E-Mail, Newsgroups und Mailinglisten, die in diesem Fall jedoch nur innerhalb der Firma oder Organisation erreichbar sind.
Inverse Auktion	Auktion, bei der der Preis im Zeitverlauf sinkt. Mehrere Anbieter unterbieten sich gegenseitig, bis einer den Zuschlag vom Nachfrager erhält.
IP, Internet Protocol	Der Teil des TCP/IP-Protokolls (Transmission Control Protocol/Internet Protocol), der Nachrichten von einem Internetstandort zu einem anderen überträgt. IP ist für die Adressierung und das Senden von TCP-Paketen (Transmission Control Protocol) über das Netzwerk verantwortlich. Das Internet Protocol (IP) ist ein verbindungsloses Protokoll zur Paketübermittlung. Es übernimmt die Weiterleitung (Forwarding) der Datenpakete, führt dafür die Wegewahl (Routing) durch und kann dabei Pakete zerlegen und wieder zusammensetzen (Fragmentation/Reassembly). IP ist in RFC 791 (http://www.ietf.org/rfc/rfc791.txt) definiert.

IP-Adresse	Eine eindeutige Adresse, durch die ein Hostcomputer innerhalb eines Netzwerkes identifiziert wird. Innerhalb des TCP/IP-Netzwerkes (Transmission Control Protocol/Internet Protocol) wird ein Computer durch eine eindeutige 32-Bit-Adresse gekennzeichnet. Eine IP-Adresse wird normalerweise durch Dezimalpunkte unterteilt, wobei jeder Teil jeweils 8 Bit bzw. 1 Byte einer IP-Adresse enthält und als Dezimalwert dargestellt wird. Zum Beispiel: 172.16.255.255.
ISP, Internet Service Provider (ISP)	Dienstleistungsunternehmen, das Zugang zum Internet bereithält und ggf. auch weitere Dienste bereitstellt (z. B. Webspace).
JPEG / JPG	„Joint Photographic Experts Group"; Grafikstandard, der bis zu 16 Millionen Farben in einer einzigen Grafik darstellen kann. Die Bildinformationen werden dabei (verlustbehaftet) komprimiert gespeichert. JPEG eignet sich besonders gut zur Darstellung von Fotos. JPEG-Dateien tragen unter dem DOS- und dem Windows-Betriebssystem die Dateiendung .jpg
JavaScript	Eine von Netscape erfundene Skriptsprache, die bevorzugt zur Dynamisierung von Webseiten eingesetzt wird und sich daher auch leicht in HTML einbinden lässt. Sie hat nichts mit der Programmiersprache Java zu tun; die Namensgleichheit ist lediglich auf Marketinggründe bei der Einführung zurückzuführen.
Katalog	Gibt Organisationsstruktur der in einem E-Shop angebotenen Artikel an. In ihm werden alle Artikel mit ihren zugehörigen Informationen (Beschreibung, Preis etc.) gespeichert.
Klassifikationssystem	Klassifikationssysteme erlauben es, Artikel und Dienstleistungen in einem Produktkatalog nach einheitlichen Gesichtspunkten zuordnen (Siehe Lerneinheit Integration Backoffice-Systeme)
Klickrate	Verhältnis der Mausklicks auf ein (werbendes) Element einer Webseite zur Anzahl seiner Abrufe. Der ausgedrückte Wert ist dann der Quotient aus der Anzeigehäufigkeit eines Elements und der Häufigkeit, mit der es angeklickt wird. Die Klickrate wird entweder in Prozent (vier Prozent der Betrachter haben es angeklickt) oder in der Form 40:1 (einer von 40 Betrachtern hat das Element angeklickt) angegeben.

Kompressions-raten	Faktor, um den die Datenmenge einer Datei nach der Kompression (Verdichtung) verringert wurde. Je höher die Kompressionsrate, umso geringer der Speicherbedarf. Bei verlustbehafteten Komprimierungsformen sinkt jedoch mit steigender Kompressionsrate die Wiedergabequalität.
Logfile	Jede HTTP-Transaktion führt zu einem Informationsaustausch zwischen Browser und Webserver. Informationen darüber können vom Webserver in Protokolldateien aufgezeichnet werden. Mit Protokoll ist in diesem Zusammenhang nicht ein Kommunikationsprotokoll im Sinne von Rechnernetzen gemeint, sondern das Aufzeichnen (Protokollieren) von Informationen in einer bestimmten Datei. Für diese Datei wird häufig synonym der Begriff "Logdatei", "Logfile" oder "Log" verwendet. Genauso wie in einem Logbuch eines Schiffes werden hier bestimmte Ereignisse protokolliert.
Logistik	„Logistik ist das Management von Prozessen und Potentialen zur koordinierten Realisierung unternehmensweiter und unternehmensinterner Materialflüsse und der dazugehörigen Informationsflüsse. Die materialbezogene Koordination beinhaltet insbesondere die horizontale Koordination zwischen Lieferanten (Vorlieferanten), Unternehmensbereichen und Kunden (bis hin zum Endabnehmer) sowie die vertikale Koordination zwischen allen Planungs-, Steuerungs-, Durchführungs- und Kontrollebenen (von der strategischen bis zur operativen Ebene)." Weber, J. (1991): "Logistik-Controlling." 2. Auflage. C.E. Poeschel
lokalen Rechner, lokaler Computer	Der Rechner, der beim Nutzer eines Netzwerks steht.
Mehrwert-steuersatzes	Prozentzahl der abzuführenden Umsatz- oder Mehrwertsteuer. Beträgt zur Zeit (September 2002) in der Bundesrepublik Deutschland 16%.
Meta-Angaben, Metatags	META-Angaben sind zusätzliche Informationen über ein HTML-Dokument. Sie können beispielsweise von Robots und Browsern ausgewertet werden. In der Regel werden sie aber im Browser nicht dargestellt und sind somit für den eigentlichen Benutzer im Browser nicht sichtbar. Sie können z. B. standardisierte Informationen über die Sprache, den Autor und den Inhalt des HTML-Dokumentes enthalten.

Modul	Bestandteil eines zusammengesetzten Systems oder Programms.
Multisession-CDs	CDs, die nicht „in einem Zug" gebrannt wurden, sondern auf die in mehreren, zeitlich getrennten Brennvorgängen Daten geschrieben wurden.
Multilieferantenkatalog	bezeichnet die Gesamtheit der digitalen Kataloge aller auf einem Marktplatz oder in einem Procurement-System vorhandenen Anbieter.
Newsletter	Regelmäßige informative E-Mail einer Newsgroup an ihre Mitglieder.
ODBC	ODBC (Open Database Connectivity), eine Entwicklung von Microsoft, ist eine standardisierte Sammlung von Funktionen, die einen Zugriff auf die Daten einer Datenbank mit SQL ermöglichen. Mit Hilfe von ODBC können Programme in einheitlicher Weise auf Daten zugreifen, unabhängig davon welches Datenbankmanagementsystem verwendet wird. Die Zugriffe können sowohl lokal als auch über ein Netz erfolgen. Der Vorteil von ODBC liegt darin, dass ohne Änderungen am Programm, d.h. transparent, das Datenbanksystem ausgetauscht werden kann.
öffentlicher Schlüssel	Auch: Public Key. Teil des Schlüsselpaares, der zum Verschlüsseln von Nachrichten / Dokumenten sowie zum Prüfen von Digitalen Signaturen dient und weitergegeben werden kann bzw. veröffentlicht wird (siehe auch: ASYMMETRISCHE VERSCHLÜSSELUNG)
Order Tracking	Order Tracking ist mittlerweile eine viel benutzte Technik, in der Spediteure sicherstellen, dass der Standort eines Packstücks genau bekannt ist. Der Kunde greift mit der Bestellnummer über ein Online-System auf die Speditionsdaten zu und erhält den Standort seines Packstücks.
Paybox	Anbieter, der Infrastruktur bereitstellt, die Zahlungen über Handys erlaubt.

PDF	Abkürzung für „Portable Document Format". Von der Firma Adobe definiertes Dateiformat, mit dem Dokumente beliebiger Art plattformunabhängig erstellt werden können. Bei der Erzeugung behält das PDF-Dokument sein ursprüngliches Layout, welches der Betrachter selbst dann unverändert sieht, wenn er die in dem Dokument verwendeten Schriften auf seinem System nicht installiert hat. Technisch gesehen handelt es sich beim PDF- Format um eine Weiterentwicklung des Postscript-Formats. Zum Lesen von PDF-Dateien wird der kostenlose Adobe Acrobat Reader benötigt, der vom Server von Adobe herunter geladen werden kann (http://www.adobe.com/products/acrobat/readstep.html).
Performance	Englische Bezeichnung für Leistung. In der EDV bezieht sich die Leistung eines Systems auf die Geschwindigkeit bei der Ausführung von Befehlen oder Programmen.
Perl	Perl, die „Practical Extraction and Report Language", ist eine Programmiersprache mit einer weit verbreiteten frei verfügbaren Implementierung, die inzwischen für nahezu jedes Betriebssystem bereitgestellt wird. Perl kennt vielfältige und leistungsfähige Funktionen zur Manipulation von Texten, vor allem flexible Möglichkeiten für das Suchen und Ersetzen von Texten mir Hilfe von regulären Ausdrücken. Mit regulären Ausdrücken können Zeichenketten durchsucht, Zeichenketten stellenweise ersetzt oder Zeichenketten eingelesen und in einzelne Bestandteile zerlegt werden. Obwohl die Erstellung von CGI-Programmen mit vielen Programmiersprachen möglich ist, wird hierfür vielfach die Skriptsprache Perl verwendet.
Pixel	Kurzwort für „Picture Element"; Bildpunkte; kleinstes Bildelement, dem Farbe und Intensität zugeordnet werden können
Plug-In	Zusätzliche Funktionen, um die Browserfunktionen zu erweitern, (to plug in = dt.: einstecken, einstöpseln)
POP3	Version 3 des Post Office Protocols; Protokoll zum Empfangen von E-Mails

Pop-up-Menü	Aufklappbare Menüleiste TCP fügt der IP-ADRESSE eine Port-Nummer hinzu. Damit können einzelne Anwendungen (adressiert über die Port-Nummer) auf einem Server-Rechner (adressiert über die IP-Adresse) angesprochen werden.
Port	TCP fügt der IP-ADRESSE eine Port-Nummer hinzu. Damit können einzelne Anwendungen (adressiert über die Port-Nummer) auf einem Server-Rechner (adressiert über die IP-Adresse) angesprochen werden.
Portal	Ein Portal stellt eine Website dar, die quasi als "Eingangstor" fungiert. Es gibt beispielsweise B2B-, B2C- (Shopping-) oder themenbezogene Portale. Portale möchten dem Besucher sofort für ihn relevante Informationen liefern und bilden die Plattform zum Besuchen anderer Websites. Zu den bekanntesten Portalen zählen www.yahoo.com, www.aol.com oder www.msn.com.
Power-shopping	siehe Co-Shopping
Protokoll	Definierte Vereinbarung über die Art und Weise des Informationsaustauschs zwischen zwei Systemen. Damit sind alle Regeln, Formate, Parameter und Eigenschaften gemeint, die zu einer vollständigen, fehlerfreien und effektiven Datenübertragung beitragen. Zu den Protokollen zählt auch das Internet Protokoll (IP), das im INTERNET zum Einsatz kommt.
Provider	Internet Service Provider
Proxyserver, Proxy	Proxies sind Vermittlungs-Programme (bzw. -Rechner) die sowohl Client als auch Server sein können. D.h. sie nehmen zum Client hin die Rolle eines Servers und zum Server hin die eines Clients ein. Entweder reichen sie die erhaltenen Requests an den eigentlichen Server weiter oder sie bedienen den anfragenden Client sofort aus einem Zwischenspeicher, dem so genannten Cache. Proxys können so das Datenaufkommen in Netzen vermindern, da nicht stets die Daten vom Server neu geladen werden müssen.
Public-Key-Verfahren	siehe ASYMMETRISCHE VERSCHLÜSSELUNG

Registry	Eine zentrale hierarchische Datenbank in Windows, in der Informationen gespeichert werden, die zum Konfigurieren des Systems für einen oder mehrere Benutzer, der Anwendungen und der Hardwaregeräte erforderlich sind. Die Registrierung enthält Informationen, die während des Betriebs dauernd benötigt werden, wie z. B. Profile für alle Benutzer, die auf dem Computer installierten Anwendungen sowie die Dokumenttypen, die erstellt werden können, die Einstellungen der Eigenschaftsblätter für Ordner und Anwendungen, die im System installierte Hardware und die verwendeten Anschlüsse.
relative Pfadangabe	Gegenteil der ABSOLUTEN PFADANGABE. Variante der Adressierung von Elementen in HTML-Dateien, bei der vom jeweils aktuellen URI als Bezugs-URI relativ adressiert werden kann. Der Ausdruck ../../pics/logo.gif bedeutet beispielsweise: gehe zwei Verzeichnisse nach oben, von dort aus ins Unterverzeichnis pics und dort findest du die Datei logo.gif. Diese Form der relativen Adressierung ist innerhalb von Web-Projekten sehr zu empfehlen, da man das Projekt auf diese Weise problemlos an eine andere Adresse verschieben kann, ohne alle projektinternen Verweise und Grafikreferenzen ändern zu müssen.
Remote computer	„entfernter Computer". im Verhältnis zum Client ist der Server der Remotecomputer
Request for Comment (RFC)	Die Abkürzung RFC steht für „request for comments" und bezeichnet Dokumente, die Vorschläge für Standards, Technologien oder Vorgehensweisen innerhalb des Internets enthalten. Ein großer Teil der Internet-Standards basiert auf solchen RFCs. Trotz ihres zum Teil sehr technischen Charakters sind die RFCs eine gute Quelle für Informationen aus erster Hand. Unter http://www.ietf.org/rfc/ kann auf alle RFCs zugegriffen werden. siehe auch IETF.

Robot	WWW-Suchmaschinen beziehen ihre Informationen über Websites durch vollautomatische Informationssammler. Diese werden oft Robots oder auch Spiders, Crawlers, Worms oder Wanderers genannt. Robots sind spezielle Softwareprogramme, die wie ein automatisierter Browser HTTP-Anfragen stellen, die ihnen in Form der übermittelten Daten beantwortet werden.Suchmaschinen-Robots starten mit einer vorgegebenen Webseite - in der Regel die Webseite, die bei der entsprechenden Suchmaschine angemeldet wurde - und lesen dieses HTML-Dokument. Informationen über den Inhalt dieses Dokuments werden an ein Indexierungsprogramm weitergegeben, dann (meist mit etwas zeitlichem Abstand) werden die vom Dokument referenzierten Webseiten ebenfalls angefordert und entsprechend bearbeitet.
Schlüssel	1. in einer Datenbank: Ein Schlüssel (key) ist ein Attribut oder eine Kombination mehrerer Attribute eines Objektes, die besonders ausgezeichnet sind. Nach einem Schlüssel kann eine Sortierung vorgenommen werden eine Abfrage erstellt werden. 2. Kennwort, mit dem Daten entschlüsselt werden können.
Screenshot	Abbild des Bildschirminhalts
Server	Ein Begriff, der für jedes der folgenden Beispiele verwendet werden kann: Ein Computer in einem Netzwerk, der Dateien an andere Computer im Netzwerk sendet oder für diese Computer Anwendungen ausführt; die Software, die auf einem Servercomputer ausgeführt wird und die Aufgaben des Sendens der Dateien oder des Ausführens der Anwendungen übernimmt; in der objektorientierten Programmierung ein Codefragment, das auf Anforderung Informationen mit einem anderen Codefragment austauscht.
Server Housing	Betrieb eines Computers des Kunden in den Räumen des ISP. Der ISP stellt dem Kunden Platz, Strom und Internetzugang zur Verfügung. Anschaffung, Wartung und Versicherung des Computers ist alleinige Sache des Kunden.
serverseitig	Auf der Seite des SERVERS ablaufend

SGML, Standard Generalized Markup Language	SGML ist eine generische Markup Sprache zur Beschreibung von Sprachen zur Repräsentation von Dokumenten. Das Ziel von SGML ist es, die Information von ihrer Darstellung zu trennen und so verschiedene Präsentationen der gleichen Information zu ermöglichen. SGML ist definiert in "ISO 8879:1986 Information processing — Text and office systems – Standard Generalized Markup Language (SGML)", einem ISO Standard. Mit SGML wurde z. B. auch HTML beschrieben. Mit XML wurde eine Art Light-Version von SGML geschaffen, die auf selten benötigte Features von SGML verzichtet.
Shared Hosting	Beim Shared Hosting sind – im Gegensatz zum DEDICATED HOSTING – mehrere virtuelle Webserver auf einem physischen Webserver installiert. Mehrere Benutzer teilen sich also einen Rechner. Siehe auch COLOCATION
Sitemap	Übersichtskarte der Website, bildet die Struktur eines Webangebotes ab. Der Begriff leitet sich aus den englischen Worten „site" für die Website und „map" für die Karte ab. Der Sinn einer Sitemap ist es, dem Nutzer einer Internetseite ein zusätzliches Hilfsmittel zum schnelleren Auffinden von Dokumenten zur Seite zu stellen.
Skript	Skripte sind eine Abfolge von Anweisungen in einer Skriptsprache in einer Datei notiert, die auf einem Rechner ausgeführt werden können und damit z. B. in einem E-Shop Funktionen wie z. B. das Ausleeren des Warenkorbs bereitstellen.
SMTP, Simple Mail Transfer Protocol	Ein TCP/IP-Protokoll zum Senden von Nachrichten in einem Netzwerk von einem Computer zum anderen. Dieses Protokoll wird im Internet zum Übertragen von E-Mail eingesetzt.
SQL	SQL (Structured Query Language) ist eine standardisierte Anfragesprache, mit der relationale Datenbanken definiert und aktualisiert werden können und mit der Anfragen an relationale Datenbanken formuliert werden können. Mit SQL können nicht nur Daten aus einer Datenbank gelesen werden sondern beispielsweise auch eine Datenbank bzw. Tabellen neu erstellt werden, Datensätze eingefügt, geändert oder gelöscht werden usw. Dafür steht ein Satz von Anweisungen zur Verfügung, der von fast allen relationalen Datenbanken unterstützt wird.

SQL-Datenbank	Datenbank, die als Anfragesprache SQL verwendet.

SSL · SSL (Secure Socket Layer) ist ein Verschlüsselungsprotokoll für die sichere Übertragung von Daten über Netze, primär natürlich über das Internet. Es gewährleistet die Sicherheit durch die Verschlüsselung und durch die Überprüfung der Vollständigkeit und Korrektheit der übertragenen Daten. Entwickelt wurde das SSL-Protokoll von Netscape. 1995 wurde die Version SSL 2 erstmals in den Webbrowser Netscape Navigator 2.0 implementiert. Dadurch wurde es rasch verbreitet und entwickelte sich zu einem De-Facto-Standard. Derzeit ist Version 3 aktuell. Eine noch etwas weiterentwickelte und genormte Version ist auch als TLS (Transport Layer Security) bekannt.

Stickyness · Der Grad, in dem es gelingt, Besucher für ein bestimmtes Angebot zu interessieren, zum Besuch zu bewegen, so lange wie möglich festhalten und zum Wiederkommen zu animieren.

Stilvorlagen · siehe TEMPLATES

Strato-Edition · Ausgabe des GS ShopBuilder, die speziell für Kunden des ISP Strato zur Verfügung gestellt wird.

Symmetrische Verschlüsselungsverfahren · Bei symmetrischen Verschlüsselungsverfahren verwenden beide Kommunikationspartner denselben Schlüssel zum Verschlüsseln und Entschlüsseln der Nachricht. Dieser Schlüssel muss auf einem sicheren Weg zwischen den Kommunikationspartnern ausgetauscht und anschließend geheim gehalten werden. Wird dieser Schlüssel einem Dritten bekannt, so kann dieser die ausgetauschten Nachrichten entziffern.
siehe auch ASYMMETRISCHE VERSCHLÜSSELUNG

symmetrischer Sitzungsschlüssel · (Session Key) Wird bei einer SSL-Sitzung generiert und ausgetauscht, nachdem die Verbindung als authentisch angesehen ist. Dabei generiert der Client eine geheime Zahl, z. B. eine lange Zufallszahl. Der Sitzungsschlüssel wird mit dem öffentlichen Schlüssel des Servers verschlüsselt und übertragen und dechiffriert. Nun verfügen beide Partner über einen gemeinsamen geheimen Schlüssel, mit dem alle nachfolgenden – zwischen den Partnern auszutauschenden – Nachrichten verschlüsselt werden.

System-administrator	Systemverwalter in einem Netzwerk, der uneingeschränkte Zugriffsrechte hat und ist für die Verwaltung und Betreuung des Netzwerks zuständig ist.
Tabellen-kalkulation	Programm, das Werte, die in Zeilen und Spalten strukturiert sind, berechnen bzw. bearbeiten kann. Eine weit verbreitete Tabellenkalkulation ist Microsoft Excel.
TCP/IP, Transmission Control Protocol/Internet Protocol	Ein Kommunikationsstandard für alle Computer im Internet. Auf der Senderseite werden die zu sendenden Daten von TCP in Datensegmente aufgeteilt. IP fügt die Segmente zu Paketen zusammen, die die Datensegmente sowie die Sender- bzw. Zieladressen enthalten. IP sendet dann Pakete zur Übertragung an den Router. Auf der Empfängerseite empfängt IP die Pakete und spaltet sie in Datensegmente auf. TCP fügt die Datensegmente dann zum ursprünglichen Datensatz zusammen.
Templates	Templates sind Vorlagen (Stilvorlagen), in unserem Fall für Websites.
time of life	Zeitraum, in dem ein bestimmtes Objekt (z. B. eine Sitzung oder eine temporäre Datenbanktabelle) existiert, bevor sie vom System gelöscht wird.
Transaktionen	„E-Commerce bedeutet Handel und Handel basiert auf Transaktionen, die den Austausch von Geld, Gütern, Dienstleistungen oder Rechten darstellen.[...]findet in der Praxis in einem hochkomplexen Kontext statt, der durch eine Vielzahl von Einflussfaktoren bestimmt ist.[...]lassen sich Transaktionen grob unterscheiden in die Phasen Information, Verhandlung und Abwicklung." (Merz, Michael, E-Commerce und E-Business, 2.Auflage 2002, Heidelberg, S.608f)
transaktions-orientierte Phase	Phase innerhalb des Kaufvorgangs, die die Aspekte Zahlungsmittel verifizieren, Auslieferung veranlassen, Lagerbestand abbuchen und Rechnungsbetrag einziehen beinhaltet.

Trustcenter	Sicherheitsinstanz für Nutzer im Internet. Übernimmt Zertifizierungsaufgaben in Form von Ausstellen, Bereitstellen, Aktualisieren und Sperren elektronischer Ausweise (Zertifikate).Die ausgestellten Zertifikate ermöglichen Unternehmen, Behörden und privaten Teilnehmern, das Internet für vertrauliche, verbindliche und authentische Transaktionen zu nutzen. Einige der Trustcenter erfüllen die sehr strengen Anforderungen des Deutschen Signaturgesetzes.
Unterverzeichnis	Unter einem Verzeichnis liegendes weiteres Verzeichnis.
Upload	siehe HOCHLADEN
URI	Ressourcen im WWW benötigen eindeutige Angaben über Adresse und Zugangsmöglichkeit, damit ein Zugriff auf diese Daten erfolgen kann. Diese Informationen repräsentiert ein Uniform Resource Identifier (URI).Die ausführliche Dokumentation zum URI ist im RFC 2396 (http://www.ietf.org/rfc/rfc2396.txt) verfügbar.
URL	Ein Uniform Resource Locator (URL) ist ein spezieller Typ eines URI. Er wird dazu benutzt, Ressourcen im Internet zu adressieren. Außer dem URL sind keine weiteren Informationen notwendig, um auf die damit bezeichnete Ressource zuzugreifen. Ausführliche Informationen zum URL sind im RFC 1738 (http://www.ietf.org/rfc/rfc1738.txt) bzw. im RFC 2396 (http://www.ietf.org/rfc/rfc2396.txt) verfügbar.
UWG	Gesetz gegen den unlauteren Wettbewerb. Reguliert den Wettbewerb im Verhältnis der Unternehmen untereinander und (hauptsächlich) gegenüber dem Kunden. Irreführende und unlautere Werbung und andere Wettbewerbshandlungen werden unterbunden.
Verzeichnisstruktur	Logische Struktur des Inhalts eines Datenträgers.
virtueller Marktplatz	Ein virtueller Markplatz ist eine Many-to-One-to-Many Lösung. Meist betrieben von einem neutralen Dritten, stellt ein Marktplatz die Beziehung zu vielen Kunden und vielen Lieferanten her.
Vollversion	Uneingeschränkt nutzbare Version eines Programms. Teilweise kann man eine Vollversion erhalten, indem man eine DEMOVERSION freischaltet.

W3C	Das W3-Konsortium (W3C) (http://www.w3.org) wurde 1994 als Non-Profit-Organisation gegründet. Die Mitgliedsunternehmen entwickeln und koordinieren Webstandards und entsprechende Technologien, um eine langfristige stabile Entwicklung des WWW zu gewährleisten.
WAN	Wide Area Network. Bezeichnet die öffentlichen Kommunikationsnetze, wie zum Beispiel ISDN, das analoge Telefonnetz oder das X.25-Netz
Warenkorb	Hier: zentraler Bestandteil eines Shopsoftware-Systems. Hat der Käufer eine Ware ausgesucht, muss er diese nicht sofort einzeln bestellen, sondern legt sie zunächst im Warenkorb ab und kann dann weitere Waren aussuchen. Erst wenn der Käufer alle gewünschten Produkte im Warenkorb hat, wird die Bestellung generiert. Folgende Funktionen kann ein Warenkorb beispielsweise aufweisen: Produkte aufnehmen und entfernen, Anzahl der Produkte wählen, automatische Berechnung von Einzelpreis, Summenpreis, Steuer und Versandkosten. Technisch gesehen handelt es sich bei einem Warenkorb um eine temporäre DATENBANK-Tabelle.
Warenwirtschaftssystem, WWS	Teil der Warenwirtschaft; Das Warenwirtschaftssystem ist die Gesamtheit aller Informationen über die Waren. Funktionen von WWS sind Beschaffung, Lagerhaltung und Verkauf, die weiter untergliedert sind. Da die Bedarfsermittlung, zu der auch die Erarbeitung von Bestellvorschlägen gehört, die Basis für die Bestellabwicklung bildet, ist ein geschlossener Kreislauf gegeben. Anwendungssysteme für die integrierte Verarbeitung der drei Arbeitsgebiete werden deshalb als computergestützte geschlossene Warenwirtschaftssysteme bezeichnet. Sie sind hauptsächlich in Filialunternehmen, in Supermärkten und in Kauf- bzw. Warenhauskonzernen realisiert.
Webserver	Webserver stellen die notwendigen Dienste für die Kommunikation im WWW bereit. Sie bearbeiten die Datenanfragen durch einen Webclient und liefern die angeforderten Daten. Als Webserver werden dabei häufig sowohl der physische Server (Hardware) als auch das Webserver-Programm (Software) bezeichnet.
Webspace	Speicherplatz für Websites

Wildcard	Platzhalter, häufig auch als „Joker" bezeichnet. Als Symbol wird in den meisten Fällen der Stern (*) für beliebig viele beliebige Zeichen oder das Fragezeichen (?) für ein beliebiges Zeichen verwendet.
WWW	Das World Wide Web, auch WWW, W3 oder einfach Web genannt, ist ein interaktives Informationssystem. Es wurde 1989 von Tim Berners-Lee am europäischen Kernforschungszentrum CERN in Genf erfunden und hat sich inzwischen zu einem der bekanntesten und am häufigsten verwendeten Internetdienste entwickelt. Folgende Protokolle bzw. Spezifikationen bilden dabei das Grundkonzept: URI (URL), HTTP, TCP/IP und HTML.
XML	Abkürzung für Extensible Markup Language; wurde 1998 vom World-Wide-Web-Consortium (W3C) standardisiert und ist eine Sprache, mit der sich Auszeichnungssprachen definieren lassen. XML ist auf der Basis von SGML aufgebaut, im Unterschied zu SGML oder HTML können aber XML-Elemente selbst definiert und im gleichen Dokument auch genutzt werden, was zu einer Flexibilisierung des Seitenaufbaus und der Behandlung von Daten führt.
XML-Dateien	Dateien, die im Format XML vorliegen.
Zertifikate	Ein digitales Zertifikat ist eine Art Bescheinigung über die Identität des Besitzers eines öffentlichen Schlüssels. Dieses Zertifikat wird im allgemeinen von einer unabhängigen und vertrauenswürdigen dritten Instanz, der Certification Authority (CA) (z. B. ein TRUSTCENTER) digital unterzeichnet. Es ist also eine Art elektronische Urkunde. Die CA verbürgt sich mit ihrer Unterschrift für die Richtigkeit der im Zertifikat enthaltenen Daten.
ZIP-Datei	Eine zur Datenmengenreduzierung komprimierte Datei; spart Speicherplatz und Übertragungszeit
Zip-Programm	Programm zum Erstellen von Zip-Dateien (WinZIP o.ä.)

[16] DIE TELES EUROPEAN INTERNET ACADEMY AG (TEIA AG)

Deutschland klagt über den Mangel an IT-Fachkräften. Die Green Card-Aktion holte bislang nur ca. 6.000 von den mindestens benötigten 70.000 IT-Fachkräften ins Land.

Mit seinem Bestseller *Megatrends* wies John Naisbitt bereits in den 70ern auf das Ausbildungsdilemma der hoch entwickelten Wirtschaftsnationen hin – auf den sich verschärfenden Widerspruch zwischen wachsenden Anforderungen an die Ausbildung ihrer Bevölkerungen und sinkenden Aufwendungen, die eben diese Bevölkerungen für ihre Ausbildung zu betreiben bereit sind.

Die Aktualisierung dieser frühen Erkenntnis und ihre Fokussierung auf die IT-Ausbildung auf Hochschulniveau in Deutschland zeigt ein erschreckendes Szenario:

- Einerseits benötigt die deutsche IT-Wirtschaft (IT = Informations- & Telekommunikations-Branchen) zur Steigerung ihrer Produktivität, also um ihre Geschäftstätigkeit deutlich zu beleben, bereits heute und in den kommenden zwei, drei Jahren mehrere Zehntausend von IT-Experten geeigneter und hoher Qualifikation,

- andererseits kann dieses äußerst drängende IT-Erfordernis der Wirtschaft von den deutschen Hochschulen keinesfalls erfüllt werden – was eine sehr ernsthaft Bedrohung des Wirtschaftsstandortes Deutschland zur Folge hat.

Um dem sich weiter verschärfenden Mangel an geeignet qualifizierten Internet-Arbeitskräften kurzfristig und in großer Breite entgegenzuwirken, hat die TELES AG im April 2000 die „TELES European Internet Academy (TEIA)" gegründet.

Während in Europa die Anzahl der auf dem Arbeitsmarkt fehlenden, geeignet qualifizierten Internet-Arbeitskräfte im sechsstelligen Bereich liegt, will die TEIA jährlich eine fünfstellige Rate hochqualifizierter Absolventen erreichen. Sie ist damit die einzige europäische Institution, die eine Internet-Qualifikationsinitiative dieser Größenordnung ergriffen hat.

Das TEIA-Qualifikationsziel des „Mittelstands-Internet-Spezialisten" ist einzigartig: Es ist speziell darauf ausgerichtet, Mittelstandsunternehmen Internet-Spezialisten mit einem solchen Qualifikationsprofil zur Verfügung zu stellen, wie sie es für den kurzfristigen Aufbau und einen wirtschaftlich erfolgreichen Betrieb eigener eCommerce-Anwendungen unbedingt benötigen.

Seit April 2001 gibt es erstmalig in Deutschland einen Online-Studiengang „eBusiness Management". Die Ausbildung an der Online-Akademie TEIA (www.teia.de) funktioniert über WebLearning. Nach 12 Monaten empfohlener Studienzeit mit 35–40 Wochenstunden schließen die Studenten als „TEIA-Bachelor of eBusiness Management" mit einer Präsenz-Prüfung ab. Sie sind ausgebildet, um für Unternehmen Konzept, Aufbau, Betreuung und Kommunikation von Internet-Auftritten zu realisieren und eCommerce-Aktivitäten zu betreuen. Die Ausbildungsinhalte sind von der Staatlichen Zentralstelle für Fernunterricht (ZFU) zertifiziert.

Die WebLearning-Studenten der TEIA lernen u. a. Internet–Kommunikationstechnik (z. B. WebSite-Administration), Internet-Anwendungstechnik (z. B. PHP), Internet-Anwendungen (z. B. spezielle eShops) und Internet-Wirtschaft (z. B. BWL, Marketing, Vertragswesen). Der Studiengang ist mit 12 Qualifikationseinheiten modular angelegt. Der Student erhält Online-Lehrmaterial, macht Online-Tests und schreibt Hausarbeiten, die von Tutoren schriftlich bewertet werden. Außerdem wird er durch ein Learning Management System von Online-Tutoren intensiv unterstützt und motiviert. Nur die Abschlussprüfungen der einzelnen Qualifikationseinheiten sind Präsenzprüfungen in der realen Berliner Akademie. Vorteile des Online-Studiums: Der Student bestimmt sein Lerntempo und die Anzahl der Module selbst. Dadurch kann er auch zwischen nebenberuflichem Teil- und hauptberuflichem Vollzeitstudium wählen, sich mit anderen Studenten in Diskussionsforen austauschen, Lerngruppen bilden und auch für das reale Leben verabreden.

Je schneller man studiert, desto weniger kostet das Studium. Bei der empfohlenen Regelstudienzeit von 12 Monaten zahlt der Student 7.795 Euro. Ein Leistungsbonus reduziert den Preis um 400 Euro, wenn der Student eine Abschlussnote von 1,7 erreicht. Fachliche Voraussetzungen für das Online-Studium werden nicht gefordert. Grundkenntnisse im Umgang mit dem Computer, einem gängigen Betriebssystem und einem Internetbrowser werden empfohlen. Jeder kann sich jederzeit anmelden.

Kontakt für Studenten:
TELES European Internet Academy AG (TEIA AG),
Dovestr. 2–4
D-10587 Berlin
Telefon 030/7 26 298-50
Telefax 030/7 26 298-510
www.teia.de
info@teia.de

16.1 Studiengang

TEIA-Bachelor of eBusiness-Management

Der TEIA-Bachelor of eBusiness-Management ist ein IT-Studiengang, dessen Absolventen einerseits hervorragende Berufsperspektiven auf dem Arbeitsmarkt haben und andererseits den Produktivitätssteigerungs-Bedürfnissen der deutschen Wirtschaft ideal entsprechen.

Das Lehrvolumen ist höher, als es Vordiplome in etwa vergleichbarer Studiengängen an deutschen Hochschulen i.d.R. erfordern. Hinzu kommt noch die deutlich gesteigerte Aussagekraft der entsprechenden TEIA-Zertifikate.

Das strukturelle Skelett dieses TEIA-Studienganges ist die nachfolgende Matrix seiner Qualifikationseinheiten (QE).

Während die Qualifikationsprozesse der TEIA auf individueller Fernausbildung per modernster WebLearning-Plattform und Tutoren-Betreuung beruhen, erfolgt jede Zertifikats-Erteilung per individueller Qualifikationsbestätigung in einer Präsenz-Einzelprüfung der Studenten, und zwar in Form von sowohl Wissens- als auch Praxistests pro Qualifikationseinheit. Die Einhaltung höchster Qualitätsstandards bei Ausbildung und Prüfung gewährleistet die inhaltliche Zuarbeit und Fachaufsicht von international angesehenen Wissenschaftlern und Experten der jeweiligen Fachgebiete.

Die Bewertung des Qualifikationserfolges eines Studenten pro Qualifikationseinheit – und ggf. pro Studiengang – erfolgt wie üblich durch Noten zwischen 0,75 (sehr gut) und 5 (nicht ausreichend).

	Internet-Kommunikationstechnik	Internet-Anwendungstechnik	Internet-Anwendungen & Dienste	Internet-Wirtschaft
Systeme & Dienste PFLICHT	WebSite-Administration & Grundlagen Apache	Anwendungsgrundlagen Internet & HTML	Mittelstands-eShop-Systeme: OPENSTORE & GS ShopBuilder Pro	Marketing für mittelständische Unternehmen
Systeme & Dienste WAHL	Installation und Konfiguration von Routern	Macromedia Flash	Intershop 4 ePages	Grundlagen Rechnungswesen & DATEV
	Security Systems	PHP	Application Server für mittelständische Unternehmen 1	Projektmanagement und MS Project
	Apache	Adobe GoLive	ePayment & Logistics: Anwendungen & Dienste	eBusiness-Entwicklung für kleine und mittelständische Unternehmen
	MS Internet Information Server	Java und Webapplikationen	Content-Verteilung: Anwendungen & Dienste	Warenwirtschaft: Systeme & Dienste für kleine und mittelständische Unternehmen
		JavaScript	Application Server für mittelständische Unternehmen 2	WWS für mittelständische Unternehmen: Lexware & KHK
		Perl & CGI		Grundlagen BWL
		MS Frontpage		
		Webdesign mit Dreamweaver		
		Entwicklung HTML-basierter Websites		
		XML		
		SQL		
		Adobe Photoshop		
Konzepte PFLICHT	Konzepte Internet-Technik	Konzepte Content-Repräsentation & Markup-Sprachen	Konzepte in eCommerce Anwendungen	Vertragswesen für eBusiness
Konzepte WAHL	Konzepte Network Security	Relationale Datenbanken	Kommunikationsdesign	Recht im Internet

Die nachfolgenden Punkte charakterisieren die strukturellen Merkmale des Studienganges für den TEIA-Bachelor of eBusiness Management auf der Grundlage dieser QE-Matrix und auf der Grundlage der Studien- und Prüfungsordnung der TEIA für diesen Studiengang (siehe TEIA-StuPo auf www.teia.de).

www.teia.de

■ Die Lehrinhalte der vier Spalten der Matrix zeigen, dass die inhaltliche Ausrichtung des Studienganges einerseits die Benutzung der Internet-Technik vollständig erfasst, aber andererseits weit in den betriebswirtschaftlichen Bereich hinein reicht.

■ Die starke Praxisorientierung ist aus den vier Zeilen der Matrix ersichtlich: Die bei weitem meisten Lehrinhalte sind den beiden oberen Zeilen zugeordnet, d.h. dem Vertrautwerden mit den konkreten marktüblichen Systemen und Diensten des Berufsalltags eines eBusiness Managers. Dabei ist die Mittelstandsorientierung der TEIA-Ausbildung an der inhaltlichen Ausrichtung der Lehrveranstaltungen in den beiden rechten Spalten deutlich erkennbar.

Aber auch die unbedingte Auseinandersetzung mit den allgemeinen Konzepten, auf denen dieses handwerkliche Instrumentarium beruht, ist in dem Studiengang verankert – wie die Lehrinhalte der beiden unteren Zeilen der Matrix zeigen. Dadurch wird die Zukunftssicherheit des TEIA-Studienganges – und seine Gleichrangigkeit mit universitären Studiengängen – sichergestellt.

■ Sowohl der Praxis- als auch der Konzeptteil aller vier Ausbildungssäulen enthält eine Pflicht-QE und mehrere Wahl-QE.

■ Alle QE in der Matrix sind, der Gliederung von Hochschul-Semestern entsprechend, in 14 Qualifikationsabschnitte aufgeteilt. Ein Qualifikationsabschnitt einer QE entspricht also dem in einer Woche erzielbaren Lernfortschritt in einer konventionellen Hochschul-Lehrveranstaltung. Dies umfasst in beiden Fällen die Vermittlung neuen Stoffes, seine Verständnistests, die zugehörigen kleineren und größeren Übungsaufgaben und die Hausarbeiten am Ende jedes Abschnitts.

Diese spezielle Ausbildung zum eBusiness Manager entspricht aus einer Vielzahl von Gründen exakt dem Bedarf von Hunderttausenden von Mittelstandsunternehmen: Bei ihnen können die Absolventen dieses Studienganges die Aufgaben des *eBusiness-Beraters* übernehmen, der für ihre erfolgreiche Geschäftsentwicklung in Zukunft ebenso wichtig sein wird, wie es heute bereits ihr Steuerberater ist.

Dieser neue Studiengang ist eine für die aktuellen Bedürfnisse der kleinen und mittleren Unternehmen (KMU) maßgeschneiderte Neuauflage des Studienganges zum Wirtschaftsingenieur, der in den frühen 60er Jahren an einigen deutschen Hochschulen eingeführt wurde und seither bei der Wirtschaft viel Anerkennung gefunden hat.

Die TEIA beansprucht für das Qualitätsniveau ihrer QEs eine absolute Spitzenstellung, national und auch international. D.h.: Absolventen des Studiengangs TEIA-Bachelor of eBusiness-Management mit sehr guten und guten Noten sollten fachlich allen für KMUs geeigneten Unternehmensberatern in Deutschland in fast jeder Hinsicht zweifelsfrei überlegen sein. Für Absolventen einzelner QE sollte sinngemäß das gleiche gelten.

Offensichtlich ist dieser Anspruch auf weithin anerkannte Top-Qualität der TEIA-QE unmittelbar abhängig von der Qualifikation und vom beruflichen Standing der Autoren dieser QEs. Erfreulicherweise ist es der TEIA gelungen, für alle ihre QEs absolut hervorragende deutschsprachige Autoren zu gewinnen und sie sowohl auf das oben beschriebene universitäre Format dafür als auch auf die Mitarbeit an den von uns dafür vorgesehenen Qualitätssicherungsmaßnahmen festzulegen. Um diesen einzigartigen „Glaubwürdigkeits-Bonus" der TEIA – den offensichtlich kein anderer deutscher Bildungsträger für sich beanspruchen kann – öffentlich zur Geltung zu bringen, dokumentiert die TEIA auf ihrer WebSite für jede QE, wer ihr Autor ist und welche wissenschaftlichen und/oder professionellen Meriten ihn auszeichnen.

Eingangsvoraussetzungen sind für das Studium in „virtuellen Hochschulen" wie die TEIA – mit allen ihren Möglichkeiten der Leistungskontrolle, die an konventionellen Hochschulen völlig undenkbar sind – etwas ebenso Sinnvolles wie im täglichen Leben ein Kropf. Um die Sinnlosigkeit, ja die bodenlose Ungerechtigkeit, die aus dieser Forderung resultieren kann, soll ein kleines Beispiel zeigen: Einer der heute leistungsstärksten Software-Entwickler bei der TELES AG wurde von ihr vor Jahren eingestellt, weil er beim Einstellungsgespräch seinen starken Qualifikations-Willen glaubhaft machen konnte. Dabei hat er damals als seine „Eingangsvoraussetzung" den Beruf des Lastwagenfahrers mitgebracht. In die gleiche Richtung geht auch die Feststellung, dass mehrere ausgezeichnete Minister deutscher Bundesregierungen keinerlei Voraussetzung für den Besuch einer Hochschule erfüllten.

Die TEIA-Lehrbuchreihe

Die TELES European Internet Academy will einerseits mit ihrer TEIA-Buchreihe zum e-Business-Manager ihren Studenten Begleitmaterial für ihr WebLearning-Studium bereitstellen und andererseits auch jenen ihr hochwertiges Qualifikationsangebot zugänglich machen, denen traditionelles Lehrmaterial vertrauter ist als die Methode des WebLearning. Die Lehrinhalte sind von hervorragenden Fachexperten auf den jeweiligen Gebieten erarbeitet, von anerkannten Gutachtern in ihrer Qualität gesichert und von der ZFU (Zentralstelle für Fernunterricht) zertifiziert. Sie sind umfassend in der Aussage, didaktisch durchdacht aufgebaut und auf universitärem Niveau angesiedelt. Sie vermitteln nicht nur das jeweilige Wissen, sondern trainieren auch den Lernenden - bis er damit souverän umgehen kann. Das Buch kann die Möglichkeiten des WebLearning jedoch nur andeuten.

Was hat nun WebLearning, was ein Buch nicht hat?

Kurz: Die Interaktivität. Sie ermöglicht die Kommunikation zwischen den betreuenden Tutoren und Studenten und der Studenten untereinander. Dafür stehen Funktionen wie Helpdesk, moderierte Foren und Chats zur Verfügung. Dazu gehört auch, dass Verständnistests sofort automatisch vom System bewertet und Hausaufgaben umgehend von Tutoren korrigiert werden. Darüber hinaus können die Studenten an interaktiven Elementen Gelerntes trainieren. Interaktivität ermöglicht also effektives Studieren in einem kommunikativen Umfeld – und das bei individueller Wahl von Ort, Zeit und Lerntempo.

Wer ergänzend zum vorliegenden Lehrbuch die entsprechenden WebLearning-Qualifikationseinheit oder das gesamte Studium absolvieren möchte, findet in diesem Buch einen Gutschein zur Verrechnung.

Seite 555

537

In unserer Lehrbuch-Reihe sind ab 01/2003 folgende Titel lieferbar:

- Konzepte der Internet-Technik
- Recht im Internet
- Marketing für mittelständische Unternehmen
- WebSite-Administration & Grundlagen Apache
- Konzepte Content-Repräsentation & Markup-Sprachen
- PHP
- Projektmanagement und MS Project
- Vertragswesen im eBusiness
- Grundlagen Rechnungswesen & DATEV
- Webdesign mit Dreamweaver
- MS Frontpage
- Macromedia Flash
- SQL
- US-GAAP & IAS
- Anwendungsgrundlagen Internet & HTML
- Mittelstands-Shopsysteme: OPENSTORE & GS-Shopbuilder Pro
- Warenwirtschaft: Systeme & Dienste für kleine und mittelständische Unternehmen

Studienberatung

Unsere Studienberatung steht Ihnen sowohl persönlich als auch telefonisch Montag bis Freitag von 9 Uhr bis 18 Uhr zur Verfügung. Sie gibt Ihnen während unserer Geschäftszeiten jederzeit gern Auskunft zum Studium bei der TEIA. Wünschen Sie eine persönliche Beratung in unserem Haus, bitten wir Sie vorab telefonisch oder per eMail einen Termin zu vereinbaren.

- Sie sind sich noch nicht sicher, ob Sie die richtigen Voraussetzungen zum Studium mitbringen – dann rufen Sie uns an.
- Sie haben Fragen zum inhaltlichen und organisatorischen Ablauf des Studiums – wir geben Ihnen gern Auskunft.
- Sie wollen Einzelheiten zum Bestellvorgang, zum Zahlungsmodell, zum TELES-AusbildungsFörderungsProgramm (TAFöP) oder zur Förderung durch das Arbeitsamt wissen – fragen Sie uns.
- Läuft während des Studiums etwas nicht in Ihrem Sinne – bitte wenden Sie sich an uns.

Die Studienberater der TEIA sind Ihre Gesprächspartner vor Antritt und während des Studiums. Sie werden Ihnen in allen Situationen, die außerhalb der fachlichen Betreuung der Kurse auftreten können, zur Seite stehen und beim Studienablauf Ihre individuellen Bedürfnisse berücksichtigen.

Telefon: (030) 726 298-515

eMail: info@teia.de

Kostenloses Probestudium

www.teia.de

14 Tage lang kostenlos studieren. Testen Sie eine Qualifikationseinheit Ihrer Wahl aus dem TEIA-Kursangebot. Genießen Sie den vollen Zugriff auf über 20 Stunden Lehrstoff aus 3 vollständigen Lerneinheiten (ohne Hausaufgabenbewertung). Ihr Extra-Bonus: Bereits während Ihres Schnupperstudiums steht Ihnen Ihre persönliche Tutorenbetreuung in vollem Umfang zur Verfügung - und das täglich von 9–22 Uhr, auch am Wochenende!

16.2 Gebühren und Förderungen

Zahlungsmodell

Einzelpreise unserer Leistungen

Preis pro Qualifikationseinheit zum eBusiness Management 745,– €
Wiederholungskurs   385,– €
Preis pro Qualifikationseinheit des VIP-Program   1.490,– €

Zahlungsmodell zum „TEIA-Bachelor of eBusiness Management"

Für die Studenten des kompletten TEIA-Bachelor-Studienganges gelten Sonderkonditionen, die sich an der in Anspruch genommenen Studienzeit* und darüber hinaus an der Abschlussnote orientieren.

Eine langfristige vertragliche Bindung ist nicht erforderlich. Die Qualifikationseinheiten (QE) können einzeln gebucht werden. Das zügige Absolvieren der QE bis zum Abschluss des Studienganges wird belohnt.

Im Rahmen der Absolvierung des TEIA-Bachelor-Studiengangs kommen Sie generell in den Genuss des Mengenrabattes: Nach Buchung von jeweils zehn QE – ausgenommen Wiederholungs-QE – gibt es eine elfte QE gratis. Wird eine Studienzeit von 18 Monaten nicht überschritten, kommen Sie außerdem in den Genuss eines Zeitrabatts. Dieser Rabatt steigt mit sinkender Studienzeit. Auch die Kosten für die Gesamt-Abschlussprüfung sind abhängig von der Studienzeit. Darüber hinaus erhalten Sie bei einer Gesamtabschlussnote von mindestens 1,7 einen zusätzlichen Leistungsbonus i.H.v. € 400,00 in Form einer Gutschrift. Auf diese Weise werden wirtschaftliche Anreize für den schnellen und erfolgreichen Abschluss des „TEIA-Bachelor of eBusiness Management" geschaffen.

Das Studium bei der TEIA ist so konzipiert, dass der Studiengang im Mittel in der empfohlenen Studienzeit von 12 Monaten erfolgreich absolviert werden kann.

Bei Nichtbestehen der Prüfung sind bis zu 2 Wiederholungen kostenfrei möglich. Danach wird die Buchung eines Wiederholungskurses notwendig. Dieser ist um 50 % ermäßigt.

Das Studium bei der TEIA ist so konzipiert, dass der Studiengang im Mittel in der empfohlenen Studienzeit von 12 Monaten erfolgreich absolviert werden kann.

TEIA Bachelor of eBusiness Management	Kosten bei einer Studienzeit* von		
	max. 12 Monaten	max. 18 Monaten	über 18 Monaten
Preis pro QE	745,00	745,00	745,00
Preis für 12 QE	8.940,00	8.940,00	8.940,00
Gesamt-Abschlussprüfung	inkl.	190,00	385,00
Mengenrabatt	745,00	745,00	745,00
Zeitbonus	400,00	200,00	---
Leistungsbonus bei Abschlussnote von mindestens 1,7	400,00	400,00	400,00
Gesamtkosten inkl. Mengenrabatt, Zeitbonus und Leistungsbonus	**7.395,00**	**7.785,00**	**8.180,00**

* Studienzeit im Sinne des Zahlungsmodells bedeutet: Erfolgreicher Abschluss von zwölf Qualifikationseinheiten aus dem QE-Angebot des Studienganges inkl. der Vereinbarung eines Termins für die Gesamt-Abschlussprüfung, es sei denn, der Student fährt mit der Ausbildung fort, indem er weitere Wahl-QE des „TEIA-Bachelor"-Angebotes belegt. Der bis dahin erworbene Anspruch auf Boni und Rabatte bleibt in diesem Fall erhalten (siehe Tabelle).

Bei Nichtbestehen der Prüfung sind bis zu 2 Wiederholungen kostenfrei möglich. Danach wird die Buchung eines Wiederholungskurses notwendig. Dieser ist um 50 % ermäßigt.

Das „TELES-Ausbildungs-Förderungs-Programm" (TAFöP)

Die TELES AG legt zur Unterstützung der Berufsqualifikations-Akti-vitäten ihres Tochterunternehmens „TELES European Internet Aca-demy (TEIA)" ein Ausbildungsförderungsprogramm, das sogenannte TAFöP, auf.

Die Klangähnlichkeit mit dem bekannten Akronym „BAFöG" (Bun-des-Ausbildungsförderungsgesetz) ist durchaus beabsichtigt – dienen doch beide ähnlichen Zielen. Das TAFöP will besser zielführend wirken. Deshalb werden im Rahmen des TAFöP Mengen-, Zeit- und Leistungs-boni gewährt.

An wen richtet sich das TAFöP?

Die TEIA bietet mit ihrem Studiengang „TEIA-Bachelor of eBusiness Management" einen auf die Bedürfnisse des Arbeitsmarktes optimier-ten und sehr schlanken Studiengang an, der es Ihnen ermöglicht, sich in einem Jahr zum eBusiness Manager zu qualifizieren. Der nachhaltig hohe Bedarf des Arbeitsmarktes an Fachkräften dieses Profils ist von Industrieverbänden und staatlichen Einrichtungen wiederholt darge-stellt und in den Medien diskutiert worden. Fehlende finanzielle Mög-lichkeiten verhindern jedoch bei vielen potentiellen Studenten eine zügige marktgerechte Berufsqualifikation.

Mit dem TAFöP bieten wir die Möglichkeit, diese attraktive Qualifi-kation ohne hohe finanzielle Anfangsinvestition zu erlangen. Das TAFöP ermöglicht:

■ die sofortige Teilnahme an den Qualifikationseinheiten (QE) der TEIA und

■ die Zahlung der Teilnahmegebühr in kleinen monatlichen Raten.

Zur Inanspruchnahme des TAFöP sind Sicherheiten nicht erforderlich. Ihre Unterschrift genügt. Mit dem TAFöP bieten wir Ihnen einen unkomplizierten und günstigen Weg in eine vielversprechende beruf-liche Perspektive, vor allem bei erfolgreicher und zügiger Bearbeitung der Qualifikationseinheiten.

Das TAFöP bietet Ihnen:

■ feste Tilgungsraten von 100 Euro monatlich über die gesamte Lauf-zeit

■ Mengenrabatt, Leistungsbonus und Zeitbonus

Wer kann das TAFöP in Anspruch nehmen ?

Grundsätzlich kann jeder Student aus dem deutschsprachigen Raum das TAFöP in Anspruch nehmen, unabhängig davon, ob er beabsichtigt, den kompletten Studiengang zum „TEIA-Bachelor of eBusiness Management" oder nur einzelne Qualifikationseinheiten zu absolvieren. Für die Inanspruchnahme des TAFöP gibt es keine besonderen Voraussetzungen. Auch wenn Sie bereits mit dem „TEIA-Bachelor"-Studiengang zum „eBusiness Manager" begonnen und erste Qualifikationseinheiten absolviert haben, können Sie Ihr Studium als „TAFöP- Student" fortsetzen. Diese Entscheidung müssen Sie uns lediglich bei der Buchung weiterer Qualifikationseinheiten mitteilen.

Für die erste QE kann grundsätzlich TAFöP in Anspruch genommen werden. Allerdings ist die Gewährung des TAFöP für weitere QE an ein Leistungskriterium gebunden: Sie müssen die vorangegangene Qualifikationseinheit mindestens mit der Note 2,5 abschließen. Das lässt sich durchaus erreichen, denn die Prüfungen zu den Qualifikationseinheiten können beliebig oft wiederholt werden (bis zu zwei Wiederholungen sind kostenlos). Um das TAFöP für die nächste Qualifikationseinheit in Anspruch nehmen zu können, ist es also ratsam, den jeweiligen Lernstoff so lange zu bearbeiten, bis Sie dieses Leistungskriterium erfüllen. Und in Ihrem eigenen Interesse ist es sowieso, denn Sie möchten ja einen guten Abschluss erzielen.

Wollen Sie zwischendurch auf die Inanspruchnahme des TAFöP verzichten – aus welchen Gründen auch immer – so können Sie nach Absolvierung der nächsten QE mit einer Note von mindestens 2,5 das TAFöP wieder in Anspruch nehmen.

Wie funktioniert das TAFöP?

Das Finanzierungsmodell des TAFöP sieht für die Bezahlung jeder einzelnen QE grundsätzlich acht monatliche Tilgungsschritte in Höhe von € 100,– vor. Der Teilzahlungspreis einer QE beträgt also € 800,–. Die Differenz zum Preis bei Einmalzahlung in Höhe von € 55,– entspricht einem Zinssatz von 1% bis 11,07% p.a., durchschnittlich also 6,03% p.a., je nachdem wie viele QEs Sie buchen. Bei Buchung von 12 QE zahlen Sie – aufgrund des Mengenrabatts – nur 11 QE und damit maximal € 605,– Zinsen bei einer Ratenzahlungsdauer von 88 Monaten. Grundsätzlich gilt: Die Tilgung einer neu gebuchten QE wird so lange ausgesetzt, bis Sie die letzte Rate aller vorher gebuchten QE bezahlt haben. Zusätzliche laufzeitabhängige Zinsen fallen nicht an. Sie zahlen kontinuierlich monatlich € 100,– bis die letzte QE bezahlt ist. Darüber hinaus gewähren wir Ihnen folgende Boni:

- Nach 10 bestellten Qualifikationseinheiten erhalten Sie die 11. QE gratis.
- Bei Abschluss von 12 Qualifikationseinheiten innerhalb von 12 Monaten erhalten Sie zusätzlich eine Gutschrift in Höhe von € 400,–.
- Bei Abschluss des Studiengangs (mind. 12 QE) mit einer Gesamtabschlussnote von 1,7 oder besser erhalten Sie zusätzlich eine Gutschrift von € 400,–.

Bei Erreichen der Leistungen, die den Leistungs- und den Zeitbonus auslösen, erhalten Sie insgesamt € 800,– gutgeschrieben und haben damit durch das Ratenzahlungsmodell TAFöP eine 0%- Finanzierung erlangt.

Wie bucht man TAFöP- finanzierte QE?

Qualifikationseinheiten, die nach dem TAFöP -Modell finanziert werden sollen, können zur Zeit noch nicht online gebucht werden. Bitte senden Sie Ihre Anmeldung formlos an unsere Studienberater: teia-customer-care@teia.de

Sie erhalten dann umgehend per E-Mail das TAFöP -Bestellformular. Dieses füllen Sie bitte vollständig aus, unterschreiben es und schicken es per Post oder per Fax an uns zurück. Bei Buchungen mit Inanspruchnahme des TAFöP benötigen wir grundsätzlich eine Einzugsermächtigung von Ihnen, die Sie uns bitte ebenfalls auf dem Bestellformular erteilen. Sie erhalten nach Eingang der Bestellung von uns eine Auftragsbestätigung, aus der Sie die Fälligkeit Ihrer Raten ersehen können.

Abgesehen von der ersten Bestellung einer QE ist jede weitere Bestellung im Rahmen des TAFöP davon abhängig, dass Sie die jeweils vorhergehende QE mit einer Gesamtnote von mindestens 2,5 bestanden haben. Erst zu diesem Zeitpunkt können Bestellungen für die nächste QE im Rahmen des TAFöP verbindlich angenommen werden.

Bei Fragen zum TAFöP können Sie sich gerne telefonisch an die TEIA-Studienberater wenden:

Telefon: (030) 726 298 -515

Förderung durch das Arbeitsamt (SGB III)

Jahresmaßnahme zum „eBusiness Manager"

Die TEIA – TELES European Internet Academy AG – hat zur Deckung des Fachkräftebedarfs für den Bereich eBusiness eine geeignete Jahresmaßnahme konzipiert, die die vom Mittelstand benötigten, umfassend ausgebildeten eBusiness-Allrounder hervorbringt.

Die Ausbildung zum „eBusiness Manager" enthält qualitativ hochwertige, umfangreiche Qualifikationseinheiten (QE), die alle wichtigen Themen wie Internet-Kommunikationstechnik, Internet-Anwendungstechnik, Internet-Anwendungen und Internet-Wirtschaft behandeln. Jede Qualifikationseinheit enthält für ca. 150 Stunden Lehrmaterial, welches ergänzt wird durch Übungen, Verständnistests, Hausarbeiten und fachliche Diskussionsforen.

Die Absolventen erwerben durch die Ausbildung technische und betriebswirtschaftliche Kenntnisse, die sie befähigen, vorzugsweise kleine und mittlere Unternehmen professionell bei ihren eBusiness-Aktivitäten zu beraten. Sie lösen konzeptionelle, organisatorische, technische, betriebswirtschaftliche und rechtliche Fragen bei der Realisierung von eBusiness-Modellen. Von der Konzeption des Internetauftritts über die Durchführung von Marktanalysen bis zur Einrichtung eines eShops begleiten Sie den Prozess der Entwicklung der eBusiness-Aktivitäten bis zur vollständigen Realisierung und ggfs. darüber hinaus. Sie können auf diese Weise kleinen und mittleren Unternehmen neue Geschäftsmodelle eröffnen, damit zu deren wirtschaftlicher Entwicklung beitragen und sich selbst und anderen einen attraktiven, zukunftssicheren Arbeitsplatz schaffen und erhalten.

Die zwölfmonatige Weiterbildungsmaßnahme „eBusiness Manager" setzt sich aus folgenden zehn Qualifikationseinheiten zusammen:

1. Anwendungsgrundlagen des Internets & HTML
2. Marketing für mittelständische Unternehmen
3. WebSite Administration & Grundlagen Apache
4. Projektmanagement & MS Project
5. Vertragswesen für eBusiness
6. Konzepte der Internettechnik
7. PHP
8. Konzepte in eCommerce-Anwendungen
9. Konzepte Content-Repräsentation & Markup-Sprachen
10. Mittelstands-Shop-Systeme

Aufbau der Qualifikationseinheiten

Jede einzelne Qualifikationseinheit ist in 14 Abschnitte unterteilt, die zu Hause am Computer selbstständig bearbeitet werden. Der Zugriff erfolgt über die TEIA-Lernplattform (Learning Management System). Am Ende eines jeden Abschnitts wird ein vom Learning Management System generierter Verständnistest absolviert, der online sofort bewertet wird. Dadurch rekapitulieren die Teilnehmer ihre neuen Kenntnisse und werden gleichzeitig über ihr aktuelles Leistungsniveau informiert. Der Verständnistest kann beliebig oft wiederholt werden, da das System den Teilnehmern immer wieder neue Fragekombinationen stellt. Wenn die Teilnehmer die erforderliche Anzahl an Verständnistestfragen richtig beantwortet haben, erhalten sie Zugriff auf die zum Abschnitt gehörende Hausarbeit, die sie nach schriftlicher Bearbeitung an Ihren Tutor zurücksenden. Die Bewertung und Kommentierung der Hausarbeit erfolgt durch den fachlich zuständigen Tutor. Nach der erfolgreichen Bearbeitung aller 14 Abschnitte der Qualifikationseinheit erhalten die Teilnehmer Zugriff auf den Gesamtverständnistest, nach dessen Bestehen sie zur Präsenzprüfung zugelassen werden.

Zeitlicher Ablauf, Prüfungen, Zertifikat, Reisekosten

Die Maßnahme kann, da sie online erfolgt, jederzeit begonnen werden. Für die Bearbeitung einer Qualifikationseinheit haben die Teilnehmer einen Monat Zeit. Jeder Teilnehmer hat Anspruch auf 4 Wochen Urlaub, der mit dem Bildungsträger abgestimmt werden muss.

Jede QE wird mit einer Präsenzprüfung in den Prüfungsräumen der TEIA in Berlin abgeschlossen und kann bis 6 Monate nach der ersten Freischaltung zur jeweiligen QE absolviert werden. Nicht bestandene Prüfungen können zweimal wiederholt werden. Eine Bündelung von mehreren Prüfungen zu einem Termin in Berlin ist möglich. Die TEIA unterstützt Sie auf Wunsch bei der Suche nach preiswerten Übernachtungsmöglichkeiten in Berlin. Bitte beantragen Sie die dafür erforderlichen Reisekosten bei Ihrem zuständigen Arbeitsamt.

Die Teilnehmer erhalten nach erfolgreichem Abschluss jeder einzelnen QE ein aussagekräftiges Zertifikat, in dem die erworbenen Kenntnisse detailliert aufgeführt werden. Für den erfolgreichen Abschluss der Gesamtmaßnahme ist die erfolgreiche Absolvierung aller zehn QE erforderlich. Im Anschluss findet eine Abschlussprüfung zur Erlangung des Abschlusszertifikats zum „ebusiness Manager" in Berlin statt. Hierzu stehen dem Teilnehmer über den o.g. Urlaubsanspruch hinaus zusätzlich 4 Wochen Prüfungsvorbereitungszeit zur Verfügung.

Online-Betreuung und Diskussionsforum

Die Teilnehmer werden während der Maßnahme täglich (auch am Wochenende) in der Zeit von 9–22 Uhr von unseren Online-Tutoren fachlich betreut. Vor Beginn der Maßnahme erhält jeder Teilnehmer seinen individuellen Maßnahmeplan, dem der zeitliche Ablauf der Qualifikations-einheit zu entnehmen ist.

Während der Maßnahme sind die Teilnehmer einer virtuellen Lerngruppe zugeordnet. Orts- und zeitunabhängig können sie sich mit anderen Teilnehmern in Diskussionsforen über Ausbildungs-themen austauschen. Die Diskussionsforen werden von erfahrenen Tutoren fachlich betreut und stehen allen Lerngruppenmitgliedern auch außerhalb der Betreuungszeiten offen.

Teilnahmevoraussetzungen:

- Nachweis guter Kenntnisse im Umgang mit dem Internet durch die erfolgreiche Absolvierung des TEIA-Web-Qualifikationsnachweises (kostenlos)
- Berufserfahrung im kaufmännischen oder technischen Bereich
- PC mit Internetzugang sowie eigene E-Mail-Adresse
- Erfolgswille sowie ein hohes Maß an Leistungsbereitschaft und Disziplin
- Die Fähigkeit, einen Arbeitstag selbständig zu strukturieren
- Die Bereitschaft, auch an Wochenenden zu lernen, falls die Wiederholung von Verständnistests oder Hausarbeiten nötig sein sollte

Die Kosten für die Maßnahme enthalten:

Die Gesamtkosten für die Jahresmaßnahme belaufen sich auf € 8.822,– (die Zahlung erfolgt in 10 Raten entsprechend der Einzelkurspreise) und enthalten:

- Zugang zu den Online-Qualifikationseinheiten und Diskussionsforen auf dem TEIA-Learning-Management-System
- Betreuung durch Online-Tutoren von 9–22 Uhr täglich (auch am Wochenende)
- Vorlesungsskripte zu allen Qualifikationseinheiten
- Software, die zur Bearbeitung der Qualifikationseinheiten benötigt wird (OPENSTORE, GS Shopbuilder, MS Project, MS Excel)
- Webspace
- Monatliche Erstattung einer Online-Gebührenpauschale in Höhe von € 50,60

Für die Jahresmaßnahme kann Förderung nach SGB III in Anspruch genommen werden.

Die Maßnahmenummer lautet: 011 0517 02.

Beratung und Anmeldung:

TEIA AG, TELES European Internet Academy,
Dovestr. 2–4
10587 Berlin
Telefon: (030) 726 298-515
Fax: (030) 726 298-510
info@teia.de
www.teia.de

Förderung durch das Arbeitsamt (SGB III)

Einzelkurse zu eBusiness- und Internet-Know-how

Die TEIA – TELES European Internet Academy AG – hat zur Deckung des Fachkräftebedarfs für den Bereich eBusiness 12 verschiedene Qualifikationseinheiten zusammengestellt, die das vom Mittelstand dringend benötigte eBusiness- und Internet-Know-how vermitteln.

Die qualitativ hochwertigen und umfangreichen Einzelkurse behandeln alle wichtigen Themen wie Internet-Kommunikationstechnik, Internet-Anwendungstechnik, Internet-Anwendungen und Internet-Wirtschaft. Jede QE enthält für ca. 150 Stunden Lehrmaterial, welches ergänzt wird durch Übungen, Verständnistests, Hausarbeiten und fachliche Diskussionsforen.

Die Absolventen können durch Einzelkurse oder individuell zusammengestellte Maßnahmen aus Einzelkursen ihr technisches und betriebswirtschaftliches Know-how ergänzen. Ziel der profilgerechten Qualifikationsergänzung ist es, die Befähigung aufzubauen im Bereich eBusiness tätig zu werden sowie vorzugsweise kleine und mittlere Unternehmen professionell bei ihren eBusiness-Aktivitäten zu beraten. Abhängig von der Auswahl der Einzelkurse können Sie konzeptionelle, organisatorische, technische, betriebswirtschaftliche und rechtliche Fragen bei der Realisierung von eBusiness-Modellen lösen. Von der Konzeption des Internetauftritts über die Durchführung von Marktanalysen bis zur Einrichtung eines eShops werden die Absolventen den Prozess der Entwicklung der eBusiness-Aktivitäten bis zur vollständigen Realisierung und ggfs. darüber hinaus begleiten. Sie können auf diese Weise kleinen und mittleren Unternehmen neue Geschäftsmodelle eröffnen, damit zu deren wirtschaftlicher Entwicklung beitragen und sich selbst und anderen einen attraktiven, zukunftssicheren Arbeitsplatz schaffen und erhalten.

Die ein- bzw. mehrmonatige Weiterbildungsmaßnahme kann abhängig von den bereits vorhandenen Kenntnissen aus folgenden zwölf Qualifikationseinheiten individuell zusammengesezt werden:

1. Anwendungsgrundlagen des Internets & HTML
2. Marketing für mittelständische Unternehmen
3. WebSite Administration & Grundlagen Apache
4. Projektmanagement & MS Project
5. Vertragswesen für eBusiness
6. Konzepte der Internettechnik
7. PHP
8. Konzepte in eCommerce-Anwendungen
9. Konzepte Content-Repräsentation & Markup-Sprachen
10. Mittelstands-Shop-Systeme
11. Adobe GoLive
12. Recht im Internet

Aufbau der Qualifikationseinheiten

Jede einzelne Qualifikationseinheit ist in 14 Abschnitte unterteilt, die zu Hause am Computer selbstständig bearbeitet werden. Der Zugriff erfolgt über die TEIA-Lernplattform (Learning Management System). Am Ende eines jeden Abschnitts wird ein vom Learning Management System generierter Verständnistest absolviert, der online sofort bewertet wird. Dadurch rekapitulieren die Teilnehmer ihre neuen Kenntnisse und werden gleichzeitig über ihr aktuelles Leistungsniveau informiert. Der Verständnistest kann beliebig oft wiederholt werden, da das System den Teilnehmern immer wieder neue Fragekombinationen stellt. Wenn die Teilnehmer die erforderliche Anzahl an Verständnistestfragen richtig beantwortet haben, erhalten sie Zugriff auf die zum Abschnitt gehörende Hausarbeit, die sie nach schriftlicher Bearbeitung an Ihren Tutor zurücksenden. Die Bewertung und Kommentierung der Hausarbeit erfolgt durch den fachlich zuständigen Tutor. Nach der erfolgreichen Bearbeitung aller 14 Abschnitte der Qualifikationseinheit erhalten die Teilnehmer Zugriff auf den Gesamtverständnistest, nach dessen Bestehen sie zur Präsenzprüfung zugelassen werden.

Zeitlicher Ablauf, Prüfungen, Zertifikat, Reisekosten

Die Einzelkursmaßnahme kann, da sie online erfolgt, jederzeit begonnen werden. Die Dauer einer individuell zusammengestellten Maßnahme hängt von der Anzahl der ausgewählten Einzelkurse ab. Für jeden Einzelkurs beträgt die vorgesehene Lerndauer einen Monat.

Jede QE wird mit einer Präsenzprüfung in den Prüfungsräumen der TEIA in Berlin abgeschlossen und kann bis 6 Monate nach der ersten Freischaltung zur jeweiligen QE absolviert werden. Nicht bestandene Prüfungen können zweimal wiederholt werden. Besteht die Maßnahme aus mehreren Einzelkursen, so besteht die Möglichkeit, mehrere Prüfungstermine zu einem Termin zusammenzulegen. Die TEIA unterstützt Sie auf Wunsch bei der Suche nach preiswerten Übernachtungsmöglichkeiten in Berlin. Bitte beantragen Sie die dafür erforderlichen Reisekosten bei Ihrem zuständigen Arbeitsamt. Die Teilnehmer erhalten nach erfolgreichem Abschluss jeder einzelnen QE ein aussagekräftiges Zertifikat, in dem die erworbenen Kenntnisse detailliert aufgeführt werden. Eine gesonderte Abschlussprüfung erfolgt darüber hinaus nicht.

Online-Betreuung und Diskussionsforum

Die Teilnehmer werden während der Maßnahme täglich (auch am Wochenende) in der Zeit von 9 – 22 Uhr von unseren Online-Tutoren fachlich betreut. Zum Start jeder Qualifikationseinheit erhält der Teilnehmer einen individuellen Zeitplan, der den zeitlichen Ablauf und die Bearbeitung jeder einzelnen QE detailliert beschreibt.

Während der Maßnahme sind die Teilnehmer einer virtuellen Lerngruppe zugeordnet. Orts- und zeitunabhängig können sie sich mit anderen Teilnehmern in Diskussionsforen über Ausbildungsthemen austauschen. Die Diskussionsforen werden von erfahrenen Tutoren fachlich betreut und stehen allen Lerngruppenmitgliedern auch außerhalb der Betreuungszeiten offen.

Teilnahmevoraussetzungen:

Nachweis guter Kenntnisse im Umgang mit dem Internet durch die erfolgreiche Absolvierung des TEIA-Web-Qualifikationsnachweises (kostenlos)

- Berufserfahrung im kaufmännischen oder technischen Bereich
- PC mit Internetzugang sowie eigene E-Mail-Adresse
- Erfolgswille sowie ein hohes Maß an Leistungsbereitschaft und Disziplin
- Die Fähigkeit, einen Arbeitstag selbständig zu strukturieren
- Die Bereitschaft, auch an Wochenenden zu lernen, falls die Wiederholung von Verständnistests oder Hausarbeiten nötig sein sollte.

Die Qualifikationseinheiten 1 bis 10 enthalten:

- Zugang zu den Online-Qualifikationseinheiten und Diskussionsforen auf dem TEIA-Learning-Management-System
- Betreuung durch Online-Tutoren von 9–22 Uhr täglich (auch am Wochenende)
- Vorlesungsskripte zu allen Qualifikationseinheiten
- Software, die zur Bearbeitung der Qualifikationseinheiten benötigt wird (OPENSTORE, GS Shopbuilder, MS Project, MS Excel)
- Webspace
- Monatliche Erstattung einer Online-Gebührenpauschale in Höhe von € 50,60

Die Qualifikationseinheiten 11 und 12 enthalten:

- Zugang zu den Online-Qualifikationseinheiten und Diskussionsforen auf dem TEIA-Learning-Management-System
- Betreuung durch Online-Tutoren von 9–22 Uhr täglich (auch am Wochenende)

Maßnahmenummern:

Für Einzelkurse oder individuell zusammengestellte Maßnahmen aus Einzelkursen kann unter Angabe der Maßnahmenummer(n) Förderung nach SGB III in Anspruch genommen werden.

Für die QE 1 bis 10 lautet die jeweilige Maßnahmenummer 011 0517 02.

Für die QE 11 lautet die Maßnahmenummer 011 0515 02.

Für die QE 12 lautet die Maßnahmenummer 011 0511 02.

Kosten:

Kurs 01: Anwendungsgrundlagen des Internets & HTML 1
(Preis € 865,45)

Kurs 02: Marketing für mittelständische Unternehmen
(Preis € 855,55)

Kurs 03: WebSite Administration & Grundlagen Apache
(Preis € 885,45)

Kurs 04: Projektmanagement & MS Project (Preis € 938,72)

Kurs 05: Vertragswesen für eBusiness (Preis € 865,55)

Kurs 06: Konzepte der Internettechnik (Preis € 865,55)

Kurs 07: PHP (Preis € 865,45)

Kurs 08: Konzepte in eCommerce-Anwendungen (Preis € 865,55)

Kurs 09: Konzepte Content-Repräsentation & Markup-Sprachen
(Preis € 865,55)

Kurs 10: Mittelstands-Shop-Systeme (Preis € 949,53)

Kurs 11: Adobe GoLive (Preis € 745)

Kurs 12: Recht im Internet (Preis € 745)

Beratung und Anmeldung:

TEIA AG TELES European Internet Academy,
Dovestr. 2–4
10587 Berlin
Telefon: (030) 726 298-515
Fax: (030) 726 298-510
info@teia.de
www.teia.de

SPC TEIA LEHRBUCH VERLAG

TEIA-Lehrbuchreihe zum eBusiness Manager

Gutschein über **25€**

für eine Qualifikationseinheit der
TELES European Internet Academy.

*Pro Qualifikationseinheit können bis zu zwei Gutscheine angerechnet werden.
Die Gutscheine müssen beim Online-Buchen eines Kurses angegeben werden und
per Post innerhalb von 7 Tagen eingereicht werden.
Dieser Gutschein wurde dem Buch Mittelstands-Shopsysteme: OPENSTORE & GS ShopBuilder
Pro entnommen.

Gutschein über **25 €**

An die
Teles European Internet Academy
Dovestr. 2–4
D-10587 Berlin

Name
. . . .

Adresse
. . . .

. . . .

. . . .

. . . .

Ich möchte diesen Gutschein für die Qualifikationseinheit

. . . .

. . . .

gutschreiben lassen.

[
SPC TEIA
LEHRBUCH
VERLAG
]